KB153732

2024 개정

국가공인
회계관리1급

재무회계

삼일회계법인 저

국가공인 회계관리1급 자격시험 신유형 반영
일반기업회계기준 개정사항 반영

삼일회계법인
삼일인포마인

머리말

회계의 투명성이 강조되는 사회적 분위기와 함께 기업에서도 회계이론과 실무능력을 갖춘 인재에 대한 수요가 급증하고 있습니다. 그런데 신규직원 채용시 기업에서는 어느 정도 실력이 검증된 사람을 찾으려는 경향이 두드러지고 있는 반면, 회계실력을 객관적으로 측정할 수 있는 제도가 미흡하다는 아쉬움이 있습니다. 또한, 학교에서 가르치는 교과과정이 실무와 상당한 차이가 있어서 기업에서는 신규직원 채용 후 재교육에 많은 시간과 비용을 지출하고 있는 것이 현실입니다.

이러한 문제를 해결하기 위하여 저희 삼일회계법인은 이론과 실무능력을 겸비한 재경전문가를 양성하는 국가공인 회계관리자격제도를 시행하고 있습니다. 회계관리자격제도는 수준에 따라 회계관리 2급, 회계관리 1급, 재경관리사로 나누어집니다.

회계관리1급은 회계실무자를 대상으로 재무회계와 세무회계에 대한 이론과 실무능력을 겸비하여 기업의 실무책임자 또는 관리자로서 전반적인 회계업무를 수행할 수 있는 재경인을 선발하는 과정입니다.

회계관리1급 시험은 시대의 흐름에 맞춰 종합적인 사고와 문제해결 능력을 평가하는 방향으로 변화해 왔으며, 본서는 이러한 변화를 적극 반영하여 실무중심의 다양한 사례를 제시하고 사례를 풀어가는 방법을 이론과 연계하여 알기 쉽게 해설했습니다.

본서를 통해 수험생은 일반회계기준서의 주요 내용부터 기업 결산 및 재무제표 작성과 관련한 실무 방법까지 재무회계를 폭넓게 이해할 수 있을 것입니다.

본서는 회계관리1급 시험에 대비한 교재이지만, 그동안 저희 삼일회계법인이 쌓아온 지식과 경험을 바탕으로 실무중심의 사례를 곁들여 알기 쉽게 설명하였기 때문에 회계를 처음 접하는 분들을 위한 회계의 길잡이로 활용할 수 있을 것입니다.

끝으로 이 책이 나오기까지 수고해주신 집필진 여러분께 심심한 사의를 표하며, 본 책자가 수험생 여러분의 합격을 앞당기는 길잡이가 되기를 희망합니다.

삼일회계법인 대표이사 윤 훈 수

회계관리1급 자격시험 안내

■ 개요

회계, 세무, 원가, 경영관리 등 재경분야의 실무 전문가임을 인증하는 삼일회계법인 주관 자격시험으로 수준에 따라 재경관리사 / 회계관리 1급 / 회계관리 2급으로 구분됩니다.

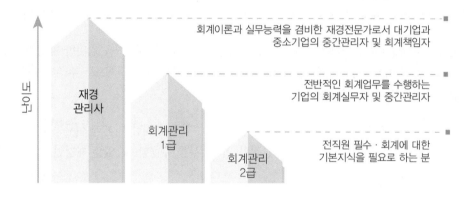

■ 2024년 시험안내

	재경관리사	회계관리 1급	회계관리 2급
자격종류	국가공인 등록 민간자격		
공인번호	금융위원회 제2022-2호	금융위원회 제2022-3호	
등록번호	금융위원회 제2008-0106호	금융위원회 제2008-0105호	
시험과목	재무회계 세무회계 원가관리회계	재무회계 세무회계	회계원리
시험시간	14:00 ~ 16:30 (150분)	14:00 ~ 15:40 (100분)	11:00 ~ 11:50 (50분)
평가 및 합격	객관식 4지선다형 40문항 / 과목별 70점(100점 만점) 이상 합격		
시행지역	서울, 부산, 대구, 창원, 광주, 대전, 인천, 수원, 익산, 청주, 천안 외		
응시료	7만 원	5만 원	3만 원
환불규정	접수기간 내 100% 환불 / 접수취소기간 내 50% 환불 / 접수취소기간 종료 이후 환불불가		
자격발급기관	삼일회계법인		

■ 회계관리1급 시험일자

정기회차	원서접수기간	시험일	합격자발표
1회차	2024. 01. 04 ~ 01. 11	01. 27 (토)	02. 02 (금)
2회차	2024. 03. 07 ~ 03. 14	03. 30 (토)	04. 05 (금)
3회차	2024. 04. 25 ~ 05. 02	05. 18 (토)	05. 24 (금)
4회차	2024. 05. 30 ~ 06. 04	06. 15 (토)	06. 21 (금)
5회차	2024. 07. 04 ~ 07. 11	07. 27 (토)	08. 02 (금)
6회차	2024. 09. 05 ~ 09. 12	09. 28 (토)	10. 04 (금)
7회차	2024. 10. 24 ~ 10. 31	11. 16 (토)	11. 22 (금)
8회차	2024. 12. 05 ~ 12. 10	12. 21 (토)	12. 27 (금)

* 홈페이지(www.samilexam.com)에서 시험일정과 장소 관련 자세한 정보를 확인할 수 있습니다.

■ 시험문의

홈페이지	www.samilexam.com
연락처	070-4412-3131, kr_samilexam@pwc.com

■ 회계관리1급 재무회계 평가범위

과목			평가범위
재 무 회 계	재무회계 일반	회계의 기본개념	회계의 의의, 재무보고의 목적
			회계정보의 질적특성, 재무제표 일반사항
			중간재무제표, 중소기업 회계처리 특례
	재무상태표	재무상태표 일반사항	재무상태표 작성기준, 재무상태표의 유용성과 한계
		당좌자산	현금및현금성자산, 단기투자자산, 유가증권, 매출채권 계정 등의 회계처리
		재고자산	재고자산의 회계처리, 재고자산 수량결정, 원가흐름 파악, 저가평가
		투자자산	장기금융상품, 유가증권, 현재가치평가 등의 회계처리
		유형자산	취득원가, 감가상각비 등의 계산 및 회계처리
		무형자산	무형자산의 개념파악 및 상각
		기타비유동자산	기타비유동자산의 기본개념 및 종류
		유동부채	매입채무, 단기차입금, 미지급금 등의 회계처리
		비유동부채	사채, 장기차입금, 장기성 매입채무
		충당부채	충당부채, 우발부채 및 우발자산의 개념과 회계처리
		이연법인세	법인세회계의 의의 및 필요성, 이연법인세자산·부채
		자본	자본의 의의, 자본의 분류 및 회계처리
	손익계산서	손익계산서의 기초이론	손익계산서의 의의, 손익계산서 작성기준
		수익의 인식	수익의 정의, 인식기준, 수익인식방법의 적용사례
		손익계산서 계정과목	매출액, 매출원가 등 계정과목에 따른 회계처리
	현금흐름표	현금흐름표에 대한 이해	현금흐름표의 의의 및 구조, 유용성과 한계

CONTENTS

Chapter 1 회계의 기본개념

Ⅰ. 회계의 의의 14
1. 회계의 의의 14
2. 정보이용자에 따른 기업회계 구분 15

Ⅱ. 재무보고의 목적 16
1. 재무제표의 작성책임 16
2. 재무정보의 이용자 16
3. 재무보고의 목적 16

Ⅲ. 국제회계기준 18
1. 국제회계기준의 필요성 18
2. 국제회계기준의 특징 18
3. 우리나라 국제회계기준의 적용 19

Ⅳ. 재무정보의 질적특성 20
1. 질적특성의 의의 20
2. 2차적 상호 작용 특성으로서의 비교가능성 21
3. 제약요인 22

Ⅴ. 재무제표 22
1. 재무제표의 기본 가정 22
2. 발생주의 회계 23
3. 재무제표의 체계 및 작성원칙 23
4. 재무제표의 상호관련성 26
5. 재무제표 정보의 특성과 한계 27

Ⅵ. 기업회계기준 28
1. 구조 28
2. 일반기업회계기준 28

Ⅶ. 재무제표의 기본요소 30
1. 재무상태표의 기본요소 30
2. 손익계산서의 기본요소 31
3. 현금흐름표의 기본요소 32
4. 자본변동표의 기본요소 32

Ⅷ. 재무제표 기본요소의 인식 33
1. 인식의 기준 33
2. 재무제표 기본요소의 인식 33

Ⅸ. 재무제표 기본요소의 측정 34
1. 측정 34
2. 측정속성의 종류 34
3. 측정속성의 선택 35
4. 현재가치의 측정 36

Ⅹ. 중간재무제표 36

Ⅺ. 중소기업 회계처리 특례 40
1. 파생상품의 평가 40
2. 시장성이 없는 지분증권의 평가 40
3. 지분법 평가 40
4. 장기성채권·채무의 현재가치평가 40
5. 주식기준보상거래 41

6. 단기용역매출 등의 수익인식   41
7. 유·무형자산의 내용연수 및 잔존가치의 결정 41
8. 장기할부판매시의 수익인식   41
9. 이연법인세 및 법인세비용   41

연습문제   44

Chapter 2 재무상태표의 일반사항

Ⅰ. 재무상태표의 의의   50

Ⅱ. 재무상태표의 구성요소   50
1. 자산   50
2. 부채   51
3. 자본   51

Ⅲ. 재무상태표의 작성기준   52
1. 구분표시   52
2. 총액표시   52
3. 1년 기준   52
4. 유동성배열법   52
5. 잉여금의 구분   52
6. 미결산항목 및 비망계정의 표시금지   53

Ⅳ. 재무상태표의 유용성과 한계   53
1. 유용성   53
2. 한계   53

Ⅴ. 재무상태표 양식   54

Ⅵ. 책의 구성   56

연습문제   58

Chapter 3 당좌자산

Ⅰ. 당좌자산의 의의   62

Ⅱ. 현금및현금성자산   62
1. 개념 및 범위   62
2. 일반기업회계상 회계처리   63
3. 결산시 유의사항   67

Ⅲ. 단기투자자산   68
1. 단기투자자산의 의의   68
2. 단기투자자산의 범위   68
3. 일반기업회계상 회계처리   69
4. 결산시 유의사항   70

Ⅳ. 유가증권   71
1. 개념 및 범위   71
2. 결산시 유의사항   72

Ⅴ. 매출채권   73
1. 외상매출금   73

2. 받을어음 79

3. 매출채권의 평가-대손충당금의 설정 82

4. 결산시 유의사항 87

5. 매출채권의 분류 88

Ⅵ. 기타당좌자산 88

1. 단기대여금 88

2. 미수금 88

3. 미수수익 89

4. 선급금 90

5. 선급비용 91

연습문제 94

3. 재고자산의 원가흐름에 대한 가정 110

4. 재고자산의 평가 118

Ⅲ. 결산시 유의사항 123

1. 재고자산 실사 123

2. 매출원가의 계산 123

3. 재고자산의 평가 124

연습문제 128

Chapter
4

재고자산

Ⅰ. 개념 및 범위 104

1. 상품 104

2. 제품 104

3. 반제품 105

4. 재공품 105

5. 원재료 105

6. 저장품 105

Ⅱ. 일반기업회계상 회계처리 107

1. 취득원가의 결정 107

2. 재고자산의 수량결정 109

Chapter
5

투자자산

Ⅰ. 투자자산의 의의 140

Ⅱ. 장기금융상품 140

1. 개념 및 범위 140

2. 일반기업회계상 회계처리 140

Ⅲ. 유가증권 142

1. 개념 및 범위 142

2. 지분증권의 회계처리 143

3. 채무증권의 회계처리 165

Ⅳ. 투자부동산 183

연습문제 186

Chapter 6 유형자산

Ⅰ. 개념 및 범위 194
1. 유형자산의 의의 194
2. 유형자산의 계정분류 195

Ⅱ. 유형자산의 취득원가 198
1. 취득원가의 결정 198
2. 자본적 지출과 수익적 지출 211
3. 차입원가의 자본화 213

Ⅲ. 감가상각과 자산의 손상 215
1. 감가상각 215
2. 유형자산의 손상 220
3. 유형자산의 재평가 223
4. 유형자산의 제거 227

연습문제 230

Chapter 7 무형자산

Ⅰ. 개념 및 범위 238
1. 무형자산의 정의와 요건 238
2. 무형자산의 특징 238
3. 무형자산의 종류 239

Ⅱ. 무형자산의 회계처리 244
1. 무형자산의 취득원가 244
2. 취득 또는 완성 후의 지출 246
3. 무형자산의 상각 246
4. 무형자산의 손상 248

연습문제 250

Chapter 8 기타비유동자산

Ⅰ. 개념 및 종류 256
1. 기타비유동자산의 기본개념 256
2. 기타비유동자산의 종류 256

Ⅱ. 장기성 채권·채무의 공정가치 평가 258
1. 적용대상 258
2. 적절한 이자율의 산정 259
3. 현재가치할인차금의 상각 또는 환입 260

연습문제 264

Chapter 9 유동부채

Ⅰ. 매입채무   266

Ⅱ. 단기차입금   267
   1. 일반기업회계기준상 회계처리   267

Ⅲ. 미지급금과 미지급비용   269

Ⅳ. 선수금과 예수금   270

Ⅴ. 기타 유동부채계정   270
   1. 당기법인세부채   270
   2. 유동성장기부채   270
   3. 선수수익   271

   연습문제   274

Chapter 10 비유동부채

Ⅰ. 비유동부채의 의의   276
   1. 사채   276
   2. 장기차입금   276
   3. 장기성매입채무   277

Ⅱ. 사채   277
   1. 사채의 의의   277
   2. 사채의 가격결정   278
   3. 사채발행시 회계처리   279
   4. 이자지급시 회계처리   282
   5. 이자지급기간과 회계기간의 불일치   285
   6. 사채발행시 발생된 비용 사채발행비   285
   7. 사채상환시 회계처리   285
   8. 자기사채   286

Ⅲ. 장기차입금   286
   1. 개념 및 일반기업회계상 회계처리   286
   2. 외화장기차입금   287

Ⅳ. 장기성매입채무   287

   연습문제   290

Chapter 11 충당부채, 우발부채 및 우발자산

Ⅰ. 개념   296
   1. 충당부채   296
   2. 우발부채   296
   3. 우발자산   296

Ⅱ. 일반기업회계상 회계처리   297
   1. 인식   297
   2. 측정   302

3. 특수한 상황   304

4. 충당부채의 유형   305

5. 기타충당부채   308

연습문제   318

Chapter 12   이연법인세

Ⅰ. 법인세회계의 의의 및 필요성   324

Ⅱ. 법인세회계   325

1. 용어의 정의   325

2. 이연법인세자산과 이연법인세부채   327

3. 이연법인세자산(부채)의 측정   329

4. 법인세비용의 계산절차   329

5. 이연법인세자산(부채)의 분류와 공시   333

연습문제   336

Chapter 13   자본

Ⅰ. 자본의 의의   340

Ⅱ. 자본의 분류   341

Ⅲ. 자본금   341

1. 자본금의 의의   341

2. 주식의 종류   342

3. 주식의 발행   344

4. 유상증자와 무상증자   346

Ⅳ. 자본잉여금   347

1. 자본잉여금의 의의   347

2. 자본잉여금의 분류   347

Ⅴ. 자본조정   349

1. 주식할인발행차금   349

2. 미교부주식배당금   349

3. 자기주식   350

4. 신주청약증거금   350

Ⅵ. 기타포괄손익누계액   351

1. 매도가능증권평가이익   351

2. 유형자산 재평가잉여금   351

3. 지분법자본변동   351

Ⅶ. 이익잉여금   352

1. 이익잉여금의 의의   352

2. 이익잉여금의 분류   352

3. 미처분이익잉여금   353

4. 임의적립금이입액   356

5. 이익잉여금처분계산서   356

6. 차기이월미처분이익잉여금   361

Ⅷ. 자본변동표   362
   1. 자본변동표의 의의   362
   2. 자본변동표의 기본구조   362
   3. 자본변동표의 양식   366

   연습문제   370

Chapter 14 손익계산서의 기초이론

Ⅰ. 손익계산서의 의의   380

Ⅱ. 손익계산서의 작성기준   381
   1. 발생주의   381
   2. 실현주의   382
   3. 수익비용대응의 원칙   382
   4. 총액주의   382
   5. 구분계산의 원칙   383

Ⅲ. 순이익보고 및 손익계산서의 양식   383
   1. 순이익보고   383
   2. 손익계산서의 양식   384

   연습문제   390

Chapter 15 수익의 인식

Ⅰ. 수익인식일반   394
   1. 수익의 정의   394
   2. 수익의 인식기준   394
   3. 수익의 측정   395
   4. 거래의 식별   396

Ⅱ. 일반기업회계기준 수익인식   397
   1. 거래유형별 수익인식   397
   2. 수익의 총액 또는 순액인식   401

Ⅲ. 수익인식 구체적 적용사례   402
   1. 수익인식방법의 구체적 적용사례   402

   연습문제   428

Chapter 16 손익계산서의 계정과목

Ⅰ. 매출액   434

Ⅱ. 매출원가   434
   1. 의의   434
   2. 상품매매업의 매출원가   435
   3. 제조업의 매출원가   436

Ⅲ. 판매비와관리비　437

　1. 개념　437

　2. 급여　437

　3. 퇴직급여　438

　4. 복리후생비　438

　5. 임차료　438

　6. 접대비　439

　7. 감가상각비　439

　8. 무형자산상각비　439

　9. 세금과공과　440

　10. 광고선전비　440

　11. 연구비와 경상개발비　440

　12. 대손상각비　441

　13. 기타 영업비용　441

Ⅳ. 영업외수익　443

　1. 이자수익　443

　2. 배당금수익　444

　3. 유가증권처분이익　444

　4. 단기매매증권평가이익　444

　5. 외환차익　445

　6. 외화환산이익　445

　7. 지분법이익　448

　8. 투자자산처분이익　448

　9. 유형자산처분이익　448

　10. 사채상환이익　449

　11. 전기오류수정이익　450

　12. 자산수증이익과 채무면제이익　450

　13. 잡이익　451

Ⅴ. 영업외비용　451

　1. 이자비용　451

　2. 재고자산감모손실　451

　3. 기부금　452

　4. 전기오류수정손실　452

　5. 기타　452

Ⅵ. 법인세비용　453

Ⅶ. 주당이익　453

　1. 개념　453

　2. 주당이익의 산출방법　454

　3. 주당이익의 공시　458

　연습문제　460

Chapter
17 현금흐름표

Ⅰ. 현금흐름표의 의의　466

Ⅱ. 현금흐름표의 유용성 및 한계점　467

　1. 현금흐름표의 유용성　467

　2. 현금흐름표의 한계　468

Ⅲ. 현금흐름표의 형식 및 구조　469

　1. 현금흐름표의 형식　469

Ⅳ. 현금흐름표의 활동　　　　　　470
　1. 영업활동 현금흐름　　　　　470
　2. 투자활동 현금흐름　　　　　471
　3. 재무활동 현금흐름　　　　　471

Ⅴ. 현금의 유입과 유출이 없는 거래
　 - 주석공시의 효과　　　　　472
　1. 현물출자로 인한 유형자산 취득　472
　2. 유형자산의 연불구입　　　　472
　3. 무상증자　　　　　　　　472
　4. 주식배당　　　　　　　　472
　5. 전환사채의 전환　　　　　472

연습문제　　　　　　　　474

연습문제 정답 및 해설　478

실전편

핵심요약노트　　　500

모의고사

모의고사 1회　　　　　　537
모의고사 2회　　　　　　556
모의고사 정답 및 해설　　574

Chapter 1 회계의 기본개념

I 회계의 의의

1 회계의 의의

 기업실체의 경제적 활동에는 종업원, 주주, 채권자, 경영자 등 다양한 이해관계자들이 관련되어 있다. 이러한 이해관계자들은 기업실체의 경제적 활동과 관련하여 자신들의 목적에 맞는 정보를 원한다.

 종업원은 자신들이 회사에 기여한 생산성과 회사가 그 대가를 지급할 수 있는지에 대한 능력을 판단하여 급여인상에 대한 협상을 한다. 또한 다른 회사로 옮기는 것이 나은지 아니면 계속 현재의 회사에서 일하는 것이 나은지에 대한 판단을 해야 할 때가 있다. 이러한 의사결정을 위해서 회사에 대한 재무적 정보를 필요로 한다.

 주주는 투자한 주식의 주가가 상승할 경우 이를 판매하여 처분이익을 얻으려고 하거나, 보유하는 동안 주식을 통해 배당을 받고자 한다. 따라서 주주는 새로운 회사에 투자할 것인가의 여부와 기존 투자액을 변경 또는 유지할 것인가를 결정하기 위해서 회사의 재무적 정보를 필요로 한다.

 채권자는 회사에 자금을 빌려주고 일정기간 동안 이자를 받으며 빌려준 돈을 상환받는데 관심이 있다. 따라서 채권자는 자금을 더 빌려줄 것인가의 여부를 결정짓고 회사의 상환능력을 평가하기 위한 재무적 정보를 필요로 한다.

 경영자는 올바른 경영을 하기 위해서 회사가 필요로 하는 자금은 얼마인지 또는 회사가 미래에 어디까지 성장할 수 있는지를 예측하여야만 한다. 이와 같은 예측을 위해서 회사의 재무적 정보를 필요로 한다.

 기업 입장에서는 상기한 여러 이해관계자들의 정보이용목적을 충족시켜주고 신뢰성을 얻기 위해서 믿을 수 있는 재무적 정보를 제공하는 것이 필요하다.

 결국, 회계란 정보이용자들이 경제적인 의사결정을 할 수 있도록 기업실체에 관한 재무적 정보를 식별·측정하여 그들에게 전달하는 과정을 말한다.

2 정보이용자에 따른 기업회계 구분

- 기업외부의 정보이용자를 위한 회계: 재무회계
- 기업내부의 정보이용자를 위한 회계: 관리회계

재무회계는 외부보고목적의 회계로서 정보이용자의 투자결정, 신용결정, 기타의 의사결정에 유용한 정보를 제공함을 목적으로 하는 것으로 주로 재무제표 중심의 회계를 말한다. 반면에 관리회계는 내부보고목적의 회계로서 기업내부의 경영자가 관리적 의사결정을 하는데 유용한 정보를 제공함을 목적으로 하는 것으로, 특히 경영의 계획과 통제를 위한 정보제공이 중요시된다.

재무회계와 관리회계를 비교·요약하면 다음과 같다.

구분	재무회계	관리회계
의의	• 기업의 재무상태, 경영성과, 자본변동, 현금흐름을 표시 • 외부보고	• 의사결정을 위한 정보의 제공 • 경영계획·통제를 위한 회계 • 내부보고
목적	정보이용자의 경제적 의사결정에 유용한 정보의 제공(투자결정, 신용결정 등)	경영자의 관리적 의사결정에 유용한 정보의 제공
보고대상	투자자, 채권자 등 외부이해관계자	경영자(내부이용자)
작성근거	기업회계기준	경제이론, 경영학, 통계학 등
보고양식	재무제표	일정한 양식이 없음
보고시점	보통 1년 단위(또는 분기 및 반기)	일별, 월별, 분기별, 반기별 등 수시
법적 강제력	있음	없음

Ⅱ 재무보고의 목적

재무보고는 기업실체 외부의 다양한 이해관계자의 경제적 의사결정을 위해 경영자가 기업실체의 경제적 자원과 의무, 경영성과, 현금흐름, 자본변동 등에 관한 재무정보를 제공하는 것을 말한다. 재무보고의 가장 핵심적인 수단은 재무제표이며, 재무제표의 범위에는 재무상태표, 손익계산서, 현금흐름표와 자본변동표로 구성되며 주석을 포함한다.

1 재무제표의 작성책임

기업실체의 경영자는 기업실체 외부의 이해관계자에게 재무제표를 작성하고 보고할 일차적인 책임을 진다. 경영자는 회계기준에 근거하여 진실되고 적정한 재무제표를 작성하여야 한다. 또한, 회계기준의 허용 범위 내에서 적정한 회계처리방법을 선택하여 이를 일관성 있게 적용하고, 합리적인 판단과 추정을 하여야 한다.

2 재무정보의 이용자

기업실체가 제공하는 재무정보의 이용자는 크게 나누어 투자자, 채권자, 그리고 기타 정보이용자로 구분할 수 있다.

① 투자자는 기업실체가 발행한 지분증권(주식) 또는 채무증권(회사채)에 투자한 자 등을 말한다.
② 채권자는 기업실체에 대해 법적 채권을 가지고 있는 자금대여자 등을 말하며, 경우에 따라 공급자, 고객, 종업원을 포함한다.
③ 기타 정보이용자는 경영자, 재무분석가와 신용평가기관 같은 정보중개인, 조세당국, 감독·규제기관 및 일반대중 등을 말한다.

3 재무보고의 목적

재무보고의 주된 목적은 투자 및 신용의사결정에 유용한 정보를 제공하는 것이다. 투자 및 신용의사결정에 유용한 정보란, 투자로부터의 미래현금흐름을 예측하기 위해 기업실체의 미래 현금흐름을 예측하는데 유용한 정보라고 할 수 있다. 기업실체의 미래 현금흐름을 예측하기 위해서는 기업실체의 경제적 자원과 그에 대한 청구권, 그리고 경영성과 측정치를 포함한 청구권의 변동에 관한 정보가 제공되어야 한다. 또한, 이러한 재무정보는 경영자의 수탁책임을 평가하는 측면에서 활용될 수 있다.

(1) 투자 및 신용의사결정에 유용한 정보의 제공

재무보고는 기업실체에 대한 현재 및 잠재의 투자자와 채권자가 합리적인 투자의사결정과 신용의 사결정을 하는데 유용한 정보를 제공하여야 한다. 투자자와 채권자에게 유용한 정보는 사회 전체적인 자원배분의 효율성을 높이는데 기여한다. 재무보고에 의해 제공되는 정보는 기업실체의 경제적 활동에 대해 어느 정도의 지식을 갖고 있는 투자자와 채권자라면 이해할 수 있는 정보여야 한다.

그러나 일부 투자자 및 채권자가 이해하기 어렵다거나 이용하지 않는다는 이유로 의사결정에 적합한 정보가 누락되어서는 아니된다.

(2) 미래 현금흐름 예측에 유용한 정보의 제공

현재 및 잠재의 투자자와 채권자가 합리적 의사결정을 하기 위해서는 투자 또는 자금대여 등에서 기대되는 미래 현금유입을 예측하여야 한다. 그러므로 재무보고는 투자 또는 자금대여 등으로부터 받게 될 미래 현금의 크기, 시기 및 불확실성을 평가하는데 유용한 정보를 제공하여야 한다.

(3) 재무상태, 경영성과, 현금흐름 및 자본변동에 관한 정보의 제공

투자자와 채권자는 투자 또는 자금대여 등으로부터의 미래 현금유입이나 기업실체의 미래 순현금 흐름을 예측하기 위해서 다양한 재무정보를 필요로 한다. 그러므로 재무보고는 기업실체가 보유하고 있는 경제적 자원과 그 자원에 대한 청구권, 그리고 경영성과 측정치를 포함하며 그러한 청구권의 변동에 관한 정보와 현금흐름 정보를 제공하여야 한다.

(4) 경영자의 수탁책임 평가에 유용한 정보의 제공

재무제표는 경영자의 수탁책임의 이행 등을 평가할 수 있는 정보를 제공한다. 경영자는 소유주로 부터 위탁받은 기업실체의 자원을 적절히 유지하고 효율적으로 운용하여 수익을 창출하여야 하며, 이러한 책임의 이행 여부에 대해 경영자는 주기적으로 평가받게 된다.

Ⅲ 국제회계기준

1 국제회계기준의 필요성

오늘날에는 세계화로 인하여 글로벌 경영이 보편화되면서 자금조달이나 해외증시에 상장을 위하여 자국의 회계원칙에 따라 작성된 재무제표를 다른 국가의 회계원칙에 따라 수정해야 하는 일이 흔하게 되었다. 이에 따라 각국의 회계기준이 별도로 운영됨에 따른 비용이 매우 커지게 되었으며, 국경을 초월하여 투자를 하고 있는 국제적인 투자자들에게 각국 재무제표의 비교가능성과 투명성의 부족은 자본자유화의 걸림돌이 되었다.

국제적으로 통일된 회계기준에 의하여 재무제표가 작성되면 해외자금조달이나 투자시 추가적으로 다른 국가의 회계원칙에 따라 재무제표를 재작성할 필요가 없으므로 이에 대한 노력과 비용을 절감할 수 있고, 회계정보의 국제적 비교가능성과 신뢰성이 제고될 수 있다. 뿐만 아니라 국제적 합작계약에서 상호이해가능성을 증진시킬 수 있다. 가속화된 자본자유화 추세에 발맞추어 해외사업 확장을 촉진하여 자본시장의 활성화에도 기여할 수 있을 것으로 기대된다.

2 국제회계기준의 특징

국제회계기준은 다음과 같은 주요 특징을 가지고 있다.

(1) 원칙중심의 회계기준

국제회계기준은 원칙중심의 회계기준(principles-based approach)으로 상세하고 구체적인 회계처리 방법을 제시하기보다는 회사 경영자가 경제적 실질에 기초하여 합리적으로 회계처리할 수 있도록 회계처리의 기본원칙과 방법론을 제시하는데 주력한다. 따라서 재무제표의 구체적인 양식이나 계정과목을 정형화하지 않고 선택 가능한 대안을 제시하여 재무제표 표시 방법의 다양성을 인정하고 있다.

(2) 연결재무제표 중심의 회계기준

국제회계기준은 연결실체가 재무제표를 작성하는 것을 전제로 제정되어 있다. 따라서 종속회사가 있는 경우에는 경제적 실질에 따라 지배회사와 종속회사의 재무제표를 결합하여 보고하는 연결재무제표(consolidated financial statements)를 기본 재무제표로 제시하고 있다.

(3) 공시의 강화

국제회계기준은 개별 국가의 법률 및 제도에 따른 차이와 기업의 상황을 반영할 수 있도록 국제회계기준의 적용에 최소한 적용되어야 하는 지침을 규정하고 정보이용자를 보호하기 위해 공시를 강화하고 있다.

(4) 공정가치 적용 확대

국제회계기준은 국제자본시장의 이용자들에게 목적적합한 정보를 제공하기 위해 자산과 부채에 대한 공정가치 적용이 확대되어 있다. 따라서 유형자산과 무형자산 및 투자부동산에까지 공정가치 측정을 의무화 또는 선택 적용할 수 있도록 하고 있다.

3 우리나라 국제회계기준의 적용

우리나라 상장법인과 금융기관은 2011년부터 의무적으로 국제회계기준을 적용하고 있고, 비상장법인은 일반기업회계기준을 적용하고 있으나 국제회계기준 적용을 선택적으로 허용하였다.

우리나라의 상장기업이 2011년부터 국제회계기준을 적용함에 따라 기업회계기준이 상장기업들이 강제적으로 따르는 국제회계기준(K-IFRS)과 비상장일반기업들이 사용하는 일반기업회계기준[1]으로 이원화되었다.

K-IFRS는 국제회계기준을 한국어로 번역한 것이기 때문에 국제회계기준의 형태를 그대로 따르고 있으며 회계기준서 및 회계기준해석서로 구성된다. 일반기업회계기준은 '주식회사 등의 외부감사에 관한 법률'의 적용대상기업 중 K-IFRS에 따라 회계처리하지 않는 기업의 회계처리에 적용한다.

회계기준	K-IFRS	일반기업회계기준
적용대상	• 상장법인 • 자발적 채택 비상장법인 • 은행, 증권(선물) 등 금융기관	비상장기업
구성	• 회계기준서 • 회계기준해석서*	일반기업회계기준

* 결론도출근거 및 실무지침은 기준서를 구성하지 않음.

---

1) 일반기업회계기준은 2009년 12월 30일 제정됨.

Ⅳ 재무정보의 질적특성

1 질적특성의 의의

재무보고의 목적이 달성되기 위해서는 재무제표에 의해 제공되는 정보가 정보이용자들의 의사결정에 유용하여야 한다. 재무정보의 질적특성이란 재무정보가 유용하기 위해 갖추어야 할 주요 속성을 말하며, 재무정보의 유용성을 판단하는 기준이 된다.

재무정보가 갖추어야 할 가장 중요한 특성은 목적적합성(관련성)과 신뢰성이다.

(1) 목적적합성

재무정보가 정보이용자의 의사결정에 유용하기 위해서는 그 정보가 의사결정 목적과 관련되어야 한다. 즉, 목적적합성 있는 정보는 정보이용자가 기업실체의 과거, 현재 또는 미래 사건의 결과에 대한 예측을 하는데 도움이 되거나 또는 그 사건의 결과에 대한 정보이용자의 애초 기대치를 확인 또는 수정할 수 있게 함으로써 의사결정에 차이를 가져올 수 있는 정보를 말한다.

1) 예측가치와 피드백가치

예측가치란 정보이용자가 기업실체의 미래 재무상태, 경영성과, 순현금흐름 등을 예측하는데 그 정보가 활용될 수 있는 능력을 의미한다. 피드백가치는 제공되는 재무정보가 기업실체의 재무상태, 경영성과, 순현금흐름, 자본변동 등에 대한 정보이용자의 애초 기대치를 확인 또는 수정되게 함으로써 의사결정에 영향을 미칠 수 있는 능력을 말한다.

2) 적시성

재무정보가 정보이용자에게 유용하기 위해서는 그 정보가 의사결정에 반영될 수 있도록 적시에 제공되어야 한다. 적시성 있는 정보라 하여 반드시 목적적합성을 갖는 것은 아니나, 적시에 제공되지 않은 정보는 주어진 의사결정에 이용할 수 없으므로 목적적합성을 상실하게 된다.

(2) 신뢰성

재무정보가 정보이용자의 의사결정에 유용하기 위해서는 신뢰할 수 있는 정보이어야 한다. 회계정보의 신뢰성은 다음의 요소로 구성된다. 첫째 재무정보는 그 정보가 나타내고자 하는 대상을 충실히 표현하고 있어야 하고, 둘째 객관적으로 검증가능하여야 하며, 셋째 중립적이어야 한다.

1) 표현의 충실성

재무정보가 신뢰성을 갖기 위해서는 그 정보가 나타내고자 하는 대상 즉, 기업실체의 경제적 자원과 의무, 그리고 이들의 변동을 초래하는 거래나 사건을 충실하게 표현하여야 한다.

2) 검증가능성

검증가능성이란 동일한 경제적 사건이나 거래에 대하여 동일한 측정방법을 적용할 경우 다수의 독립적인 측정자가 유사한 결론에 도달할 수 있어야 함을 의미한다. 예를 들어, 독립된 당사자 간의 시장거래에서 현금으로 구입한 자산의 취득원가는 검증가능성이 높은 측정치이다.

3) 중립성

재무정보가 신뢰성을 갖기 위해서는 편의 없이 중립적이어야 한다. 의도된 결과를 유도할 목적으로 회계기준을 제정하거나 재무제표에 특정 정보를 표시함으로써 정보이용자의 의사결정이나 판단에 영향을 미친다면, 그러한 재무정보는 중립적이라 할 수 없다.

(3) 질적특성 간의 절충의 필요

재무정보의 질적특성은 서로 절충이 필요할 수 있다. 예를 들어, 유형자산을 역사적원가로 평가하면 일반적으로 검증가능성이 높으므로 측정의 신뢰성은 제고되나 목적적합성은 저하될 수 있으며, 시장성 없는 유가증권에 대해 역사적원가를 적용하면 자산금액 측정치의 검증가능성은 높으나 유가증권의 실제 가치를 나타내지 못하여 표현의 충실성과 목적적합성이 저하될 수 있다. 이와 같이 질적특성간의 절충의 필요는 목적적합성과 신뢰성 부분만이 아니라 주요 질적특성의 구성요소 간에도 발생할 수 있다.

2 2차적 상호 작용 특성으로서의 비교가능성

비교가능성이란 유사한 거래나 사건의 재무적 영향을 측정·보고함에 있어서 영업 및 재무활동의 특성이 훼손되지 않는 범위 내에서 기간별로 일관된 회계처리방법을 사용하여야 하며, 기업실체 간에도 동일한 회계처리방법을 사용하는 것이 바람직하다는 것이다. 기업회계기준에 따라 재무제표를 작성하면 재무정보의 기업실체 간 비교가능성이 높아진다. 또한, 당해 연도와 과거 연도를 비교하는 방식으로 재무제표를 작성하면 해당 기간의 회계정보에 대한 비교가 가능해진다.

3 제약요인

(1) 포괄적 제약: 효익 〉비용

재무정보가 제공되고 이용되는 과정에는 여러 유형의 비용과 효익이 발생한다. 질적특성을 갖춘 정보라 하더라도 정보 제공 및 이용에 소요될 사회적 비용이 정보 제공 및 이용에 따른 사회적 효익을 초과한다면 그러한 정보 제공은 정당화 될 수 없다. 따라서 포괄적 제약으로서의 비용 대 효익의 문제를 고려하여야 한다.

(2) 인식을 위한 제약: 중요성

중요성은 회계항목이 정보로 제공되기 위한 최소한의 요건이다. 특정 정보가 생략되거나 잘못 표시된 재무제표가 정보이용자의 판단이나 의사결정에 영향을 미칠 수 있다면 그러한 정보는 중요한 정보이다. 중요성은 일반적으로 당해 항목의 성격과 금액의 크기에 의해 결정된다. 그러나 어떤 경우에는 금액의 크기와는 관계없이 정보의 성격 자체만으로도 중요한 정보가 될 수 있다.

V 재무제표

1 재무제표의 기본 가정

재무제표는 일정한 가정 하에서 작성되며, 그러한 기본 가정으로는 기업실체, 계속기업 및 기간별 보고를 들 수 있다.

(1) 기업실체

기업실체의 가정이란 기업을 소유주와는 독립적으로 존재하는 회계단위로 간주하고 이 회계단위의 관점에서 그 경제활동에 대한 재무정보를 측정, 보고하는 것을 말한다. 일반적으로 개별 기업은 하나의 독립된 회계단위로서 재무제표를 작성하는 기업실체에 해당한다. 그러나 기업실체 개념은 법적 실체와는 구별되는 개념이다.

(2) 계속기업

계속기업의 가정이란, 기업실체는 그 목적과 의무를 이행하기에 충분할 정도로 장기간 존속한다고 가정하는 것을 말한다. 즉, 기업실체는 그 경영활동을 청산하거나 중대하게 축소시킬 의도가 없을 뿐 아니라 청산이 요구되는 상황도 없다고 가정한다.

그러나 기업실체의 중요한 경영활동이 축소되거나 기업실체를 청산시킬 의도나 상황이 존재하여 계속기업을 가정하기 어려운 경우에는 계속기업을 가정한 회계처리 방법과는 다른 방법이 적용되어야 하며, 이때 적용된 회계처리 방법은 적절히 공시되어야 한다.

(3) 기간별 보고

기간별 보고의 가정이란 기업실체의 존속기간을 일정한 기간 단위로 분할하여 각 기간별로 재무제표를 작성하는 것을 말한다. 즉, 기업실체의 존속기간을 일정한 회계기간 단위로 구분하고 각 회계기간에 대한 재무제표를 작성하여 기간별로 재무상태, 경영성과, 현금흐름 및 자본변동 등에 대한 정보를 제공하게 된다.

2 발생주의 회계

발생주의는 기업실체의 경제적 거래나 사건에 대해 관련된 수익과 비용을 그 현금유출입이 있는 기간이 아니라 당해 거래나 사건이 발생한 기간에 인식하는 것을 말한다. 발생주의 회계는 현금거래 뿐 아니라, 신용거래, 재화 및 용역의 교환 또는 무상이전, 자산 및 부채의 가격변동 등과 같이 현금유출입을 동시에 수반하지 않는 거래나 사건을 인식함으로써 기업실체의 자산과 부채, 그리고 이들의 변동에 관한 정보를 제공하게 된다.

3 재무제표의 체계 및 작성원칙

재무제표는 재무상태표, 손익계산서, 현금흐름표 및 자본변동표와 주석으로 구성되어 있다. 기업회계의 정보이용자가 합리적 판단과 경제적인 의사결정을 할 수 있도록 올바른 정보를 제공하기 위해서는 위의 보고서를 회계기준에 입각하여 충실히 작성해야 한다.

(1) 재무상태표

1) 재무상태표의 의의

재무상태표(Statement of Financial Position)란, 기업의 재무상태를 명확히 보고하기 위하여 보고기간종료일 현재의 모든 자산·부채 및 자본을 나타내는 정태적 보고서로서 기본재무제표의 하나이다.

2) 재무상태표의 구성

재무상태표는 일정시점에서 기업의 재무상태를 보여주는 보고서로서 크게 자산, 부채 및 자본(소유주지분)으로 구성된다. 재무상태표의 차변인 자산은 기업이 조달한 자본을 어떻게 활용하고 있는가를 보여주며, 대변인 부채 및 자본은 기업이 어떻게 자본을 조달하였는가, 즉 자본구조를 보여준다.

(2) 손익계산서

1) 손익계산서의 의의

손익계산서(Income Statement: I/S)란 기업의 경영성과를 명확하게 보고하기 위하여 일정기간 동안에 일어난 거래나 사건을 통해 발생한 수익과 비용을 나타내는 보고서로서 기본재무제표의 하나이다. 즉, 손익계산서는 일정기간 동안의 기업 경영성과를 보고하는 기본 재무제표이며, 일정기간 동안의 영업활동흐름을 나타내는 동태적 보고서이다.

2) 손익계산서의 구성

손익계산서는 매출총손익, 영업손익, 법인세비용차감전계속사업손익, 계속사업손익, 중단사업손익, 당기순손익, 주당손익으로 구성되어 있으며, 수익과 비용은 각각 총액으로 보고하는 것을 원칙으로 한다.

(3) 현금흐름표

1) 현금흐름표의 의의

현금흐름표(Statement of Cash Flows 또는 Cash Flow Statement)란 기업의 현금흐름을 나타내는 표로서 현금의 변동내용을 명확하게 보고하기 위하여 당해 회계기간에 속하는 현금의 유입과 유출내용을 적정하게 표시하는 보고서이다. 회계기간 말 현재 현금의 유동성 확보를 위한 기중의 거래별 내역을 알 수 있게 해 주며 회계기 말 현재의 기업 자금동원능력을 평가할 수 있는 자료를 제공해 준다.

2) 현금흐름표의 구성

기업실체의 활동은 영업활동, 투자활동, 재무활동으로 구분할 수 있으며, 현금흐름표는 기업실체의 현금흐름을 활동별로 구분하여 보고하는 재무제표이다.

① 영업활동

영업활동이란 기업의 이익에 직접적인 영향을 미치는 생산, 구매, 판매활동뿐만 아니라 주된 수익활동에 간접적으로 영향을 미치며, 경우에 따라서는 부수적으로 수반되기 마련인 제반활동 중에서 투자활동, 재무활동 이외의 거래를 모두 포함한다.

② 투자활동

투자활동이란 현금의 대여와 회수활동, 유가증권·투자자산·유형자산 및 무형자산 등의 취득과 처분활동을 말한다.

③ 재무활동

재무활동이란 자금의 차입 및 상환활동, 신주발행이나 배당금의 지급활동 등과 같이 부채 및 자본계정에 영향을 미치는 활동을 말한다.

(4) 자본변동표

1) 자본변동표의 의의

자본변동표는 자본의 크기와 그 변동에 관한 정보를 제공하는 재무보고서로서, 자본을 구성하고 있는 자본금, 자본잉여금, 자본조정, 기타포괄손익누계액, 이익잉여금의 변동에 대한 포괄적인 정보를 제공해 준다. 따라서 기업실체의 자본변동에 관한 정보는 일정 기간에 발생한 기업실체와 소유주(주주) 간의 거래 내용을 이해하고 소유주에게 귀속될 이익 및 배당가능이익을 파악하는데 유용하다.

2) 자본변동표의 구성

자본변동표에는 자본금, 자본잉여금, 자본조정, 기타포괄손익누계액, 이익잉여금(또는 결손금)의 각 항목별로 기초잔액, 변동사항, 기말잔액을 표시한다. 이 경우 자본의 변동사항을 표시함에 있어 당기에 발생한 각 항목의 변동을 나타내어야 하며, 그 금액이 중요한 경우에는 적절히 구분하여 표시하여야 한다.

3) 전기이월미처분이익잉여금 수정시 이익잉여금의 표시

자본변동표에서 전기에 이미 보고된 이익잉여금(또는 결손금)의 금액이 당기에 발생한 회계정책의 변경이나 중대한 전기오류수정으로 인하여 변동된 경우에는 전기에 이미 보고된 금액을 별도로 표시하고 회계정책 변경이나 오류수정이 매 회계연도에 미치는 영향을 가감하여 수정한 후 기초 이익잉여금을 표시한다.

(5) 주석

주석(footnote)은 재무제표를 이해하는데 필요한 추가적인 정보를 기술한 것으로서 재무제표의 본문과 별도로 작성된다. 이러한 주석은 추가적 설명이 필요하거나 동일한 내용으로 둘 이상의 계정과목에 대하여 설명을 하게 되는 경우에 사용된다. 주석이 필요한 경우에는 해당 재무제표상 관련과목이나 금액 옆에 (주석 ×) 또는 (주석 × 참조)식으로 표시한 후, 별지에 주석번호를 기입하고 순서대로 필요한 설명을 한다.

주석은 재무제표의 하나로서 재무제표 이용자에게 유용하고 의미 있는 회계정보제공을 위해서 필수불가결한 정보로, 현대 기업회계의 추세는 주석공시를 강화하는 방향으로 발전해 가고 있으며 우리나라에서도 이를 반영하여 주석공시사항이 계속적으로 증가되고 있다.

4 재무제표의 상호관련성

각 재무제표는 동일한 거래나 사건의 다른 측면을 반영하고 있으므로 서로 연관되어 있다. 이러한 관계의 예는 다음과 같다.

① 재무상태표는 기업실체의 유동성과 재무건전성을 평가하는데 유용한 정보를 제공한다. 재무상태표 정보가 현금흐름표 정보와 함께 이용된다면 유동성 또는 재무적 탄력성을 평가하는데 더 유용할 수 있다.

② 손익계산서는 기업실체의 수익성을 평가하는데 유용한 정보를 제공한다. 그러나 손익계산서 정보는 재무상태표 정보와 함께 사용될 때 더욱 의미 있는 해석이 가능하게 된다. 예를 들어, 자기자본이익률은 수익성의 기간별 비교 또는 기업실체 간 비교의 목적으로 유용한 정보를 제공할 수 있다.

③ 현금흐름표는 일정 기간 동안의 현금유입과 현금유출에 대해 많은 정보를 제공한다. 그러나 동일한 회계기간 내에서 수익과 비용이 대응되는 것과 달리 현금유입과 현금유출은 서로 대응되어 표시되지 않으므로 현금흐름표는 기업실체의 미래 현금흐름을 전망하는데 충분한 정보를 제공하지 못한다. 그러므로 미래의 현금흐름을 예측하기 위하여 현금흐름표 정보는 손익계산서 및 재무상태표 정보와 함께 사용될 필요가 있다.

④ 자본변동표는 자본변동의 주요 원천에 대한 정보를 제공한다. 그러나 이러한 정보는 다른 재무제표 정보와 함께 사용되어야 그 유용성이 증대된다. 예를 들어, 주주에 대한 배당은 손익계산서상의 이익과 비교될 필요가 있으며, 유상증자 및 자기주식 취득과 배당은 신규 차입 및 기존 채무의 상환 등과 비교될 때 그 정보유용성이 증대될 수 있다.

상법 등 관련 법규에서 작성을 요구하는 경우 주석으로 공시하는 이익잉여금처분계산서는 회사가 벌어들인 이익이 어떠한 용도로 처분되었으며 처분 후 남아있는 이익의 잔액이 얼마인지에 대한 정보를 제공한다. 이익잉여금은 배당의 형식으로 주주에게 배분되거나 사내에 유보시킨 후 결손보전, 사업 확장 등의 목적에 사용된다.

그러므로 이익잉여금처분계산서를 통하여 회계기간 동안 재무상태표상의 이익잉여금변동에 대한 세부내역을 확인할 수 있다.

5 재무제표 정보의 특성과 한계

재무제표를 통해 제공되는 이와 같은 다양한 정보는 다음의 예와 같은 특성과 한계를 갖고 있음에 유의해야 한다.

① 재무제표는 화폐단위로 측정된 정보를 주로 제공한다.
② 재무제표는 대부분 과거에 발생한 거래나 사건에 대한 정보를 나타낸다.
③ 재무제표는 추정에 의한 측정치를 포함하고 있다.
④ 재무제표는 특정기업실체에 관한 정보를 제공하며, 산업 또는 경제 전반에 관한 정보를 제공하지는 않는다.

VI 기업회계기준

1 구조

회계기준위원회는 회계기준제정기구가 회계기준을 제정 및 개정하는데 기본적인 방향과 일관된 지침을 제공하고 재무제표의 작성자, 감사인 및 이용자들의 재무제표에 대한 이해를 높일 목적으로 개념체계를 제공한다. 이에 따라 '종전의 기업회계기준('한국채택국제회계기준'과 일반 '일반기업회계기준' 시행 전에 회계기준위원회가 제정하여 2010 회계연도까지 적용된 기업회계기준을 말한다. 이하 같다)'에 대한 '재무회계개념체계'와 '한국채택국제회계기준'에 대한 '재무보고를 위한 개념체계' 를 제정하였다. 현재 '일반기업회계기준'의 개념체계는 종전의 기업회계기준에 대한 '재무회계개념 체계'를 사용하고 있다.

'한국채택국제회계기준'을 도입한 후부터 기업회계기준은 '한국채택국제회계기준', '일반기업회계 기준', '특수분야회계기준' 등으로 구성된다. 한국채택국제회계기준은 기준서와 해석서로 구성되며, 기준의 본문은 아니지만 실무적용의 편의를 위하여 관련 실무지침 등을 제공한다. 일반기업회계기 준, 특수분야회계기준 등도 기준서와 해석서로 구성되며, 관련 실무지침 등을 제공한다.

2 일반기업회계기준

'일반기업회계기준'은 외감법의 적용대상기업 중 '한국채택국제회계기준'에 따라 회계처리하지 아 니하는 기업이 적용해야 하는 회계처리기준이다.

일반기업회계기준은 각 주제별로 별도의 장으로 구분되고, 각 장은 본문과 부록으로 구성되며, 문단식 구조를 채택하고 있다. 각 문단은 각 장의 목적과 결론도출근거, 본 전문과 '재무회계개념체 계' 등을 배경으로 이해하여야 한다.

일반기업회계기준의 본문은 목적, 적용범위, 회계처리방법, 공시, 용어의 정의와 적용보충기준 으로 구성되어 있다. 부록은 실무지침, 적용사례, 결론도출 근거와 소수의견 등 기준의 일부를 구성 하지 않으나 기준을 적용하는데 편의를 제공하기 위하여 제시되고 있다. 부록의 소수의견에는 의결 결과에 반대한 위원의 논거를 약술한다.

종전의 기업회계기준 가운데 보험업회계처리준칙과 기업회계기준 등에 관한 해석【56-90】'임대 주택건설사업자의 임대 후 분양주택에 관한 회계처리'는 추후 일반기업회계기준에 의해 대체되기 전까지 일반기업회계기준의 범주에 포함된다.

일반기업회계기준의 체계

제1장 목적, 구성 및 적용

제2장 재무제표의 작성과 표시 I

제3장 재무제표의 작성과 표시 II (금융업)

제4장 연결재무제표

제5장 회계정책, 회계추정의 변경 및 오류

제6장 금융자산·금융부채: 제1절 공통사항, 제2절 유가증권, 제3절 파생상품, 제4절 채권·채무조정

제7장 재고자산

제8장 지분법

제9장 조인트벤처 투자

제10장 유형자산

제11장 무형자산

제12장 사업결합

제13장 리스

제14장 충당부채, 우발부채 및 우발자산

제15장 자본

제16장 수익: 제1절 수익인식, 제2절 건설형 공사계약

제17장 정부보조금의 회계처리

제18장 차입원가자본화

제19장 주식기준보상

제20장 자산손상

제21장 종업원급여

제22장 법인세회계

제23장 환율변동효과

제24장 보고기간후사건

제25장 특수관계자 공시

제26장 기본주당이익

제27장 특수활동: 제1절 농림어업, 제2절 추출활동

제28장 중단사업

제29장 중간재무제표

제30장 일반기업회계기준의 최초채택

제31장 중소기업 회계처리 특례

제32장 동일지배거래

제33장 온실가스 배출권과 배출부채

일반기업회계기준 시행일 및 경과규정

보험업회계처리준칙

해석(56-90)임대주택건설사업자의 임대 후 분양주택에 관한 회계처리

Ⅶ 재무제표의 기본요소

재무제표를 구성하는 기본요소는 자산, 부채, 자본, 소유주의 투자, 소유주에 대한 분배, 포괄이익, 수익, 비용, 영업활동 현금흐름, 투자활동 현금흐름, 재무활동 현금흐름이다. 재무제표를 구성하는 기본요소를 구분하여 표시하는 것은 정보이용자의 경제적 의사결정에 더욱 유용한 정보를 제공하기 위한 것이다.

1 재무상태표의 기본요소

(1) 자산

자산은 과거의 거래나 사건의 결과로서 현재 기업실체에 의해 지배되고 미래에 경제적 효익을 창출할 것으로 기대되는 자원이다.

① 경제적 효익이란 직접 또는 간접적으로 기업실체의 미래현금흐름 창출에 기여하는 잠재력을 말한다.
② 자산은 재화 및 용역의 생산에 이용되거나 다른 자산과의 교환 또는 부채의 상환에 사용되며 소유주에 대한 분배에 이용될 수 있다.
③ 일반적으로 물리적 형태를 가지고 있지만 물리적 형태가 자산의 본질적인 특성은 아니다.
④ 많은 자산이 소유권과 같은 법적 권리와 결부되어 있으나 소유권 등의 법적 권리가 자산성 유무를 결정함에 있어 최종적 기준은 아니다.
⑤ 기업실체의 자산은 과거의 거래나 사건으로부터 발생한다.
⑥ 일반적으로 현금유출과 자산의 취득은 밀접하게 관련되어 있으나 양자가 반드시 일치하는 것은 아니다.

(2) 부채

부채는 과거의 거래나 사건의 결과로 현재 기업실체가 부담하고 있고 미래에 자원의 유출 또는 사용이 예상되는 의무로서, 다음과 같은 특징을 가진다.

① 부채는 기업실체가 현재 시점에서 부담하는 경제적 의무이다.
② 미래의 일정 시점에서 자산을 취득한다는 결정이나 단순한 약정은 현재의 의무가 아니다.

③ 기업실체가 현재의 의무를 이행하기 위해서는 일반적으로 현금 또는 기타자산의 이전, 용역의 제공, 다른 의무로의 대체 또는 자본으로의 전환 등과 같은 미래에 경제적 효익의 희생이 수반된다.

④ 부채는 과거의 거래나 사건으로부터 발생한다.

⑤ 일반적으로 부채의 액면금액은 확정되어 있지만, 제품보증을 위한 충당부채와 같이 그 측정에 추정을 요하는 경우도 있다.

(3) 자본

자본은 기업실체의 자산 총액에서 부채 총액을 차감한 잔여액 또는 순자산으로서 기업실체의 자산에 대한 소유주의 잔여청구권이다. 주식회사의 경우 소유주는 주주이므로, 일반적으로 주주지분은 자본과 동의어로 사용된다.

2 손익계산서의 기본요소

(1) 수익

수익이란 기업실체의 경영활동과 관련된 재화의 판매 또는 용역의 제공 등에 대한 대가로 발생하는 자산의 유입 또는 부채의 감소이다. 수익은 기업실체의 경영활동 결과로서 발생하였거나 발생할 현금유입액을 나타내며, 경영활동의 종류와 당해 수익이 인식되는 방법에 따라 매출액, 이자수익, 배당금수익 및 임대수익 등과 같이 다양하게 구분될 수 있다.

(2) 비용

비용이란 기업실체의 경영활동과 관련된 재화의 판매 또는 용역의 제공 등에 따라 발생하는 자산의 유출이나 사용 또는 부채의 증가이다. 비용은 기업실체의 주요 경영활동의 결과로서 발생하였거나 발생할 현금유출액을 나타내며, 경영활동의 종류와 당해 비용이 인식되는 방법에 따라 매출원가, 급여, 감가상각비, 이자비용, 임차비용 등과 같이 다양하게 구분될 수 있다.

(3) 포괄이익

포괄이익은 기업실체가 일정 기간 동안 소유주와의 자본거래를 제외한 모든 거래나 사건에서 인식한 자본의 변동을 말한다. 즉, 포괄이익에는 소유주의 투자 및 소유주에 대한 분배 등 자본 거래를 제외한 모든 원천에서 인식된 자본의 변동이 포함된다.

3 현금흐름표의 기본요소

(1) 영업활동으로 인한 현금흐름

영업활동으로 인한 현금흐름이란 제품의 생산과 판매활동, 상품과 용역의 구매와 판매활동 및 관리활동 등 자체적인 영업활동과 관련한 현금흐름으로 투자 및 재무활동 이외의 현금흐름을 말한다.

(2) 투자활동으로 인한 현금흐름

투자활동으로 인한 현금흐름이란 투자부동산, 비유동자산에 속하는 지분증권, 유형자산 및 무형자산의 취득과 처분활동 및 미래 영업현금흐름을 창출할 자원의 확보와 처분에 관련된 현금흐름을 말한다.

(3) 재무활동으로 인한 현금흐름

재무활동으로 인한 현금흐름이란 현금의 차입과 상환, 신주발행과 배당금의 지급 등과 관련한 현금흐름을 말한다.

4 자본변동표의 기본요소

(1) 소유주의 투자

소유주의 투자는 기업실체에 대한 소유주로서의 권리를 취득 또는 증가시키기 위해 기업실체에 경제적 가치가 있는 유무형의 자원을 이전하는 것을 의미하며, 이에 따라 자본이 증가하게 된다.

(2) 소유주에 대한 분배

소유주에 대한 분배는 기업실체가 소유주에게 자산을 이전하거나 용역을 제공하거나 또는 부채를 부담하는 형태로 이루어지며, 현금배당, 자기주식의 취득, 감자 등이 이에 속한다. 소유주에 대한 분배가 있게 되면 기업실체의 순자산은 감소한다.

VIII 재무제표 기본요소의 인식

1 인식의 기준

인식이란 거래나 사건의 경제적 효과를 자산, 부채, 수익, 비용 등으로 재무제표에 표시하는 것을 말한다. 특정 항목은 다음과 같은 인식기준이 모두 충족되면 화폐단위 측정치가 적절한 계정과목으로 재무제표를 통해 보고된다.

① 당해 항목이 재무제표 기본요소의 정의를 충족시켜야 하며,
② 당해 항목과 관련된 미래 경제적 효익이 기업실체에 유입되거나 또는 유출될 가능성이 매우 높고,
③ 당해 항목에 대한 측정속성이 있으며, 이 측정속성이 신뢰성 있게 측정될 수 있어야 한다.

2 재무제표 기본요소의 인식

(1) 자산

당해 항목에 내재된 미래의 경제적 효익이 기업실체에 유입될 가능성이 매우 높고 또한 그 측정속성에 대한 금액이 신뢰성 있게 측정될 수 있다면 재무상태표에 자산으로 인식한다. 따라서 어떤 거래로 인한 지출이 발생하였을 때 그에 관련된 미래 경제적 효익의 유입가능성이 낮은 경우에는 당해 지출은 자산으로 인식하지 않고 비용으로 인식하여야 한다.

(2) 부채

기업실체가 현재의 의무를 미래에 이행할 때 경제적 효익이 유출될 가능성이 매우 높고 그 금액을 신뢰성 있게 측정할 수 있다면 이러한 의무는 재무상태표에 부채로 인식한다. 그러나 일반적으로 미이행계약에 따른 의무는 부채로 인식하지 않는다.

(3) 수익

수익은 경제적 효익이 유입됨으로써 자산이 증가하거나 부채가 감소하고 그 금액을 신뢰성 있게 측정할 수 있을 때 인식한다. 이는 수익의 인식이 자산의 증가나 부채의 감소와 동시에 이루어짐을 의미한다.

(4) 비용

비용은 경제적 효익이 사용 또는 유출됨으로써 자산이 감소하거나 부채가 증가하고 그 금액을 신뢰성 있게 측정할 수 있을 때 인식한다. 이는 비용의 인식이 자산의 감소나 부채의 증가와 동시에 이루어짐을 의미한다.

IX 재무제표 기본요소의 측정

1 측정

측정이란 재무제표의 기본요소에 대해 그 화폐금액을 결정하는 것을 말한다. 이러한 측정을 위해서는 그 측정대상이 되는 일정한 속성을 선택하여야 한다.

2 측정속성의 종류

자산과 부채의 측정에 사용될 수 있는 측정속성에는 다음과 같은 종류가 있다.

(1) 취득원가(역사적원가)

자산을 취득하였을 때 그 대가로 지급한 현금, 현금등가액 또는 기타지급수단의 공정가치, 부채의 경우에는 그 부채를 부담하는 대가로 수취한 현금 또는 현금등가액을 말한다.

(2) 공정가치

독립된 당사자 간의 현행 거래에서 자산이 매각 또는 구입되거나 부채가 결제 또는 이전될 수 있는 교환가치로서, 해당 자산에 대해 시장가격이 존재하면 이 시장가격은 당해 자산에 대한 공정가치의 측정치가 된다. 자산의 매각과 부채의 결제 또는 이전에 관한 공정가치는 현행 유출가치라고 하며, 자산의 구입에 관한 공정가치는 현행원가라고도 한다.

(3) 기업특유가치

자산의 기업특유가치는 기업실체가 자산을 사용함에 따라 당해 기업실체의 입장에서 인식되는 현재의 가치를 말하며, 사용가치라고도 한다. 부채의 기업특유가치는 기업실체가 그 의무를 이행하는데 예상되는 자원 유출의 현재가치를 의미한다.

(4) 상각후금액

유효이자율[2]을 이용하여 당해 자산 또는 부채에 대한 현재의 금액으로 측정한 가치를 말한다.

(5) 순실현가능가치(이행금액)

자산의 순실현가능가치는 제품이나 상품의 정상적인 영업과정에서의 추정 판매가격에서 제품을 완성하는데 소요되는 추가적인 원가와 판매비용의 추정액을 차감한 금액을 말한다.

측정속성과 일반기업회계기준의 사용사례

측정속성	일반기업회계기준의 사용사례
취득원가(역사적원가)	재고자산, 유형자산, 무형자산, 매도가능증권(공정가치를 신뢰성 있게 측정할 수 없는 지분증권)
공정가치	단기매매증권, 매도가능증권, 유형자산
기업특유가치(사용가치)	유형자산 · 무형자산 · 지분법적용투자주식의 손상
상각후금액(유효이자율 사용)	만기보유증권, 사채, 장기성채권 · 채무
순실현가능가치(미래유출가치)	재고자산

3 측정속성의 선택

① 일반적으로 취득 시점에서는 자산의 취득원가와 공정가치가 동일하다. 그러나 취득 시점 후에는 양자가 달라질 수 있으며, 또한 취득원가는 사용가치와도 동일하지 않다.
② 투자 또는 재무활동에 의해 보유하게 되는 금융자산과 금융부채의 일부 항목들은 시장에서 활발히 거래되고 있으므로, 이들 항목에 대해서는 시장가격에 의한 공정가치 측정이 가능하다.

---

2) 유효이자율: 금융자산 취득 또는 금융부채 발생 시점의 그 유입가격과 당해 자산 또는 부채로부터 발생하는 미래 명목현금흐름의 현재가치가 일치되게 하는 할인율

③ 영업활동에서 발생하는 유동자산과 유동부채의 경우는 그 성격에 따라 취득원가, 순실현가능가치, 역사적 현금수취액 또는 이행금액이 회계실무에서 사용되고 있다.
　예: 선급비용－취득원가, 매출채권－순실현가능가치, 선수수익－역사적 현금수취액, 매입채무, 미지급비용－이행금액, 재고자산－취득원가(저가법평가 제외)
④ 영업활동에 사용되는 유형자산 등 비유동자산의 경우는 취득원가에 기초하여 측정된다.

4 현재가치의 측정

공정가치나 기업특유가치와 같은 자산·부채를 측정하는데 이용되는 속성들은 미래 현금흐름의 현재가치에 기초하고 있다. 미래 현금흐름의 현재가치를 측정하여 신뢰성 있는 자산·부채의 측정치를 얻기 위해서는 미래의 기간별 현금흐름 예상액, 화폐의 시간가치 그리고 미래 현금흐름에 관한 불확실성(위험)의 세 요소가 고려되어야 한다.

미래 현금흐름예상액은 발생 가능한 현금흐름의 크기와 그 발생확률을 반영하는 현금흐름의 기대치이다. 화폐의 시간가치는 미래 현금흐름의 할인 과정에서 항상 할인율의 일부로 반영된다. 위험은 발생가능한 각 미래 현금흐름크기와 그 현금흐름의 기대치 차이 등에 관한 것이며, 그러한 차이의 분포가 넓을수록 위험이 큰 것이다.

X　중간재무제표

중간재무제표는 1회계연도보다 짧은 기간(중간기간)을 대상으로 작성하는 재무제표로, 회계정보의 적시성 제고를 위한 수단이다.

중간재무제표는 재무상태표, 손익계산서, 현금흐름표, 자본변동표 및 주석을 포함하며 연차재무제표와 동일한 양식으로 작성함을 원칙으로 하되, 정보이용자를 오도하지 않는 범위 내에서 계정과목을 요약 또는 일괄 표시할 수 있다.

이 경우 재무상태표는 중간보고기간 말과 직전 연차보고기간 말을 비교하는 형식으로 작성한다. 그러나 손익계산서는 중간기간[3]과 누적중간기간[4]을 직전 회계연도의 동일기간과 비교하는 형식으로

---

3) '중간기간'은 1회계연도보다 짧은 회계기간을 말한다. 예를 들면, 중간기간은 3개월, 6개월 등이 될 수 있다. 3개월 단위의 중간기간을 '분기', 6개월 단위의 중간기간을 '반기'라 한다.
4) '누적중간기간'은 회계연도 개시일부터 당해 중간기간의 종료일까지의 기간을 말한다.

작성하며, 현금흐름표와 자본변동표는 누적중간기간을 직전 회계연도의 동일기간과 비교하는 형식으로 작성한다.

예를 들면, 12월 말 결산법인의 3분기 중간재무제표는 다음과 같이 작성한다.

① 재무상태표는 당 회계연도 9월 30일 현재를 기준으로 작성하고, 직전 회계연도 12월 31일 현재의 재무상태표와 비교 표시한다.

② 손익계산서는 당 회계연도 7월 1일부터 9월 30일까지의 중간기간과 1월 1일부터 9월 30일까지의 누적중간기간을 대상으로 작성하고, 직전 회계연도의 동일기간을 대상으로 작성한 손익계산서와 비교 표시한다.

③ 현금흐름표와 자본변동표는 당 회계연도 1월 1일부터 9월 30일까지의 누적중간기간을 대상으로 작성하고, 직전 회계연도의 동일기간을 대상으로 작성한 현금흐름표 및 자본변동표와 비교 표시한다.

▌ 20X2년 3분기 재무제표 ▐

구분		당기	전기
재무상태표		20X2년 9월 30일 현재	20X1년 12월 31일 현재
손익계산서	당해중간기간	20X2년 7월 1일~9월 30일	20X1년 7월 1일~9월 30일
	누적중간기간	20X2년 1월 1일~9월 30일	20X1년 1월 1일~9월 30일
현금흐름표 자본변동표		20X2년 1월 1일~9월 30일	20X1년 1월 1일~9월 30일

한편, 중간재무제표의 작성을 위한 측정은 누적중간기간을 기준으로 한다. 따라서 연차재무제표의 결과는 중간재무제표의 작성빈도에 따라 달라지지 않는다. 예를 들면, 손익항목의 각 중간기간별 금액의 합계는 연간금액과 일치해야 한다. 그러므로 당해 중간기간에 대한 재무제표는 당해 누적중간기간의 재무제표에서 직전 누적중간기간의 재무제표를 차감하여 산출한다. 또한 계절적, 주기적 또는 일시적으로 발생하는 수익이라 할지라도 다른 중간 기간 중에 미리 인식하거나 이연하지 않는다. 예를 들면, 배당수익, 로열티수익 또는 소매업의 계속적 수익 등은 전액 발생한 중간 기간의 수익으로 인식한다.

당해 중간기간 재무제표 = 당해 누적중간기간 재무제표 − 직전 누적중간기간 재무제표

[사례]

다음 주제에 대해 생각해보고, 여러분의 의견을 작성해보세요.

(주)삼일의 회계연도는 매년 1월 1일부터 12월 31일까지이며, 중간기간은 3개월(분기) 단위로 정하여진다. (주)삼일은 출고한 제품과 관련하여 보증수리기간에 지출되는 경상적 부품수리비용 등에 대해 일반기업회계기준에 따라 판매보증충당부채를 계상하고 있다. (주)삼일은 20X3년 1분기와 2분기에 해당 제품에 대해 각각 1,000,000원의 매출을 계상하였다. 한편, 1분기 말에는 과거 경험률에 근거하여 1분기 매출액의 3%를 판매보증충당부채로 계상하였으나, 2분기 말에 새로운 정보에 근거하여 매출액 대비 판매보증충당부채 설정률을 5%로 추산하였다. 20X3년 2분기의 중간기간 및 누적중간기간(반기)을 대상으로 작성하는 손익계산서에 계정과목과 금액을 표시하는 방법은? 단, 누적중간기간(반기) 동안 판매보증과 관련하여 실제로 지출된 금액은 없으며, 당 회계연도 이전에 설정된 판매보증충당부채는 무시한다고 가정한다.

[풀이]

2분기 누적중간기간(반기)을 대상으로 작성하는 손익계산서에는 2분기 누적중간기간(반기)을 기준으로 측정한 판매보증비를 표시하고, 2분기 중간기간을 대상으로 작성하는 손익계산서에는 2분기 누적중간기간(반기)을 기준으로 측정한 금액에서 1분기 누적중간기간의 손익계산서에 표시된 금액을 차감한 금액을 판매보증비로 표시한다.

2분기 누적중간기간(반기) 매출액	2,000,000
2분기 말에 추산된 설정률	5%
2분기 누적중간기간(반기) 판매보증비	100,000
(−)1분기 누적중간기간 판매보증비(1,000,000 × 3%)	30,000
2분기 중간기간 판매보증비	70,000

구분	주요 내용
중간재무제표의 종류	재무상태표, 손익계산서, 현금흐름표, 자본변동표, 주석
중간재무제표의 비교표시	• 재무상태표: 중간기간 말과 직전 회계연도 말을 비교 • 손익계산서: 당 회계연도의 중간기간과 누적중간기간을 직전 회계연도의 동일기간과 비교 • 현금흐름표, 자본변동표: 당 회계연도의 누적중간기간을 직전 회계연도의 동일기간과 비교
인식과 측정의 기준	중간재무제표는 연차재무제표에 적용하는 것과 동일한 회계정책을 적용하여 작성하며, 중간재무제표의 작성을 위한 측정은 누적중간기간을 기준으로 함.
계정과목의 일괄표시	중간재무제표는 연차재무제표와 동일한 양식으로 작성함을 원칙으로 함. 다음의 계정과목 등은 요약 또는 일괄 표시가능 1. 재고자산 2. 투자자산 3. 유형자산과 감가상각누계액 4. 무형자산 5. 자본잉여금 6. 자본조정 7. 기타포괄손익누계액 8. 판매비와관리비 9. 영업외수익 10. 영업외비용

XI 중소기업 회계처리 특례

　일반기업회계기준 제31장 중소기업 회계처리 특례는 이해관계자가 적은 중소기업의 회계처리 부담을 완화하기 위하여 일반기업과 다른 회계처리를 허용하였다. 따라서 중소기업은 다음 사항들과 관련한 회계처리에 대해 특례규정을 적용할 수 있으며, 이를 적용한 경우에는 관련 내용을 주석으로 기재하여야 한다. 다만, 상장법인, 금융회사 등은 이 규정을 적용할 수 없다.

1 파생상품의 평가

　정형화된 시장에서 거래되지 않아 시가가 없는 파생상품의 계약시점 후 평가에 관한 회계처리는 아니할 수 있다.

2 시장성이 없는 지분증권의 평가

　시장성이 없는 지분증권은 취득원가를 장부금액으로 할 수 있다. 다만, 유가증권 손상차손누계액이 있는 경우에는 취득원가에서 이를 차감한다.

3 지분법 평가

관계기업이나 공동지배기업에 대하여는 지분법을 적용하지 아니할 수 있다.

4 장기성채권·채무의 현재가치평가

　장기연불조건의 매매거래 및 장기금전대차거래 등에서 발생하는 채권·채무는 명목금액을 재무상태표금액으로 할 수 있다.

5 주식기준보상거래

　주식결제형 주식기준보상거래가 있는 경우에는 부여한 지분상품이 실제로 행사(예: 주식선택권이 부여된 경우)되거나 발행(예: 주식이 부여된 경우)되기까지는 별도의 회계처리를 아니할 수 있다. 예를 들어, 부여한 주식선택권이 행사되기 전까지는 별도의 회계처리를 아니할 수 있으며, 이러한 경우 주식선택권의 행사시점에 신주를 발행하는 경우에는 행사가격과 신주의 액면금액의 차액을 주식발행초과금으로, 자기주식을 교부하는 경우에는 행사가격과 자기주식의 장부금액의 차액을 자기주식처분손익으로 회계처리한다.

6 단기용역매출 등의 수익인식

　1년 내의 기간에 완료되는 용역매출 및 건설형 공사계약에 대하여는 용역제공을 완료하였거나 공사 등을 완성한 날에 수익으로 인식할 수 있으며, 1년 이상의 기간에 걸쳐 이루어지는 할부매출은 할부금회수기일이 도래한 날에 실현되는 것으로 할 수 있다.

7 유·무형자산의 내용연수 및 잔존가치의 결정

　유형자산과 무형자산의 내용연수 및 잔존가치의 결정은 법인세법 등의 법령에 따를 수 있다.

8 장기할부판매시의 수익인식

　토지 또는 건물 등을 장기할부조건으로 처분하는 경우에는 당해 자산의 처분이익을 할부금 회수기일이 도래한 날에 실현되는 것으로 할 수 있다.

9 이연법인세 및 법인세비용

법인세비용은 법인세법 등의 법령에 의하여 납부하여야 할 금액으로 할 수 있다.

O, X 퀴즈

01 재무제표에는 재무상태표, 손익계산서, 현금흐름표, 자본변동표와 주석이 있다.

02 재무상태표는 일정기간의 재산상태의 변동을 나타내는 표이며, 손익계산서는 일정시점에서 본 이익의 크기를 나타내는 표이다.

03 경영자는 회계기준에 근거하여 진실되고 적정한 재무제표를 작성하여 외부의 이해관계자에게 보고할 일차적인 책임을 진다.

04 부채란 과거의 거래나 사건의 결과로 현재 기업실체가 부담하고 있고, 미래에 자원의 유출 또는 사용이 예상되는 의무이며, 미래 일정시점에서 자산을 취득한다는 결정이나 단순한 약정도 부채에 해당한다.

05 손익계산서의 기본요소 두 가지는 수익과 이익이다.

01	○	2007년부터 기본재무제표에 자본변동표가 새롭게 추가되었고, 이익잉여금처분계산서는 기본재무제표에서 제외되었으며, 상법 등 관련 법규에서 이익잉여금처분계산서(또는 결손금처리계산서)의 작성을 요구하는 경우에는 재무상태표의 이익잉여금(또는 결손금)에 대한 보충정보로서 이익잉여금처분계산서(또는 결손금처리계산서)를 주석으로 공시할 수 있다.
02	×	재무상태표는 일정시점의 재산상태를 나타내는 표이고, 손익계산서는 일정기간에 벌어들인 수익과 지출된 비용을 나타내는 표이다.
03	○	재무제표의 작성책임은 경영자에게 있다.
04	×	미래 일정시점에서 자산을 취득한다는 결정이나 단순한 약정은 현재의 의무가 아니기 때문에 부채에 해당하지 않는다.
05	×	손익계산서의 기본요소 두 가지는 수익과 비용이다.

MEMO

01 다음 중 재무제표에 관한 설명으로 가장 옳은 것은?

① 재무제표의 작성·공시에 대한 책임은 경영자에게 있다.
② 계속기업은 재무제표의 기본 가정에 포함시키지 않는다.
③ 재무제표 작성시 일반기업회계기준을 회사 사정에 맞게 수정하여 적용할 수 있다.
④ 재무제표에는 주석이 포함되지 않는다.

02 다음 중 중요성에 관한 설명으로 가장 올바르지 않은 것은?

① 금액이 높은 정보만 정보이용자의 의사결정에 유의적인 영향을 미치므로 중요한 정보이다.
② 정보의 성격 자체만으로도 중요한 정보가 될 수 있다.
③ 중요성은 회계항목이 정보로 제공되기 위한 최소한의 요건이다.
④ 특정 정보가 정보이용자의 의사결정에 영향을 미칠 수 있다면 그 정보는 중요한 정보이다.

03 다음은 한국채택국제회계기준의 특징에 대한 설명이다. 빈칸에 알맞은 말로 가장 옳은 것은?

> 연결실체가 재무제표를 작성하는 것을 전제로 제정된 한국채택국제회계기준은 (ㄱ) 중심의 회계기준으로 상세하고 구체적인 회계처리 방법을 제시하기보다는 회사 경영자가 경제적 실질에 기초하여 합리적으로 회계처리할 수 있도록 기본원칙과 방법론을 제시하는 데 주력한다. 또한 국제자본시장의 이용자들에게 보다 목적적합한 정보를 제공하기 위해 자산과 부채에 대한 (ㄴ)적용이 확대되어 있다.

	ㄱ	ㄴ
①	원칙	공정 가치
②	원칙	역사적 가치
③	규칙	공정 가치
④	규칙	역사적 가치

04 다음 중 재무회계와 관리회계에 관한 설명으로 가장 올바르지 않은 것은?

① 재무회계는 경영자 등 내부이용자를 위해 작성된다.
② 재무회계는 재무제표라는 정형화된 양식에 맞게 작성된다.
③ 관리회계는 작성에 대한 일정한 양식 등이 존재하지 않는다.
④ 관리회계는 필요에 의해 작성되는 것이며 법적 강제력이 존재하지 않는다.

05 다음 중 재무보고의 목적에 관한 설명으로 가장 올바르지 않은 것은?

① 재무보고는 투자 및 신용의사결정에 유용한 정보를 제공해야 한다.
② 재무보고는 재무상태, 경영성과, 현금흐름에 대한 정보를 제공한다.
③ 재무보고는 과거 정보에 대한 자료를 제공하기 때문에 미래 현금흐름예측에는 유용한 정보를 제공하기 힘들다.
④ 재무보고는 경영자의 수탁책임을 평가하는데 유용한 정보를 제공한다.

06 다음 중 재무제표의 기본가정에 관한 설명으로 옳은 것을 모두 고르면?

> ㄱ. 재무제표는 일정한 가정 하에서 작성되며, 그러한 기본 가정으로는 기업실체, 계속기업 및 기간별 보고가 있다.
> ㄴ. 기업실체 개념은 법적 실체와는 구별되는 개념이다.
> ㄷ. 기업실체의 중요한 경영활동이 축소되거나 기업실체를 청산시킬 의도나 상황이 존재하여 계속 기업을 가정하기 어려운 경우에는 재무제표를 작성할 수 없다.
> ㄹ. 기간별 보고의 가정이란 기업실체의 존속기간을 일정한 단위로 분할하여 각 기간별로 재무제표를 작성하는 것을 말한다.

① ㄱ, ㄴ

② ㄴ, ㄷ

③ ㄱ, ㄴ, ㄷ

④ ㄱ, ㄴ, ㄹ

07 다음에서 설명하고 있는 재무정보의 질적특성으로 가장 옳은 것은?

> 제공되는 재무정보가 기업실체의 재무상태, 경영성과, 순현금흐름, 자본변동 등에 대한 정보이용자의 애초 기대치를 확인 또는 수정되게 함으로써 의사결정에 영향을 미칠 수 있는 능력을 의미한다.

① 예측가치

② 중립성

③ 피드백가치

④ 검증가능성

08 재무제표 정보의 주요 질적 특성인 목적적합성과 신뢰성은 그 성격상 서로 상충관계(trade-off)를 가진다. 다음 중 목적적합성과 신뢰성의 관계에 관한 설명으로 가장 올바르지 않은 것은?

① 유형자산을 역사적원가로 평가하면 검증가능성이 높으므로 신뢰성은 제고될 수 있으나 목적적합성은 저하될 수 있다.

② 공사수익의 인식기준으로 진행기준을 채택할 경우 완성기준을 채택한 경우에 비해 신뢰성은 제고될 수 있으나 목적적합성은 저하될 수 있다.

③ 반기 · 분기재무제표는 목적적합성은 제고될 수 있으나 신뢰성은 저하될 수 있다.

④ 발생주의보다는 현금주의를 채택하는 것이 신뢰성은 제고될 수 있으나 목적적합성은 저하될 수 있다.

09 다음 중 재무정보의 질적특성에 대한 설명으로 가장 올바르지 않은 것은?

① 재무정보의 질적특성이란 회계정보가 유용하기 위해 갖추어야 할 주요 속성을 말한다.
② 주요 질적특성으로는 비교가능성과 중요성이 있다.
③ 재무정보의 질적특성은 서로 상충될 수 있다.
④ 포괄적인 제약조건으로 정보 작성에 따른 효익이 관련 비용보다 커야 한다.

10 다음 중 현금흐름표에 관한 설명으로 가장 올바르지 않은 것은?

① 현금흐름표는 기업실체의 현금흐름을 영업·투자·재무활동으로 구분하여 보고하는 재무제표이다.
② 무형자산의 취득 및 처분과 관련된 현금흐름은 재무활동으로 인한 현금흐름으로 분류한다.
③ 유형자산의 취득 및 처분과 관련된 현금흐름은 투자활동으로 인한 현금흐름으로 분류한다.
④ 제품의 생산 및 판매와 관련된 현금흐름은 영업활동으로 인한 현금흐름으로 분류한다.

11 중간재무제표는 1회계연도보다 짧은 기간(중간기간)을 대상으로 작성하는 재무제표를 말한다. 다음 중 12월 결산법인의 3분기 중간재무제표에 대한 설명으로 가장 올바르지 않은 것은?

① 자본변동표는 당 회계연도 1월 1일부터 9월 30일까지의 누적중간기간을 대상으로 작성하고, 직전 회계연도의 동일기간을 대상으로 작성한 자본변동표와 비교 표시한다.
② 손익계산서는 당 회계연도 7월 1일부터 9월 30일까지의 중간기간과 1월 1일부터 9월 30일까지의 누적중간기간을 대상으로 작성하고, 직전 회계연도의 동일기간을 대상으로 작성한 손익계산서와 비교 표시한다.
③ 현금흐름표는 당 회계연도 1월 1일부터 9월 30일까지의 누적중간기간을 대상으로 작성하고, 직전 회계연도의 동일기간을 대상으로 작성한 현금흐름표와 비교 표시한다.
④ 재무상태표는 당 회계연도 9월 30일 현재를 기준으로 작성하고, 직전 회계연도 9월 30일 현재의 재무상태표와 비교 표시한다.

12 다음 내용은 경제신문에 실린 기사의 일부분이다.

> B회계법인은 자금난으로 인하여 부도처리된 Y사의 자산, 부채를 실사한 결과 순자산 장부금액 중 총 7조 원이 과대계상되었다고 발표하였다. 이에 대하여 Y사의 회계감사를 담당하였던 C회계법인은 자산, 부채의 실사결과에 대하여 항의하였다.
> B회계법인이 실사 시에 전제한 가정은 자신들이 회계감사 시에 전제한 가정과는 다른 것이므로, 이를 회계이론적인 입장에서 인정할 수 없다는 것이다.
> 예를 들어 무형자산으로 계상되어 있는 개발비의 장부금액 200억 원에 대해서도 B회계법인은 자산, 부채의 실사 시에 이를 전혀 자산으로 인정하지 않았다는 것이다.

B회계법인과 C회계법인 사이에서 벌어지고 있는 논쟁은 재무제표의 기본가정과 관련되어 있다. 다음의 재무제표에 대한 기본가정 중 C회계법인이 회계감사 시 설정한 기본가정과 자산의 측정속성을 가장 올바르게 짝지은 것은 무엇인가?

① 청산기업가정, 현행원가   ② 계속기업가정, 역사적원가
③ 계속기업가정, 현행원가   ④ 청산기업가정, 역사적원가

13 다음 중 재무제표 정보의 특성과 한계에 관한 설명으로 가장 올바르지 않은 것은?

① 재무제표는 화폐단위로 측정된 정보를 주로 제공한다.
② 재무제표는 대부분 과거에 발생한 정보를 나타낸다.
③ 재무제표는 추정이 엄격히 금지된다.
④ 재무제표는 특정 기업실체에 관한 정보를 제공한다.

14 다음 중 중소기업 회계처리 특례에 관한 설명으로 가장 올바르지 않은 것은?

① 정형화된 시장에서 거래되지 않아 시가가 없는 파생상품의 계약시점 후 평가에 관한 회계처리는 아니할 수 있다.
② 시장성이 없는 지분증권은 취득원가를 장부금액으로 할 수 있다.
③ 법인세비용은 법인세법 등의 법령에 의하여 납부하여야 할 금액으로 할 수 있다.
④ 상장법인 및 금융회사 등의 경우에도 중소기업 회계처리 특례 규정을 적용할 수 있다.

NEW

15 12월 말 결산법인인 (주)삼일은 당반기 중간재무제표를 작성하려고 한다. 다음 중 중간재무제표에 대한 설명으로 가장 올바르지 않은 것은?

① 중간재무제표는 재무상태표, 손익계산서, 현금흐름표, 자본변동표 및 주석을 포함하며 연차재무제표와 동일한 양식(대상기간과 비교형식은 제외)으로 작성함을 원칙으로 한다.
② 계절적, 주기적 또는 일시적으로 발생하는 수익이라 할지라도 다른 중간기간 중에 미리 인식하거나 이연하지 않는다.
③ 중간재무제표는 연차재무제표와 동일한 계정과목을 사용하여야 하지만, 어떠한 경우에도 계정과목을 요약 표시할 수 없다.
④ 중간재무상태표는 당 회계연도 중간보고기간 말과 직전 연차보고기간 말을 비교하는 형식으로 작성한다.

NEW

16 다음 중 장기성 채무는 어떤 금액으로 재무제표상에 공시해야 하는가?

① 미래 지급할 명목상의 금액을 현재가치로 할인한 금액
② 평가시점의 재평가액
③ 실제 현금으로 수취한 금액
④ 미래 지급할 명목상의 금액

재무상태표의 일반사항

I 재무상태표의 의의

재무상태표(statement of financial position)는 기업의 재무상태를 명확히 보고하기 위하여 보고기간종료일 현재의 모든 자산·부채 및 자본을 나타내는 정태적 보고서로서 기본재무제표의 하나이다.

기업의 재무상태란 경영자본의 운용상태와 조달원천의 관계를 의미하는 것으로 재무상태표 차변에는 조달된 자본의 구체적인 운용상태(자산)를 표시하여 경영활동을 파악할 수 있게 하며, 그 대변에는 자산의 조달원천(부채와 자본)을 표시하여 재무활동을 파악할 수 있도록 해준다. 따라서 재무상태표는 기업이 지배하고 있는 경제적 자원(자산)과 그 자원에 대한 채권자와 주주의 청구권(부채와 자본)을 표시하는 것이라 할 수 있다.

기업은 이러한 재무상태표를 통하여 기업의 재무상태를 정보이용자에게 제공하게 되며, 정보이용자는 이를 토대로 의사결정을 수행하게 된다. 따라서 재무상태표는 정보이용자에게 유용한 정보가 되기 위해서 기업의 재무상태를 명확히 보고하여야 한다.

II 재무상태표의 구성요소

1 자산

자산은 과거의 거래나 사건의 결과로서 현재 기업실체에 의해 지배되고 미래에 경제적 효익을 창출할 것으로 기대되는 자원이다.

① 경제적 효익이란 직접 또는 간접적으로 기업실체의 미래현금흐름 창출에 기여하는 잠재력을 말한다.
② 자산은 재화 및 용역의 생산에 이용되거나 다른 자산과의 교환 또는 부채의 상환에 사용되며 소유주에 대한 분배에 이용될 수 있다.

③ 일반적으로 물리적 형태를 가지고 있지만, 물리적 형태가 자산의 본질적인 특성은 아니다.

④ 많은 자산이 소유권과 같은 법적 권리와 결부되어 있으나 소유권 등의 법적 권리가 자산성 유무를 결정함에 있어 최종적 기준은 아니다.

⑤ 기업실체의 자산은 과거의 거래나 사건으로부터 발생한다.

⑥ 일반적으로 현금유출과 자산의 취득은 밀접하게 관련되어 있으나, 양자가 반드시 일치하는 것은 아니다.

2 ▶ 부채

부채는 과거의 거래나 사건의 결과로 현재 기업실체가 부담하고 있고 미래에 자원의 유출 또는 사용이 예상되는 의무로서, 다음과 같은 특징을 가진다.

① 부채는 기업실체가 현재 시점에서 부담하는 경제적 의무이다.

② 미래의 일정 시점에서 자산을 취득한다는 결정이나 단순한 약정은 현재의 의무가 아니다.

③ 기업실체가 현재의 의무를 이행하기 위해서는 일반적으로 현금 또는 기타자산의 이전, 용역의 제공, 다른 의무로의 대체 또는 자본으로의 전환 등과 같은 미래에 경제적 효익의 희생이 수반된다.

④ 부채는 과거의 거래나 사건으로부터 발생한다.

⑤ 일반적으로 부채의 액면금액은 확정되어 있지만, 제품보증을 위한 충당부채와 같이 그 측정에 추정을 요하는 경우도 있다.

3 ▶ 자본

자본은 기업실체의 자산 총액에서 부채 총액을 차감한 잔여액 또는 순자산으로서 기업실체의 자산에 대한 소유주의 잔여청구권이다. 주식회사의 경우 소유주는 주주이므로 본 개념체계에서 주주지분은 자본과 동의어로 사용된다.

Ⅲ 재무상태표의 작성기준

1 구분표시

재무상태표는 자산·부채 및 자본으로 구분하고 자산은 유동자산 및 비유동자산으로, 부채는 유동부채 및 비유동부채로, 자본은 자본금·자본잉여금·자본조정·기타포괄손익누계액·이익잉여금(또는 결손금)으로 각각 구분한다.

2 총액표시

자산과 부채는 원칙적으로 상계하여 표시하지 않는다. 다만, 기업이 채권과 채무를 상계할 수 있는 법적 구속력 있는 권리를 가지고 있고, 채권과 채무를 순액기준으로 결제하거나 채권과 채무를 동시에 결제할 의도가 있다면 상계하여 표시한다.

3 1년 기준

자산과 부채는 1년 기준으로 하여 유동자산 또는 비유동자산, 유동부채 또는 비유동부채로 구분하는 것을 원칙으로 한다. 다만, 재고자산·매출채권 및 매입채무 등 운전자본과 관련된 항목들에 대하여는 1년을 초과하더라도 정상적인 영업주기 내에 실현 혹은 결제되리라 예상되는 부분에 대해서는 유동으로 분류한다. 1년을 초과하는 유동자산·유동부채금액은 주석으로 기재한다.

4 유동성배열법

재무상태표에 기재하는 자산과 부채는 유동성이 큰 항목부터 배열하는 것을 원칙으로 한다.

5 잉여금의 구분

자본잉여금은 주식발행초과금과 기타자본잉여금으로 구분하여 표시하고, 이익잉여금은 법정적립금, 임의적립금 및 미처분이익잉여금(또는 미처리결손금)으로 구분하여 표시한다.

6 **미결산항목 및 비망계정의 표시금지**

가지급금 또는 가수금 등의 미결산항목은 그 내용을 나타내는 적절한 과목으로 표시하고, 대조계정 등의 비망계정은 재무상태표의 자산 또는 부채항목으로 표시하여서는 아니된다.

Ⅳ 재무상태표의 유용성과 한계

재무상태표는 보고기간종료일 현재 기업의 자산, 부채 및 자본의 금액과 구성을 표시하는 재무제표로서, 다음과 같은 유용성과 한계를 지니고 있다.

1 **유용성**

① 재무상태표는 기업의 자산과 구성내역 및 유동성에 대한 정보를 제공한다.
② 재무상태표는 자본구조에 대한 정보를 제공한다. 즉 기업실체의 경제적 자원이 누구로부터 조달된 자금으로 취득되었는지에 관한 정보를 제공한다.
③ 재무상태표를 손익계산서와 같이 사용하는 경우, 재무상태표는 자산의 수익률에 관한 정보를 제공한다.

2 **한계**

① 재무상태표의 모든 항목이 공정가치로 평가되는 것은 아니므로, 재무상태표상의 모든 자산과 부채는 보고기간종료일 현행가치를 나타내지는 못한다.
② 측정이 어려운 자산은 재무상태표에 포함되지 않는다. 즉, 인적자원 등 측정이 어려운 항목은 자산으로 공시되지 않는다.
③ 재무상태표 작성시 자의적인 측정기준이 사용되기도 한다. 즉, 자산 등을 평가하는 경우에 자의적인 측정기준에 의존하여 객관적인 정보를 제공하지 못하는 경우가 있다.

V 재무상태표 양식

재무상태표

제X기 20XX년 X월 X일 현재
제X기 20XX년 X월 X일 현재

회사명 (단위: 원)

과목	당기		전기	
자산				
유동자산		×××		×××
당좌자산		×××		×××
현금및현금성자산	×××		×××	
단기투자자산*	×××		×××	
매출채권	×××		×××	
선급비용	×××		×××	
이연법인세자산	×××		×××	
⋮	×××		×××	
재고자산		×××		×××
제품	×××		×××	
재공품	×××		×××	
원재료	×××		×××	
⋮	×××		×××	
비유동자산		×××		×××
투자자산		×××		×××
투자부동산	×××		×××	
장기투자증권**	×××		×××	
지분법적용투자주식	×××		×××	
⋮	×××		×××	
유형자산		×××		×××
토지	×××		×××	
설비자산	×××		×××	
(−)감가상각누계액	(×××)		(×××)	
건설중인자산	×××		×××	
⋮	×××		×××	
무형자산		×××		×××
영업권	×××		×××	
산업재산권	×××		×××	
개발비	×××		×××	
⋮	×××		×××	
기타비유동자산		×××		×××
이연법인세자산	×××		×××	
⋮	×××		×××	
자산총계		×××		×××

과목	당기		전기	
부채				
유동부채		×××		×××
단기차입금	×××		×××	
매입채무	×××		×××	
당기법인세부채	×××		×××	
미지급비용	×××		×××	
이연법인세부채	×××		×××	
⋮	×××		×××	
비유동부채		×××		×××
사채	×××		×××	
신주인수권부사채	×××		×××	
전환사채	×××		×××	
장기차입금	×××		×××	
퇴직급여충당부채	×××		×××	
장기제품보증충당부채	×××		×××	
이연법인세부채	×××		×××	
⋮	×××		×××	
부채총계		×××		×××
자본				
자본금		×××		×××
보통주자본금	×××		×××	
우선주자본금	×××		×××	
자본잉여금		×××		×××
주식발행초과금	×××		×××	
⋮	×××		×××	
자본조정		×××		×××
자기주식	×××		×××	
⋮	×××		×××	
기타포괄손익누계액		×××		×××
매도가능증권평가손익	×××		×××	
해외사업환산손익	×××		×××	
현금흐름위험회피파생상품평가손익	×××		×××	
⋮	×××		×××	
이익잉여금(또는 결손금)		×××		×××
법정적립금	×××		×××	
임의적립금	×××		×××	
미처분이익잉여금(또는 미처리결손금)	×××		×××	
자본총계		×××		×××
부채및자본총계		×××		×××

* 단기예금, 단기대여금 및 유동자산으로 분류되는 매도가능증권과 만기보유증권을 단기투자자산 등의 과목으로 통합하여 재무상태표에 표시할 수 있다.

** 매도가능증권과 만기보유증권을 투자자산으로 분류하는 경우에는 장기투자증권 등의 과목으로 통합하여 표시할 수 있다.

Ⅵ 책의 구성

지금까지 재무상태표의 일반사항에 대하여 알아보았다. 다음 장부터는 재무제표에서 다루고 있는 각 계정과목에 대하여 구체적으로 살펴보도록 한다.

과 목	CHAPTER	과 목	CHAPTER
자산		부채	
유동자산		유동부채	제9장
당좌자산	제3장	비유동부채	제10장
재고자산	제4장	부채총계	
비유동자산		자본	제13장
투자자산	제5장	자본금	
유형자산	제6장	자본잉여금	
무형자산	제7장	자본조정	
기타비유동자산	제8장	기타포괄손익누계액	
		이익잉여금	
		자본총계 ← 당기순이익	제14장 손익계산서의 기초이론 제15장 수익의 인식 제16장 손익계산서의 계정과목
자산총계		부채및자본총계	

✅ O, X 퀴즈

01 보고기간종료일로부터 1년을 초과하여 판매되거나 회수되는 재고자산과 매출채권은 유동자산으로 계상될 수 없다.

02 자산(부채)은 1년을 기준으로 하여 유동자산(부채) 또는 비유동자산(부채)으로 구분하는 것을 원칙으로 한다.

03 재무상태표는 일정기간의 경영성과를 나타내는 동태적 보고서이다. O X

01	×	정상적인 영업주기 내에 판매되거나 사용되는 재고자산과 회수되는 매출채권 등은 보고기간종료일로부터 1년 이내에 실현되지 않더라도 유동자산으로 분류한다.
02	○	자산(부채)는 1년을 기준으로 하여 유동자산(부채) 또는 비유동자산(부채)으로 구분하는 것을 원칙으로 한다. 다만, 정상적인 영업주기 내에 판매되거나 사용되는 재고자산과 회수되는 매출채권 등은 보고기간종료일로부터 1년 이내에 실현되지 않더라도 유동자산으로 분류하고, 정상적인 영업주기 내에 소멸할 것으로 예상되는 매입채무와 미지급비용 등은 보고기간종료일로부터 1년 이내에 결제되지 않더라도 유동부채로 분류한다.
03	×	재무상태표는 기업의 재무상태를 명확히 보고하기 위하여 보고기간종료일 현재의 모든 자산·부채 및 자본을 나타내는 정태적 보고서이다.

01 다음 재무상태표의 기본요소 중 자산에 대한 설명으로 가장 올바르지 않은 것은?

① 자산의 취득은 일반적으로 현금유출과 관련이 있으나 반드시 현금유출이 동반되는 것은 아니다.
② 자산에 대한 법적소유권이 있어야 자산성이 인정된다.
③ 자산은 미래에 경제적 효익을 창출할 수 있어야 한다.
④ 물리적 형태가 없더라도 자산이 될 수 있다.

NEW

02 다음 중 유동성배열법의 원칙에 따라 재무상태표를 나타낼 때 가장 아래에 표시될 계정과목으로 가장 옳은 것은?

① 단기차입금
② 미지급비용
③ 매입채무
④ 사채

03 다음 중 재무상태표에 관한 설명으로 가장 올바르지 않은 것은?

① 재무상태표는 기업의 보고기간종료일 현재의 모든 자산·부채 및 자본을 나타내는 정태적 보고서이다.
② 재무상태표의 차변에는 조달된 자본의 운용상태를 표시하여 경영활동을 파악할 수 있게 한다.
③ 자산과 부채는 반드시 1년을 기준으로 구분하여 유동성배열법에 의해 기재한다.
④ 재무상태표의 대변에는 자산의 조달원천을 표시하여 재무활동을 파악할 수 있게 한다.

04 다음 중 재무제표의 기본요소에 대한 설명으로 가장 올바르지 않은 것은?

① 재무제표를 구성하는 기본요소를 구분하여 표시하는 것은 정보이용자의 경제적 의사결정에 더욱 유용한 정보를 제공하기 위한 것이다.
② 자산은 재화 및 용역의 생산에 이용되거나 다른 자산과의 교환 또는 부채의 상환에 사용되며 소유주에 대한 분배에 이용될 수 있다.
③ 일반적으로 현금유출과 자산의 취득은 밀접하게 관련되어 있으나 양자가 반드시 일치하는 것은 아니다.
④ 미래의 일정시점에서 기업이 자산을 취득한다는 결정이나 단순한 약정도 미래 경제적 효익의 희생이 수반될 수 있으므로 부채로 인식할 수 있는 현재의무에 해당한다.

NEW

05 재무상태표 작성기준에서는 자본거래에서 발생한 잉여금과 손익거래에서 발생한 잉여금을 구분하여 재무상태표에 표시하도록 규정하고 있다. 다음 중 그 성격이 다른 하나는 무엇인가?

① 단기매매증권처분이익
② 채무면제이익
③ 감자차익
④ 유형자산처분이익

06 다음은 (주)삼일의 재무제표 정보 중 일부이다. 20X2년 12월 31일의 자산총계는 얼마인가? (단, 아래사항을 제외한 다른 자본변동사항은 없다고 가정한다)

	20X2년 12월 31일	20X1년 12월 31일
자산총계	?	127,000원
부채총계	76,000원	46,000원
20X2년 중 자본변동 내역	당기순이익	30,000원
	유상감자	6,000원
	주식배당	8,400원

① 81,000원
② 105,000원
③ 111,000원
④ 181,000원

MEMO

당좌자산

I 당좌자산의 의의

당좌자산은 재고자산을 제외한 유동자산으로서 판매과정을 거치지 않고 직·간접으로 현금화할 수 있어 유동성이 매우 큰 자산이다. 기업의 단기지급능력을 측정하기 위한 것으로 기업이 유동부채 상환에 충당할 화폐성자산이 얼마나 되는가를 검토하는데 적합한 구분기준이다. 당좌자산은 현금및현금성자산, 단기금융상품, 유가증권, 매출채권, 단기대여금, 미수금, 미수수익, 선급금, 선급비용 및 기타의 당좌자산으로 구성되어 있다.

II 현금및현금성자산

1 개념 및 범위

현금및현금성자산은 통화 및 타인발행수표 등 통화대용증권과 당좌예금·보통예금(이상 '현금') 및 현금성자산을 말한다. 이 경우 현금에는 지폐, 주화 이외에도 타인발행당좌수표, 자기앞수표, 송금환, 우편환, 대체저금환금증서, 만기도래한 공사채이자표, 만기도래한 어음, 일람출급어음과 같이 일반 지급수단으로 쓰이는 대용증권이 포함된다. 한편, 현금성자산이라 함은 큰 거래비용 없이 현금으로 전환이 용이하고 이자율변동에 따른 가치변동의 위험이 중요하지 않은 유가증권 및 단기금융상품으로서 취득당시 만기(또는 상환일)가 3개월 이내에 도래하는 것을 말한다. 즉, 현금성자산은 현금의 단기적 운용을 목적으로 한 유동성이 높은 유가증권으로서, 예시하면 다음과 같다.

① 취득당시의 만기가 3개월 이내에 도래하는 채권
② 취득당시의 상환일까지의 기간이 3개월 이내인 상환우선주
③ 환매채(3개월 이내의 환매조건)

여기서 주의할 점은, 현금성자산으로 분류하기 위한 잔여 만기를 판단할 때 보고기간종료일 기준이 아닌 취득일 기준으로 판단하여야 한다는 점이다.

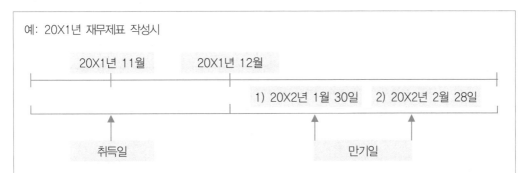

예: 20X1년 재무제표 작성시

- 1)의 경우 취득일(20X1년 11월 1일)로부터 만기(20X2년 1월 30일)가 3개월 이내에 도래하므로→현금성자산에 해당함.
- 2)의 경우 취득일(20×1년 11월 1일)로부터 만기(20X2년 2월 28일)가 3개월 이내에 도래하지 않으므로 →현금성자산이 아님.

결국, 2)의 경우에는 보고기간종료일로부터 만기가 3개월 이내에 도래하지만, 취득일로부터는 만기가 3개월 이내에 도래하지 않으므로 현금성자산으로 분류될 수 없음.

그러나 차용증서, 선일자수표, 수입인지, 엽서, 우표, 부도수표, 부도어음 등은 현금및현금성자산으로 인정하기 어렵다. 선일자수표는 당사자 간에 발행일까지는 은행에 제시하지 않기로 하는 도의적 약속을 전제로 하는 한 그 경제적 실질은 만기도래 전의 약속어음과 같다고 볼 수 있으므로 매출채권(받을어음)으로 처리했다가 만기일에 현금및현금성자산계정으로 대체하는 것이 일반적이다.

2 일반기업회계상 회계처리

(1) 소액현금(petty cash)제도

기업이 거액의 현금을 보유하고 있으면 도난, 분실 등의 위험이 있다. 따라서 기업은 이러한 위험을 미연에 방지하기 위하여 보유중인 대부분의 현금은 은행에 당좌예입하고 이의 지급은 수표나 어음을 발행하여 수행하는 것이 일반적이다. 그러나 기업이 소액의 현금을 지급하는데 있어서도 수표나 어음을 발행하는 것은 오히려 불편을 초래하므로 소액의 경비지급을 위하여 소액현금담당에게 소액경비에 필요한 예상금액을 전도하여 통신비, 교통비 및 소모품비 등의 소액현금의 지급에 충당토록 하고, 이후 소액현금을 보충해주는 제도를 사용하고 있는데 이를 소액현금제도라 한다.

이러한 소액현금제도에서 회사가 소액현금 담당에게 전도한 현금은 소액현금이라는 계정에서 처리된다. 이 경우 회사는 소액현금을 담당자에게 전도하였을 때 소액현금 계정의 차변에 기입하고 추후에 지출내역을 보고받을 때 동 계정의 대변과 각 비용항목의 차변에 기입하면 된다. 그리고 자금을 다시 보충해 줄 때 소액현금계정 차변에 기입한다.

소액현금의 보충방법은 부정액자금전도제와 정액자금전도제가 있는데 부정액자금전도제는 수시로 소액현금의 사용액을 전도하여 주는 것이고, 정액자금전도제는 일정액의 현금을 전도하고, 일정기간 후 실제 지급한 사용액을 보고받으면서 사용액만큼 자금을 보충해 주는 방법이다. 위의 두 가지 방법을 예시하면 다음과 같다.

예제

1. 부정액자금전도제(수시보충제도)의 경우
　① 수표 ₩500,000을 발행하여 전도금을 지급하다.
　　(차) 소액현금　　　500,000　　　　　(대) 당좌예금　　　500,000
　② 전도금 중 사용내역(교통비 ₩50,000, 통신비 ₩100,000)을 통보받다.
　　(차) 교통비　　　　50,000　　　　　(대) 소액현금　　　150,000
　　　　통신비　　　　100,000　　　　　　　　일치x
　③ 수표 ₩100,000을 발행하여 보충하여 주다.
　　(차) 소액현금　　　100,000　　　　　(대) 당좌예금　　　100,000

2. 정액자금전도제의 경우
　① 수표 ₩500,000을 발행하여 전도금을 지급하다.
　　(차) 소액현금　　　500,000　　　　　(대) 당좌예금　　　500,000
　② 전도금 중 사용내역(교통비 ₩50,000, 통신비 ₩100,000)을 통보받고 동액의 수표를 발행하여 보충하여 주다.
　　(차) 교통비　　　　50,000　　　　　(대) 소액현금　　　150,000
　　　　통신비　　　　100,000　　　　　　　　일치
　③ (차) 소액현금　　　150,000　　　　　(대) 당좌예금　　　150,000

---

(2) 당좌예금

당좌예금은 은행과 당좌거래계약을 체결한 회사가 일상의 상거래 등에서 취득한 현금, 수표 등을 은행에 예입하고 그 예금액 범위 내에서 거래은행을 지급인으로 하는 당좌수표 또는 어음의 발행에 의해서 수표 또는 어음대금을 지급하는 사무를 은행에 위임하고자 개설한 예금이다. 이러한 당좌예금의 인출은 별도의 계약이 없는 한 당좌예금의 잔액 범위 내에서 행해지는 것이 원칙이며, 당좌예금은 회계상 현금에 포함된다.

당좌예금은 현금이나 타인발행수표 등이 들어오면 그 잔액이 증가하며, 수표가 발행되면 그 잔액이 감소한다.

한편, 회사는 금융기관과의 사전약정에 의하여 일정금액까지는 잔액이 없어도 수표나 어음을 발행할 수 있는데, 이에 따라 당좌예금의 잔액을 초과하여 지급된 금액을 당좌차월이라 한다. 당좌차월은 부채로서 단기차입금으로 계정분류한다. 당좌예금 및 당좌차월과 관련된 회계처리를 예시하면 다음과 같다.

예 제

1. 서울은행과 당좌거래를 개설하고 현금 ₩200,000을 예입하다.
   (차) 당좌예금   200,000   (대) 현금   200,000
2. 서울은행에 토지 ₩30,000,000을 근저당설정하고 당좌차월계약을 설정하다.
   분개없음.
3. 갑회사로부터 상품 ₩1,000,000을 구입하고 수표를 발행하여 지급하다.
   (차) 상품   1,000,000   (대) 당좌예금   200,000
                                        당좌차월   800,000
4. 을회사에 상품 ₩2,000,000을 판매하고 현금으로 받아 예입하다.
   (차) 당좌차월   800,000   (대) 매출   2,000,000
        당좌예금   1,200,000

---

(3) 은행계정조정

일정시점에서 보면 회사장부상의 당좌예금계정잔액과 은행측의 회사 당좌계좌의 잔액이 기록시점의 차이나, 기록의 오류에 의해 일치하지 않을 수 있다. 이와 같은 불일치를 조정하기 위하여 기업은 정기적으로 은행으로부터 은행계산서를 송부받아 기업의 예금잔액과 일치하는지 확인하는 은행계정조정표를 만든다. 은행계정조정표는 당좌예금출납장 잔액과 은행계산서 잔액을 조정 후 잔액(일반기업회계기준에 의한 재무상태표 잔액)으로 일치시키는 방법으로 작성한다. 그리고 은행계정조정표를 작성한 후에는 회사장부의 예금잔액을 조정하기 위하여 수정분개를 해야 하는데, 수정분개는 회사장부의 잔액을 수정하는 항목들에 한하여 이루어진다.

한편 잔액이 불일치하는 원인에는 다음과 같은 것이 있다.

불일치유형	은행측 미기입	회사측 미기입
기발행 미지급수표	○(은행잔액에 차감)	
추심완료어음 및 결제된 지급어음		○(회사잔액에 가감)
부도어음 및 부도수표		○(회사잔액에 차감)
당좌차월이자 및 은행추심수수료		○(회사잔액에 차감)
은행 또는 회사의 기장상의 오류	○(은행잔액에 가감)	○(회사잔액에 가감)
은행이 직접 수금한 외상매출금		○(회사잔액에 가산)
미기입예금	○(은행잔액에 가산)	

　기발행 미지급수표(outstanding check)란, 회사는 수표를 발행하여 장부에 반영하였으나 수취인은 아직 은행에 추심의뢰를 하지 않은 것으로 은행측 잔액에서 차감되지 않았기 때문에 은행잔액과 회사잔액이 차이가 나게 된다. 따라서 조정 후 잔액을 산출하기 위해서 이는 은행잔액에서 차감해야 할 금액이다. 한편, 당좌차월이자 및 은행추심수수료는 은행은 이를 계산하여 차감하였으나, 회사는 아직 그 사실을 통보받지 못하여 장부상에 반영하지 않은 것으로 회사측 잔액을 수정해야 한다.

　　예 제

　(주)삼일은 20X1 회계연도의 결산을 앞두고 당좌예금계정의 조정을 위해 20X2년 1월 5일에 은행측에 조회한 바, 20X1년 12월 31일 잔액은 ₩100,000이었다. 회사장부상 잔액은 ₩60,000이었으며 양자 간의 차이 원인은 다음과 같다.

1. 회사가 20X1년 12월 30일에 발행했던 수표 중 20X1년 12월 31일까지 인출되지 않은 금액이 ₩50,000이다.
2. 회사가 20X1년 12월 31일에 예금한 ₩5,000이 은행에서는 20X2년 1월 2일에 입금된 것으로 처리되었다.
3. 은행의 예금잔액증명서에 포함된 내용 중 회사의 장부에 반영되지 않은 것은 20X1년 12월분 은행수수료 ₩5,000이다.

은행계정조정표를 작성하고, 수정분개를 하시오.

풀 이

은행계정조정표

(주)삼일   20X1년 12월 31일

- 예금잔액증명서상 잔액   ₩100,000

　가산:

　　　　　　은행측미기입예금   5,000

　차감:

　　　　　　기발행미인출수표   50,000

　수정 후 은행잔액   ₩55,000

- 회사장부상 잔액   ₩60,000

　차감:

　　　　　　은행수수료   5,000

　수정 후 회사장부 잔액   ₩55,000

수정분개:

　(차) 지급수수료   5,000   (대) 당좌예금   5,000

3 결산시 유의사항

(1) 현금실사와 과부족의 처리

　결산일 현재 실제로 있는 현금잔액을 파악하기 위해서 반드시 현금실사를 해야 한다. 현금실사 결과 장부 잔액보다 현금이 많거나 부족한 경우 이를 '현금과부족'이라는 임시계정으로 처리해 둔다. 하지만 반드시 그 원인을 파악하여 원인이 밝혀져 적절한 계정으로 분류해야 하고, 원인 파악이 불가능하면 잡이익 또는 잡손실로 처리한다.

(2) 가지급금과 가수금의 처리

　가지급금과 가수금은 미결산계정이므로 재무상태표에 기재할 수 없고 결산항목으로 계정대체해야 한다. 업무상 가지급액이나 전도금에 대해서 결산일 현재 현금의 지출여부에 따라 처리방법이 달라진다. 즉 수령자가 결산일까지 지출하지 않고 있다면 그 금액은 현금및현금성자산으로 계정분류해야 하고, 결산일 이전에 이미 사용하였다면 지출내역을 파악하여 적절한 계정으로 회계처리해야 한다.

가지급금이나 가수금 같은 미결산계정이 재무상태표에 나타나 있으면 재무제표의 신뢰성이 훼손된다. 왜냐하면 가지급금은 회사의 자금을 내부의 임직원이 유용하고 있다는 뜻이 될 수도 있고 가수금은 매출누락이 있을 가능성을 시사하기 때문이다.

또한 업무와 직접 관련이 없는 가지급금이 있으면 인정이자를 익금산입함과 동시에 같은 금액이 상여 등으로 처분되며, 지급이자는 손금불산입되어 세무상 불이익도 당하게 된다.

(3) 예금잔액 조회확인

결산일 현재 정확한 예금잔액을 확인하기 위해서 예금잔고증명서를 받거나 은행조회서를 통해 검증받을 수 있다.

(4) 은행계정조정표 작성

회사 장부상 당좌예금계정잔액과 은행측의 회사 당좌계좌잔액의 불일치가 발생하는 경우, 은행계정조정표를 작성하여 회계처리가 누락되거나 오류가 발생된 부분을 수정해 주어야 한다.

Ⅲ 단기투자자산

1 단기투자자산의 의의

단기투자자산은 기업이 여유자금의 활용 목적으로 보유하는 자산으로, 단기적 자금운용목적으로 소유하거나 보고기간 말로부터 1년 이내에 만기가 도래하는 것을 말한다. 단기투자자산은 현금및현금성자산과 함께 기업의 단기 유동성을 파악하는데 중요한 정보이기 때문에 개별 표시한다.

2 단기투자자산의 범위

① 단기금융상품: 단기금융상품은 정기예금·정기적금·사용이 제한되어 있는 예금 및 양도성예금증서(CD)·환매채(RP) 등 정형화된 금융기관의 상품으로 단기적 자금운용목적으로 취득하거나 보고기간 말로부터 1년 이내에 만기가 도래하는 금융상품 중 현금성자산에 속하지 아니하는 금융상품을 말한다.

예 제

다음 거래를 분개하시오.
1. 당좌수표 550,000원을 발행하여 정기예금에 예입하였다.
2. 정기예금의 만기가 도래하여 동 정기예금을 이자 5,000원과 함께 보통예금에 예입하였다.

풀 이

자산증가		자산감소	
1. (차) 정기예금	550,000	(대) 당좌예금	550,000

자산증가		자산감소/수익발생	
2. (차) 보통예금	555,000	(대) 정기예금	550,000
		이자수익	5,000

이자가 발생하면 이자수익이라는
계정을 사용한다.

---

② 단기대여금: 금전대차계약에 따른 자금의 대여거래로 발생한 회수기간이 1년 내에 도래하는
   채권이다.
③ 유가증권: 유가증권 중 단기매매증권과 1년 내에 만기가 도래하거나 처분할 것이 거의 확실한
   매도가능증권, 1년 내에 만기가 도래하는 만기보유증권은 단기투자자산으로 분류한다.

3 일반기업회계상 회계처리

(1) 정기예금

정기예금의 이자수익은 기간경과에 비례하여 발생하므로 지급방법 여하에 불구하고 기간경과에
따라 발생한 이자는 미수수익으로 계상하여야 한다.

(2) 정기적금

정기적금은 일정기간을 정하여 일정금액을 납부할 것을 약정하고 매월 일정일에 일정금액을 예입하는 예금이다.

1) 이자계산방법

정기적금은 적금의 불입시기가 다양하므로 미수이자를 계산하기가 복잡한데, 다음의 양식을 이용하면 계산이 편리하다.

회계 단위	은행명	계좌 번호	계약 금액	월불 입액	계약기간및 총불입횟수	기불입 횟수	불입 금액	총인식할 이자수익	계산 적수	미수 이자
	(1)	(2)	A	B	C	D	E= B×D	J=A− (B×C)	K	L= J×K

작성요령: (1) — 은행점포별 회계단위별 소계를 각각 기재함.
          (2) — 계약조건(C)이 동일할 경우 통합 가능함.

$$K = \frac{당해불입적수}{총불입적수} = \frac{\{D(D+1) \div 2\}}{\{C(C+1) \div 2\}}$$

2) 이자수익의 회계처리방법

정기적금의 미수이자가 일정기간별로 원금에 가산되는 경우에는 원금에 가산하는 회계처리를 하며, 이자를 만기에 원금과 함께 또는 기간별로 지급받는 경우에는 발생한 이자를 미수수익으로 계상하였다가 나중에 상계 처리한다.

4 결산시 유의사항

회사는 단기금융상품에 대해 결산시 거래은행으로부터 결산일 현재의 예금잔고를 확인해야 한다.
단기금융상품은 보고기간 말로부터 1년 이내에 만기가 도래하는 것이므로, 장기금융상품으로 분류되었던 것도 결산일 시점에서 만기가 1년 이내에 도래한다면 단기금융상품으로 계정재분류를 해주어야 한다.

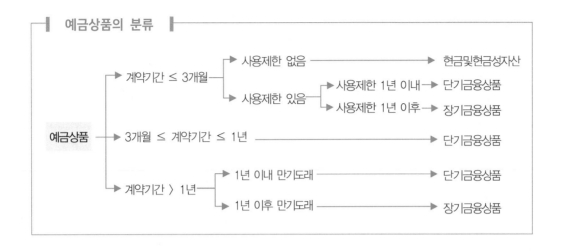

IV 유가증권

1 개념 및 범위

유가증권이란 재산권 또는 재산적 이익을 받을 자격을 나타내는 증권을 말한다. 이러한 유가증권은 실물이 발행된 경우뿐만 아니라 명부에 등록만 되어 있는 경우에도 유가증권에 대한 통제권을 행사할 수 있다. 유가증권은 증권의 종류에 따라 지분증권과 채무증권으로 분류할 수 있다.

지분증권(Equity Securities)이란 회사, 조합 또는 기금 등의 순자산에 대한 소유지분과 관련된 권리를 표시하는 유가증권 및 이와 유사한 유가증권을 말한다. 지분증권에는 보통주, 우선주, 수익증권, 신주인수권 등이 포함된다.

채무증권(Debt Securities)이란 발행자에 대하여 금전을 청구할 수 있는 권리를 표시하는 유가증권 및 이와 유사한 유가증권을 말한다. 채무증권에는 국채, 공채, 사채, 전환사채, 신주인수권부사채 등이 포함된다.

일반기업회계기준에 의하면 취득한 유가증권은 단기매매증권, 매도가능증권, 만기보유증권 중의 하나로 분류한다. 이 중 유동자산으로 분류되는 유가증권은 다음과 같다.

(1) 단기매매증권

단기매매증권은 주로 단기간 내의 매매차익을 목적으로 취득한 유가증권으로서 매수와 매도가 적극적이고 빈번하게 이루어지는 것을 말한다.

이러한 단기매매증권은 유동자산으로 분류한다. 이 경우 단기매매증권을 단기투자자산 등의 과목으로 통합하여 재무상태표에 표시할 수 있다.

(2) 1년 내에 만기가 도래하거나 처분할 것이 거의 확실한 매도가능증권

보고기간종료일로부터 1년 내에 만기가 도래하거나 또는 매도 등에 의하여 처분할 것이 거의 확실한 매도가능증권은 유동자산으로 분류한다. 이 경우 단기투자자산 등의 과목으로 통합하여 재무상태표에 표시할 수 있다.

(3) 1년 내에 만기가 도래하는 만기보유증권

보고기간종료일로부터 1년 내에 만기가 도래하는 만기보유증권은 유동자산으로 분류한다. 이 경우 단기투자자산 등의 과목으로 통합하여 재무상태표에 표시할 수 있다.

여기서 주의할 점은 위에서 언급한 매도가능증권 및 만기보유증권을 유동자산으로 구분표시한다는 의미이지, 계정과목명을 '단기매매증권'으로 바꾼다는 의미는 아니다.

유가증권의 회계처리와 관련된 보다 상세한 내용은 "제5장 투자자산, Ⅲ. 유가증권"을 참조하기 바란다.

2 결산시 유의사항

(1) 유가증권의 실사

유가증권은 쉽게 현금화할 수 있으므로 유용 등의 부정이 나타날 가능성이 있어 일반적으로 기업들은 유가증권을 금융기관에 위탁보관하지만, 일부는 회사에서 직접 보유하기도 한다. 결산시 결산담당자는 회사가 보유하고 있는 유가증권을 직접 실사해야 한다.

유가증권 실사시에는 금액, 수량뿐만 아니라 증권번호, 발행회사명 등도 확인하여 회사의 장부 및 유가증권명세서상의 내용과 일치하는지 검토해야 할 것이다. 금융기관에 위탁보관하고 있는 유가증권에 대해서는 해당금융기관으로부터 잔고증명서를 징구하여 기말현재 평가액이 얼마인지 확인해야 한다.

V 매출채권

매출채권이란 일반적 상거래에서 발생한 외상매출금과 받을어음을 말한다. 여기서 일반적 상거래라 함은 모든 기업에 획일적으로 적용되는 것이 아니라 당해 기업의 사업목적을 위한 경상적 영업활동에서 발생하는 거래, 즉 주된 영업활동거래에서 영업수익(매출액)을 발생시키는 거래를 의미한다.

따라서 매출채권은 일반적 상거래 이외의 거래에서 발생하는 미수금 또는 금전대차거래에서 발생하는 대여금 등과는 구별된다. 또한 받을어음의 경우도 일반적 상거래를 근거로 하는 진성어음만으로 한정되며, 단순히 금전대차를 목적으로 하는 융통어음 등은 제외된다.

1 외상매출금

(1) 개념 및 범위

외상매출금은 상기 매출채권의 정의에서 볼 수 있듯이 일반적 상거래에서 발생한 것이라는 점에서 다른 수취채권과 구별된다고 할 수 있는데, 이를 구체적으로 살펴보면 다음과 같다.

1) 외상매출금은 일반적 상거래에서 발생한 채권이다

기업이 재화나 용역을 외상으로 판매, 제공하고 그 대가로 미래에 현금을 수취할 권리를 획득하는 경우 또는 자금을 대여하고 장래에 일정한 현금을 수취할 권리를 갖게 되는 경우 등에 발생하는 채권을 수취채권이라 통칭한다.

이러한 수취채권은 미래에 일정한 금액을 받을 수 있는 청구권을 나타낸다고 할 수 있는데, 크게 일반적인 상거래를 통하여 발생한 채권(매출채권)과 일반적인 상거래 이외의 거래에서 발생한 채권으로 구분된다.

여기서 일반적인 상거래라 함은 모든 기업에 획일적으로 적용되는 것이 아니라 당해 기업의 본래의 사업목적을 위한 경상적 영업활동에서 발생하는 거래라는 것을 의미한다. 예를 들어 가구를 제조하여 판매하는 것을 사업목적으로 하는 갑이라는 회사가 어떤 대리점에 자기가 제조한 가구를 판매하였다면, 이 거래는 갑회사의 일반적인 상거래라고 할 수 있다. 그러나 갑회사가 가구제조에 쓰이던 기계가 노후되어 이를 어떤 기계상에게 팔았다면 이는 갑회사의 일반적인 상거래 이외의 거래라 할 수 있다. 반면에 기계의 제조·판매를 사업목적으로 하는 을이라는 회사가 기계를 판매하는 것은 을회사의 일반적인 상거래라고 할 수 있다.

따라서 외상매출금을 여타 다른 채권과목과 구별하기 위해서는 그 채권이 과연 그 기업의 본래의 사업목적인 영업활동에서 발생한 것인가를 판단하는 것이 중요하다.

2) 외상매출금은 어음상의 채권이 아닌 매출채권이다

위에서 살펴본 바와 같이 수취채권은 일반적 상거래에서 발생하는 매출채권과 기타의 수취채권으로 구분된다. 매출채권에는 외상매출금과 받을어음이 있으며, 기타의 수취채권에는 미수금, 대여금, 선급금 등이 포함된다.

받을어음의 경우는 상법상의 어음에 채권액이 구체적으로 기재되는 점에서 외상매출금과 구분된다. 외상매출금은 당해 채권을 입증하는 구체적인 증서가 존재하거나 담보가 제공되지 않는다. 다만, 일반적으로 거래과정에서 발생하는 내부·외부증빙(출고전표, 세금계산서, 인수증 등)으로 입증이 가능하다.

이상에서 살펴본 바와 같이 외상매출금은 일반적 상거래에서 발생한 매출채권 중에서 어음상의 채권이 아닌 것이라고 정의할 수 있다.

(2) 일반기업회계상 회계처리

1) 발생

외상매출금에 대한 계정처리는 외상매출금이 발생되는 시점(매출시점)과 소멸되는 시점(대금의 회수, 대손상각, 기타 채권과의 상계 등)의 회계처리로 크게 구분될 수 있다.

이와 별개로 회계이론적 측면에서 외상매출금을 계정 처리함에 있어서 중요시되어야 할 부분으로는 다음과 같은 것들이 있다.

① 수익인식시점의 문제

수익인식시점의 문제란 외상매출금을 어느 시점에서 자산으로 계상할 것인가의 문제이다. 외상매출금이 발생되는 시점에서 상대계정, 즉 대변의 과목은 당연히 매출이 된다.

따라서 이 문제는 교환거래로부터 수익을 언제 인식하여야 할 것인가의 문제와 직접적으로 관련되는 것이다. 이것은 회계이론적 측면에서도 매우 중요한 부분으로서 이에 대해서는 뒤에서 살펴보게 될 매출계정에 대한 회계처리 문제에서 자세히 언급될 것이다. 다만, 여기서 수익인식기준으로 수익실현의 원칙을 확인해 본다면 수익획득과정이 거의 완료되고 미래에 획득하게 될 현금의 금액과 시기를 합리적으로 예측할 수 있을 때 수익을 인식한다는 것으로, 가장 흔한 예가 제품이나 상품의 인도시점에 수익을 인식하는 것이다.

② 외상매출금의 측정문제

외상매출금의 측정문제란 외상매출금을 얼마의 금액으로 인식할 것인가의 문제인데 원칙적으로 공정가치로 평가한다. 한편, 이론적으로 외상매출금은 미래에 획득할 현금흐름의 현재가치로 평가해야 할 것이나, 실제적으로 외상매출금이 단기성인 경우 현재가치할인액의 금액적 중요성이 없으므로 양자 간에 결정된 매출금액을 외상매출금으로 기표한다.

③ 회수불능채권의 처리문제

회수불능채권의 처리문제란 일단 외상매출금으로 계정처리 된 채권에 대하여 장래의 대손가능성과 그 금액을 어떤 방법으로 평가하여 외상매출금의 회수가능금액을 재무상태표에 나타낼 것인가의 문제로서 대손충당금의 설정문제와 대손상각의 문제로 요약되는데, 이는 대손충당금 편에서 자세히 설명될 것이다.

외상매출금의 발생액은 외상매출금계정의 차변에 기입한다.

일반적인 경우 외상매출금은 제공한 재화·용역의 공급금액과 부가가치세액의 합계액이 되지만, 부가가치세법상 면세인 재화나 용역을 공급하는 경우에는 판매대금 전액을 외상매출금과 매출로 회계처리하면 된다.

예 제

1. (주)삼일은 ₩10,000,000 상당의 아동용 도서(부가가치세 면세임)를 을회사에 외상으로 공급하였다.
2. (주)삼일은 사무용가구 ₩6,600,000(부가가치세 ₩600,000 포함)을 외상으로 공급하였다.

위의 거래를 분개하시오.

풀 이

1. (차) 외상매출금	10,000,000	(대) 매출	10,000,000
2. (차) 외상매출금	6,600,000	(대) 매출	6,000,000
		부가가치세예수금	600,000

일반적으로 외상매출금 관리 시 보조부인 매출처원장을 사용하게 된다. 이것은 거래처가 많을 경우 총계정원장만으로는 거래처별 외상매출금의 관리가 곤란하거나 불가능해지기 때문이다. 보조부인 매출처원장을 사용하는 경우 총계정원장은 거래처별 외상매출금에 대한 통제계정의 역할을 수행하게 된다.

따라서 매출처원장을 사용하는 경우 거래건별로 매출처원장에 거래처별 외상매출금 발생·상환 등을 차·대변에 기입하고, 총계정원장의 외상매출금계정에는 일별 합계금액을 기입하는 것이 보통이다.

2) 외상매출금의 담보제공과 양도(Factoring)

회사가 보유하고 있는 매출채권은 미래에 회사에 유입될 예상현금흐름을 나타낸다. 그러나 기업이 현금을 즉시 필요로 하는 경우에는 장차 고객으로부터 받게 될 현금흐름예상액의 가치를 담보로 하거나 포기함으로써 제3자로부터 즉각적인 현금흐름을 창출하기도 하는데, 이와 같이 자금조달목적으로 매출채권을 이용하는 방법에는 다음과 같은 것이 있다.

① 외상매출금의 담보제공

기업은 자금수요를 충족하기 위해서 자사가 보유하고 있는 매출채권을 담보로 금융기관으로부터 대출을 받을 수 있다. 이때 회사는 추후에 조달된 현금으로 부채를 상환하게 되며, 거래처 즉 외상매입처는 이러한 담보제공의 사실을 모르는 것이 일반적이다.

이와 같이 매출채권을 담보로 제공하고 자금을 융통하는 경우에는 새로운 차입금을 계상하고 매출채권은 제거하지 아니한다. 다만, 회사가 기일 내에 차입금을 금융기관에 상환하지 않으면 금융기관은 담보로 제공된 매출채권을 처분할 수 있는 법적 권리를 갖게 되므로 차입금을 상환하기 전에 회사가 재무제표를 공시하는 경우에는 해당 매출채권이 차입금에 대하여 담보로 제공되었음을 공시하여야 한다.

> **예 제**
>
> (주)삼일은 (주)용산에 대한 외상매출금 ₩10,000,000을 담보로 하여 국제은행으로부터 동 금액을 차입하였다.
> (차) 현금　　　　　　　　　10,000,000　　　(대) 단기차입금
> 10,000,000

② 외상매출금의 양도

외상매출금의 양도란 외상매출금을 회수기일 전에 금융기관 등에 매각하고 자금을 조달하는 것을 말한다. 이러한 외상매출금의 양도는 그 경제적 실질에 따라 매각거래와 차입거래로 구분할 수 있다.

즉, 양도에 대한 판단은 다음의 요건을 모두 충족하는 경우에는 양도자가 금융자산에 대한 통제권을 양수자에게 이전한 것으로 보아 매각거래로, 이외의 경우에는 금융자산을 담보로 한 차입거래로 본다.

ⓐ 양도인은 금융자산 양도 후 당해 양도자산에 대한 권리를 행사할 수 없어야 한다. 즉, 양도인이 파산 또는 법정관리 등에 들어갈지라도 양도인 및 양도인의 채권자는 양도한 금융자산에 대한 권리를 행사할 수 없어야 한다.
ⓑ 양수인은 양수한 금융자산을 처분(양도 및 담보제공 등)할 자유로운 권리를 갖고 있어야 한다.
ⓒ 양도인은 금융자산 양도 후에 효율적인 통제권을 행사할 수 없어야 한다.

즉, 매출채권 등에 대한 권리와 의무가 양도인과 분리되어 실질적으로 양수인에게 이전되는 경우에는 매출채권의 매각거래로 회계처리하고, 실질적으로 이전되지 않은 경우에는 차입거래로 회계처리한다.

이때 주의할 점은 환매위험 등과 같이 외상매출금의 양도 후 양도인이 부담해야 할 위험은 양도거래에 수반된 일종의 하자담보책임에 불과하므로, 이러한 담보책임은 양도 여부의 판단기준에 영향을 미치지 않는다는 것이다.

따라서 매각거래와 차입거래를 구분하는 기준은 외상매출금을 양도한 이후 양수자에게 상환청구권이 있는지의 여부와는 무관하며, 위의 요건을 만족하는 경우에만 매각거래로 보고 그 외의 경우에는 차입거래로 분류한다.

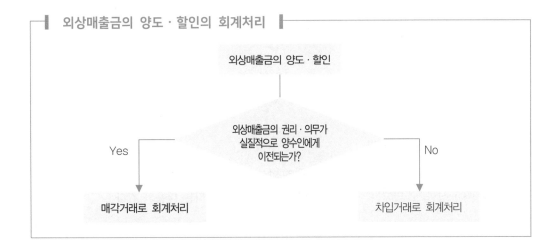

│ 외상매출금의 양도·할인의 회계처리 │

외상매출금의 양도·할인

외상매출금의 권리·의무가 실질적으로 양수인에게 이전되는가?

Yes → 매각거래로 회계처리

No → 차입거래로 회계처리

⊙ 매각거래에 해당하는 경우의 회계처리

외상매출금의 양도가 위의 양도요건을 모두 만족하여 매각거래에 해당하는 경우에는 이전된 외상매출금은 장부에서 제거하고 장부금액과 처분금액의 차이를 당기손익으로 인식해야 하며, 그 양도내역을 주석으로 기재해야 한다.

ⓐ 외상매출금의 양도시점

| (차) | 현금 | ××× | (대) 외상매출금 | ××× |

| | 미수금 | ××× | | |

| | 매출채권처분손실 | ××× | | |

위의 회계처리에서 미수금은 외상매출금을 양도할 때 동 채권에 대해 미래에 발생 가능한 조정사항을 처리하는데 사용될 수 있도록 실수령액 중의 일부를 채권매수인에게 남겨두는 계정이다.

ⓑ 미수금을 회수한 경우

| (차) | 현금 | ××× | (대) 미수금 | ××× |

ⓒ 차입거래에 해당하는 경우의 회계처리

외상매출금의 양도가 양도요건을 만족하지 못하여 차입거래에 해당하는 경우에는 차입액을 단기차입금으로 처리해야 하며, 금융자산의 이전이 담보거래에 해당하는 경우에는 해당 금융자산을 담보제공자산으로 별도 표시하고 그 담보제공내역을 주석으로 기재해야 한다.

ⓐ 외상매출금의 양도시점

| (차) | 현금 | ××× | (대) 단기차입금 | ××× |

| | 미수금 | ××× | | |

| | 이자비용 | ××× | | |

ⓑ 담보제공자산의 별도표시

| (차) 양도외상매출금 | ××× | (대) 외상매출금 | ××× |

3) 외상매출금의 상환과 소멸

외상매출금이 상환·소멸되는 경우 그 금액은 외상매출금계정의 대변에 기입한다.
외상매출금이 상환·소멸되는 여러 가지 형태에 따른 회계처리는 다음과 같다.

① 현금에 의한 대금회수

(주)삼일은 (주)용산에 대한 외상매출금 ₩10,000,000을 현금으로 회수하였다.

| (차) 현금 | 10,000,000 | (대) 외상매출금 | 10,000,000 |

② 약속어음에 의한 대금회수

(주)삼일은 (주)용산에 대한 외상매출금 ₩10,000,000을 을회사 발행 약속어음으로 회수하였다.

(차) 받을어음	10,000,000	(대) 외상매출금	10,000,000

③ 신용카드매출대금의 회수

(주)삼일은 신용카드매출대금 중 A신용카드회사분 ₩10,000,000을 회수하였다. 회수금액 중 A신용카드회사에 대한 수수료 ₩400,000을 차감한 ₩9,600,000이 (주)삼일의 대금회수용 통장에 입금되었다.

(차) 예금	9,600,000	(대) 외상매출	10,000,000
지급수수료	400,000		

2 받을어음

(1) 개념 및 범위

일반적인 상거래에서 매매 즉시 대금을 결제하지 않고 일정시점까지 그 결제를 연기하는 경우가 있다. 실무적으로는 증권을 통해서 대금의 결제는 일단 끝내고, 증권대금의 결제를 장래로 미루는 방법을 취하는 것이 일반적인데 이 경우에 사용되는 것이 어음이다.

1) 받을어음은 일반적 상거래에서 발생한 채권이다

받을어음은 일반적 상거래에서 발생한 채권(매출채권)이라는 점에서는 외상매출금과 성격이 같다.

2) 받을어음은 어음상의 채권이다

받을어음은 같은 매출채권이지만 어음상의 채권이라는 점에서 외상매출금과 구분된다.

상법상으로 어음은 일정한 금액의 금전지급청구권을 표창하는 금전채권적 유가증권으로서, 단순히 지급의 수단으로 사용되는 수표에 비하여 주로 신용의 수단으로 사용되는 특징이 있다.

따라서 구매자와 판매자 사이의 함묵적 합의에 의하여 발생하는 외상매출금과는 달리, 받을어음은 발행인이 계약조건에 따라 수취인에게 일정금액을 지급하기로 약속한 문서화된 계약이라고 할 수 있다.

3) 받을어음은 유동자산이다

일반기업회계기준에서는 1년 및 정상적인 영업주기를 기준으로 유동자산과 그 밖의 자산을 구분하고 있으므로, 보고기간종료일을 기준으로 만기가 1년 및 정상적인 영업주기 이후에 도래하는 것은 기타비유동자산 중 장기성받을어음으로 구분 계상하여야 한다. 반대로 이미 장기성받을어음으로 계상되어 있는 채권도 그 이후의 결산시점을 기준으로 만기가 1년 및 정상적인 영업주기 이내가 되었으면 유동자산 중 받을어음으로 계상하여야 한다.

(2) 일반기업회계상 회계처리

여기서는 일반기업회계상 나타날 수 있는 받을어음에 대한 회계처리문제를 받을어음의 발생, 할인, 배서에 대해서 살펴보고 실무상 받을어음 관련 장부관리에 대해 살펴보기로 한다.

1) 받을어음의 발생

받을어음의 발생액은 받을어음계정의 차변에 기입한다. 이하에서는 구체적인 사례별로 회계처리를 설명한다.

① 통상적인 매출의 발생

> **예 제**
>
> (주)삼일은 ₩10,000,000 상당의 아동용 도서를 (주)용산에 공급하고 어음을 수취하였다.
> (차) 받을어음   10,000,000   (대) 매출   10,000,000

② 외상매출금의 어음회수

> **예 제**
>
> (주)삼일은 (주)용산에 대한 외상매출금 ₩15,000,000을 어음으로 회수하였다.
> (차) 받을어음   15,000,000   (대) 외상매출금   15,000,000

③ 선일자수표의 취득

예 제

(주)삼일은 (주)용산에 ₩20,000,000의 물품을 공급하고 (주)용산으로부터 동 금액의 선일자수표를 받았다.

(차) 받을어음   20,000,000   (대) 매출   20,000,000

통상적인 상거래에 있어서 재화나 용역을 공급하는 회사가 거래처에 물품대금으로 어음 대신에 선일자수표(발행일자를 실제의 발행일보다 장래의 후일로 기재한 수표)를 요구하는 경우가 있다.

이러한 선일자수표는 당사자 간에는 수표상에 기재된 발행일자 전에는 지급을 청구하지 않기로 합의하고 발행되는 것이므로, 경제적 실질의 측면에서는 받을어음과 동일한 효과를 기대할 수 있다. 따라서 선일자수표를 받는 경우에는 회계처리상으로는 받을어음으로 계정 처리하는 것이 일반적이다.

2) 받을어음의 할인(discounting)

받을어음의 소지자는 즉각적인 자금조달을 위하여 어음의 만기일까지 대금이 회수될 것을 기다리는 대신에 은행 또는 제3자에게 받을어음을 할인하기도 한다. 이때 기존의 받을어음의 소지자는 어음할인의 대가로 할인료를 지급하게 된다.

받을어음도 외상매출금과 마찬가지로 다음의 요건을 모두 충족하는 경우 매각거래로 보며, 그 외의 경우에는 차입거래로 본다.

① 양도인은 금융자산 양도 후 당해 자산에 대한 권리를 행사할 수 없어야 한다.
② 양수인은 양수한 금융자산에 대하여 자유로운 처분권을 갖고 있어야 한다.
③ 양도인은 금융자산 양도 후에 효율적인 통제권을 행사할 수 없어야 한다.

배서양도·할인한 어음의 경우 어음양수인은 상환청구권을 지니고 있으므로 어음양수인의 지급청구가 있을 때 어음양도인은 지급을 담보하여야 하며, 이러한 상환청구권에 따른 위험은 "금융상품에 내재된 위험에 따라 양도인이 부담할 수 있는 위험(예: 환매위험)은 담보책임"에 해당한다. 이와 같이 양도인이 부담하는 위험(환매위험)은 양도여부의 판단에는 영향을 미치지 않으므로 상환청구권의 유무로 양도에 대한 판단을 하는 것은 아니다.

따라서 일반적으로 받을어음을 금융기관 등에서 배서양도·할인하는 거래에 대하여는 해당 금융자산의 미래 경제적 효익에 대한 양수인의 통제권에 특정한 제약이 없는 한 매각거래로 회계처리한다.

3) 받을어음의 배서(endorsement)

받을어음을 할인하는 방법 이외에 받을어음을 양도하는 방법으로 가장 흔한 것은 배서이다. 배서는 당사자의 의사에 의하여 특정한 어음채권을 이전하는 것인데, 어음의 이면에 배서인이 어음금액을 피배서인에 대하여 지급할 것을 의뢰하는 뜻의 기재를 하여 어음을 피배서인에게 교부하는 방법에 의한다. 배서의 결과 어음에 표창된 모든 권리는 피배서인에게 이전한다.

받을어음의 배서양도에 대한 회계처리는 기본적으로 받을어음의 할인의 경우와 동일하다.

4) 받을어음의 관련 장부의 비치

받을어음의 경우도 외상매출금과 마찬가지로, 거래처와 거래빈도가 많을 경우에는 거래처별 받을어음을 기록하는 보조부가 필요하다.

또한 받을어음의 경우에는 지급일이 구체적으로 기재되어 있으므로 지급 일자별 보조부를 유지하는 것이 필요하다.

받을어음에 대한 지급 일자별 보조부를 유지하게 되면 회사의 자금관리에 필요한 자료를 쉽게 얻을 수 있으므로 관리목적상 유용하게 활용할 수 있다.

5) 전자방식외상매출채권담보대출, 기업구매전용카드 관련 회계처리

전자방식외상매출채권담보대출 및 전자외상매출채권담보대출 양도, 할인의 경우 매각거래 또는 차입거래 여부를 판단하여야 하며, 상환청구권의 유무는 양도 여부에 대한 판단에 영향을 미치지 않는다. 한편, 금융기관(은행)은 당해 전자채권 등을 할인해주는 경우 대출채권으로 회계처리하며, 구매기업은 상품 및 제품을 인도받는 시점에 물품대금을 매입채무로 계상하고 결제일의 대금지급은 매입채무의 이행으로 회계처리한다. 그리고 기업구매전용카드 또는 구매론에 의해 물품대금이 결제되고 판매자가 지급대행은행에 물품대금의 선지급 요청시에는 양도에 대한 판단기준을 충족하는 것으로 보아 판매자는 지급대행은행에 매출채권을 매각한 것으로 회계처리하고, 구매자는 상품 및 제품을 인도받는 시점에 물품대금을 매입채무로 인식한다.

3 매출채권의 평가–대손충당금의 설정

(1) 의의

회사들의 일반적인 매출형태를 보면 현금판매보다는 고객의 신용을 바탕으로 한 외상거래가 훨씬 많다. 이러한 신용판매방식으로 발생하는 매출채권에 대하여는 회수불능위험이 항상 존재하게 된다.

물론 외상거래로 인해 발생하는 매출채권뿐만이 아니라 그 밖의 채권에 대하여도 회수불능위험은 존재하고 있다.

이렇게 회사의 정상적인 영업활동에서 통상적으로 발생하게 되는 회수불가능한 채권은 이미 그 자산가치를 상실하여 회사의 재무상태 및 경영성과를 왜곡하여 표시할 우려가 있다.

따라서 일반기업회계에서는 장래에 발생할 것으로 보이는 대손예상액을 추산하여 당기비용으로 인식함과 아울러 당해 채권의 평가계정으로 대손충당금을 설정하도록 하고 있다. 이를 통해서 재무상태표상의 매출채권은 순실현가능가치로 평가되고 있다.

(2) 대손처리방법

1) 직접차감법

직접차감법은 특정채권이 대손되기 전까지는 회계처리를 하지 않고, 특정채권의 회수가 실제로 불가능하다고 판명되었을 때 그 금액만큼을 당기의 비용으로 인식하고 동시에 외상매출금에서 직접 차감하는 방법이다. 이 방법은 추정치가 아니라 실제로 발생한 금액을 기록함으로써 객관성이 높고 실무상 적용하기가 쉽고 편리하다는 장점이 있으나, 수익·비용대응의 원칙에 위배된다. 즉, 어느 특정회계기간에 매출이 이루어지고, 이에 대한 대손상각이 그 이후의 회계기간에 비용으로 계상되는 경우에는 회수불능채권의 발생에 따른 손실이 매출이 이루어진 기간에 인식되지 않게 됨으로써 수익·비용대응의 원칙에 어긋나게 된다. 또한 기말매출채권이 순실현가능가치로 평가되지 않는 단점도 있어 일반기업회계기준과 맞지 않다.

2) 충당금설정법 – 일반기업회계기준에서 규정

충당금설정법은 일부채권이 회수되지 않을 가능성이 높고, 회수불능채권의 금액을 합리적으로 추정할 수 있는 경우에 회수불능추정액과 대손충당금계정잔액을 비교하여 양자의 차액만큼을 대손충당금계정에 추가로 설정하거나 환입하는 방법이다. 이 방법은 정보이용자들이 미래 현금흐름을 예측하는데 유용한 정보를 제공할 수 있을 뿐만 아니라, 매출이 보고되는 회계기간에 그와 관련된 회수불능채권금액(대손상각)을 계상하므로 수익·비용대응의 원칙에도 부합되는 회계처리방법이라 할 수 있다.

(3) 일반기업회계상 회계처리

1) 대손충당금의 설정

일반기업회계기준에서는 회수가 불확실한 채권에 대하여 합리적이고 객관적인 기준에 따라 산출한 대손추산액을 대손충당금으로 설정하도록 규정하고 있다. 한편 대손충당금계정의 잔액이 있는 경우에는 기말대손추산액과 대손충당금잔액의 차액을 대손상각비나 대손충당금환입액으로 처리한다. 이때 대손상각비 중 상거래상의 채권인 매출채권 등에서 발생한 것은 판매비와관리비로 분류하여야 하나, 상거래상의 채권이 아닌 채권, 즉 미수금이나 대여금 등에서 발생한 대손상각비는 기타의대손상각비의 계정과목으로 영업외비용으로 분류하여야 한다. 판매비와관리비로 분류된 대손충당금환입은 판매비와관리비의 부(-)의 금액으로 표시한다.

① 연령분석법

외상매출금 연령분석법이란 각각의 매출채권을 경과일수에 따라 몇 개의 집단으로 분류하여 연령분석표(aging schedule)를 작성하고, 각각의 집단에 대하여 과거 경험률 등에 대한 별도의 대손추정률을 적용하여 대손충당금으로 계상되어야 할 대손추산액을 추정하는 방법이다. 이 방법은 경과일수에 따라 수취채권의 회수불능위험성이 커진다는 가정하에 만기일 이후 상당한 기간이 경과한 채권에 대해서는 거의 대부분의 금액을, 비교적 최근에 발생한 채권에 대해서는 낮은 비율의 금액을 대손충당금으로 설정하는 것이다.

따라서 이렇게 계산된 기말목표 대손충당금잔액에서 기설정된 대손충당금잔액을 차감하여 추가로 대손충당금으로 전입할 금액을 구한다.

다음의 사례를 통해 연령분석법에 의한 대손충당금 설정에 대해 이해하도록 하자.

예 제

(주)삼일의 20X1년 말 현재 매출채권 잔액은 ₩45,000,000이며, 이에 대한 대손충당금을 연령분석법에 따라 다음과 같이 추정하고 있다. 20X1년 말 결산 전 대손충당금 잔액이 ₩3,000,000이고, 20X1년 중에 실제 발생한 대손금이 ₩200,000이었다. 20X1년 말 현재 재무상태표상 계상될 대손충당금을 추정하고, 당해 매출채권에 대한 대손과 관련한 회계처리를 수행하시오.

〈대손충당금 추정자료〉

경과일수	매출채권잔액	추정 대손율
1~30일	₩20,000,000	1%
31~60일	10,000,000	5%
61~180일	8,000,000	10%
181일 이상	7,000,000	50%
계	45,000,000	

풀 이

(1) 20X1년 말 대손충당금 잔액의 추정

대손충당금=(20,000,000×1%)+(10,000,000×5%)+(8,000,000×10%)+(7,000,000×50%)
　　　　　=₩5,000,000

(2) 대손관련 회계처리

① 대손발생시 회계처리

(차) 대손충당금　　　　　　200,000　　　(대) 매출채권　　　200,000

② 결산시 대손충당금 설정에 대한 회계처리

(차) 대손상각비　　　　　2,200,000　　　(대) 대손충당금　　2,200,000

ⅰ) 결산 전 대손충당금 잔액=3,000,000−200,000=₩2,800,000

ⅱ) 당기 말 대손충당금 추정액=₩5,000,000

ⅲ) 결산시 대손충당금 추가설정액=ⅱ)−ⅰ)=₩2,200,000

② 기말잔액비율법

　외상매출금 기말잔액비율법은 각 기말의 외상매출금잔액 중 일정비율에 해당하는 금액이 회수가 불가능하게 되리라는 가정하에 외상매출금 기말잔액에 과거 경험률 등에 의한 대손추정률을 곱하여 대손충당금계정의 기말목표 잔액(대손추산액)을 구하고, 이 목표잔액에서 기말현재의 대손충당금 잔액을 차감한 금액만큼 대손충당금을 추가로 계상하는 방법이다.

　결산시점에서 합리적이고 객관적인 기준에 따라 산출한 대손추산액에서 기말현재 장부상 대손충 당금잔액을 차감한 금액을 다음과 같이 대손충당금으로 설정한다.

(차) 대손상각비　　　　×××　　　　　　(대) 대손충당금　　　　×××

그러나 만일 기말에 설정할 대손추산액이 기말현재 장부상 대손충당금잔액보다 적은 경우에는 다음과 같이 환입처리한다.

    (차) 대손충당금   ×××   (대) 대손충당금환입   ×××

2) 기중 대손의 발생

결산기 이외에서 실제로 대손이 발생한 경우에는, 다음과 같이 기설정된 대손충당금과 매출채권과 상계한다.

    (차) 대손충당금   ×××   (대) 매출채권   ×××

만일 회수불능으로 판명된 매출채권이 이미 설정되어 있는 대손충당금을 초과하게 되면, 그 초과액은 다음과 같이 대손상각비로 처리한다.

    (차) 대손충당금   ×××   (대) 매출채권   ×××
         대손상각비   ×××

3) 상각채권의 회수

회사가 거래처의 부도 등으로 인해 그 거래처에 대한 매출채권을 회수 불가능한 것으로 판단하여 이미 대손처리한 이후에 거래처 자금사정의 호전으로 인해 이미 상각한 매출채권 금액을 회수하는 경우도 있다. 이러한 경우에는 다음과 같이 과거에 대손처리한 회계처리를 역분개한 후 매출채권 회수에 관한 회계처리를 수행하면 될 것이다.

① 과거 대손처리한 분개를 역분개

    (차) 매출채권   ×××   (대) 대손충당금   ×××

② 매출채권 회수에 관한 회계처리

    (차) 현금   ×××   (대) 매출채권   ×××

위에서 수행한 두 가지의 분개를 살펴보면 매출채권의 증가와 감소가 동시에 나타나므로 편의상 다음과 같이 하나의 분개로 나타낼 수도 있을 것이다.

    (차) 현금   ×××   (대) 대손충당금   ×××

대손충당금과 관련한 회계처리를 요약하면 다음과 같다.

구분	회계처리		
기말 수정분개	−대손추산액 > 수정전 대손충당금잔액: 차액을 추가설정 (차) 대손상각비 ×××　(대) 대손충당금 ××× −대손추산액 < 수정전 대손충당금잔액: 초과액을 환입 (차) 대손충당금 ×××　(대) 대손충당금환입 ×××		
대손발생시	−대손충당금잔액 > 대손발생액 (차) 대손충당금 ×××　(대) 매출채권 ××× −대손충당금잔액 < 대손발생액 (차) 대손충당금 ×××　(대) 매출채권 ××× 　　　대손상각비 ×××		
상각채권 회수시	(차) 현금 ×××　(대) 대손충당금 ×××		

4 결산시 유의사항

(1) 받을어음 실사

받을어음도 유가증권과 마찬가지로 쉽게 현금화할 수 있으므로 유용 등의 부정이 나타날 가능성이 있어 일반적으로 기업들은 받을어음을 금융기관에 위탁보관하지만 일부는 회사에서 직접 보유하기도 한다. 결산시 결산담당자는 회사가 보유하고 있는 받을어음을 직접 실사해야 한다.

받을어음 실사시에는 어음상의 표시금액뿐만 아니라 어음번호, 만기일, 발행일 등도 함께 확인하고 회사의 장부 및 어음기입장의 내용과 일치하는지 검토해야 할 것이다. 금융기관에 위탁보관하고 있는 받을어음에 대해서는 해당 금융기관으로부터 잔고증명서를 징구하여 위탁상태를 확인하여야 한다.

(2) 채권 · 채무의 조회

기말 결산시 채권과 채무의 잔액을 파악하려면 해당 거래처에 조회하는 것이 정확한 금액을 파악하는데 도움을 준다. 조회 결과 거래처의 답변을 파악하고, 만일 잔액이 틀리다는 답변이 오면 그 원인을 파악하여 적절히 회계처리해야 한다.

5 매출채권의 분류

정상적인 영업주기 내에 회수되는 매출채권은 보고기간종료일로부터 1년 이내에 실현되지 않더라도 유동자산으로 분류한다. 이 경우, 유동자산으로 분류한 금액 중 1년 이내에 실현되지 않을 금액을 주석으로 기재한다. 유동자산으로 분류되지 아니한 장기매출채권 등은 기타비유동자산으로 분류한다.

VI 기타당좌자산

1 단기대여금

(1) 개념 및 범위

단기대여금(short-term loans)은 금전대차계약에 따른 자금의 대여거래로 발생한 회수기한이 보고기간종료일로부터 1년 내에 도래하는 채권이다. 따라서 장기대여금으로 분류되었더라도 기간이 경과하여 회수기한이 보고기간종료일로부터 1년 내에 도래하게 되면 단기대여금으로 계정대체해야 한다.

(2) 일반기업회계상 회계처리

단기대여금은 금전채권이므로 기말시점에서 회수가 불확실한 대손추산액은 대손충당금을 설정하여 차감형식으로 표시한다. 한편, 단기대여금은 일반적 상거래에서 발생한 매출채권이 아니므로 단기대여금계정에서 발생하는 대손상각비는 영업외비용(기타의대손상각비)으로 분류한다.

2 미수금

(1) 개념 및 범위

미수금이란 일반적 상거래 이외에서 발생한 미수채권을 말한다. 그러므로 일반적 상거래에서 발생한 채권인 외상매출금·받을어음과 같은 매출채권과는 구분된다. 여기에서 일반적 상거래란 당해 회사의 사업목적을 위한 경상적 영업활동에서 발생하는 거래를 말한다. 그러므로 모든 기업에 대하여 특정한 영업행위가 일반적 상거래로 정해지는 것은 아니며, 기업이 어떤 형태의 영업행위를 하는가에 따라서 일반적 상거래의 내용이 정해진다고 할 수 있다.

(2) 일반기업회계상 회계처리

미수금계정은 위에서 설명하였듯이 정상적인 영업활동을 위한 재고자산 이외의 자산을 매각한 경우에 이에 대한 미수액을 처리하는 계정이며, 발생시점에서 수익인식의 조건이 충족되므로 상대계정과목의 거래에 따르는 손익이 인식된다.

예 제

(주)삼일은 보유하고 있던 차량을 ₩5,000,000에 외상으로 처분하였다. 처분차량의 취득원가는 ₩10,000,000이고 처분일 현재의 감가상각누계액은 ₩6,000,000이었다. 이 경우 필요한 회계처리를 하시오.

풀 이

(차) 미수금	5,000,000	(대) 차량운반구	10,000,000
감가상각누계액	6,000,000	유형자산처분이익	1,000,000

---

3 미수수익

(1) 개념 및 범위

미수수익은 기간손익을 발생주의로 인식하는 경우 기간경과에 따라 발생한 수익 중 미수로 계산된 경과적 채권계정이다. 즉, 수익의 창출이 기간의 경과에 비례하여 발생하는 용역에 있어 제공기간이 결산시점에 걸쳐 있다면 기경과된 부분에 대한 용역은 이미 제공되었고, 그 대가도 계산할 수 있으므로(전 기간에 대한 용역대가 × 경과기간/전체기간) 회계상으로는 수익을 계상하는 동시에 이에 대한 자산계정을 설정해야 한다.

한편 미수수익을 계정성격이 유사한 미수금과 비교하면 다음과 같다.

미수수익은 용역의 제공이 완료되지는 않았으나 기간경과에 따라 이미 제공된 용역의 대가를 자산으로 계상한 것이다. 반면에 미수금은 일반적 상거래 이외에서 발생한 미수채권으로서 재화나 용역의 제공이 완료되었고 채권의 금액도 확정되었으나 아직 수령하지 못한 금액을 말한다.

(2) 일반기업회계상 회계처리

미수수익이란 앞에서도 설명하였듯이 계속적인 용역제공의 사실이 존재하고, 보고기간종료일 현재 그 용역의 제공이 계속 중인 것을 말하는 바, 이에 대하여 기간손익을 계산해 주기 위한 적절한 회계처리를 필요로 하게 된다. 따라서 미수수익에 대한 회계처리는 기말결산에 관련하여 발생하는 내용이 대부분을 차지한다.

또한, 미수수익은 금전채권이므로 회수가 불확실한 대손추산액은 대손충당금을 설정하여 차감형식으로 표시하며, 이때 대손상각비는 영업외비용으로 분류한다.

예 제

(주)삼일의 다음 거래에 대해 필요한 분개를 하라.
① 20X1년 12월 31일의 결산에 임대료 2개월분에 대한 미수분을 계상하다.
   임대료는 매월 ₩300,000이다.
② 20X2년 1월 31일에 3개월치 임대료를 수령하다.

풀 이

- 20X1년 12월 31일 분개

(차) 미수수익	600,000	(대) 임대료	600,000

- 20X2년 1월 31일 분개

(차) 현금	900,000	(대) 미수수익	600,000
		임대료	300,000

---

4 선급금

(1) 개념 및 범위

선급금이란 상품·원재료 등의 매입을 위하여 선급한 금액을 말한다. 여기서 '상품·원재료 등의 매입'은 일반기업회계기준에서 말하는 '일반적 상거래'와 유사한 개념이라 볼 수 있다. 따라서 선급금은 일반적 상거래에 의한 상품, 원재료, 저장품의 구입이나 제품의 외주가공을 위하여 구입처나 외주가공처에 거래의 보증금, 착수금 명목으로 지급한 금액을 기재하는 계정으로 볼 수 있다.

(2) 일반기업회계상 회계처리

선급금 계정은 지급시 선급금으로 계상했다가 이후에 관련 계약이 이행되는 시점에 선급금 계정을 본 계정으로 대체하는 회계처리를 해야 한다.

예 제

(주)삼일은 (주)용산으로부터 상품 ₩1,000,000을 매입하기 위하여 20X1년 12월 10일에 ₩100,000을 선급하였으며, 나머지 잔액은 상품 입고일인 20X1년 12월 20일에 지급하였다. 이 경우 (주)삼일에 필요한 회계처리를 하시오.

풀 이

- 20X1년 12월 10일

(차) 선급금	100,000	(대) 현금	100,000

- 20X1년 12월 20일

(차) 상품	1,000,000	(대) 현금	900,000
		선급금	100,000

---

5 선급비용

(1) 개념 및 범위

선급비용이란 선급된 비용 중 1년 내에 비용으로 되는 것을 말한다. 즉, 선급비용은 계속적 용역 공급계약을 체결하고 선지급한 비용 중 기간 미경과로 차기이후기간에 해당하는 부분을 자산으로 대체, 이연처리하는 경과계정이다. 이는 주로 지급이자, 보험료, 임차료 등 관습상 기간 전에 선지급하는 기간적 비용에서 나타나는 것이 일반적이나 미사용 소모품과 같이 실제사용액에 의하는 경우도 있다.

선급비용은 결산시점으로부터 1년 내에 비용화되는 것이 일반적이지만, 선급된 비용 중 1년 이후에 비용화될 부분은 기타비유동자산에 속하는 장기선급비용으로 분류해야 한다.

한편 선급비용을 계정성격이 유사한 선급금과 비교하면 다음과 같다.

선급비용은 차기의 비용을 선지급한 것으로, 지출에 대한 반대급부로서의 용역이 결산일 현재 제공되지 않았기 때문에 당기에 비용으로 인식하지 않고 자산으로 이연된 것이다. 반면에 선급금은 상품 등의 매입을 위하여 선지급한 것으로, 후에 재고자산으로 대체되어 그 상품이 판매되지 않고 기말현재 존재한다면 재고자산을 증가시키게 되므로 선급비용과는 그 성격을 달리한다.

(2) 일반기업회계상 회계처리

선급비용의 지출시에는 비용으로 계상하고 결산시 미경과분을 선급비용으로 계상하는 방법이 실무상 편리하다.

예 제

(주)삼일은 (주)용산과 20X1년 11월 1일 본사사옥 임대차계약을 맺고 3개월분의 임차료 ₩120,000,000을 선지급하였다. (주)삼일의 회계연도는 매년 1월 1일부터 12월 31일까지이다. 20X1년과 20X2년의 필요한 회계처리를 하시오.

풀 이

- 20X1년 11월 1일
  (차) 임차료   120,000,000   (대) 현금   120,000,000
- 20X1년 12월 31일
  (차) 선급비용   40,000,000   (대) 임차료   40,000,000
- 20X2년 1월 31일
  (차) 임차료   40,000,000   (대) 선급비용   40,000,000

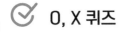 O, X 퀴즈

01 취득당시의 만기가 3개월 이내에 도래하는 금융상품과 단기적 자금운용목적으로 소유, 만기가 1년 내에 도래하며 가치변동의 위험이 중요하지 않은 금융상품은 단기금융상품으로 분류한다. O X

02 회사장부상의 당좌예금계정잔액과 은행측의 회사 당좌계좌의 잔액이 일치하지 않을 때에 불일치를 조정하기 위하여 기업이 정기적으로 은행으로부터 은행계산서를 송부받아 기업의 예금잔액과 일치하는지 확인하는 표를 은행계정조정표라고 한다. O X

03 회사는 금융기관과의 사전약정에 의하여 일정금액까지는 잔액이 없어도 수표나 어음을 발행할 수 있는데, 이에 따라 당좌예금의 잔액을 초과하여 지급된 금액을 당좌차월이라 하며, 이는 현금및현금성자산으로 분류한다. O X

04 매출채권 회수기간의 경과일수에 따라 각각의 매출채권을 그룹별로 분류한 후 집단별로 별도의 대손추정률을 적용하여 대손충당금을 설정하는 방법을 기말잔액비율법이라 한다. O X

05 외상매출금은 일반적 상거래에서 발생한 채권으로 단순히 금전대차를 목적으로 하는 융통어음 등을 포함한다. O X

01	×	취득당시의 만기가 3개월 이내에 도래하며 가치변동의 위험이 중요하지 않은 금융상품은 현금및현금성자산으로 분류한다.
02	○	회사의 장부와 은행의 예금잔액과 일치를 확인하는 표를 은행계정조정표라고 한다.
03	×	당좌차월은 단기차입금으로 분류한다.
04	×	이와 같은 방법은 연령분석법이라 한다.
05	×	외상매출금은 단순히 금전대차를 목적으로 하는 융통어음 등은 제외된다.

연습문제

01 다음의 거래를 회계처리 할 경우 대변에 나타날 계정과목으로 가장 옳은 것은?

> 상품 600,000원을 매입하고, 대금은 당좌수표를 발행하여 지급하다.
> 단, 당좌예금 잔액은 300,000원이고, 은행과의 당좌차월 계약 한도액은 1,000,000원이다.

① 대여금
② 당좌예금, 단기차입금
③ 당좌예금, 외상매입금
④ 당좌예금, 미지급금

02 다음은 유동자산에 속하는 계정들의 잔액이다. 재무상태표에 당좌자산으로 계상될 금액은 얼마인가?

단기대여금	₩40,000	매출채권	₩400,000
현금및현금성자산	600,000	선급금	50,000
재고자산	65,000		

① ₩1,000,000
② ₩1,040,000
③ ₩1,090,000
④ ₩1,155,000

03 다음의 항목 중 현금및현금성자산으로 보고할 수 있는 항목을 모두 고르면?

> ㄱ. 타인발행당좌수표
> ㄴ. 만기도래한 공채이자표
> ㄷ. 보고기간종료일 현재 만기가 1개월 남은 채권(취득당시 만기는 4개월임)
> ㄹ. 취득당시 상환일까지의 기간이 6개월인 상환우선주
> ㅁ. 3개월 이내 환매조건의 환매채

① ㄱ, ㄴ, ㄷ   ② ㄱ, ㄴ, ㄹ
③ ㄱ, ㄴ, ㅁ   ④ ㄱ, ㄷ, ㅁ

04 다음은 회사 장부상의 당좌예금계정 잔액과 은행측의 회사 당좌계좌의 잔액을 불일치시키는 유형들이다. 은행측에서 수정해야 할 사항을 모두 고른 것으로 가장 옳은 것은?

> ㄱ. 기발행 미지급수표
> ㄴ. 부도어음 및 부도수표
> ㄷ. 당좌차월이자 및 은행추심수수료
> ㄹ. 미기입예금

① ㄱ, ㄴ   ② ㄱ, ㄹ
③ ㄴ, ㄷ   ④ ㄴ, ㄹ

05 (주)삼일의 20X1년 12월 31일 현재 당좌예금 장부상 잔액은 3,500,000원이고, 은행의 (주)삼일에 대한 당좌원장상 잔액은 3,570,000원이다. 다음 자료를 이용하여 20X1년 말 현재의 정확한 당좌예금 잔액을 구하면 얼마인가?

> ㄱ. 20X1년 12월 31일 현재 기발행 미결제수표는 500,000원이다.
> ㄴ. 부도수표 100,000원은 아직 회사의 장부에 반영되지 않았다.
> ㄷ. 은행 측 미기입예금은 150,000원이다.
> ㄹ. 회사가 200,000원의 수표를 발행하면서 당좌예금 장부에는 20,000원으로 기장 처리했다.

① 3,070,000원 ② 3,220,000원
③ 3,320,000원 ④ 3,400,000원

06 다음 중 기중 임시계정으로 두었다가 기말 결산 시 수정분개를 통하여 적절한 계정으로 대체해야 하는 계정을 모두 고른 것은?

> ㄱ. 가지급금   ㄴ. 선급금   ㄷ. 가수금   ㄹ. 미수금

① ㄱ, ㄴ ② ㄱ, ㄷ
③ ㄴ, ㄷ ④ ㄷ, ㄹ

07 (주)삼일은 거래처인 ㈜서울의 파산으로 당기 중 매출채권 100,000원을 대손처리하였다. 전기이월된 대손충당금이 150,000원인 경우 이 거래가 재무제표에 미치는 영향에 대한 설명으로 가장 옳은 것은?

① 유동자산이 증가하고 이익잉여금이 감소한다.
② 유동비율이 증가하고 자산총계는 불변이다.
③ 유동자산은 불변이고 이익잉여금은 감소한다.
④ 유동비율과 자산총계 모두 불변이다.

08 다음 중 외상매출금에 관한 설명으로 가장 올바르지 않은 것은?

① 외상매출금은 당해 채권을 입증하는 구체적인 증서 또는 담보가 존재한다는 특징을 가진다.
② 외상매출금은 일반적 상거래에서 발생한 채권이라는 점에서 매출채권으로 보지만 어음상의 채권이 아니라는 점에서 받을어음과 구별된다.
③ 외상매출금 양도의 실질이 매각거래에 해당하는 경우에는 일반적으로 양도시점에 매출채권처분손실이 발생한다.
④ 외상매출금 양도의 실질이 차입거래에 해당하는 경우에는 일반적으로 양도시점에 차입금과 이자비용을 동시에 인식한다.

09 다음 중 단기투자자산에 관한 설명으로 가장 올바르지 않은 것은?

① 단기투자자산은 기업이 여유자금의 활용목적으로 보유하는 자산이다.
② 단기투자자산은 현금및현금성자산과 함께 기업의 단기유동성을 파악하는데 중요한 정보가 된다.
③ 만기가 1년 내에 도래하는 만기보유증권도 단기투자자산으로 분류한다.
④ 단기대여금은 단기투자자산 범주에 해당하지 않는다.

10 (주)삼일의 20X1년 말 매출채권 잔액은 30,000,000원이고 전기 말 대손충당금 잔액은 500,000원이다. 20X1년 중 발생한 대손금이 700,000원인 경우 대손발생 시 (주)삼일이 수행해야 할 회계처리로 가장 올바른 것은?

① (차) 매출채권 　　　₩700,000　　　(대) 대손상각비 　　　₩700,000
② (차) 대손충당금 　　₩500,000　　　(대) 매출채권 　　　　₩700,000
　　　대손상각비 　　₩200,000
③ (차) 현금 　　　　　₩500,000　　　(대) 대손충당금 　　　₩500,000
④ (차) 대손상각비 　　₩500,000　　　(대) 현금 　　　　　　₩500,000

11 다음은 (주)삼일의 매출채권 및 대손충당금에 관한 자료이다.

당기 말 매출채권 잔액	₩10,000,000
전기 말 대손충당금 잔액	₩220,000
당기 말 대손충당금 잔액	₩170,000

(주)삼일은 당기 손익계산서에 310,000원의 대손상각비를 계상하고 있다.

당기 중 대손충당금환입이 발생하지 않은 것으로 가정할 경우, (주)삼일의 당기 매출채권에 대한 대손발생액은 얼마인가?

① ₩200,000   ② ₩260,000

③ ₩360,000   ④ ₩400,000

12 다음은 유동자산에 속하는 계정들의 잔액이다. 재무상태표에 당좌자산으로 계상될 금액은 모두 얼마인가?

• 단기매매증권	₩100,000	• 제품	₩130,000	• 단기대여금	₩40,000
• 매출채권	300,000	• 선급비용	500,000	• 선급금	50,000
• 저장품	55,000	• 재공품	45,000	• 미수수익	40,000

① ₩1,030,000   ② ₩1,085,000

③ ₩1,130,000   ④ ₩1,260,000

13 다음 중 미수금과 미수수익에 관한 설명으로 가장 올바르지 않은 것은?

① 미수금은 일반적 상거래 이외에서 발생한 미수채권을 말하는 것으로서, 일반적 상거래에서 발생한 매출채권과 구별된다.

② 미수금은 재고자산 이외의 자산을 매각하고 대금을 수령하지 못한 경우에 발생하는 계정 이므로 미수금이 인식되는 거래에 대해서는 손익이 인식될 수 없다.

③ 미수수익은 기간손익을 발생주의로 인식하는 경우 기간경과에 따라 발생한 수익 중 미수로 계산된 경과적 채권계정이다.

④ 미수수익은 금전채권이므로 회수가 불확실한 대손추산액은 대손충당금을 설정하여 차감 형식으로 표시한다.

14 다음 중 매출채권에 관한 설명으로 가장 올바르지 않은 것은?

① 대손처리된 채권이 추후에 회수되는 경우에는 동 회수만큼 대손충당금을 회복시킨다.

② 채권에 대한 대손이 확정되는 경우 당해 채권의 발생연도에 관계없이 대손충당금과 우선 상계하고 잔액이 부족한 경우 대손상각비로 처리한다.

③ 대손충당금의 설정시에는 수정전 장부금액과 대손추산액과의 차액만을 회계처리하는 보 충법에 따른다.

④ 대손상각비는 어느 경우에나 판매비와관리비로 분류하고, 대손충당금환입은 영업외수익 으로 분류한다.

15 다음 중 매출채권 등의 양도 및 할인에 관한 설명으로 가장 올바르지 않은 것은?

① 매출채권 등을 양도하는 경우 당해 채권에 관한 권리와 의무가 양도인과 분리되어 실질적으로 이전되는 경우에는 동 금액을 매출채권에서 직접 차감한다.

② 매출채권의 양도 후 양도인이 부담해야 할 환매위험은 양도 여부의 판단기준에 영향을 미치지 않는다.

③ 매출채권을 담보로 제공하고 자금을 융통하는 경우에는 새로운 차입금을 계상하고 매출채권은 제거하지 않는다.

④ 어음상의 매출채권을 금융기관 등에 할인하는 경우에는 일반적으로 상환청구권이 존재하므로 항상 차입거래로 처리한다.

16 다음 중 유가증권의 회계처리에 관한 설명으로 가장 올바르지 않은 것은?

① 단기매매증권은 주로 단기간 내의 매매차익을 목적으로 취득한 유가증권으로서 매수와 매도가 적극적이고 빈번하게 이루어지는 것을 말하며, 유동자산으로 분류한다.

② 보고기간종료일로부터 1년 내에 만기가 도래하거나 또는 매도 등에 의하여 처분할 것이 거의 확실한 매도가능증권은 유동자산으로 분류한다.

③ 보고기간종료일로부터 1년 내에 만기가 도래하는 만기보유증권은 유동자산으로 분류한다.

④ 유의적인 영향력을 행사하고 있는 지분법적용투자주식은 유동자산으로 분류한다.

17 다음 중 당좌예금에 관한 설명으로 가장 올바르지 않은 것은?

① 당좌예금은 어음 및 수표를 발행하기 위해 은행과 당좌거래계약을 체결하고 개설한 예금이다.

② 당좌예금은 현금및현금성자산 범주에 포함된다.

③ 수표가 발행되면 당좌예금 금액이 감소한다.

④ 당좌예금 잔액을 초과하여 지급된 금액을 당좌차월이라 하며, 현금및현금성자산과 상계하여 처리한다.

NEW

18 (주)삼일의 20X1년 결산일 회계처리시 나타날 수 있는 결산분개로 가장 옳은 것은?

> 20X1년 10월 1일: (주)삼일은 (주)서울에 1년 후 상환 조건으로 현금 3,000,000원(연이자율 : 4 %)을 대여하였다. 단, 이자는 1년 후 원금과 함께 20X2년 10월 1일에 받기로 하였다.

① (차) 미 수 수 익　　　　30,000원　　(대)이 자 수 익　　　　30,000원
② (차) 이 자 수 익　　　　30,000원　　(대)미 수 수 익　　　　30,000원
③ (차) 단기대여금　　　　30,000원　　(대)이 자 수 익　　　　30,000원
④ (차) 미 수 수 익　　　　30,000원　　(대)단기대여금　　　　30,000원

19 (주)삼일은 200,000원의 외상매출금을 10%의 수수료를 지급하는 조건으로 금융기관에 양도하였다. 미래에 발생할 수 있는 매출할인 및 대손에 대한 책임을 (주)삼일이 부담하기로 하고 외상매출금의 5%를 금융기관에 남겨두기로 하였다. 양도시점에서 (주)삼일의 외상매출금에 대한 권리와 의무가 실질적으로 금융기관에 이전될 경우 회계처리로 가장 옳은 것은?

① (차) 현　　금　　　　200,000원　　(대) 외상매출금　　200,000원

② (차) 현　　금　　　　170,000원　　(대) 외상매출금　　200,000원
　　　 미 수 금　　　　 10,000원
　　　 이자비용　　　　 20,000원

③ (차) 현　　금　　　　170,000원　　(대) 외상매출금　　200,000원
　　　 미 수 금　　　　 10,000원
　　　 매출채권처분손실　20,000원

④ (차) 현　　금　　　　180,000원　　(대) 외상매출금　　200,000원
　　　 미 수 금　　　　 20,000원

20 (주)삼일의 당기 중 매출채권, 대손충당금 및 대손상각비와 관련하여 발생한 거래는 다음과 같다. (주)삼일의 손익계산서에 계상될 대손상각비는 얼마인가?

> ㄱ. 대손충당금 기초잔액은 200,000원이다.
> ㄴ. 7월 31일에 매출채권 50,000원이 회수가 불가능하여 대손처리하였다.
> ㄷ. 기말 매출채권 잔액은 20,000,000원이다.
> ㄹ. (주)삼일은 매출채권 기말잔액의 1%를 대손충당금으로 설정하고 있다.

① 50,000원　　　　　　　　　② 100,000원
③ 150,000원　　　　　　　　　④ 200,000원

MEMO

I 개념 및 범위

재고자산은 기업의 정상적인 영업과정에서 판매를 위하여 보유하거나 생산과정에 있는 자산 및 생산 또는 서비스 제공과정에 투입될 원재료나 소모품의 형태로 존재하는 자산을 말한다.

그러므로 재고자산에는 외부로부터 매입하여 재판매를 위해 보유하는 상품, 미착상품, 적송품 및 토지뿐만 아니라 판매목적으로 제조한 제품과 반제품 및 생산 중에 있는 재공품을 포함한다. 또한, 생산과정이나 서비스를 제공하는데 투입될 원재료와 부분품, 소모품, 소모공구기구, 비품 및 수선용 부분품 등의 저장품을 포함한다.

이와 같이 재고자산으로 분류되기 위해서는 정상적인 영업활동과 관련되어야 할 것을 조건으로 하기 때문에 동일한 자산이라 할지라도 소유하고 있는 회사의 정상적인 영업활동 내용이 무엇인지에 따라 그 구분이 달라진다. 예를 들어 일반제조기업이 보유하고 있는 토지, 건물 등은 유형자산으로 분류되나, 부동산매매업의 판매목적의 부동산은 재고자산으로 분류한다.

재고자산의 과목에 대하여는 일반기업회계기준에서 열거하고 있는 바, 그 내용은 다음과 같다.

1 상품

상품계정은 판매를 목적으로 구입한 상품 · 미착상품 · 적송품 등을 말하며, 부동산매매업에 있어서 판매를 목적으로 소유하는 토지 · 건물 기타 이와 유사한 부동산을 포함한다.

2 제품

제품이란 판매를 목적으로 제조한 생산품을 말하며, 제품계정에는 제조원가로부터 대체되는 주요제품의 제조원가 이외에도 당해 제품과 관련하여 생산된 부산물 등도 포함된다.

3 반제품

반제품이란 제품이 둘 이상의 공정을 거쳐서 완성될 때 전체공정 중 한 공정의 작업을 마치고 다음 공정으로 이행단계에 있는 미완성품을 말한다. 자가제조한 반제품은 현재 상태로 판매할 수도 있다는 점에서는 제품과 동일하고, 추가가공하여 완제품으로 판매할 수 있다는 점에서는 재공품과 유사하다.

4 재공품

재공품이란 제품 또는 반제품의 제조를 위하여 재공과정에 있는 것을 말한다. 따라서 재공품은 현재 상태로는 정상적인 가격으로 판매하기가 곤란하고 추가 가공하여 완제품으로 판매하여야만 비로소 정상적인 가격으로 판매할 수 있다. 결국, 재공품은 반제품을 포함하는 개념이며, 반제품은 현재 상태로 판매가능한 재공품을 말한다고 할 수 있다.

5 원재료

원재료는 제품생산에 소비할 목적으로 구입한 모든 소비적 재화를 가리키며, 일반기업회계기준에서는 원재료의 범위에 원료, 재료, 매입부분품 및 미착원재료 등을 포함하도록 하고 있다.

6 저장품

저장품이란 공장용·영업용·사무용으로 쓰이는 소모품 등으로서 결산기말 현재 미사용액을 말한다. 여기서 소모품 등이라 함은 포장재료, 유류, 연료, 기타의 사무용품, 소액의 공구, 기구, 비품 중 취득하였을 때 비용처리하지 아니한 것으로서 결산기말 현재 남아 있는 것을 말한다.

심화학습

특정 수량의 재고자산을 기말 재무상태표금액에 포함할 것인지의 여부는 일반기업회계기준 제16장의 제1절 '수익인식'에서 규정하고 있는 재화의 판매나 용역의 제공으로 인한 수익인식기준에 의해서 결정한다. 이에 관한 구체적인 예는 다음과 같다.

(1) 미착상품

운송 중에 있어 아직 도착하지 않은 미착상품은 법률적인 소유권의 유무에 따라서 재고자산 포함 여부를 결정한다. 법률적인 소유권 유무는 매매계약상의 거래조건에 따라서 다르다. 선적지인도조건인 경우에는 상품이 선적된 시점에 소유권이 매입자에게 이전되기 때문에 미착상품은 매입자의 재고자산에 포함된다. 그러나 목적지인도조건인 경우에는 상품이 목적지에 도착하여 매입자가 인수한 시점에 소유권이 매입자에게 이전되기 때문에 매입자의 재고자산에 포함되지 않는다.

구분	판매회사		매입회사	
	도착 전(운송 중)	도착지점	도착 전(운송 중)	도착시점
도착지 조건	회계처리 없음	매출, 매출원가 (재고자산감소) 인식	회계처리 없음	매입(재고자산증가) 인식
선적지 조건	선적지점에서 매출, 매출원가(재고자산감소) 인식		선적시점에서 매입(재고자산증가) 인식	

(2) 시송품

시송품은 매입자로 하여금 일정기간 사용한 후에 매입 여부를 결정하라는 조건으로 판매한 상품을 말한다. 시송품은 비록 상품에 대한 점유는 이전되었으나 매입자가 매입의사표시를 하기 전까지는 판매되지 않은 것으로 보아야 하기 때문에 판매자의 재고자산에 포함한다.

(3) 적송품

적송품은 위탁자가 수탁자에게 판매를 위탁하기 위하여 보낸 상품을 말한다. 적송품은 수탁자가 제3자에게 판매를 할 때까지 비록 수탁자가 점유하고 있으나 단순히 보관하고 있는 것에 불과하므로 소유권이 이전된 것이 아니다. 따라서 적송품은 수탁자가 제3자에게 판매하기 전까지는 위탁자의 재고자산에 포함한다.

(4) 저당상품

금융기관 등으로부터 자금을 차입하고 그 담보로 제공된 저당상품은 저당권이 실행되기 전까지는 담보제공자가 소유권을 가지고 있다. 따라서 저당권이 실행되어 소유권이 이전되기 전에는 단순히 저당만 잡힌 상태이므로 담보제공자의 재고자산에 속한다.

(5) 반품률이 높은 재고자산

반품률이 높은 상품의 판매에 있어서는 반품률의 합리적 추정가능성 여부에 의하여 재고자산 포함 여부를 결정한다. 반품률을 과거의 경험 등에 의하여 합리적으로 추정가능한 경우에는 상품 인도시에 반품률을 적절히 반영하여 판매된 것으로 보아 판매자의 재고자산에서 제외한다. 그러나 반품률을 합리적으로 추정할 수 없을 경우에는 구매자가 상품의 인수를 수락하거나 반품기간이 종료된 시점까지는 판매자의 재고자산에 포함한다.

(6) 할부판매상품

재고자산을 고객에게 인도하고 대금의 회수는 미래에 분할하여 회수하기로 한 경우 대금이 모두 회수되지 않았다고 하더라도 상품의 판매시점에서 판매자의 재고자산에서 제외한다.

II 일반기업회계상 회계처리

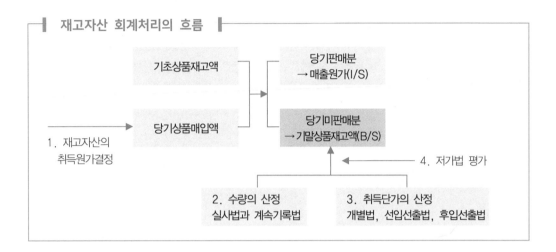

| 재고자산 회계처리의 흐름 |

기초상품재고액 ─┐
                ├→ 당기판매분 → 매출원가(I/S)
당기상품매입액 ─┘
                    당기미판매분 → 기말상품재고액(B/S)

1. 재고자산의 취득원가결정

4. 저가법 평가

2. 수량의 산정 실사법과 계속기록법

3. 취득단가의 산정 개별법, 선입선출법, 후입선출법

1 취득원가의 결정

재고자산의 취득원가는 매입원가 또는 제조원가를 말한다. 재고자산의 취득원가에는 취득에 직접적으로 관련되어 있으며, 정상적으로 발생되는 기타원가를 포함한다.

(1) 매입원가

재고자산의 매입원가는 매입금액에 매입운임, 하역료 및 보험료 등 취득과정에서 정상적으로 발생한 부대원가를 가산한 금액이다. 매입과 관련된 할인, 에누리 및 기타 유사한 항목은 매입원가에서 차감한다. 성격이 상이한 재고자산을 일괄하여 구입한 경우에는 총매입원가를 각 재고자산의 공정가치 비율에 따라 배분하여 개별 재고자산의 매입원가를 결정한다.

(2) 제조원가

제품, 반제품 및 재공품 등 재고자산의 제조원가는 보고기간 말까지 제조과정에서 발생한 직접재료원가, 직접노무원가, 제조와 관련된 변동 및 고정제조간접원가의 체계적인 배부액을 포함한다.
고정제조간접원가는 생산설비의 정상조업도에 기초하여 제품에 배부하며, 실제 생산수준이 정상조업도와 유사한 경우에는 실제조업도를 사용할 수 있다. 단위당 고정제조간접원가 배부액은 비정상적으로 낮은 조업도나 유휴설비로 인하여 증가해서는 안된다. 그러나 실제조업도가 정상조업도보다 높은 경우에는 실제조업도에 기초하여 고정제조간접원가를 배부함으로써 재고자산이 실제원가를 반영하도록 한다. 변동제조간접원가는 생산설비의 실제 사용에 기초하여 각 생산단위에 배부한다. 단일 생산공정을 통하여 여러 가지 제품을 생산하거나 주산물과 부산물을 동시에 생산하는 경우에 발생한 공통원가는 각 제품을 분리하여 식별할 수 있는 시점이나 완성한 시점에서의 개별 제품의 상대적 판매가치를 기준으로 하여 배부한다. 다만, 경우에 따라 생산량기준 등을 적용하는 것이 더 합리적이라고 판단될 때에는 그 방법을 적용할 수 있다. 중요하지 않은 부산물은 순실현가능가치를 측정하여 동 금액을 주요 제품의 제조원가에서 차감하여 처리할 수 있다.

(3) 발생기간의 비용으로 인식하여야 하는 원가

재고자산 원가에 포함할 수 없으며 발생기간의 비용으로 인식하여야 하는 원가의 예는 다음과 같다.

① 재료원가, 노무원가 및 기타의 제조원가 중 비정상적으로 낭비된 부분
② 추가 생산단계에 투입하기 전에 보관이 필요한 경우 외의 보관비용
③ 재고자산을 현재의 장소에 현재의 상태로 이르게 하는데 기여하지 않은 관리간접원가
④ 판매원가

(4) 서비스기업의 재고자산 원가

서비스기업의 재고자산 원가는 서비스의 제공에 직접 종사하는 인력의 노무원가와 기타 직접 관련된 재료원가와 기타원가로 구성된다. 서비스 제공과 직접 관련이 없는 판매 및 일반관리 업무에 종사하는 인력의 노무원가와 기타원가는 재고자산 원가에 포함되지 않으며 발생한 기간의 비용으로 인식한다.

2 재고자산의 수량결정

재고자산의 금액은 재고자산의 수량에 재고자산의 원가를 곱하여 결정된다. 재고자산의 수량결정방법은 일반적으로 계속기록법과 실지재고조사법에 의한다. 실무상으로는 계속기록법에 의하여 수량을 기록하고 회계연도 말에 실지재고조사법에 의해 수량을 조사하여 차이 수량에 대하여 재고자산감모손실 등으로 회계처리하는 것이 일반적이다.

(1) 계속기록법

계속기록법은 재고자산을 종류·규격별로 나누어 입고·출고시마다 계속적으로 기록함으로써 항시 잔액이 산출되도록 하는 방법이다.

기초재고수량 + 당기매입수량 − 당기판매수량 = 장부상 기말재고수량

이 방법에 의하면 연중 언제든지 재고자산 및 매출원가계정의 잔액을 알 수 있기 때문에 재고자산의 계속적인 통제관리가 가능한 장점이 있으나, 도난·분실·증발·감손 등에 의한 감소량이 기말의 재고량에 포함되어 이익이 과대계상될 소지가 있기 때문에 이를 보완하기 위해서는 실지재고조사법을 병용해야 할 것이다.

(2) 실지재고조사법(실사법)

실지재고조사법은 보고기간 말에 창고를 조사하여 기말재고수량을 파악하고 판매가능 수량 중 기말 재고수량을 제외한 나머지 수량은 판매된 것이나 사용된 것으로 간주하는 방법이다. 이 방법은 재고자산의 종류·규격·수량이 많을 경우 입고·출고시마다 이를 기록하는 번잡함을 피할 수 있는 장점은 있으나 도난·분실·증발·감손 등에 의한 감소량이 당기의 출고량에 포함되어 재고부족의 원인을 판명할 수 없으므로 관리통제를 할 수 없는 단점이 있다. 따라서 위에서 설명한 것처럼 계속기록법과 병행하여 사용하는 것이 바람직하다.

기초재고수량 + 당기매입수량 − 기말재고수량(실제) = 당기판매수량

---

3 재고자산의 원가흐름에 대한 가정

재고자산의 기말평가는 그 재고자산의 취득원가에 의하여 결정된다. 따라서 동일한 품목의 재고자산의 취득원가는 물가가 변하지 않는다면 구입시점에 관계없이 동일하겠지만, 현실적으로는 물가가 항상 변동하기 때문에 구입시점에 따라서 취득원가가 달라질 수 있다. 이와 같이 각각 상이한 가격으로 구입한 재고자산 중 일부는 판매되었고 일부는 기말재고로 남아있는 경우 과연 얼마에 구입한 재고자산이 기말재고로 남아있는가를 결정하여야 한다. 이러한 문제를 해결하기 위해서는 인위적으로 원가흐름에 대한 가정을 하여야 한다. 일반기업회계기준에서는 원칙적으로 개별법을 사용하여 취득단가를 결정하고, 개별법으로 원가를 결정할 수 없는 재고자산의 원가는 선입선출법, 평균법, 후입선출법 및 소매재고법을 사용하여 결정하도록 규정하고 있다. 다만, 소매재고법은 당해 회사의 업종이나 재고자산의 특성에 비추어 다른 방법을 적용하는 것보다 합리적이라고 인정되는 경우에 한하여 적용할 수 있다.

(1) 개별법

개별법은 재고자산 각각에 대하여 구입한 가격을 기록해 두었다가 그 재고자산이 판매되었을 때 그 재고자산의 구입가격을 매출원가로 기록하는 방법이다. 개별법은 원가의 흐름과 실물의 흐름이 일치하는 이상적인 방법이지만, 현실적으로 재고자산의 종류가 많고 거래가 빈번한 경우에는 실무에서 사용하기가 번거롭고 관리비용이 너무 많이 소요된다. 일반기업회계기준에서는 통상적으로 상호 교환될 수 없는 재고항목이나 특정 프로젝트별로 생산되는 제품 또는 서비스의 원가는 개별법을 사용하여 결정하도록 규정하고 있다. 예를 들면, 특수기계를 주문 생산하는 경우와 같이 제품별로 원가를 식별할 수 있는 때에는 개별법을 사용하여 원가를 결정한다. 그러나 이 방법을 상호교환 가능한 대량의 동질적인 제품에 대해서 적용하는 것은 적절하지 아니하다.

(2) 선입선출법(first-in first-out: FIFO)

선입선출법은 물량의 실제흐름과는 관계없이, 먼저 구입한 재고항목이 먼저 사용되거나 판매된 것으로 가정하여 기말재고액을 결정하는 방법이다. 이와 같은 가정은 장기간 보관할 때 품질이 저하되거나 진부화되는 재고자산의 경우에 물량의 흐름과 원가의 흐름을 일치시키기 위한 의도로 많이 사용되고 있다. 선입선출법에 의한 기말재고는 일반적으로 나중에 구입한 상품으로 이루어져 있기 때문에 기말재고자산이 현행원가의 근사치로 표시된다.

실지재고조사법에서는 기말에 가서야 단위원가가 계산되고, 계속기록법에서는 매입 또는 출고 때마다 단위원가가 계산되지만 선입선출법을 적용하면 위의 두 방법 중 어느 것으로 기말재고자산을 파악하더라도 한 회계기간에 계상되는 기말재고자산 및 매출원가의 금액은 동일하다.

예 제

(주)삼일의 20X1년 중 재고자산거래의 내역은 다음과 같다.

구분	단위	단위원가	총원가
기초재고(1. 1.)	1,000개	₩80	₩80,000
매입(3. 15.)	200	110	22,000
매입(5. 16.)	1,200	145	174,000
매입(11. 23.)	400	147	58,800
판매가능량	2,800		₩334,800
매출(4. 22.)	800		
매출(9. 18.)	900		
판매수량	1,700		
기말재고(12. 31.)	1,100		

선입선출법하에서의 기말재고액과 매출원가를 구하시오.

풀 이

〈재고자산수불부〉

일자	수입			불출			잔액		
	수량	단가	금액	수량	단가	금액	수량	단가	금액
기초	1,000	₩80	₩80,000				1,000	₩80	₩80,000
3.15.	200	110	22,000				1,000	80	80,000
							200	110	22,000
							1,200		102,000
4.22.				800	80	64,000	200	80	16,000
							200	110	22,000
							400		38,000
5.16.	1,200	145	174,000				200	80	16,000
							200	110	22,000
							1,200	145	174,000
							1,600		212,000
9.18.				200	80	16,000	700	145	101,500
				200	110	22,000			
				500	145	72,500			
				900		110,500			
11.23.	400	147	58,800				700	145	101,500
							400	147	58,800
							1,100		160,300
합계	2,800		₩334,800	1,700		₩174,500	1,100		₩160,300

매출원가: ₩174,500, 기말재고액: ₩160,300

(3) 후입선출법(last-in first-out: LIFO)

후입선출법은 실제물량흐름과는 관계없이 매입의 역순으로 재고항목이 판매되거나 사용된다는 가정하에 기말재고액을 결정하는 방법이다. 나중에 구입된 재화가 먼저 사용되거나 판매된다고 가정하므로 현행수익에 최근에 구입한 원가인 현행원가가 대응된다는 장점이 있지만, 기말재고액은 가장 오래된 매입원가로 평가되기 때문에 기말재고자산이 현행가치를 나타내지 못하는 단점이 있다. 이 방법은 선입선출법과는 달리 재고자산기록방법 중 어느 것을 사용하느냐에 따라 기말재고자산 및 매출원가가 각각 다르게 계산된다는 점에 유의해야 한다.

즉, 실지재고조사법에서는 기말재고자산이 최초에 매입된 재고자산으로 구성되어 있다고 가정하고 매출원가는 판매가능액으로부터 기말재고자산원가를 차감함으로써 일시에 계산한다. 따라서 회계기간 중의 매입분과 당해 기간 중의 매출이 대응된다. 반면에 계속기록법에서는 매출 직전의 매입원가에 의거하여 각 매출거래의 매출원가를 구하고 이 매출원가를 합계하여 기중의 총매출원가를 계산한다. 이와 같이 계산된 총매출원가를 판매가능액에서 차감한 것이 계속기록법에서의 기말재고액이다. 그러므로 당해 기간 중의 총매출이 각 매출 직전의 매입원가와 대응된다. 따라서 실지재고조사법을 적용하는 경우와 계속기록법을 적용하는 경우의 결과는 차이가 있을 수 있다.

실무상으로 후입선출법을 적용하는 경우는 많지 않다. 한편, 일반기업회계기준 제7장에서는 후입선출법을 적용하는 경우 장부금액과 선입선출법 또는 평균법에 저가법을 적용하여 계산한 평가액과의 차이와 그 내용을 주석으로 기재하도록 하고 있다.

예제

(주)삼일의 20X1년 중 재고자산거래의 내역은 다음과 같다.

구분	단위	단위원가	총원가
기초재고(1. 1.)	1,000개	₩80	₩80,000
매입(3. 15.)	200	110	22,000
매입(5. 16.)	1,200	145	174,000
매입(11. 23.)	400	147	58,800
판매가능량	2,800		₩334,800
매출(4. 22.)	800		
매출(9. 18.)	900		
판매수량	1,700		
기말재고(12. 31.)	1,100		

계속기록법과 실지재고조사법에 따른 후입선출법하에서의 기말재고액과 매출원가를 구하시오.

풀 이

① 계속기록법 – 후입선출법

일자	수입			불출			잔액		
	수량	단가	금액	수량	단가	금액	수량	단가	금액
기초	1,000	₩80	₩80,000				1,000	₩80	₩80,000
3.15.	200	110	22,000				1,000	80	80,000
							200	110	22,000
							1,200		102,000
4.22.				200	110	22,000	400	80	32,000
				600	80	48,000			
				800		70,000			
5.16.	1,200	145	174,000				400	80	32,000
							1,200	145	174,000
							1,600		206,000
9.18.				900	145	130,500	400	80	32,000
							300	145	43,500
							700		75,500
11.23.	400	147	58,800				400	80	32,000
							300	145	43,500
							400	147	58,800
							1,100		134,300
합계	2,800		₩334,800	1,700		₩200,500	1,100		₩134,300

매출원가: ₩200,500, 기말재고액: ₩134,300

② 실지재고조사법 – 후입선출법

기말재고액: 1,000(기초) × ₩80 + 100(3.15) × ₩110 = ₩91,000

실지재고조사법하에서 기말재고액은 후입선출법의 가정에 따라 기초재고액부터 매입순서에 따라 순차적으로 남게 된다.

매출원가 : 판매가능액 – 기말재고액 = ₩334,800 – ₩91,000 = ₩243,800

(4) 이동평균법

이동평균법은 자산을 취득할 때마다 장부재고금액을 장부재고수량으로 나누어 평균단가를 산출하고, 그 평균단가에 의하여 산출한 취득금액을 그 자산의 평가액으로 하는 방법을 말한다. 이동평균법은 계속기록법하에서의 평균법이다.

(5) 총평균법

총평균법은 일정기간(회계기간) 단위로 품목별 총평균원가를 산출하는 방법으로서, 기초 재고금액과 일정기간 동안 취득한 재고금액의 합계액을 그 자산의 총수량으로 나눈 평균단가에 따라 산출한 취득금액을 그 자산의 평가액으로 하는 방법을 말한다. 총평균법은 회계기간 단위로 적용되는 것이 원칙이나 실무상으로는 월별 또는 분기별 손익계산을 위해서 월단위 또는 분기단위로 적용하기도 한다. 총평균법은 실지재고조사법하에서의 평균법이다.

예 제

(주)삼일의 20X1년 중 재고자산거래의 내역은 다음과 같다.

구분	단위	단위원가	총원가
기초재고(1. 1.)	1,000개	₩80	₩80,000
매입(3. 15.)	200	110	22,000
매입(5. 16.)	1,200	145	174,000
매입(11. 23.)	400	147	58,800
판매가능량	2,800		334,800
매출(4. 22.)	800		
매출(9. 18.)	900		
판매수량	1,700		
기말재고(12. 31.)	1,100		

총평균법과 이동평균법에 의하여 기말재고액과 매출원가를 구하시오.

풀 이

㉠ 총평균법

단위원가: ₩334,800÷2,800개≒₩119.57

기말재고액: 1,100개 × ₩119.57＝₩131,527

매출원가: 판매가능액－기말재고액＝₩334,800－₩131,527＝₩203,273

ⓒ 이동평균법

일자	수입			불출			잔액		
	수량	단가	금액	수량	단가	금액	수량	단가	금액
기초	1,000	₩80	₩80,000				1,000	₩80	₩80,000
3. 15.	200	110	22,000				1,200	85	102,000
4. 22.				800	85	68,000	400	85	34,000
5. 16.	1,200	145	174,000				1,600	130	208,000
9. 18.				900	130	117,000	700	130	91,000
11. 23.	400	147	58,800				1,100	136.18*	149,800
합계	2,800		334,800	1,700		185,000	1,100		149,800

기말재고액: ₩149,800, 매출원가: ₩185,000

* (₩91,000+₩58,800)/1,100개=136.18181818⋯이나 136.18로 표시함.

당기 중에 물가가 계속 상승하고 기말재고수량이 기초재고수량 이상이라고 가정할 때 선입선출법, 평균법 및 후입선출법에 의한 기말재고자산, 매출원가 및 당기순이익의 크기를 비교하면 다음과 같다.

> 기말재고자산 : 선입선출법 〉 평균법 〉 후입선출법
> 매출원가　　 : 선입선출법 〈 평균법 〈 후입선출법
> 당기순이익　 : 선입선출법 〉 평균법 〉 후입선출법

(6) 표준원가법과 소매재고법

1) 개념

　표준원가법은 원가측정방법이 합리적이고, 평가한 결과가 실제 원가와 유사한 경우에 편의상 사용할 수 있는 방법이다. 즉, 표준원가는 정상적인 재료원가, 소모품원가, 노무원가 및 효율성과 생산능력 활용도를 반영하여 원가측정방법이 합리적이고 신뢰성이 있을 때 적용가능하다. 표준원가법을 사용할 경우, 표준원가는 정기적으로 검토하여야 하며 필요한 경우 현재 상황에 맞게 조정하여야 한다.

　소매재고법은 재고자산에 관한 자료를 소매가격으로 기록·보존하였다가 기말에 원가와 소매가 사이의 일정한 관계를 이용한 수정과정을 통하여 원가로 환산하는 방법이다. 이 방법은 백화점·도매상·소매상과 같이 많은 종류의 상품을 취급하는 기업에서 매입원가에 의하여 계속기록을 하거나 기말재고의 원가를 일일이 확인하는 번거로움을 덜기 위하여 사용된다.

일반기업회계기준에서는 원칙적으로 많은 종류의 상품을 취급하여 실제원가에 기초한 원가결정방법의 사용이 곤란한 유통업종에서만 소매재고법에 의한 재고자산평가를 허용함으로써 소매재고법의 남용을 방지하고 있다. 다만, 유통업 이외의 업종에 속한 기업이 소매재고법을 사용하는 예외적인 경우에는 소매재고법의 사용이 실제원가에 기초한 다른 원가결정방법을 적용하는 것보다 합리적이라는 정당한 이유와 소매재고법의 원가율 추정이 합리적이라는 근거를 주석으로 기재하여야 한다.

소매재고법에 의해 기말재고자산을 추정하는 절차는 다음과 같다.

첫째, 원가율을 계산한다.

둘째, 소매가로 표시된 기말재고자산을 구한다.

셋째, 다음과 같이 기말재고의 원가를 추정한다.

$$\text{기말재고자산의 추정원가} = \text{원가율} \times \text{소매가로 표시된 기말재고자산}$$

이처럼 원가율을 이용하여 기말재고자산의 원가를 추정하므로 소매재고법은 이익률이 유사한 동질적인 상품군별로 적용해야 한다. 따라서 이익률이 서로 다른 상품군을 통합하여 평균원가율을 계산해서는 아니된다.

2) 원가율 산정방법

원가율을 계산하는 방법에는 평균법, 선입선출법 및 후입선출법이 있다.

① 평균원가소매재고법(average cost retail inventory method)

평균원가소매재고법에서는 기초재고액과 당기매입액이 평균적으로 판매된다는 가정하에서 원가율을 산정하는 것이다.

$$\text{원가율}(\%) = \frac{\text{기초재고(원가)} + \text{당기매입(원가)}}{\text{기초재고(매가)} + \text{당기매입(매가)}}$$

② 선입선출소매재고법(FIFO retail inventory method)

선입선출소매재고법은 기초재고분이 당기 중 전액 판매되었다는 가정하에 기말재고자산은 전액 당기매입으로만 이루어졌다고 보고 원가율을 산정하는 것이다.

$$원가율(\%) = \frac{당기매입(원가)}{당기매입(매가)}$$

③ 후입선출소매재고법(LIFO retail inventory method)

후입선출소매재고법은 기초재고가 나중에 판매된다는 가정이므로 원가율을 기초재고에 대한 것, 당기매입에 대한 것으로 구분하여 각각 계산한다.

$$기초재고원가율(\%) = \frac{기초재고(원가)}{기초재고(매가)}$$

$$당기매입원가율(\%) = \frac{당기매입(원가)}{당기매입(매가)}$$

예 제

(주)삼일의 회계자료가 다음과 같은 경우 평균원가소매재고법, 선입선출소매재고법 및 후입선출소매재고법에 따라 기말재고액을 구하시오.

	원가	매가
기초재고	₩400,000	₩500,000
당기매입	2,000,000	2,300,000
계	₩2,400,000	₩2,800,000
당기매출 및 정상감손		2,200,000
기말재고		₩600,000

1. 평균원가소매재고법

   - 원가율 $= \dfrac{\text{₩}400,000 + \text{₩}2,000,000}{\text{₩}500,000 + \text{₩}2,300,000} = \dfrac{\text{₩}2,400,000}{\text{₩}2,800,000} = 85.7\%$

   - 기말재고자산의 추정원가: ₩600,000×85.7%=₩514,200

2. 선입선출소매재고법

   - 원가율 $= \dfrac{\text{₩}2,000,000}{\text{₩}2,300,000} = 86.9\%$

   - 기말재고자산의 추정원가＝₩600,000 × 86.9%＝₩521,400

3. 후입선출소매재고법

	재고층	원가율	기말재고자산의 추정원가
기초재고(매가)	₩500,000	80%*	₩400,000
당기매입(매가)	₩100,000	86.9%	₩86,900
계	₩600,000		₩486,900

   * 기초재고원가율 $= \dfrac{\text{₩}400,000}{\text{₩}500,000} = 80\%$

4 재고자산의 평가

재고자산의 평가는 원칙적으로는 취득원가주의를 적용하지만, 물리적 손상, 장기체화, 진부화 등의 사유로 인해 재고자산의 시가가 취득원가보다 하락한 경우에는 저가법을 적용하여 재고자산의 시가를 재무상태표금액으로 평가해야 한다.

(1) 저가법 적용시의 시가

재고자산을 저가법으로 평가하는 경우 재고자산의 시가는 순실현가능가치를 말한다. 생산에 투입하기 위해 보유하는 원재료의 현행대체원가는 순실현가능가치에 대한 최선의 이용가능한 측정치가 될 수 있다. 다만, 원재료를 투입하여 완성할 제품의 시가가 원가보다 높을 때는 원재료에 대하여 저가법을 적용하지 아니한다.

1) 순실현가능가치(Net Realizable Value ; NRV)

순실현가능가치란 제품이나 상품의 정상적인 영업과정에서의 추정 판매금액에서 제품을 완성하는데 소요되는 추가적인 원가와 판매비용의 추정액을 차감한 금액을 말한다.

일반기업회계기준에서는 판매가능한 재고자산의 경우 추정판매가격에 근거한 순실현가능가치의 추정이 용이하므로 제품, 상품 및 재공품의 시가는 순실현가능가치를 적용하도록 규정하고 있다.

2) 현행대체원가(Current Cost)

현행대체원가란 재고자산을 현재 시점에서 매입하거나 재생산하는데 소요되는 금액을 말한다.

일반기업회계기준에서는 원재료와 같이 판매 단계에 도달하지 않은 재고자산의 경우 완제품의 순실현가능가치를 통해 다시 추정되어야 하는 추정상의 어려움이 있으므로 판매 목적이 아닌 원재료에 대해서는 현행대체원가에 의해 시가를 결정하도록 규정하고 있다. 또한, 저가법의 적용 여부도 단순히 현행대체원가가 취득원가를 하회하는 경우가 아니라 당해 재고자산이 투입되어 생산될 완제품의 순실현가능가치가 취득원가를 하회하는 경우로 한정하고 있다.

(2) 저가법의 적용단위

재고자산에 대해 저가법을 적용할 경우 항목별로 적용할 것인지, 유사한 재고자산끼리 묶어서 적용할 것인지(조별기준) 또는 전체 재고자산에 대하여 총액기준으로 적용할 것인지가 문제가 될 수 있다. 다음의 사례를 통해 항목별기준, 조별기준 및 총액기준에 의한 저가법 평가를 비교해 보자(A제품과 B제품은 유사한 재고자산으로서 동일한 조로 묶을 수 있다고 가정).

제품종류	취득원가	보고기간종료일 현재 시가	평가손실액		
			항목별 기준	조별 기준	총액 기준
A제품	₩20,000	₩22,000	–	△2,000	2,000
B제품	10,000	6,000	△4,000		△4,000
C제품	30,000	25,000	△5,000	△5,000	△5,000
D제품	40,000	43,000	–	–	3,000
계	₩100,000	₩96,000	△9,000	△7,000	△4,000
평가 후 재무상태표상 재고자산 장부금액			₩91,000	₩93,000	₩96,000

위의 사례에서 보는 바와 같이 평가손실을 가장 많이 인식하는 항목별 기준에 의한 저가법이 가장 보수적인 방법이라고 할 수 있다.

일반기업회계기준에서는 재고자산 평가를 위한 저가법 적용 시 원칙적으로 항목별 기준을 적용하여 보수적으로 평가하도록 규정하고 있다. 그러나 재고항목들이 서로 유사하거나 관련되어 있는 경우에는 저가법의 계속성을 유지하면서 조별기준을 적용할 수 있다. 이러한 경우는 재고항목이 유사한 목적 또는 용도를 갖는 동일한 제품군으로 분류되고, 동일한 지역에서 생산되어 판매되며, 그 제품군에 속하는 다른 항목과 구분하여 평가하는 것이 사실상 불가능한 경우를 말한다.

(3) 저가법 평가에 따른 회계처리

재고자산금액은 일반적으로 '수량×단가'로 산정할 수 있다. 이 경우 개념적으로 볼 때 진부화, 부패, 파손 등의 사유로 인해 재고자산의 단가가 하락한 것을 '평가손실'이라고 하며, 분실, 도난 등의 사유로 인해 재고자산의 수량이 감소한 것을 '감모손실'이라고 한다.

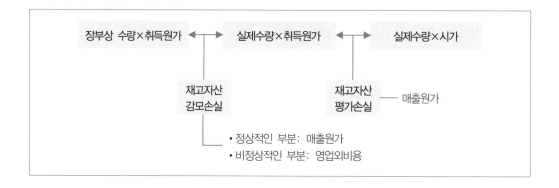

1) 재고자산평가손실의 회계처리

일반기업회계기준에서는 재고자산의 시가가 장부금액 이하로 하락하여 재고자산평가손실이 발생한 경우에는 평가손실액을 재고자산의 차감계정으로 표시하고 매출원가에 가산하도록 규정하고 있다. 이 경우 시가는 매 회계기간 말에 추정해야 한다.

한편, 저가법의 적용에 따른 평가손실을 초래했던 상황이 해소되어 새로운 시가가 장부금액보다 상승한 경우에는 최초의 장부금액을 초과하지 않는 범위 내에서 평가손실을 환입하며 관련 평가손실환입액은 매출원가에서 차감한다.

그러나 재고자산의 경우 회전율이 높기 때문에 평가손실의 환입을 추적하는 것이 쉽지 않은 경우가 많을 것이다. 그러므로 관련 기록비용이 그 효익을 초과하지 않는 범위내에서 평가손실을 환입해야 할 것이다.

2) 재고자산감모손실의 회계처리

일반기업회계기준에서는 재고자산의 장부상 수량보다 실제 수량이 감소하여 감모손실이 발생한 경우에는 정상적으로 발생한 감모손실은 매출원가에 가산하고, 비정상적으로 발생한 감모손실은 영업외비용으로 분류하도록 규정하고 있다.

정상적인 감모손실분

| (차) 재고자산감모손실(매출원가) | ××× | (대) 재고자산 | ××× |
| 재고자산감모손실(영업외비용) | ××× | | |

비정상적인 감모손실분

[사례]

다음 주제에 대해 생각해보고, 여러분의 의견을 작성해보세요.

기업 A는 3단계의 재공품 단계로 이동통신 장비를 제조하고 있다. 각 중간재공품단계로 판매되는 시장이 존재하지만, 회사는 최종제품을 생산하여 완제품을 외부에 판매하고 있다.

20X1년 12월 31일 현재 각 재공품 단계별 원가투입사항은 아래와 같다.

구분	단위당 생산원가	시장가격
재공품	150	120
재공품 1-추가투입원가	40	
재공품 2	190	210
재공품 2-추가투입원가	60	
완제품	250	280

20X1년 말 현재 재공품 1의 NRV는 얼마이며, 평가손실로 인식하여야 할 금액은 얼마인가?(단, 판매비용은 무시하기로 한다)

[풀이]

재공품 1단계의 순실현가능가치는 완제품의 시장가격에서 완제품을 생산하기 위한 추가투입원가를 차감한 (280-60-40) 180이 된다.

따라서 재공품 1의 원가인 150과 비교하여 볼 때, 평가손실로 인식하여야 할 금액은 없다.

원재료를 투입하여 완성할 제품의 시가가 원가보다 높을 때는 원재료에 대하여 저가법을 적용하지 않도록 하고 있다.

Ⅲ 결산시 유의사항

1 재고자산 실사

일반적으로 재고자산은 금액도 크고 많은 수량과 다양한 종목으로 구성되어 있으며, 기업의 경영성과(당기순이익)에 직접적인 영향을 미치기 때문에 기업의 자산 중에서 중요한 비중을 차지하고 있다. 재고자산은 일반적으로 회사의 창고에 보관하지만, 어떤 경우에는 다른 회사나 별도의 창고에 보관하기도 한다. 결산담당자는 결산일의 모든 영업을 종료한 후 자재부장 등과 함께 재고자산을 직접 실사하여야 한다. 이때 재고자산의 수량뿐만 아니라 부패 또는 파손된 재고는 없는지, 분실된 재고는 없는지도 확인해야 하며, 실사한 재고수량과 재고자산수불부상의 수량이 일치하는지 대조 확인해야 한다. 실사과정에서의 중복 또는 누락실사를 방지하기 위해서 실무에서는 개별재고품목에 재고조사표(tag)를 부착하는 방법을 사용하고 있다.

기말 재고자산실사결과 실사량과 장부수량이 차이가 나는 경우 적절한 회계처리를 하지 않으면 관리차원에서도 문제가 되고 세무상으로도 부족한 재고는 대표자 상여처분될 수도 있다. 이런 경우를 방지하려면 내부적으로 기말 실사를 하는 시점에서 실사계획표를 만들어 정확한 실사를 하고 차이가 나는 경우에는 반드시 조정해야 한다.

2 매출원가의 계산

매출원가란 매출액에 직접적으로 대응되는 비용으로서 판매된 자산의 취득원가 또는 제조원가이다. 예를 들어 상품을 ₩100에 사와서 ₩120에 팔았다면 ₩100이 매출원가에 해당하며, 제품을 ₩200을 들여서 만든 후 ₩250에 팔았다면 ₩200이 매출원가에 해당하는 금액이다.

상품매출과 관련하여 계속기록법을 적용할 경우에는 매출원가를 매출이 일어날 때마다 인식하지만, 실지재고조사법을 적용할 경우에는 매출원가는 다음과 같이 산출한다.

당기매출원가	=	기초재고액	+	당기매입액	−	기말재고액(장부상)
		+	정상적인 재고자산감모손실	+	재고자산평가손실	

결산시 작성한 수정전시산표에는 기초재고액, 당기매입액, 기말재고액이 어떻게 나타날까? 실지재고조사법을 적용할 경우에는 상품매입 시 (차) 매입 ×××(대) 현금등 ×××으로 기재하므로 재고자산금액에는 전혀 영향을 미치지 않으며, 당기 매입액이 모두 매입계정에 모이게 된다.

그러므로 수정전시산표상의 재고자산금액은 기초의 재고자산금액이 그대로 기재되며, 기말재고자산금액은 시산표를 통해서는 알 수 없으며 재고자산 실사를 통해서 알 수 있다.

결산 시 상기 항목들은 다음의 절차에 따라 매출원가로 집계된다.

① 기초상품재고를 상품계정에서 매입계정으로 대체함.

(차) 매입　　　　　　　×××　　　　　(대) 상품(기초)　　　　×××

② 기말상품재고를 매입계정에서 상품계정으로 대체함.

(차) 상품(기말)　　　　×××　　　　　(대) 매입　　　　　　　×××

이러한 결산수정분개로 인하여 재무상태표상의 재고자산은 기말 현재 상태의 금액으로 수정되고 매입계정의 잔액에는 매출원가가 집계된다.

③ 매입계정에 집계된 금액을 매출원가로 대체함.

(차) 매출원가　　　　　×××　　　　　(대) 매입　　　　　　　×××

3 재고자산의 평가

위에서 설명한 매출원가 계산과정에서 수행한 결산수정분개로 인하여 재고자산은 기초재고금액에서 기말재고금액(장부상)으로 수정되었다. 여기에 추가적으로 재고자산에 대한 평가절차를 수행해야 한다.

앞에서 살펴본 바와 같이 재고자산의 실사과정에서 진부화, 부패, 파손된 재고를 발견한 경우에는 해당 재고자산을 저가법을 적용하여 시가를 재무상태표금액으로 평가해야 하며, 분실된 재고가 있는 경우에는 해당 재고자산금액을 전액 차감해야 한다.

다음의 사례를 통해 앞에서 살펴본 재고자산 평가에 대한 회계처리를 이해하도록 하자.

예 제

(주)삼일은 유아용 분유를 (주)남일분유로부터 매입해서 인터넷을 통해 판매하는 회사이다. (주)삼일은 선입선출법을 적용하여 재고자산의 단위원가를 결정하고 있으며, 상품재고와 관련하여 재고수불부상에 기록된 자료는 다음과 같다.

구분	수량	단가	금액
기초상품재고액	500개	₩20,000	₩10,000,000
당기상품매입액	1,000개	₩18,000	₩18,000,000
기말상품재고액	700개	₩18,000	₩12,600,000

그러나 12월 31일에 재고실사를 수행한 결과 분유 재고수량이 재고수불부와는 달리 600개만 창고에 보관 중이었다. 원인을 파악한 결과 20개는 판매를 위해 샘플용으로 개봉해서 사용한 것이었고, 나머지 80개는 그 원인을 알 수가 없었다(즉, 20개는 정상적 감모손실, 80개는 비정상적 감모손실임).

또한, 국내출산율 하락으로 인한 분유수요의 감소와 해외 경쟁사의 고급분유 출시로 인해 분유가격의 지속적인 하락이 예상된다. 이로 인해 내년에는 분유 1개당 ₩16,000으로 판매할 수 있을 것으로 예상된다(관련 판매비용은 없다고 가정).

(1) 재고자산감모손실액을 구하고 관련된 회계처리를 하시오.
(2) 재고자산평가손실액을 구하고 관련된 회계처리를 하시오.
(3) 매출원가를 계산하고 재무상태표와 손익계산서상 재고자산과 관련된 부분의 표시방법을 설명하시오.

풀 이

(1) 재고자산감모손실
　① 재고자산감모손실액: (700개－600개)×₩18,000/개＝₩1,800,000
　　　－정상적인 감모손실: ₩1,800,000×20개/100개＝₩360,000
　　　－비정상적인 감모손실: ₩1,800,000×80개/100개＝₩1,440,000
　② 회계처리
　　　(차) 재고자산감모손실(매출원가)　360,000　(대) 재고자산　　　　　　1,800,000
　　　　　　재고자산감모손실(영업외비용) 1,440,000
(2) 재고자산평가손실
　① 재고자산평가손실액: 600개×(₩18,000/개－₩16,000/개)＝₩1,200,000
　② 회계처리
　　　(차) 재고자산평가손실(매출원가)　1,200,000　(대) 재고자산평가손실충당금 1,200,000
　　　　　　　　　　　　　　　　　　　　　　　　　　　　(재고자산차감계정)

(3) 매출원가 및 재무제표상 표시방법
  ① 매출원가＝기초상품재고액＋당기상품매입액－기말상품재고액(장부상)
         ＋정상적 재고자산감모손실액＋재고자산평가손실액
         ＝10,000,000＋18,000,000－12,600,000＋360,000＋1,200,000
         ＝₩16,960,000

  ② 재무상태표

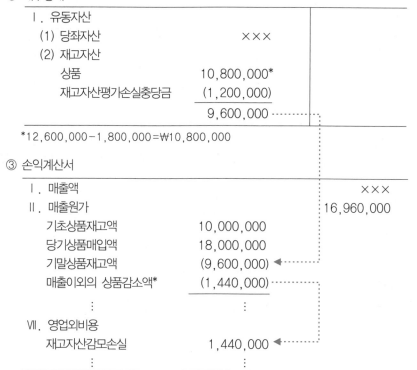

  Ⅰ. 유동자산
   (1) 당좌자산   ×××
   (2) 재고자산
     상품   10,800,000*
     재고자산평가손실충당금   (1,200,000)
                              9,600,000 ·········

  *12,600,000－1,800,000＝₩10,800,000

  ③ 손익계산서

  Ⅰ. 매출액   ×××
  Ⅱ. 매출원가   16,960,000
     기초상품재고액   10,000,000
     당기상품매입액   18,000,000
     기말상품재고액   (9,600,000) ◄········
     매출이외의 상품감소액*   (1,440,000) ·········
             ⋮   ⋮
  Ⅶ. 영업외비용
     재고자산감모손실   1,440,000 ◄········
             ⋮   ⋮

  *실무에서는 '매출이외의 상품감소액'이라는 용어 대신 '타계정대체액'이라는 용어를 많이
   사용하고 있음.

✅ O, X 퀴즈

01 일반적으로 재고자산은 시가주의에 의하여 취득원가로 평가된다. O X

02 재고자산의 매입원가는 재고자산의 순수한 구입가격만을 의미하며, 취득에 들어가는 부대비용(매입운임, 하역료 및 보험료 등)은 판매관리비로 당기 비용으로 인식한다. O X

03 물가가 상승하고 있다면 재고자산의 기말금액은 후입선출법으로 평가하는 것보다 선입선출법으로 평가할 때 더 크다. O X

01	✕	재고자산은 역사적 원가주의에 의하여 취득원가로 평가된다.
02	✕	재고자산의 매입원가는 매입금액에 매입운임, 하역료 및 보험료 등 취득과정에서 정상적으로 발생한 부대원가를 가산한 금액이다.
03	○	물가 상승 시는 선입선출법을 사용하는 경우에 후입선출법을 사용하는 경우보다 기말 재고자산 금액이 크다.

01 다음 중 재고자산의 원가흐름에 대한 가정에 관한 설명으로 가장 올바르지 않은 것은?

① 원가흐름의 가정 중 개별법은 사용하기가 간편하고 관리비용이 거의 소요되지 아니한다.

② 물량의 실제 흐름과는 관계없이 먼저 구입한 재고항목이 먼저 판매되는 것으로 가정하는 방법이 선입선출법이다.

③ 이동평균법은 자산을 취득할 때마다 장부재고금액을 장부재고수량으로 나누어 평균단가를 산출한다.

④ 총평균법은 현실적으로 실지재고조사법에서 많이 사용된다.

02 재고자산 원가흐름에 대한 가정 중에서 매출원가 및 기말재고를 결산일의 시가와 유사하게 평가하는 방법으로 가장 옳은 것은?

	매출원가	기말재고		매출원가	기말재고
①	후입선출법	선입선출법	②	후입선출법	후입선출법
③	선입선출법	선입선출법	④	선입선출법	후입선출법

03 (주)삼일의 재고자산 회계처리와 관련된 다음 설명 중 일반기업회계기준에 부합하지 않는 항목을 모두 고른 것은?

> ㄱ. 재고자산의 단가산정에는 선입선출법을 적용하고 있습니다.
> ㄴ. 매입한 상품에 결함이 있어 가격을 할인 받는 경우가 있는데 이러한 경우 할인 금액을 판매비와 관리비에서 차감하고 있습니다.
> ㄷ. 또한, 재고자산의 취득과정에서 정상적으로 발생한 매입운임, 보험료 등의 매입부대비용도 재고자산의 취득원가에 산입하고 있습니다.
> ㄹ. 만약, 시가가 취득원가보다 높은 경우에는 시가를 장부금액으로 하고 있습니다.

① ㄱ, ㄴ   ② ㄱ, ㄹ

③ ㄴ, ㄷ   ④ ㄴ, ㄹ

04 다음 중 재고자산 취득원가에 관한 설명으로 가장 올바르지 않은 것은?

① 제품 생산 후 판매 전 창고 보관비용은 재고자산의 취득원가에 포함한다.
② 재료원가 중 비정상적으로 낭비된 부분은 재고자산의 취득원가에 포함하지 않는다.
③ 재고자산을 판매하는 과정에서 지급한 판매수수료는 재고자산의 취득원가에 포함하지 않는다.
④ 제품 제조를 위해 공장에서 사용한 기계장치의 감가상각비는 재고자산의 취득원가에 포함한다.

05 다음 중 재고자산에 관한 설명으로 가장 올바르지 않은 것은?

① 생산과정에서 투입될 원재료도 재고자산에 포함된다.
② 제품이란 판매를 목적으로 제조한 생산품을 말한다.
③ 주요 제품 이외에 발생하는 부산물은 재고자산에 포함하지 않는다.
④ 재공품은 제품을 제조하기 위해 재공과정에 있는 것을 말한다.

06 다음 중 재고자산에 관한 설명으로 가장 올바르지 않은 것은?

① 재고자산에는 생산과정이나 서비스를 제공하는데 투입될 원재료와 부분품, 소모품, 비품 및 수선용 부분품 등의 저장품이 포함된다.
② 도착지 인도기준의 상품을 판매한 경우 선적한 시점에는 판매자의 재고자산에 포함된다.
③ 재고자산의 공정가치가 상승한 경우 취득원가와 공정가치의 차이를 평가이익으로 인식한다.
④ 건설회사에서 판매목적으로 보유하고 있는 미분양 아파트는 재고자산에 포함된다.

NEW

07 (주)삼일의 20X1년 12월 31일에 A상품을 실사한 결과 회사 창고에 1,500개가 남아 있는 것을 확인하였으며, 추가로 다음과 같은 사항을 파악하였다. 20X1년 12월 말 현재 (주)삼일이 인식하여야 하는 재고자산의 수량은 몇 개인가?

ㄱ. 위탁판매를 위해 반출된 상품 중 수탁자가 현재 보관중인 부분	120개
ㄴ. 시용판매를 위해 반출된 상품 중 매입의사 표시가 없는 부분	100개
ㄷ. 선적지 인도조건으로 매입한 운송 중인 상품	20개
ㄹ. 목적지 인도조건으로 매입한 운송 중인 상품	50개

① 1,620개　　　　　　　② 1,640개
③ 1,740개　　　　　　　④ 1,790개

08 다음 중 실지재고조사법에 관한 설명으로 가장 올바르지 않은 것은?

① 실지재고조사법은 보고기간 말에 창고를 조사하여 기말 재고수량을 파악하는 방법이다.
② 실지재고조사법을 사용하면 도난, 분실 등의 정확한 재고 부족의 원인을 판명할 수 있다.
③ 실지재고조사법을 사용하면 재고자산의 종류, 수량이 많을 경우 재고 입출고시마다 이를 기록하는 번잡함을 피할 수 있는 장점이 있다.
④ 실지재고조사법을 사용하면 기말현재 정확한 재고자산의 수량을 파악할 수 있는 장점이 있다.

09 다음 중 재고자산의 수량결정에 관한 설명으로 가장 올바르지 않은 것은?

① 재고자산의 금액은 재고자산의 수량에 재고자산의 단위당 원가를 곱하여 결정된다.
② 계속기록법은 재고자산을 종류별로 나누어 입고 출고시마다 계속 기록함으로써 잔액이 산출되도록 하는 방법이다.
③ 실지재고조사법을 사용하면 도난, 분실 등에 의한 감소량이 당기의 출고량에 포함되어 재고부족의 원인을 파악하기 힘들다.
④ 계속기록법과 실지재고조사법을 병행할 수 없다.

10 다음은 20X1년 초에 설립된 건설업을 영위하는 (주)삼일의 20X1년 매출원가 인식과 관련한
자료이다.

> ㄱ. 원재료
>   당기 매입자료
>   10월 5일: @150 × 100개 = 15,000원
>   11월 20일: @200 × 200개 = 40,000원
>   기말 원재료 실사 결과 50개의 기말 원재료 재고가 남아 있음.
>   (당기 중 재고자산에 대한 감모손실은 발생하지 아니함)
> ㄴ. 노무비와 기타경비
>   당기 노무비와 기타경비는 합하여 50,000원이 발생함.

(주)삼일은 원재료에 대해 선입선출법으로 평가하고 있다. (주)삼일의 20X1년 말 원재료재고
액(재고자산)과 공사에 투입된 재료비(원재료투입액)는 얼마인가?

	원재료 재고액	재료비
①	7,500원	45,000원
②	7,500원	50,000원
③	10,000원	45,000원
④	10,000원	50,000원

11 당기 중에 물가가 계속 상승하고 기말재고수량이 기초재고수량 이상이라고 가정할 때, 재고자산 원가흐름에 대한 가정별로 해당 항목의 금액크기를 비교한 것으로 가장 올바르지 않은 것은?

① 기말재고자산 : 선입선출법 〈 평균법 〈 후입선출법
② 매출원가　　： 선입선출법 〈 평균법 〈 후입선출법
③ 당기순이익　： 선입선출법 〉 평균법 〉 후입선출법
④ 법인세비용　： 선입선출법 〉 평균법 〉 후입선출법

12 (주)삼일의 20X1년 12월 31일에 A상품을 실사한 결과 회사 창고에 1,500개가 남아 있는 것을 확인하였으며, 추가로 다음과 같은 사항을 파악하였다. 20X1년 12월 말 현재 (주)삼일이 인식하여야 하는 재고자산의 수량은 몇 개인가?

ㄱ. 위탁판매를 위해 반출된 상품 중 수탁자가 현재 보관중인 부분	120개
ㄴ. 시용판매를 위해 반출된 상품 중 매입의사 표시가 없는 부분	100개
ㄷ. 선적지 인도조건으로 매입한 운송 중인 상품	20개
ㄹ. 목적지 인도조건으로 매입한 운송 중인 상품	50개

① 1,620개　　　　　　　　② 1,640개
③ 1,740개　　　　　　　　④ 1,790개

13 (주)삼일이 손익계산서에 인식할 매출원가는 얼마인가?

• 결산조정 전 장부상 매출원가	₩1,000,000
• 결산시점 평가손실 및 감모손실의 내역	
ㄱ. 재고자산평가손실	300,000
ㄴ. 정상적인 재고감모손실	200,000
ㄷ. 비정상적인 재고감모손실	100,000

① 1,300,000원   ② 1,400,000원

③ 1,500,000원   ④ 1,600,000원

NEW

14 다음은 (주)삼일의 20X1년 재고수불부이다. (주)삼일이 재고자산을 선입선출법으로 평가하는 경우와 총평균법(회계기간 단위로 평균단가를 산출하는 방법)으로 평가하는 경우 각각의 기말재고자산금액은 얼마인가?

	수량	단가	금액
전기이월	3,000개	2,000원	6,000,000원
1월 20일 구입	2,000개	2,500원	5,000,000원
6월 15일 판매	2,500개		
8월 14일 구입	2,000개	2,800원	5,600,000원
10월 1일 판매	3,500개		
12월 4일 구입	1,000개	3,000원	3,000,000원
기말	2,000개		

	선입선출법	총평균법
①	5,800,000원	4,900,000원
②	5,800,000원	5,700,000원
③	6,400,000원	4,900,000원
④	6,400,000원	5,700,000원

15 다음 중 재고자산을 저가법으로 평가하는 경우와 관련된 기업회계기준의 설명으로 가장 올바르지 않은 것은?

① 재고자산 중 상품과 제품은 순실현가능가치를 시가로 한다.
② 재고자산의 분실, 도난 등의 사유로 재고자산 수량이 감소한 것을 평가손실이라고 한다.
③ 재고자산 평가를 위해 저가법을 적용할 때 원칙적으로 종목별 기준을 적용하여야 한다.
④ 재고자산에 저가평가를 적용함으로써 발생한 평가손실은 매출원가에 가산하고 재고자산의 차감계정으로 표시한다.

16 다음은 (주)삼일의 20X1년 재고자산수불부이다. (주)삼일이 재고자산을 이동평균법으로 평가하는 경우 재고자산수불부상의 9월 30일 현재 재고자산 잔액은 얼마인가?

구분	수량	단가	금액
전기이월	3,000개	2,500개	7,500,000원
6월 5일 구입	2,000개	2,000개	4,000,000원
7월 30일 판매	3,500개	–	–
8월 20일 구입	1,000개	2,000개	2,000,000원
9월 10일 판매	1,500개	–	–

① 2,180,500원
② 2,250,000원
③ 2,500,000원
④ 3,000,000원

(주)삼일의 20X1년 매출액은 3,400,000원이며 연간 매출총이익률은 25%이다. 기말재고실사 결과 담당자는 재고자산에 대한 횡령이 발생하였음을 인지하였다. 매출총이익률법을 이용하여 추정한 재고자산 횡령액은 얼마인가?

• 기초재고	700,000원
• 당기매입	3,000,000원
• 기말재고(실사금액)	150,000원

① 700,000원 ② 780,000원

③ 1,000,000원 ④ 1,120,000원

18 다음은 (주)삼일 재경실무자들의 논의내용이다. 일반기업회계기준에 따라 재고자산을 평가할 경우 가장 옳은 것은?

① 현우: 재고자산의 감액을 초래했던 상황이 해소되어, 순실현가능가치가 최초의 장부금액을 초과하는 경우 새로운 장부금액은 순실현가능가치로 한다.

② 성음: 저가법 적용시 상품과 제품은 현행대체원가를 시가로 한다.

③ 병현: 재고자산 평가를 위한 저가법 적용시 원칙적으로 항목별 기준을 적용하여야 한다.

④ 만영: 재고자산의 감모손실 중 정상적으로 발생한 감모손실은 매출원가에 가산하고 비정상적으로 발생한 감모손실은 판매비와관리비로 분류한다.

19 20X1년 말 재고실사를 수행한 결과 (주)삼일의 재고자산 현황이 아래와 같은 경우 20X1년의 재고자산감모손실 금액은 얼마인가?

		〈재고실사 결과〉		
	장부수량	장부금액	실사수량	실사수량에 따른 기말재고자산금액
상품	1,100개	3,300,000원	1,000개	3,000,000원
제품	1,000개	2,000,000원	1,000개	2,000,000원
재공품	1,200개	4,800,000원	1,100개	4,400,000원

① ₩300,000
② ₩400,000
③ ₩700,000
④ ₩900,000

20 다음은 3종류의 상품을 판매하는 (주)삼일의 20X1년 말 현재의 재고자산과 관련된 자료이다. (주)삼일이 항목별로 재고자산에 대하여 저가법을 적용할 경우 재고자산평가손실로 인식하여야 할 금액은 얼마인가?

상품종류	취득원가	순실현가능가치
A	₩10,000	₩11,000
B	₩20,000	₩16,000
C	₩30,000	₩25,000
합계	₩60,000	₩52,000

① ₩2,000
② ₩3,000
③ ₩8,000
④ ₩9,000

21 (주)삼일은 단일종류의 상품을 판매하고 있다. 기말상품의 장부상 수량은 500개이고 취득원가는 단위당 200원이다. 기말 재고실사 시 실제 수량은 450개이고 재고자산의 시가는 180원이다. 저가법 평가를 할 경우 재고자산감모손실 금액은 얼마인가?

① 2,000원   ② 9,000원
③ 10,000원   ④ 12,000원

NEW

22 (주)삼일은 20X1년 결산시 보유중인 재고자산 중 원재료에 대한 재고자산평가손실 3,000,000원 및 제품에 대한 재고자산평가손실 5,000,000원을 반영하기로 하였다. ㈜삼일이 수행할 결산수정분개로 옳은 것은?

①	(차) 재고자산평가손실 (영업외비용)	3,000,000원	(대)재고자산		3,000,000원
②	(차) 재고자산평가손실 (매출원가)	8,000,000원	(대)재고자산평가손실		8,000,000원
③	(차) 재고자산평가손실 (매출원가)	5,000,000원	(대)재고자산평가손실		5,000,000원
④	(차) 재고자산평가손실 (매출원가) 재고자산평가손실 (영업외비용)	3,000,000원 5,000,000원	(대)재고자산		8,000,000원

MEMO

투자자산

I 투자자산의 의의

투자자산이라 함은 일반적으로 사업의 주된 영업목적이 아닌 타회사의 지배나 통제 혹은 유휴자금의 이식이나 활용을 목적으로 자금을 투하한 것을 말한다. 그러나 실제 계정분류에 있어서는 반드시 이것만에 의하여 분류되지는 않고 자산소유기간이 일시적이냐 영속적이냐에 의해 구분될 수도 있다.

타회사의 지배나 통제를 목적으로 하는 투자자산에는 관계회사주식·출자금 등의 유가증권이 있을 수 있고, 자본참가와 관계없이 유휴자금의 활용을 목적으로 하는 투자자산으로는 장기금융상품, 투자부동산, 지배목적이 아닌 유가증권 등이 있을 수 있으나, 일반기업회계기준에 의하면 금융상품·유가증권의 경우 그 투자의 목적뿐만 아니라 그 소유기간이나 만기, 사용제한 여부에 따라 당좌자산과 투자자산으로 구분한다.

II 장기금융상품

1 개념 및 범위

장기금융상품은 유동자산에 속하지 아니하는 금융상품을 말하며, 만기가 1년 이내에 도래하는 장기금융상품은 단기금융상품으로 계정대체하여야 한다.

2 일반기업회계상 회계처리

(1) 기중의 회계처리

만기가 1년 이상인 금융상품 즉, 장기금융상품(투자자산)에 대하여 일반기업회계기준에서는 회계처리에 관하여 별도의 규정을 두고 있지 않다. 그러나 실무적으로 다음과 같은 두 가지 방법으로 회계처리하는 것이 일반적이다.

첫째, 계정면에서는 단기금융상품계정에서 일괄처리한 후 결산시점에서 만기가 1년 이상인 금융상품만을 분리하여 투자자산으로 대체하는 방법이다. 이 방법은 총계정원장이 간편해진다는 장점이 있으나, 결산 시에 만기일을 확인하여 구분해야 하므로 결산업무가 복잡하게 된다.

둘째, 계정면에서 유동자산인 단기금융상품계정과 투자자산인 장기금융상품계정을 별도로 처리하는 방법이다. 즉, 예입시점에서 같은 정기예금이라도 만기가 1년 이내이면 단기금융상품(유동자산)으로, 1년 이상이면 장기금융상품(투자자산)으로 구분하여 처리한다. 그리고 장기금융상품은 기간이 경과함에 따라 만기가 보고기간종료일로부터 1년 이내인 때 비로소 단기금융상품(유동자산)으로 대체하는 방법이다.

예 제

사업연도가 1월 1일~12월 31일인 (주)삼일은 20X1년 7월 1일에 여유자금의 투자목적으로 만기가 20X3년 6월 30일이고 이자율이 5%(단리계산, 만기금액 ₩11,000,000)인 정기예금에 ₩10,000,000을 예치하면서 다음과 같이 회계처리하였다.

(차) 장기금융상품   10,000,000   (대) 현금및현금성자산   10,000,000

(주)삼일이 만기에 정기예금을 현금화하였을 경우 (주)삼일의 20X1년 12월 31일과 20X2년 12월 31일 및 20X3년 6월 30일의 회계처리를 하시오.

풀 이

- 20X1년 12월 31일
  (차) 미수수익   250,000*   (대) 이자수익   250,000
  *10,000,000×5%×6/12=₩250,000

- 20X2년 12월 31일
  (차) 미수수익   500,000*   (대) 이자수익   500,000
  *10,000,000×5%=₩500,000
  (차) 단기금융상품   10,000,000   (대) 장기금융상품   10,000,000

- 20X3년 6월 30일
  (차) 현금및현금성자산   1,000,000   (대) 미수수익   750,000
                                     이자수익   250,000
  (차) 현금및현금성자산   10,000,000   (대) 단기금융상품   10,000,000

(2) 결산시의 회계처리

1) 계정재분류와 주석 공시

장기금융상품에 대하여는 사용이 제한되어 있을 경우 주석으로 공시해야 하고, 매결산기마다 보고기간종료일을 기준으로 만기가 1년 이상인지 여부를 확인하여 만기가 1년 이내에 도래한다면 단기금융상품으로 대체해야 한다. 여기서 한 가지 유의할 점은 기존에 장기금융상품으로 분류되었고 사용이 제한되어 있는 금융상품이더라도 보고기간종료일 현재 만기가 1년 이내에 도래한다면 단기금융상품으로 계정분류한 후 사용제한사항을 주석으로 공시해야 한다는 것이다.

2) 이자수익 인식

일반기업회계기준은 수익을 발생주의에 의하여 인식하므로 이자지급기일 이전이라도 경과된 기간에 해당되는 미수이자를 자산계정에 미수수익으로 계상하고 동 금액을 당기 손익항목의 이자수익으로 인식한다.

III 유가증권

1 개념 및 범위

유가증권이란 재산권을 나타내는 증권을 말하며, 실물이 발행된 경우도 있고 명부에 등록만 되어 있을 수도 있다. 유가증권은 적절한 액면금액 단위로 분할되고 시장에서 거래되거나, 투자의 대상이 된다. 유가증권은 증권의 종류에 따라 지분증권과 채무증권으로 분류할 수 있다.

(1) 지분증권

지분증권(Equity Securities)이란 다음과 같이 회사, 조합 또는 기금 등의 순자산에 대한 소유지분을 나타내는 유가증권 및 이와 유사한 유가증권을 말한다.

① 순자산에 대한 소유지분을 나타내는 유가증권: 보통주, 우선주, 수익증권 등
② 소유지분을 취득할 수 있는 권리를 나타내는 유가증권: 신주인수권, 콜옵션 등
③ 소유지분을 처분할 수 있는 권리를 나타내는 유가증권: 풋옵션 등

(2) 채무증권

채무증권(Debt Securities)이란 발행자에 대하여 금전을 청구할 수 있는 권리를 표시하는 유가증권 및 이와 유사한 유가증권을 말한다. 채무증권에는 국채, 공채, 사채, 전환사채, 신주인수권부사채 등이 포함된다.

이제부터 지분증권 채무증권의 취득, 보유 및 양도에 따른 회계처리에 대해 일반기업회계기준에서 규정하고 있는 내용을 알아보도록 하자.

2 지분증권의 회계처리

(1) 지분증권의 취득

기업이 지분증권을 취득한 경우에는 당해 지분증권의 취득원가 측정과 계정과목 분류의 문제가 발생한다.

1) 지분증권의 취득원가

지분증권은 최초인식 시 공정가치로 측정한다. 다만, 최초인식 이후 공정가치로 측정하고 공정가치의 변동을 당기손익으로 인식하는 금융자산{예: 단기매매증권, 파생상품(현금흐름위험회피회계에서 위험회피수단으로 지정되는 경우는 제외)}이 아닌 경우 당해 금융자산의 취득과 직접 관련되는 거래원가는 최초인식하는 공정가치에 가산한다.

최초인식 시 유가증권의 공정가치는 일반적으로 거래가격(자산의 경우에는 제공한 대가의 공정가치, 부채의 경우에는 수취한 대가의 공정가치)이다.

2) 지분증권의 분류

지분증권은 투자자의 지분증권에 대한 보유의도와 지분법피투자기업에 대한 영향력 행사 여부에 따라 단기매매증권, 지분법적용투자주식, 매도가능증권 중의 하나로 분류하며, 분류의 적정성은 보고기간종료일마다 재검토해야 한다.

① 단기매매증권

투자자가 주로 가격의 단기적 변동으로부터 이익(단기시세차익)을 발생시킬 목적으로 취득하는 지분증권으로서 매수와 매도가 적극적이고 빈번하게 이루어지는 것은 단기매매증권으로 분류한다.

재무제표에서 단기매매증권은 유동자산으로 분류되며, 이 경우 단기매매증권을 단기투자자산 등의 과목으로 통합하여 재무상태표에 표시할 수 있다.

② 지분법적용투자주식

투자자가 지분법피투자기업에 대하여 일정비율 이상의 지분을 취득하거나 의사결정과정에 참여하여 유의적인 영향력을 행사할 수 있는 경우에는 당해 지분증권을 지분법적용투자주식으로 분류한다.

재무제표에서 지분법적용투자주식은 투자자산으로 분류한다.

③ 매도가능증권

단기매매증권이나 지분법적용투자주식으로 분류되지 아니하는 지분증권은 모두 매도가능증권으로 분류한다.

재무제표에서 매도가능증권은 투자자산으로 분류한다. 다만, 보고기간종료일로부터 1년 내에 매도 등에 의하여 처분할 것이 거의 확실한 매도가능증권은 유동자산으로 분류한다.

매도가능증권을 투자자산으로 분류하는 경우에는 장기투자증권 등의 과목으로 통합하여 표시할 수 있고, 유동자산으로 분류하는 경우에는 단기투자자산 등의 과목으로 통합하여 재무상태표에 표시할 수 있다.

지분증권의 분류를 플로우차트로 나타내면 다음과 같다.

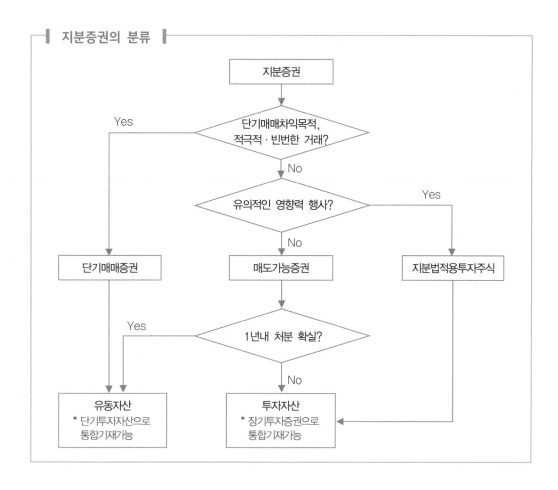

지분증권의 분류

지분증권

단기매매차익목적, 적극적·빈번한 거래? — Yes → 단기매매증권

No

유의적인 영향력 행사? — Yes → 지분법적용투자주식

No

매도가능증권

1년내 처분 확실? — Yes

No

유동자산
* 단기투자자산으로 통합기재가능

투자자산
* 장기투자증권으로 통합기재가능

(2) 지분증권의 평가

지분증권의 평가란 보고기간종료일 현재 투자기업의 재무상태표상에 계상될 지분증권금액을 측정하는 것을 말한다. 지분증권의 평가방법 및 관련 평가손익은 위에서 살펴본 지분증권의 분류에 따라 각각 다음과 같이 달라진다.

1) 단기매매증권 – 공정가치법

지분증권 중 단기매매증권은 보고기간종료일 현재의 공정가치로 평가하며, 당해 단기매매증권에 대한 미실현보유손익은 단기매매증권평가손익(당기손익)으로 회계처리해야 한다. 이 경우 미실현보유손익이란 보유 지분증권에 대하여 발생한 공정가치의 순변동액을 말한다. 여기에는 배당금수익과 손상차손은 포함되지 아니한다.

① 공정가치

지분증권평가시 공정가치란 합리적인 판단력과 거래의사가 있는 독립된 당사자 간에 거래될 수 있는 교환가격을 말하며, 공정가치의 구체적인 측정방법은 다음과 같다.

시장성이 있는 지분증권은 시장가격을 공정가치로 보며, 시장가격은 보고기간종료일 현재의 종가로 한다.

시장성이 있는 지분증권이란 유가증권시장, 코스닥시장 또는 공신력 있는 외국의 증권거래시장에서 거래되는 지분증권을 말한다.

② 단기매매증권을 공정가치법으로 평가하는 이유

보유하고 있는 단기매매증권의 공정가치 변동액을 당기손익에 포함하는 이유는 그 경제적 효과를 당기순이익에 반영함으로써 보다 유용한 회계정보를 제공할 수 있기 때문이다. 즉, 공정가치의 변동이 미실현손익임에도 불구하고 이를 당기손익에 포함시키는 것은 공정가치의 변동이 발생한 회계기간에 현재의 주주들에게 주주지분의 변동과 그 성과에 대하여 적절히 보고함으로써 보다 더 목적적합한 재무정보를 제공할 수 있기 때문이다.

예 제

(주)삼일증권은 20X1년 12월 1일에 단기매매목적으로 (주)엘피전자의 주식 100주를 1주당 ₩50,000에 취득하였다. 20X1년 12월 31일 현재 (주)엘피전자 주식의 1주당 시장가격이 ₩55,000인 경우 (주)삼일증권의 20X1년도 단기매매증권의 취득 및 평가와 관련한 회계처리를 하시오.

풀 이

① 단기매매증권 취득원가=100주 × 50,000=₩5,000,000
② 단기매매증권평가이익=100주 × (55,000−50,000)=₩500,000
③ 회계처리
   20X1년 12월 1일: (차) 단기매매증권 5,000,000　(대) 현금및현금성자산　5,000,000
   20X1년 12월 31일: (차) 단기매매증권　500,000　(대) 단기매매증권평가이익　500,000

---

2) 매도가능증권-공정가치법(예외: 원가법)

① 일반원칙

지분증권 중 매도가능증권은 보고기간종료일 현재의 공정가치(단기매매증권에서 언급한 공정가치의 개념과 동일함)로 평가하며 당해 매도가능증권(유동자산으로 분류된 매도가능증권도 포함)에 대한 미실현보유손익은 매도가능증권평가손익(기타포괄손익누계액)으로 회계처리하고, 당해 지분증권에 대한 평가손익은 그 지분증권을 처분하거나 손상차손을 인식하는 시점에 일괄하여 당기손익에 반영한다.

② 시장성이 없는 지분증권의 평가

시장성이 없는 지분증권의 경우에도 원칙적으로 합리적 추정과정을 거쳐 산출된 추정 공정가치로 평가해야 한다. 그러나 시장성이 없는 지분증권은 일반적으로 미래현금흐름을 추정하기가 어렵거나, 기업마다 성장성 등에 있어서 고유한 특성이 있기 때문에 유사한 기업이 발행한 지분증권의 시장가격과 직접 비교하여 공정가치를 결정하기는 어렵다. 또한, 공정가치 측정시 발생하는 과다한 비용이나 유가증권 발행기업에 대한 정보부족 등의 사유로 인하여 공정가치를 측정하는 것이 불가능할 수도 있다. 이러한 현실적인 문제와 실무상의 어려움 때문에 관련 법규에 따라 자산을 공정가치로 평가하여 공시하는 금액과 합리적인 평가모형과 적절한 추정치를 사용하여 신뢰성 있게 평가한 금액을 시장성이 없는 지분증권의 공정가치로 볼 수 있다. 이 경우 공신력 있는 독립된 유가증권 평가 전문기관이 평가한 금액은 신뢰성 있게 평가한 금액으로 본다. 시장성이 없는 지분증권에 대해 합리적인 평가모형과 적절한 추정치를 사용하여 추정한 공정가치로 평가한 경우에는 매기 계속하여 공정가치로 평가해야 한다.

다만, 매도가능증권 중 시장성이 없는 지분증권의 공정가치를 신뢰성 있게 측정할 수 없는 경우에는 취득원가로 평가한다.

'매도가능증권 중 시장성이 없는 지분증권의 공정가치를 신뢰성 있게 측정할 수 없는 경우'란 가치평가의 기초자료가 부족하거나 자료의 객관성이 부족한 경우로서 예를 들어 설립 후 7년이 경과하지 않은 기업, 최초 투자 후 5년이 경과하지 않았고 기업가치가 크게 변할 만한 특별한 사건(영업환경 또는 영업실적의 중요한 변화, 중요한 기술개발 등)이 발생하지 않은 기업, 자산규모 120억 원 미만 등으로 외감대상이 아닌 기업, 현금흐름 추정이 어렵고 업종, 규모 등이 유사한 비교대상회사가 존재하지 않는 기업, 채권금융기관에 의한 구조조정기업, 평가자가 정당한 의무를 다했음에도 피평가기업의 내부정보 등 평가기초자료를 입수하지 못한 기업 등 미래가치 추정에 불확실성이 매우 높다고 판단되는 기업 등을 예로 들 수 있다.

(주)삼일은 20X1년 1월 1일에 장기투자목적으로 (주)한라의 주식 100주를 주당 ₩5,000에 취득하여 20X2년 12월 31일 현재 계속 보유중이다. (주)한라 주식의 공정가치가 다음과 같은 경우 (주)삼일의 주식 취득시점부터 20X2년 말까지의 회계처리를 하고 20X1년 말과 20X2년 말 현재의 기타포괄손익누계액계정 잔액을 구하시오.

일자	(주)한라 주식공정가치
20X1년 1월 1일	₩5,000/주
20X1년 12월 31일	₩5,500/주
20X2년 12월 31일	₩4,800/주

① 회계처리
- 20X1년 1월 1일

  (차) 매도가능증권　　　500,000　　　(대) 현금및현금성자산　　　500,000

- 20X1년 12월 31일

  (차) 매도가능증권　　　50,000　　　(대) 매도가능증권평가이익　　　50,000
  　　　　　　　　　　　　　　　　　　　　(기타포괄손익누계액)

- 20X2년 12월 31일

  (차) 매도가능증권평가이익　　50,000　　(대) 매도가능증권　　　70,000
  　　　매도가능증권평가손실　　20,000
  　　　(기타포괄손익누계액)

② 기타포괄손익누계액 계정잔액(매도가능증권평가손익)
재무상태표상의 기타포괄손익누계액 계정에는 위의 회계처리에서도 알 수 있듯이, 최초 지분증권의 취득원가와 보고기간종료일 현재 공정가치와의 차액이 계상된다.

일자	최초 취득원가	공정가치	평가손익 (기타포괄손익누계액)
20X1년 12월 31일	500,000	550,000	50,000
20X2년 12월 31일	500,000	480,000	△20,000

3) 지분법적용투자주식 – 지분법

지분증권 중 지분법적용투자주식은 지분법을 적용하여 평가해야 한다. 지분법이란 지분증권의 취득시점에는 취득원가로 기록하지만, 그 이후에는 피투자기업의 순자산장부금액의 변동액 중 투자기업의 지분에 해당하는 금액만큼 직접 지분증권에서 가감하는 주식의 평가방법을 뜻한다.

일반기업회계기준에서는 유의적인 영향력을 행사할 수 있는 주식의 경우에는 주식의 시장성 유무에 불구하고 지분법을 적용하도록 하고 있다. 지분법의 적용취지는 투자기업이 피투자기업의 영업 및 재무의사결정 등에 유의적인 영향력을 행사함으로써 투자기업의 순이익을 조정할 수 있으므로 피투자기업의 순자산의 변동액 중 투자기업의 지분에 해당하는 금액만큼을 투자기업 지분증권의 장부금액에 반영하자는 것이다.

지분법으로 지분증권을 평가할 경우, 다음과 같은 장점이 있다.

① 투자기업의 당기손익이 피투자기업의 배당정책과 관계없이 인식되므로 발생주의 회계를 따르게 되며 이익조작의 가능성이 감소한다.
② 지분증권의 평가과정에서 투자기업과 피투자기업 간의 내부거래에서 생기는 미실현손익을 제거하게 되므로 내부거래를 통한 당기순이익의 조작을 어렵게 한다.

(3) 지분법회계

1) 지분법 적용대상

지분법은 투자기업이 피투자기업에 대해 유의적인 영향력을 행사할 수 있는 경우에 적용한다. 유의적인 영향력(significant influence)이란 투자기업이 피투자기업의 재무정책과 영업정책에 관한 의사결정에 참여할 수 있는 능력을 말하며, 일반기업회계기준에서는 다음의 지분율기준 또는 유의적인 영향력기준을 만족하는 경우 투자기업이 피투자기업에 대해 유의적인 영향력을 행사할 수 있는 것으로 보아 지분법을 적용하도록 규정하고 있다.

① 지분율기준

투자기업이 직접 또는 종속회사를 통하여 간접으로 피투자기업의 의결권 있는 주식의 20% 이상을 보유하고 있다면 명백한 반증이 있는 경우를 제외하고는 유의적인 영향력이 있는 것으로 본다. 유의적인 영향력 판단을 위한 지분율 계산에 고려할 사항은 다음과 같다.

ⓐ 유의적인 영향력을 판단함에 있어 피투자기업에 대한 지분율은 투자기업의 지분율과 종속기업이 보유하고 있는 지분율의 단순합계로 계산한다.

ⓑ 피투자기업의 의사결정에 영향력을 행사할 수 없는 의결권 없는 주식(예: 우선주) 및 전환증권(예: 전환사채, 신주인수권부사채)은 피투자기업에 대한 투자기업의 지분율 계산에 포함하지 않는 것을 원칙으로 한다. 다만, 투자기업이 주식전환권 또는 신주인수권 등을 행사할 수 있고, 동 주식전환권 또는 신주인수권 등의 행사시에 기대되는 효익이 비용을 초과하는 등 주식전환권 또는 신주인수권의 행사를 합리적으로 기대할 수 있는 경우에는 당해 전환증권은 유의적인 영향력을 판단하기 위한 지분율 계산에 포함한다.

ⓒ 주주총회에서 우선적 배당을 받지 아니한다는 결의가 있어 의결권이 부활한 우선주는 유의적인 영향력을 판단하기 위한 지분율 계산에 포함한다. 다만, 우선주에 대한 의결권의 부활이 일시적인 경우 당해 우선주는 유의적인 영향력을 판단하기 위한 지분율 계산에 포함하지 아니한다.

② 유의적인 영향력이 있는 경우

ⓐ 투자기업이 피투자기업의 이사회 또는 이에 준하는 의사결정기구에서 의결권을 행사할 수 있는 경우

ⓑ 투자기업이 피투자기업의 재무정책과 영업정책에 관한 의사결정과정에 참여할 수 있는 경우

ⓒ 투자기업이 피투자기업의 재무정책과 영업정책에 관한 의사결정과정에 참여할 수 있는 임원선임에 상당한 영향력을 행사할 수 있는 경우

ⓓ 피투자기업의 유의적인 거래가 주로 투자기업과 이루어지는 경우

ⓔ 피투자기업에게 필수적인 기술정보를 투자기업이 당해 피투자기업에게 제공하는 경우

③ 유의적인 영향력이 없는 경우

ⓐ 법적 소송이나 청구의 제기에 의하여 투자기업이 피투자기업의 재무정책과 영업정책에 관한 의사결정에 참여할 수 없는 경우

ⓑ 계약이나 법규 등에 의하여 투자기업이 의결권을 행사할 수 없는 경우

ⓒ 피투자기업에 대한 의결권 있는 주식의 대부분을 특정 지배기업이 보유함으로써 투자기업이 보유한 의결권으로는 사실상 영향력을 행사할 수 없는 경우

ⓓ 피투자기업이 은행법에 의하여 설립된 금융기관으로부터 당좌거래 정지처분 중에 있거나, 회사정리법 또는 기업구조조정촉진법 등에 의해 법적 구조조정절차 중에 있어서 투자기업이 사실상 영향력을 행사할 수 없는 경우

ⓔ 위에 열거된 경우에 준하는 사유

유의적인 영향력을 행사할 수 있는 경우에도, 12개월 이내에 매각할 목적으로 투자주식을 취득하여 적극적으로 매수자를 찾고 있는 경우 당해 투자주식은 단기매매증권으로 분류하고 일반기업회계기준 제6장 '금융자산, 금융부채'를 적용하여 회계처리하며, 당해 투자주식을 매수 이후 12개월 이내에 매각하지 못한 경우에는 매수시점에 소급하여 지분법을 적용하고 재무제표를 재작성한다. 다만, 매수자가 있으나 법규 등에 의해 불가피하게 매수 이후 12개월 이내에 매각을 완료하지 못한 경우에는 보고기간종료일로부터 가까운 시일 내에 매각이 완료될 가능성이 매우 높다면 당해 투자주식에 대하여 지분법을 적용하지 않는다.

지분법을 적용함에 있어 피투자기업의 형태가 반드시 주식회사이어야만 하는 것은 아니며, 합명회사·합자회사·유한회사 등인 경우에도 당해 피투자기업에 대하여 유의적인 영향력을 행사할 수 있는 경우에는 지분법을 적용하여 지분증권을 평가하여야 한다.

심화학습

[사례]
다음 주제에 대해 생각해보고, 여러분의 의견을 작성해보세요.
(주)삼일은 공동지배기업인 (주)삼정에 대한 보유지분율이 25%이다. 하지만, 계약에 따라 조인트벤처 이익의 30%에 대한 권리를 가질 수 있다. 이러한 경우 지분법 회계처리 시 적용한 지분율은 무엇인가?

[풀이]
참여자가 지분법을 적용하여 공동지배기업에 대한 지분을 인식할 때 적용할 지분율은 단순히 소유하고 있는 지분율이 아니라 계약에 의해 합의된 지분율이다. 예를 들면, 참여자의 지분율이 25%인데 계약에 의해 예외적으로 조인트벤처이익의 30%에 대한 권리를 가질 수 있다.
이 경우 참여자는 지분법 적용 시 특정계약사항을 반영하여 조인트벤처이익의 25% 이외에 5%의 이익을 추가적으로 인식한다. 한편, 내부거래 미실현손익의 제거 시에도 지분율 30%에 대하여 지분법을 적용한다. 이러한 회계처리가 계약내용의 경제적 실질과 지분법회계의 본질을 제대로 반영할 수 있기 때문이다. 결국 지분법 적용 시 어떠한 조정이 필요한지는 계약내용에 따라 달라지게 된다.

2) 적용재무제표

지분법은 투자기업의 보고기간종료일을 기준으로 작성된 지분법피투자기업의 신뢰성 있는 재무제표를 사용하여 적용한다. 그러나 회계기간 종료일이 다르고 그 차이가 3개월 이내인 경우에는 피투자기업의 재무제표 사용이 가능하며, 이 경우 피투자기업의 보고기간종료일과 투자기업의 보고기간종료일 사이에 발생한 유의적인 거래나 사건은 적절히 반영하여 회계처리한다.

투자기업의 보고기간종료일과 다른 보고기간종료일을 기준으로 작성된 피투자기업의 재무제표를 사용한 경우에는 당해 기간차이를 줄이기 위하여 지분법피투자기업이 보고기간종료일을 변경하지 않는 한 그 후의 회계기간에도 계속성을 유지한다.

유사한 상황에서 발생한 동일한 거래나 사건에 대하여는 지분법피투자기업의 회계정책을 투자기업의 회계정책으로 일치하도록 적절히 수정하여 지분법을 적용한다. 다만, 투자기업이나 지분법피투자기업이 일반기업회계기준 제31장 '중소기업 회계처리 특례'를 적용하거나, 지분법피투자기업이 한국채택국제회계기준(국제회계기준을 포함한다)을 적용하여 재무제표를 작성함에 따라 회계정책이 일치하지 않는 경우에는 적용하지 않을 수 있다.

3) 지분법 회계처리

지분법이란 피투자기업의 순자산지분금액에 의한 투자주식의 평가방법이다. 이 경우 피투자기업의 순자산지분금액이란 피투자기업의 순자산장부금액에 투자기업지분율을 곱한 금액을 말한다.

순자산지분금액＝피투자기업의 순자산장부금액×투자기업지분율

따라서 지분법을 적용하여 투자주식을 평가하게 되면 최종적으로 투자주식의 금액은 피투자기업의 순자산지분금액과 일치하게 된다. 그러나 최초로 지분법을 적용하는 시점의 투자주식의 금액은 일반적으로 피투자기업의 순자산지분금액과 일치하지 않는다. 즉 투자기업이 피투자기업에 대하여 유의적인 영향력을 행사할 수 있게 되는 시점의 투자기업의 투자주식 금액은 피투자기업의 순자산장부금액 중 투자기업의 지분에 해당하는 금액과 일치하지 않는 경우가 많다. 이로 인하여 지분법을 적용하는 경우 이러한 차이를 조정하여 최종적으로 투자주식의 금액을 피투자기업의 순자산지분금액과 일치시켜야 하는데, 지분법회계는 이러한 차이를 일시에 조정하지 않고 일정 기간 동안 조정하도록 하고 있다. 즉, 지분법회계는 취득원가로 기록된 지분법적용투자주식에 대하여 다음과 같은 방법을 적용하여 투자주식의 평가액이 피투자기업의 순자산지분금액으로 되도록 하고 있다.

ⓐ 지분법적용투자주식의 취득시점 이후 발생한 지분법피투자기업의 순자산장부금액 변동액 중 투자기업의 지분율에 해당하는 금액(이하 '지분변동액'이라 함)을 당해 지분법적용투자주식에 가감한다. → 이를 통하여 투자시점 이후의 피투자기업에 대한 지분변동액이 지분법적용투자주식 평가에 반영된다.

ⓑ 투자주식의 취득대가와 피투자기업의 순자산지분금액과의 차액은 투자주식의 보유기간 동안 상각 또는 환입하여 투자주식의 장부금액에 가감한다. → 이를 통하여 지분법을 최초로 적용 시점의 투자주식의 금액과 순자산지분금액의 차이가 조정된다.

① 지분법 최초 적용시점의 차이에 대한 회계처리

투자기업이 투자주식을 취득함에 있어 그 취득금액이 피투자기업의 순자산지분금액과 다른 이유는 크게 2가지가 있다. 첫 번째는 회계상의 평가액인 피투자기업의 순자산장부금액과 시장가치를 기준으로 한 순자산공정가치 차이가 나기 때문이며, 두 번째는 미래의 초과수익력 등으로 인하여 발생하는 영업권(또는 부의 영업권) 등으로 인한 것이다. 따라서 지분법을 최초로 적용하는 시점의 투자주식의 금액(투자주식의 취득대가)과 피투자기업의 순자산지분금액과의 차액은 순자산공정가치와 장부금액의 차액에 대한 지분해당액과 영업권 등('투자차액'이라 함)으로 구성된다고 볼 수 있다.

㉠ 투자차액: 투자차액은 피투자기업의 식별가능한 순자산의 공정가치 중 투자기업이 취득한 지분율에 해당하는 금액과 취득대가의 차이금액을 말한다. 이러한 투자차액은 미래의 초과수익력 등으로 인하여 발생한다. 따라서 투자차액은 그 내용연수에 걸쳐 정액법으로 상각하며, 이 경우 내용연수는 미래에 경제적 효익이 유입될 것으로 기대되는 기간으로 하며 20년을 초과하지 못한다.

투자차액＝투자주식의 취득원가－(피투자기업의 순자산공정가치×지분율)

한편, 투자기업이 피투자기업의 주식을 단계적으로 취득하여 유의적인 영향력을 행사할 수 있게 된 경우에는 유의적인 영향력을 행사할 수 있게 된 날에 일괄 취득한 것으로 보아 투자차액을 산정한다. 이 경우 취득대가는 유의적인 영향력을 행사할 수 있게 된 날의 직전일까지 취득한 주식의 공정가치와 추가 취득한 주식의 취득원가의 합계액이다. 유의적인 영향력을 행사할 수 있게 된 날까지 보유하고 있던 피투자기업의 주식을 공정가치로 평가함에 따라 발생한 손익은 지분법 적용일이 속하는 회계기간에 당기손익으로 처리한다.

㉡ 순자산 공정가치와 장부금액의 차액: 투자주식의 취득시점에 지분법피투자기업의 식별가능한 자산·부채를 공정가치로 평가한 금액과 장부금액의 차이금액 중 투자기업의 지분율에 해당하는 금액은 당해 자산·부채에 대한 지분법피투자기업의 처리방법에 따라 상각 또는 환입한다.

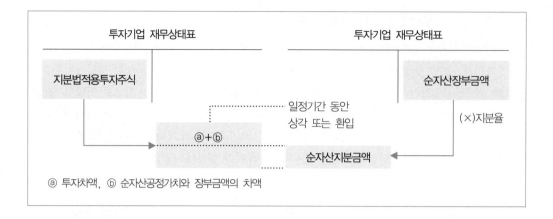

투자기업 재무상태표 | 투자기업 재무상태표

지분법적용투자주식

순자산장부금액

(×)지분율

일정기간 동안
상각 또는 환입

ⓐ+ⓑ

순자산지분금액

ⓐ 투자차액, ⓑ 순자산공정가치와 장부금액의 차액

예제

(주)삼일은 (주)용산의 주식(지분율 30%)을 취득하여 유의적인 영향력을 행사할 수 있게 되었다.
주식 취득일 현재의 (주)용산에 관한 자료는 다음과 같다.

순자산장부금액: 100억 원
순자산공정가치: 150억 원
투자주식 취득대금(30%): 50억 원

(주)삼일은 (주)용산의 투자주식에 대하여 지분법을 적용하기로 하였다. 이 경우 동 투자주식의 취
득금액을 투자차액, 순자산공정가치와 장부금액의 차액에 대한 지분해당액, 순자산지분금액으로
구분하시오.

풀이

- 투자차액
  =취득대가−순자산공정가치×지분율
  =50억 원−150억 원×30%=5억 원
- 순자산공정가치와 장부금액의 차액에 대한 지분해당액
  =(순자산공정가치−순자산장부금액)×지분율
  =(150억 원−100억 원)×30%=15억 원
- 순자산지분금액
  =순자산장부금액×지분율
  =100억 원×30%=30억 원

취득대가	50억 원	=	투자차액	5억 원
			순자산공정가치와 장부금액의 차액	15억 원
			순자산지분금액	30억 원

② 지분법적용투자주식 취득 이후 회계처리

지분법적용투자주식 취득 이후 다음과 같은 원인에 의해 발생하는 지분변동액은 지분법적용투자주식에 가감하고 지분법피투자기업의 순자산금액의 변동원천에 따라 회계처리한다.

㉠ 피투자기업의 당기순이익(손실) 발생: 당기손익으로 처리(예: 지분법이익(손실))
㉡ 피투자기업의 전기이월이익잉여금 변동
   ⓐ 원칙: 당기손익에 반영
   ⓑ 투자기업의 재무제표에 중대한 영향을 미치는 전기오류 수정손익: 전기이월이익잉여금에 반영(예: 지분법이익잉여금변동)
   ⓒ 회계정책변경에 의한 변동: 전기이월이익잉여금에 반영(예: 지분법이익잉여금변동)
㉢ 자본의 증가 또는 감소로 인한 변동: 기타포괄손익누계액으로 처리(예: 지분법자본변동)
㉣ 투자기업의 배당금 수령: 피투자기업이 배당금지급을 결의한 시점에 투자기업이 수취하게 될 배당금 금액을 지분법적용투자주식에서 직접 차감

③ 지분법에 따른 구체적인 회계처리절차

• 지분법적용투자주식의 취득시 – 취득시점에서 지분증권을 취득원가로 기록한다.

| (차) 지분법적용투자주식 | ××× | (대) 현금및현금성자산 | ××× |

• 피투자기업이 배당금 지급을 결의한 경우 – 지분법적용투자주식 원본의 회수로 보아 지분법적용투자주식의 장부금액을 감소시킨다.

| (차) 미수금 | ××× | (대) 지분법적용투자주식 | ××× |

• 피투자기업이 당기순이익을 보고한 때 – 피투자기업이 당기순이익(손실)을 보고한 경우 피투자기업의 당기순이익(손실) 중 투자기업의 지분에 해당하는 금액만큼 지분법적용투자주식의 장부금액을 증가(감소)시키고 동 금액을 지분법이익(손실)으로 인식한다.

| (차) 지분법적용투자주식 | ××× | (대) 지분법이익 | ××× |

• 지분법 최초 적용시점의 차이상각 – 지분법 최초 적용시점의 지분법적용투자주식금액과 순자산 지분금액의 차액은 일정기간 동안 상각 또는 환입한다.

(차) 지분법이익	×××	(대) 지분법적용투자주식	×××

예제

(주)삼일은 20X1년 1월 1일에 (주)용산의 보통주 40%를 ₩4,000,000에 취득하였고 그 결과 (주)용산의 의사결정에 유의적인 영향력을 행사할 수 있게 되었다. 주식취득일 현재 (주)용산의 순자산장부금액은 ₩8,000,000이고 자산·부채의 장부금액은 공정가치와 동일하였다.
(주)용산은 20X1년과 20X2년의 당기순이익을 각각 ₩3,000,000과 ₩2,000,000으로 보고하였으며, (주)용산은 20X2년 3월 20일에 (주)삼일에 ₩900,000을 배당하기로 결의하였다. 양회사의 결산일은 모두 12월 31일이고 영업권은 5년 동안 상각하기로 하였다. 이 경우 (주)삼일의 20X1년과 20X2년의 회계처리를 하고 재무상태표와 손익계산서에 당해 지분증권과 관련된 항목을 표시하시오.

풀이

① 투자주식취득시점의 취득금액과 지분법피투자기업 순자산장부금액의 투자기업지분율 해당금액과의 차이
  ㉠ 차이＝취득원가 – 지분법피투자기업의 순자산장부금액×지분율
     ＝4,000,000 – (8,000,000×40%)＝₩800,000
  ㉡ 차이의 구성내역
    • 투자차액＝취득원가 – 지분법피투자기업의 순자산공정가치×지분율
         ＝4,000,000 – (8,000,000×40%)＝₩800,000
    • 순자산공정가치와 장부금액의 차이 없음.

    (주)삼일이 (주)용산의 영업권 가치를 고려하여서 (주)용산의 주식을 순자산장부금액에 비해 ₩800,000 비싸게 취득한 것이다.
② 회계처리
  ㉠ 20X1년 회계처리
    • 20X1년 1월 1일(주식취득시)
     (차) 지분법적용투자주식 4,000,000 (대) 현금및현금성자산   4,000,000
    • 20X1년 12월 31일(결산시)
     – 지분법피투자기업의 당기순이익 반영
     (차) 지분법적용투자주식 1,200,000 (대) 지분법이익   1,200,000*
         * 3,000,000×40%＝₩1,200,000

　　　－투자차액의 상각

　　　(차) 지분법이익　　　　　160,000*　(대) 지분법적용투자주식　　160,000

　　　　　* 800,000÷5년=₩160,000

　　ⓒ 20X2년 회계처리

　　　• 20X2년 3월 20일(배당금결의시)

　　　(차) 미수금　　　　　　　900,000　(대) 지분법적용투자주식　　900,000

　　　• 20X2년 12월 31일(결산시)

　　　－지분법피투자기업의 당기순이익 반영

　　　(차) 지분법적용투자주식　800,000　(대) 지분법이익　　　　　800,000*

　　　　　* 2,000,000×40%=₩800,000

　　　－투자차액의 상각

　　　(차) 지분법이익　　　　　160,000　(대) 지분법적용투자주식　　160,000

③ 부분 재무제표

구분	20X1년	20X2년
재무상태표		
지분법적용투자주식	₩5,040,000	₩4,780,000
손익계산서		
지분법이익	1,040,000	640,000

④ 재무제표 표시

　지분법적용투자주식은 투자자산 중 별도의 과목으로 재무상태표에 표시한다. 또한, 투자기업이 소유하고 있는 지분법적용투자주식이 2종목 이상인 경우 지분법적용에 의한 지분법손익, 지분법자본변동 또는 지분법이익잉여금변동은 각각 총액으로 표시한다.

　예를 들면, 지분법이익과 지분법손실, 지분법자본변동과 부의 지분법자본변동 또는 지분법이익잉여금변동과 부의 지분법이익잉여금변동은 서로 상계하지 아니하고 각각 표시한다.

(4) 지분증권의 손상차손

　지분증권(지분법적용투자주식 포함)으로부터 회수할 수 있을 것으로 추정되는 금액(회수가능액)이 지분증권의 취득원가보다 작은 경우에는 손상차손을 인식할 것을 고려하여야 한다. 그러므로 보고기간종료일마다 손상차손의 발생에 대한 객관적인 증거가 있는지를 평가해야 하며, 그러한 증거가 있는 경우에는 손상이 불필요하다는 명백한 반증이 없는 한 회수가능액을 추정하여 손상차손액을 당기손익에 반영해야 한다.

1) 손상차손의 발생

지분증권의 손상차손은 지분증권 발행회사의 신용위험이 증가하여 지분증권 공정가치의 회복이 불가능한 경우에 인식하는 것이다. 일반기업회계기준에서는 다음의 경우에 손상차손이 발생하였다는 객관적인 증거가 될 수 있다고 예시하고 있다.

① 은행법에 의해 설립된 금융기관으로부터 당좌거래 정지처분을 받은 경우, 청산 중에 있거나 1년 이상 휴업 중인 경우 또는 완전자본잠식 상태에 있는 경우와 같이 유가증권발행자의 재무상태가 심각하게 악화된 경우
② 이자지급과 원금상환의 지연과 같은 계약의 실질적인 위반이나 채무불이행이 있는 경우
③ 회사정리법에 의한 정리절차개시의 신청이 있거나 정리절차가 진행 중인 경우 또는 화의법에 의한 화의개시절차의 신청이 있거나 화의절차가 진행 중인 경우와 같이 유가증권발행자의 재무적 곤경과 관련한 경제적 또는 법률적인 이유 때문에 애초의 차입조건의 완화가 불가피한 경우
④ 유가증권발행자의 파산가능성이 높은 경우
⑤ 과거에 그 유가증권에 대하여 손상차손을 인식하였으며, 그때의 손상사유가 계속 존재하는 경우
⑥ 유가증권발행자의 재무상태가 악화되어 그 유가증권이 시장성을 잃게 된 경우
⑦ 표시이자율 또는 유효이자율이 일반적인 시장이자율보다 비정상적으로 높거나 낮은 채무증권을 법규나 채무재조정협약 등에 의해 취득한 경우
⑧ 기업구조조정촉진법에 의한 관리절차를 신청하였거나 진행 중인 경우

한편, 지분증권이 상장 폐지되어 시장성을 잃더라도 그것이 반드시 손상차손의 증거가 되지는 않는다. 또한, 발행자의 신용등급이 하락한 사실 자체가 손상차손의 증거가 되지는 않지만 다른 정보를 함께 고려하는 경우에는 손상차손의 증거가 될 수 있다.

2) 손상차손의 회계처리

① 공정가치법으로 평가하는 매도가능증권의 손상차손 회계처리

매도가능증권 중 공정가치로 평가하는 지분증권에 대하여 손상차손이 발생한 객관적인 증거가 있는 경우 손상차손을 인식해야 한다. 손상차손으로 인식하여야 할 금액은 공정가치(회수가능액)가 취득원가에 미달하는 금액이며, 이전 기간에 이미 손상차손을 인식한 후 당기에 추가로 손상차손을 인식하는 경우에는 이미 인식한 손상차손액을 차감해야 한다.

당기 손상차손액＝취득원가－회수가능액－이미 인식한 손상차손액

다음의 그림을 통해서 손상차손에 대해 알아보도록 하자.

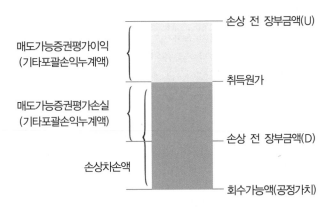

위의 그림에서 알 수 있듯이 손상차손을 인식하기 전 매도가능증권의 장부금액이 취득원가보다 높은 경우(U)와 낮은 경우(D) 모두 손상차손으로 계상되는 금액은 취득원가와 회수가능액의 차액으로 동일함을 알 수 있다. 왜냐하면 손상전 시점까지 매도가능증권에 대한 미실현보유손익(매도가능증권평가손익)을 기타포괄손익누계액으로 계상해 오다가 손상차손을 인식하는 시점에 당해 미실현보유손익을 실현시키기 때문이다.

당해 지분증권의 공정가치 평가에 따른 미실현보유손실(매도가능증권평가손실)이 남아 있는 경우에는 당기에 손상차손으로 인식하여야 할 금액만큼 미실현보유손실을 제거하여 먼저 손상차손에 반영하며, 당해 미실현보유손실 금액이 당기에 손상차손으로 인식하여야 할 금액에 미달하는 경우에는 미실현보유손실을 제거하여 손상차손으로 반영한 후 그 미달하는 금액을 지분증권의 장부금액에서 감소시킨다. 이 경우의 회계처리는 다음과 같다.

| (차) 매도가능증권손상차손 (영업외비용) | ××× | (대) 매도가능증권 매도가능증권평가손실 (기타포괄손익누계액) | ××× ××× |

당해 지분증권과 관련한 미실현보유이익(매도가능증권평가이익)이 남아 있는 경우에는, 그 미실현보유이익 전액을 제거하여 지분증권의 장부금액을 감소시킨다. 이 경우의 회계처리는 다음과 같다.

| (차) 매도가능증권평가이익 (기타포괄손익누계액) 매도가능증권손상차손 (영업외비용) | ××× ××× | (대) 매도가능증권 | ××× |

(주)삼일은 20X1년 1월 1일에 (주)하나의 주식(매도가능증권)을 ₩10,000에 취득하여 보유하고 있으나 20X2년 중에 (주)하나가 금융기관으로부터 당좌거래 정지처분을 당하여 당해 주식으로부터의 회수가능액이 ₩3,000으로 평가되었다. 20X1년 12월 31일 현재 (주)하나 주식의 공정가치가 다음과 같은 경우 각각의 상황별로 (주)삼일이 20X2년 12월 31일에 손상차손을 인식하는 회계처리를 하시오.

> (주)하나 주식의 20X1년 12월 31일 현재 공정가치
> ① 상황 1: ₩15,000
> ② 상황 2: ₩8,000

풀 이

① [상황 1]의 경우
손상 전 장부금액이 ₩15,000이므로 관련 미실현보유이익 ₩5,000이 매도가능증권평가이익(기타포괄손익누계액)으로 계상되어 있을 것이다. 그러므로 손상차손을 인식하는 회계처리는 다음과 같다.

(차) 매도가능증권평가이익	5,000	(대) 매도가능증권	12,000
(기타포괄손익누계액)			
매도가능증권손상차손	7,000		
(영업외비용)			

② [상황 2]의 경우
손상 전 장부금액이 ₩8,000이므로 관련 미실현보유손실 ₩2,000이 매도가능증권평가손실(기타포괄손익누계액)로 계상되어 있을 것이다. 그러므로 손상차손을 인식하는 회계처리는 다음과 같다.

(차) 매도가능증권손상차손	7,000	(대) 매도가능증권	5,000
(영업외비용)		매도가능증권평가손실	2,000
		(기타포괄손익누계액)	

위의 회계처리에서도 알 수 있듯이 손상 전에 미실현보유이익이 계상된 경우와 미실현보유손실이 계상된 경우의 손상차손액이 ₩7,000으로 동일함을 알 수 있다.

② 원가법으로 평가하는 매도가능증권의 손상차손 회계처리

매도가능증권 중 시장성이 없는 지분증권의 공정가치를 신뢰성 있게 측정할 수 없어서 취득원가로 평가하는 지분증권에 대하여는 보고기간종료일마다 회수가능액을 분석하여 손상 대상인지의 여부를 판단하여야 한다. 손상차손이 발생한 객관적인 증거가 있는 경우에는 회수가능액과 장부금액의 차이금액을 손상차손으로 인식한다. 원가법으로 평가하는 지분증권에 대하여 손상차손을 인식할 때는 미래의 기대현금흐름에 의한 평가가 사실상 어렵기 때문에 회수가능액은 다른 사용가능한 정보를 이용하여 합리적으로 추정하여야 한다. 이 경우 유가증권 발행기업의 자산에 대한 시장가격, 토지의 공시지가, 감정가액, 기타 추정회수금액 등 사용가능한 정보를 이용하여 평가한 공정가치로 회수가능액을 추정한다.

3) 손상차손 회복의 회계처리

손상차손을 인식한 기간 후에 지분증권 발행회사의 신용등급 향상, 법정관리 종료 등의 사건이 발생하였으며, 이러한 사건과 손상차손의 회복이 객관적으로 관련된 경우에는 일정 금액을 한도로 하여 회복된 금액을 손상차손환입(당기이익)으로 인식한다. 공정가치법으로 평가하는 매도가능증권은 이전에 인식하였던 손상차손 금액을 한도로 하여 회복금액을 당기이익으로 인식하며 회복한도를 초과하는 금액은 기타포괄손익누계액항목으로 처리한다. 원가법으로 평가하는 매도가능증권은 회복 후 장부금액이 취득원가를 초과하지 않는 범위 내에서 손상차손환입을 인식한다.

손상차손을 인식한 기간 후에 공정가치가 상승하더라도 위와 같은 사건이 발생하지 않아 회사가 아직 정상화되지 않은 상황 하에서의 공정가치 상승은 손상차손의 회복에 해당되지 아니하며, 이 경우에는 당해 공정가치 상승금액을 기타포괄손익누계액(매도가능증권평가이익)으로 처리한다.

예제

(주)삼일은 20X1년 1월 1일에 (주)하나의 주식(매도가능증권)을 ₩10,000에 취득하여 보유하고 있으나 20X2년 중에 (주)하나가 두리은행으로부터 당좌거래 정지처분을 당하여 당해 주식으로부터의 회수가능액이 ₩3,000으로 평가되었다. (주)하나 주식의 20X1년 12월 31일 현재 공정가치가 ₩12,000이고 20X3년 12월 31일 현재 공정가치가 다음과 같은 경우, 각 상황별로 (주)삼일의 20X3년 회계처리를 하시오.

	20X3년 12월 31일 현재 공정가치	비고
① 상황 1	₩8,000	20X3년 초에 두리은행과의 당좌거래가 정상화됨.
② 상황 2	₩12,000	20X3년 초에 두리은행과의 당좌거래가 정상화됨.
③ 상황 3	₩4,000	20X3년 말 현재까지 당좌거래가 정지 중임.

① [상황 1]

- 20X2년 손상차손 인식액=10,000-3,000=₩7,000
- 20X3년 공정가치 상승액=8,000-3,000=₩5,000
- 20X3년의 공정가치 상승은 당좌거래 정상화라는 사건과 객관적으로 관련성이 있으므로 손상차손의 회복에 해당된다. 그러므로 애초 손상차손 인식액(₩7,000)을 한도로 회복액을 손상차손환입으로 당기이익에 반영해야 한다.

〈회계처리〉

(차) 매도가능증권   5,000   (대) 매도가능증권손상차손환입 5,000
                                          (영업외수익)

② [상황 2]

- 20X2년 손상차손 인식액=10,000-3,000=₩7,000
- 20X3년 공정가치 상승액=12,000-3,000=₩9,000
- 20X3년의 공정가치 상승은 당좌거래 정상화라는 사건과 객관적으로 관련성이 있으므로 손상차손의 회복에 해당된다. 그러므로 애초 손상차손 인식액(₩7,000)을 한도로 회복액을 손상차손환입으로 당기이익에 반영하고 한도를 초과하는 금액(₩2,000)은 기타포괄손익누계액으로 회계처리해야 한다.

〈회계처리〉

(차) 매도가능증권   9,000   (대) 매도가능증권손상차손환입 7,000
                                          (영업외수익)
                                       매도가능증권평가이익   2,000
                                          (기타포괄손익누계액)

③ [상황 3]

- 20X3년 공정가치 상승액=4,000-3,000=₩1,000
- 20X3년의 공정가치 상승은 회사가 정상화되지 않은 상태에서 발생했으므로 손상차손의 회복에 해당되지 않으며, 이 경우 공정가치 상승액(₩1,000)을 기타포괄손익누계액으로 회계처리해야 한다.

〈회계처리〉

(차) 매도가능증권   1,000   (대) 매도가능증권평가이익   1,000
                                          (기타포괄손익누계액)

(5) 지분증권의 재분류

지분증권은 취득시점에 단기매매증권, 매도가능증권, 지분법적용투자주식 중의 하나로 분류한 후 보고기간종료일마다 분류의 적정성을 재검토해야 한다. 만약 보고기간종료일 현재 분류의 적정성을 검토한 결과 투자자의 지분증권에 대한 보유의도와 보유능력 및 지분법피투자기업에 대한 영향력에 변화가 발생한 경우에는, 다음과 같이 지분증권의 분류를 변경해야 한다.

① 단기매매증권은 다른 범주로 재분류할 수 없으며, 다른 범주의 유가증권의 경우에도 단기매매증권으로 재분류할 수 없다. 다만, 드문 상황에서 더 이상 단기간 내의 매매차익을 목적으로 보유하지 않는 단기매매증권은 매도가능증권으로 분류할 수 있으며, 단기매매증권이 시장성을 상실한 경우에는 매도가능증권으로 분류하여야 한다.
단기매매증권을 매도가능증권으로 재분류하는 경우에는 재분류일 현재의 공정가치(최종시장가격)를 새로운 취득원가로 보며, 재분류일까지의 미실현보유손익은 당기손익으로 인식한다.

② 매도가능증권은 지분법피투자기업에 대한 유의적인 영향력을 얻은 시점에 지분법적용투자주식으로 재분류하며, 지분법적용투자주식은 유의적인 영향력을 상실한 시점에 매도가능증권으로 재분류한다.
매도가능증권을 공정가치법으로 평가해 오다가 추가적인 주식의 취득으로 인해 유의적인 영향력을 얻어 지분법을 적용하는 경우에는, 유의적인 영향력을 행사하기 전까지 보유하고 있던 투자주식을 공정가치로 평가함에 따라 발생한 매도가능증권평가손익(기타포괄손익누계액)은 지분법 적용일이 속하는 회계연도에 당기손익으로 처리한다.

(6) 지분증권의 양도

지분증권의 양도로 지분증권 보유자가 지분증권의 통제를 상실한 때에는 그 지분증권을 재무상태표에서 제거한다. 지분증권의 통제를 상실한 경우란 지분증권의 경제적 효익을 획득할 수 있는 권리를 전부 실현한 때, 그 권리가 만료된 때, 또는 그 권리를 처분한 때를 말한다. 지분증권의 양도에 따른 실현손익을 인식하기 위해 양도한 지분증권의 원가를 결정할 때에는 개별법, 총평균법, 이동평균법 또는 다른 합리적인 방법을 사용하되, 동일한 방법을 매기 계속 적용한다. 지분증권을 양도하는 경우 장부금액과 양도금액의 차액을 처분손익으로 인식하며, 관련된 미실현손익이 기타포괄손익누계액에 계상되어 있는 경우에는 당해 미실현손익을 가감하여 처분손익을 인식한다.

예 제

(주)삼일은 20X1년 1월 1일에 (주)한동의 주식(매도가능증권) 100주를 주당 ₩5,000에 취득하였으며 20X1년 12월 31일 현재 (주)한동 주식의 주당 공정가치는 ₩4,500이었다. (주)삼일은 (주)한동의 주식 70주를 20X2년 5월 1일에 주당 5,300에 처분하였다. 이 경우 (주)삼일의 주식 취득시점부터 처분시점까지의 회계처리를 하시오.

풀 이

• 20X1년 1월 1일

(차) 매도가능증권	500,000	(대) 현금및현금성자산	500,000

• 20X1년 12월 31일

(차) 매도가능증권평가손실 (기타포괄손익누계액)	50,000*	(대) 매도가능증권	50,000

　　　*(5,000-4,500)×100=₩50,000 손실

• 20X2년 5월 1일

(차) 현금및현금성자산	371,000	(대) 매도가능증권	315,000*¹
		매도가능증권평가손실 (기타포괄손익누계액)	35,000*²
		매도가능증권처분이익	21,000

　　　*¹: 450,000×70/100=₩315,000
　　　*²: 50,000×70/100=₩35,000

심화학습

[사례]

다음 주제에 대해 생각해보고, 여러분의 의견을 작성해보세요.

보유 중인 유가증권을 매도하고 동시에 또는 단기간 내에 재취득하는 자전거래 방식에 의하여 유가증권의 처분손익을 발생시켰다. 동 거래를 경쟁제한적 자전거래로 볼 수 있는 경우라면 처분손익을 어떻게 회계처리하는가?

[풀이]

처분손익을 인식하지 아니한다. 경쟁제한적 자전거래는 거래시스템 또는 경쟁제한적 시장 상황에 의하여 제3자가 개입할 여지가 없거나 제3자가 개입하였더라도 공정가치로 거래되는 것을 기대하기 어려운 상황 때문에 매매가격이 일치하는 등, 거래 당사자 간에 실질적인 경제적 효익의 이전이 없는 유가증권의 매매를 말한다. 경쟁제한적 자전거래로 매도가능증권을 매도한 후 재매수하는 경우에는, 이를 매매거래로 보지 아니하고 당해 유가증권을 계속 보유하고 있는 것으로 본다.

관련된 거래내역은 주석으로 공시한다. 매도가능증권의 자전거래로부터 발생되는 손익을 인식하지 아니하는 이유는, 경쟁제한적 자전거래는 처음부터 의도적으로 제3자의 참여를 배제하고 있거나 명목상으로만 제3자를 개입시키고 있어서 매매당사자, 매매수량, 매매시간 및 매매가격 등의 대부분이 일치하는 경우가 많기 때문이다. 또한, 그 증권을 실질적으로 처분할 의도가 없으면서도 매도가능증권의 미실현보유손익을 자본항목으로 계상하도록 한 규정을 회피하여 당기손익을 조정할 수 있으며, 거래가격 자체를 일정범위 내에서 기업이 사실상 선택할 수 있으므로 시장기능에 의한 공정가치의 결정과정을 거친 것으로 보기 어렵다. 따라서 위와 같은 자전거래는 임의 평가라고 볼 수 있으므로 처분손익을 인정할 수 없다.

3 채무증권의 회계처리

(1) 채무증권의 취득

기업이 채무증권을 취득한 경우에는 당해 채무증권의 취득원가를 얼마로 하여 어떤 계정과목으로 분류해서 장부상에 계상해야 할지의 문제가 발생한다.

1) 채무증권의 취득원가

채무증권은 최초인식시 공정가치로 측정한다. 다만, 최초인식 이후 공정가치로 측정하고 공정가치의 변동을 당기손익으로 인식하는 채무증권(예: 단기매매증권, 파생상품(현금흐름위험회피회계에서 위험회피수단으로 지정되는 경우는 제외))이 아닌 경우 당해 채무증권의 취득과 직접 관련되는 거래원가는 최초인식하는 공정가치에 가산한다.

2) 채무증권의 분류

채무증권은 투자자의 채무증권에 대한 보유의도와 보유능력에 따라 단기매매증권, 매도가능증권, 만기보유증권 중의 하나로 분류하며, 분류의 적정성은 보고기간종료일마다 재검토해야 한다.

① 단기매매증권

투자자가 주로 가격의 단기적 변동으로부터 이익을 발생시킬 목적으로 취득하는 채무증권으로서 매수와 매도가 적극적이고 빈번하게 이루어지는 것은 단기매매증권으로 분류한다.

재무제표에서 단기매매증권은 유동자산으로 분류되며, 이 경우 단기매매증권을 단기투자자산 등의 과목으로 통합하여 재무상태표에 표시할 수 있다.

② 만기보유증권

투자자가 만기가 확정된 채무증권으로서 상환금액이 확정되었거나 확정이 가능한 채무증권을 만기까지 보유할 적극적인 의도와 능력이 있는 경우에는 만기보유증권으로 분류한다. 다만, 당 회계연도와 직전 2개 회계연도 중에 만기보유증권을 만기일 전에 매도하였거나 발행자에게 중도상환권을 행사한 사실이 있는 경우, 또는 만기보유증권을 매도가능증권으로 재분류한 사실이 있다면(단, 이러한 사실들에 해당하는 금액이 만기보유증권 총액과 비교하여 경미한 금액인 경우는 제외), 보유 중이거나 신규로 취득하는 모든 채무증권은 만기보유증권으로 분류할 수 없다.

그럼에도 불구하고 다음 중 하나에 해당하는 경우에는 만기보유증권으로 분류할 수 있다.

㉠ 만기까지 잔여기간이 얼마 남지 않아서 시장이자율의 변동이 공정가치에 중요한 영향을 미치지 않을 시점(예: 3개월 이내)에 매도하거나, 또는 중도상환권 행사일까지의 잔여기간이 얼마 남지 않은 시점(예: 3개월 이내)에 매도하는 경우

㉡ 채무증권의 액면금액 거의 대부분(예: 85% 이상)을 회수한 후에 그 채무증권을 매도하는 경우

㉢ 채무증권 발행자의 신용상태가 크게 하락하였다는 증거가 발견되는 경우

㉣ 법규 등의 변경에 의하여 불가피하게 매도하는 경우

㉤ 중요한 기업결합 또는 주요 사업부문의 매각이 있을 때 기존의 이자율 위험관리 또는 신용위험 정책을 유지하기 위하여 채무증권을 매도하는 경우

㉥ 합리적으로 예상할 수 없는 비반복적인 상황 변동에 대응하여 그 채무증권을 매도하는 경우

재무제표에서 만기보유증권은 투자자산으로 분류한다. 다만, 보고기간종료일로부터 1년 내에 만기가 도래하는 만기보유증권은 유동자산으로 분류한다.

만기보유증권을 투자자산으로 분류하는 경우에는 장기투자증권 등의 과목으로 통합하여 표시할 수 있고, 유동자산으로 분류하는 경우에는 단기투자자산 등의 과목으로 통합하여 재무상태표에 표시할 수 있다.

③ 매도가능증권

단기매매증권이나 만기보유증권으로 분류되지 아니하는 채무증권은 모두 매도가능증권으로 분류한다.

재무제표에서 매도가능증권은 투자자산으로 분류한다. 다만, 보고기간종료일로부터 1년 내에 만기가 도래하거나 또는 1년 내에 매도 등에 의하여 처분할 것이 거의 확실한 매도가능증권은 유동자산으로 분류한다.

매도가능증권을 투자자산으로 분류하는 경우에는 장기투자증권 등의 과목으로 통합하여 표시할 수 있고, 유동자산으로 분류하는 경우에는 단기투자자산 등의 과목으로 통합하여 재무상태표에 표시할 수 있다.

채무증권의 분류를 플로우차트로 나타내면 다음과 같다.

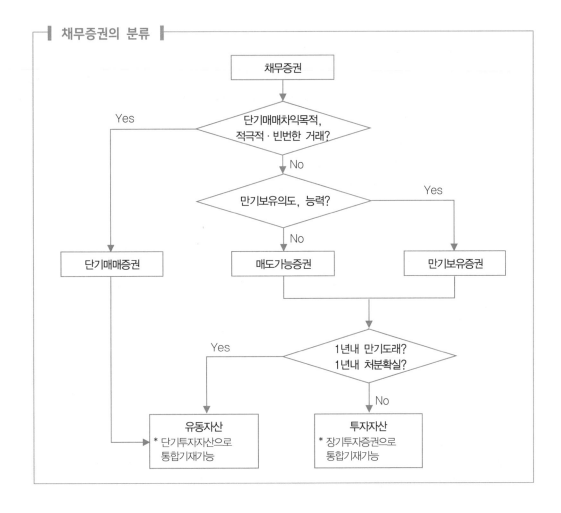

(2) 채무증권의 평가

채무증권의 평가란 보고기간종료일 현재 투자기업의 재무상태표상에 계상될 채무증권금액을 측정하는 것을 말한다. 채무증권의 평가방법 및 관련 평가손익은 위에서 살펴본 채무증권의 분류에 따라 각각 다음과 같이 다르게 회계처리해야 한다.

1) 단기매매증권 – 공정가치법

채무증권 중 단기매매증권은 보고기간종료일 현재의 공정가치로 평가하며, 당해 단기매매증권에 대한 미실현보유손익은 단기매매증권평가손익(당기손익)으로 회계처리해야 한다. 이 경우 미실현보유손익이란 보유 채무증권에 대하여 발생한 공정가치의 순변동액을 말한다. 여기에는 이자수익과 손상차손은 포함되지 아니한다.

채무증권의 공정가치란 채무증권의 시장가격을 말한다. 그러나 채무증권의 시장가격이 존재하지 않는 경우에는 합리적인 방법으로 추정한 금액을 공정가치로 한다.

심화학습

공정가치의 최선의 추정치는 활성시장에서 공시되는 가격이다. 금융상품에 대한 활성시장이 없다면, 공정가치는 평가기법을 사용하여 결정한다. 평가기법을 사용하는 목적은 측정일 현재 독립된 당사자 사이의 정상적인 거래에서 발생할 수 있는 거래가격을 결정하는데 있다.

평가기법은 (1) 합리적인 판단력과 거래의사가 있는 독립된 당사자 사이의 최근 거래를 사용하는 방법, (2) 실질적으로 동일한 다른 금융상품의 현행 공정가치를 이용할 수 있다면 이를 참조하는 방법, (3) 현금흐름 할인방법과 옵션가격결정모형을 포함한다. 금융상품의 가격을 결정하는데 시장참여자가 일반적으로 사용하는 평가기법이 있으며, 그 평가기법이 실제 시장거래가격에 대해 신뢰할 만한 추정치를 제공한다는 사실을 제시할 수 있다면 그 평가기법을 사용한다. 선택한 평가기법은 시장정보를 최대한 사용하고, 기업특유정보를 최소한으로 사용하여야 한다. 이러한 평가기법은 시장참여자가 가격을 결정하는데 고려하는 모든 요소를 포함하며, 금융상품의 가격을 결정하기 위하여 일반적으로 적용되는 경제학적 방법론에 부합한다.

주기적으로 평가기법을 조정하며 동일한 금융상품(즉, 수정하거나 재구성하지 아니함)의 관측가능한 현행 시장거래가격을 사용하거나 관측가능한 시장자료에 기초하여 그 타당성을 검토한다.

예 제

(주)삼일증권은 20X1년 12월 1일에 단기매매목적으로 액면금액이 ₩1,000,000, 발행일이 20X1년 12월 1일 만기가 3년인 사채를 ₩922,687에 구입하였다. 20X1년 12월 31일 현재 이 사채의 시장가격이 ₩950,000인 경우 (주)삼일증권의 20X1년도 단기매매증권의 취득 및 평가와 관련한 회계처리를 하시오.

풀 이

① 단기매매증권평가이익＝950,000－922,687＝₩27,313
② 회계처리
 • 20X1년 12월 1일
  (차) 단기매매증권 　　　　922,687 　(대) 현금및현금성자산 　　　　922,687
 • 20X1년 12월 31일
  (차) 단기매매증권 　　　　27,313 　(대) 단기매매증권평가이익 　　　　27,313
  　　　　　　　　　　　　　　　　　　　　　(당기손익)

2) 만기보유증권－(상각후)원가법

만기보유증권은 매매차익을 얻을 목적으로 취득한 단기매매증권이나 매도가능증권과는 달리 만기까지 채무증권을 보유하면서 이자수익을 얻을 목적으로 취득한 채무증권이다. 그러므로 만기보유증권은 공정가치로 평가하지 않고 상각후원가로 평가한다.

① 상각후원가

상각후원가란 채무증권의 취득원가에서 상환기간에 걸쳐 유효이자율법에 적용할 경우의 할인(할증)차금 상각누적액을 가산(차감)한 금액을 말한다.

② 유효이자율법

유효이자율법이란 채무증권의 장부금액에 유효이자율을 곱한 금액을 이자수익으로 인식하고, 이러한 유효이자수익과 실제로 수취한 이자와의 차액만큼 할인(할증)차금을 상각(환입)하는 방법이다. 이 경우 유효이자율은 채무증권으로부터 만기일까지 기대되는 현금유입액의 현재가치를 순장부금액과 일치시키는 이자율을 말한다.

유효이자율법을 적용하여 할인(할증)차금을 상각(환입)하는 경우, 상각후취득원가는 다음의 그래프와 같이 조정되어 만기에는 액면금액으로 수렴하게 된다.

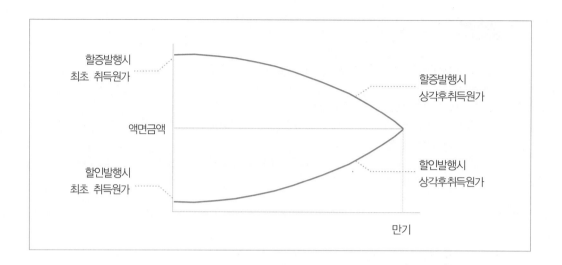

(주)삼일은 20X1년 1월 1일에 다음과 같은 조건의 사채를 취득하였으며, 회사가 이 사채를 만기까지 보유할 의도와 능력이 있는 경우 사채의 취득일로부터 만기까지의 회계처리를 하시오.

[사채 내역]
• 발행일: 20X1년 1월 1일   • 액면금액: ₩1,000,000
• 만기일: 20X3년 12월 31일   • 표시이자율: 5%
• 취득원가: ₩922,687(유효이자율: 8%)

풀 이

① 채무증권의 분류 및 평가방법: 회사가 사채를 만기까지 보유할 의도와 능력이 있으므로, 만기보유증권으로 분류하여 (상각후)원가법으로 평가해야 한다.
② 유효이자율법에 의한 상각표

일자	유효이자(8%)	표시이자(5%)	할인차금상각액	상각후취득원가
20X1년 1월 1일				₩922,687
20X1년 12월 31일	₩73,815	₩50,000	₩23,815	946,502
20X2년 12월 31일	75,720	50,000	25,720	972,222
20X3년 12월 31일	77,778	50,000	27,778	1,000,000
계	₩227,313	₩150,000	₩77,313	

③ 회계처리

- 20X1년 1월 1일
  (차) 만기보유증권   922,687   (대) 현금및현금성자산   922,687
- 20X1년 12월 31일
  (차) 현금및현금성자산   50,000   (대) 이자수익   73,815
      만기보유증권   23,815
- 20X2년 12월 31일
  (차) 현금및현금성자산   50,000   (대) 이자수익   75,720
      만기보유증권   25,720
- 20X3년 12월 31일
  (차) 현금및현금성자산   50,000   (대) 이자수익   77,778
      만기보유증권   27,778
  (차) 현금및현금성자산   1,000,000   (대) 만기보유증권   1,000,000

이 사례문제를 그래프로 나타내면 다음과 같다.

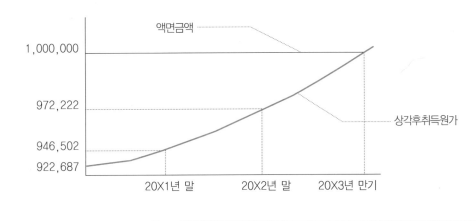

3) 매도가능증권 – 공정가치법

채무증권 중 매도가능증권은 보고기간종료일 현재의 공정가치(단기매매증권에서 언급한 공정가치의 개념과 동일함)로 평가하며 당해 매도가능증권(유동자산으로 분류된 매도가능증권도 포함)에 대한 미실현보유손익은 매도가능증권평가손익(기타포괄손익누계액)으로 회계처리하고, 당해 채무증권에 대한 기타포괄손익누계액의 누적금액은 그 채무증권을 처분하거나 손상차손을 인식하는 시점에 일괄하여 당기손익에 반영한다.

여기서 주의할 점은 재무상태표상의 기타포괄손익누계액은 유효이자율법에 따라 할인(할증)차금을 상각하여 먼저 이자수익을 인식한 후의 상각후취득원가와 공정가치의 차액이 계상된다는 점이다(선상각 후평가). 그러므로 매도가능증권으로 분류되더라도 이자수익은 만기보유증권과 동일하게 계상될 것이다.

(주)삼일은 20X1년 1월 1일에 다음과 같은 조건의 사채를 취득하였으며, 사채를 만기까지 보유할 의도는 없다. (주)삼일이 이 사채를 20X2년 말까지 계속 보유하고 있다고 가정할 경우, 사채의 취득일로부터 20X2년 말까지의 회계처리를 하시오.

[사채 내역]
- 발행일: 20X1년 1월 1일
- 만기일: 20X3년 12월 31일
- 취득원가: ₩922,687(유효이자율: 8%)

- 액면금액: ₩1,000,000
- 표시이자율: 5%

[사채의 시장가격]
- 20X1년 1월 1일: ₩922,687
- 20X1년 12월 31일: ₩960,000
- 20X2년 12월 31일: ₩950,000

① 채무증권의 분류 및 평가방법: 회사가 사채를 만기까지 보유할 의도가 없이 장기투자하고 있으므로, 매도가능증권으로 분류하여 공정가치법으로 평가해야 한다.

② 유효이자율법에 의한 상각표

일자	유효이자 (8%)	표시이자 (5%)	할인차금 상각액	상각후 취득원가	공정가치	미실현 보유손익 (기타포괄손익누계액)
20X1년 1월 1일				₩922,687	₩922,687	–
20X1년 12월 31일	₩73,815	₩50,000	₩23,815	946,502	960,000	₩13,498
20X2년 12월 31일	75,720	50,000	25,720	972,222	950,000	△22,222
20X3년 12월 31일	77,778	50,000	27,778	1,000,000		
계	₩227,313	₩150,000	₩77,313			

* 회계연도 말에 재무상태표에 계상되는 기타포괄손익누계액 계정의 잔액을 말한다.

③ 회계처리
- 20X1년 1월 1일

(차) 매도가능증권	922,687	(대) 현금및현금성자산	922,687

- 20X1년 12월 31일

(차) 현금및현금성자산	50,000	(대) 이자수익	73,815
매도가능증권	23,815		

(차) 매도가능증권	13,498	(대) 매도가능증권평가이익 (기타포괄손익누계액)	13,498

• 20X2년 12월 31일

(차) 현금및현금성자산	50,000	(대) 이자수익	75,720
매도가능증권	25,720		
(차) 매도가능증권평가이익	13,498	(대) 매도가능증권	35,720
매도가능증권평가손실 (기타포괄손익누계액)	22,222		

(3) 채무증권의 손상차손

채무증권으로부터 회수할 수 있을 것으로 추정되는 금액(회수가능액)이 채무증권의 상각후취득원가보다 작은 경우에는 손상차손을 인식할 것을 고려하여야 한다. 보고기간종료일마다 손상차손의 발생에 대한 객관적인 증거가 있는지를 평가해야 하며, 그러한 증거가 있는 경우에는 손상이 불필요하다는 명백한 반증이 없는 한 회수가능액을 추정하여 손상차손액을 당기손익에 반영해야 한다.

1) 손상차손의 발생

채무증권의 손상차손은 채무증권 발행회사의 신용위험이 증가하여 채무증권 공정가치의 회복이 불가능한 경우에 인식하는 것이다. 손상차손 발생사유는 앞에서 설명한 지분증권 손상사유와 동일하다.

2) 손상차손의 회계처리

① 매도가능증권의 손상차손 회계처리

매도가능증권으로 분류된 채무증권에 대하여 손상차손이 발생한 객관적인 증거가 있는 경우 손상차손을 인식해야 한다. 손상차손으로 인식하여야 할 금액은 공정가치(회수가능액)가 상각후취득원가에 미달하는 금액이며, 이전 기간에 이미 손상차손을 인식한 후 당기에 추가로 손상차손을 인식하는 경우에는 이미 인식한 손상차손액을 차감해야 한다. 여기서 매도가능증권의 회수가능액이란 미래의 기대현금흐름을 유사한 채무증권의 현행시장이자율로 할인한 현재가치를 말한다.

당기손상차손액=상각후취득원가-회수가능액-이미 인식한 손상차손액 다음의 그림을 통해서 손상차손에 대해 알아보도록 하자.

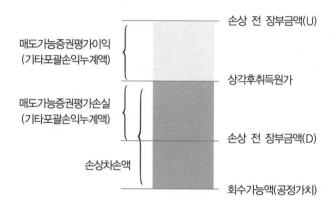

위의 그림에서 알 수 있듯이 손상차손을 인식하기 전 매도가능증권의 장부금액이 상각후취득원가보다 높은 경우(U)와 낮은 경우(D) 모두 손상차손으로 계상되는 금액은 상각후취득원가와 회수가능액(공정가치)의 차액으로 동일함을 알 수 있다. 왜냐하면 손상전 시점까지 매도가능증권에 대한 미실현보유손익(매도가능증권평가손익)을 기타포괄손익누계액으로 계상해오다가 손상차손을 인식하는 시점에 당해 미실현보유손익을 실현시키기 때문이다.

당해 채무증권의 공정가치 평가에 따른 미실현보유손실(매도가능증권평가손실)이 기타포괄손익누계액에 남아 있는 경우에는 당기에 손상차손으로 인식하여야 할 금액만큼 미실현보유손실을 기타포괄손익누계액에서 제거하여 먼저 손상차손에 반영하며, 당해 미실현보유손실 금액이 당기에 손상차손으로 인식하여야 할 금액에 미달하는 경우에는 미실현보유손실을 기타포괄손익누계액에서 제거하여 손상차손으로 반영한 후 그 미달하는 금액을 채무증권의 장부금액에서 감소시킨다. 이 경우의 회계처리는 다음과 같다.

당해 채무증권과 관련한 미실현보유이익(매도가능증권평가이익)이 남아 있는 경우에는, 그 미실현보유이익 전액을 제거하여 채무증권의 장부금액을 감소시킨다.

이 경우의 회계처리는 다음과 같다.

(차) 매도가능증권평가이익	×××	(대) 매도가능증권	×××
(기타포괄손익누계액)			
매도가능증권손상차손	×××		
(영업외비용)			

손상차손을 인식한 이후의 이자수익은 회수가능액을 측정할 때 미래현금흐름의 할인율로 사용한 이자율을 적용하여 산출한다.

따라서 회수가능액 산정시 현행시장이자율을 적용하여 미래현금흐름을 할인하였으므로, 손상차손을 인식한 이후의 이자수익은 현행시장이자율을 적용하여 인식한다.

예 제

(주)삼일은 20X1년 1월 1일에 다음과 같은 조건으로 (주)한일이 발행한 사채를 취득하였으며, 사채를 만기까지 보유할 의도는 없다. (주)한일은 지속적인 경영악화로 인해 20X2년 중에 화의를 신청하여 화의절차가 진행 중에 있다. (주)삼일은 20X2년까지는 액면이자를 정상적으로 수령하였으나 그 이후의 회수여부는 불투명한 상태이다. (주)삼일이 이 사채를 20X2년 말까지 계속 보유하고 있다고 가정할 경우, 사채의 취득일로부터 20X2년 말까지의 회계처리를 하시오.

[사채 내역]
• 발행일: 20X1년 1월 1일
• 취득원가: ₩900,636(유효이자율: 8%)
• 표시이자율: 5%

• 만기일: 20X4년 12월 31일
• 액면금액: ₩1,000,000

[사채의 시장가격]
• 20X1년 1월 1일: ₩900,636
• 20X1년 12월 31일: ₩950,000

[화의신청 이후 기간의 기대현금유입액]
• 20X3년 12월 31일: 표시이자 ₩30,000
• 20X4년 12월 31일: 표시이자 ₩30,000, 액면금액 ₩500,000

[현행시장이자율]
• 20X2년 12월 31일: 10%

① 채무증권의 분류 및 평가방법: 회사가 사채를 만기까지 보유할 의도가 없이 장기투자하고 있으므로, 매도가능증권으로 분류하여 공정가치법으로 평가해야 한다.

② 유효이자율법에 의한 상각표

일자	유효이자 (8%)	표시이자 (5%)	할인차금 상각액	상각후 취득원가	공정가치	미실현 보유손익 (기타포괄손 익누계액)
20X1년 1월 1일				₩900,636	₩900,636	–
20X1년 12월 31일	₩72,051	₩50,000	₩22,051	922,687	950,000	₩27,313
20X2년 12월 31일	73,815	50,000	23,815	946,502	?	
:	:	:	:	:	:	:

③ 20X2년 12월 31일 현재 회수가능액(공정가치)의 계산
매도가능증권의 회수가능액은 미래의 기대현금흐름을 현행시장이자율로 할인한 현재가치이다. 그러므로 20X2년 12월 31일 현재 회수가능액은 다음과 같이 계산할 수 있다.
회수가능액=$30,000/(1+10\%)+(30,000+500,000)/(1+10\%)^2$=₩465,289

④ 손상차손액의 계산
손상차손액=상각후취득원가－회수가능액
    =946,502－465,289=₩481,213

⑤ 회계처리
  • 20X1년 1월 1일
    (차) 매도가능증권   900,636   (대) 현금및현금성자산   900,636
  • 20X1년 12월 31일
    (차) 현금및현금성자산   50,000   (대) 이자수익   72,051
        매도가능증권   22,051
    (차) 매도가능증권   27,313   (대) 매도가능증권평가이익   27,313
  • 20X2년 12월 31일
    (차) 현금및현금성자산   50,000   (대) 이자수익   73,815
        매도가능증권   23,815
    (차) 매도가능증권평가이익 27,313   (대) 매도가능증권   508,526
        매도가능증권손상차손 481,213
        (영업외비용)

② 만기보유증권의 손상차손 회계처리

상각후취득원가로 평가하는 만기보유증권의 원리금을 계약상의 조건대로 회수하지 못할 가능성이 매우 높다는 객관적인 증거가 있다면 손상차손을 인식해야 한다. 손상차손으로 인식하는 금액은 회수가능액과 상각후취득원가의 차액으로서 당기손익(만기보유증권손상차손)에 반영한다. 여기서 만기보유증권의 회수가능액이란 미래의 기대현금흐름을 채무증권 취득당시의 유효이자율로 할인한 현재가치를 말한다.

다만, 계약상 변동금리 조건으로 발행된 채무증권의 손상차손은 손상차손을 측정하는 시점의 시장이자율을 사용하여 할인한 회수가능액에 의하여 측정한다.

손상차손을 인식한 이후의 이자수익은 회수가능액을 측정할 때 미래현금흐름의 할인율로 사용한 이자율을 적용하여 산출하므로, 만기보유증권의 손상차손을 인식한 이후의 이자수익은 매도가능증권과는 달리 원칙적으로 당해 채무증권 취득당시의 유효이자율을 적용하여 인식한다.

예 제

(주)삼일은 20X1년 1월 1일에 다음과 같은 조건으로 (주)한일이 발행한 사채를 만기까지 보유할 목적으로 취득하였다. (주)한일은 지속적인 경영악화로 인해 20X2년 중에 화의를 신청하여 화의 절차가 진행 중에 있다. (주)삼일은 20X2년까지는 액면이자를 정상적으로 수령하였으나 그 이후의 회수여부는 불투명한 상태이다. (주)삼일이 이 사채를 20X2년 말까지 계속 보유하고 있다고 가정할 경우, 사채의 취득일로부터 20X2년 말까지의 회계처리를 하시오.

[사채 내역]
- 발행일: 20X1년 1월 1일
- 만기일: 20X4년 12월 31일
- 취득원가: ₩900,636(유효이자율: 8%)
- 액면금액: ₩1,000,000
- 표시이자율: 5%

[화의신청 이후 기간의 기대현금유입액]
- 20X3년 12월 31일: 표시이자 ₩30,000
- 20X4년 12월 31일: 표시이자 ₩30,000, 액면금액 ₩500,000

[현행시장이자율]
- 20X2년 12월 31일: 10%

① 채무증권의 분류 및 평가방법: 회사가 사채를 만기까지 보유할 목적으로 취득하였으므로, 만기보유증권으로 분류하여 상각후취득원가로 평가해야 한다.

② 유효이자율법에 의한 상각표

일자	유효이자(8%)	표시이자(5%)	할인차금상각액	상각후취득원가
20X1년 1월 1일				₩900,636
20X1년 12월 31일	₩72,051	₩50,000	₩22,051	922,687
20X2년 12월 31일	73,815	50,000	23,815	946,502
:	:	:	:	:

③ 20X2년 12월 31일 현재 회수가능액의 계산

만기보유증권의 회수가능액은 미래의 기대현금흐름을 당해 채무증권 취득당시의 유효이자율로 할인한 현재가치이다. 그러므로 20X2년 12월 31일 현재 회수가능액은 다음과 같이 계산할 수 있다.

회수가능액 = $30,000/(1+8\%)+(30,000+500,000)/(1+8\%)^2 = ₩482,167$

④ 손상차손액의 계산

손상차손액 = 상각후취득원가 − 회수가능액
= 946,502 − 482,167 = ₩464,335

⑤ 회계처리

- 20X1년 1월 1일

(차) 만기보유증권	900,636	(대) 현금및현금성자산	900,636

- 20X1년 12월 31일

(차) 현금및현금성자산	50,000	(대) 이자수익	72,051
만기보유증권	22,051		

- 20X2년 12월 31일

(차) 현금및현금성자산	50,000	(대) 이자수익	73,815
만기보유증권	23,815		
(차) 만기보유증권손상차손	464,335	(대) 만기보유증권	464,335
(영업외비용)			

3) 손상차손 회복의 회계처리

손상차손을 인식한 기간 후에 채무증권 발행회사의 신용등급 향상, 법정관리 종료 등의 사건이 발생하였으며, 이러한 사건과 손상차손의 회복이 객관적으로 관련된 경우에는 일정 금액을 한도로 하여 회복된 금액을 손상차손환입(당기이익)으로 인식한다. 매도가능증권은 이전에 인식하였던 손상차손 금액을 한도로 하여 회복된 금액을 당기이익으로 인식하며 회복한도를 초과하는 금액은 기타포괄손익누계액항목으로 처리한다. 만기보유증권은 회복 후 장부금액이 애초에 손상차손을 인식하지 않았다면 회복일 현재의 상각후취득원가가 되었을 금액을 초과하지 않는 범위 내에서 손상차손환입을 인식한다.

손상차손을 인식한 기간 후에 공정가치가 상승하더라도 위와 같은 사건이 발생하지 않아 회사가 아직 정상화되지 않은 상황 하에서의 공정가치 상승은 손상차손의 회복에 해당되지 아니하며, 이 경우에는 당해 공정가치 상승금액을 기타포괄손익누계액항목으로 처리한다.

예 제

(주)삼일은 20X1년 1월 1일에 다음과 같은 조건으로 (주)한일이 발행한 사채를 만기까지 보유할 목적으로 취득하였다. (주)한일은 지속적인 경영악화로 인해 20X2년 중에 화의를 신청하여 화의절차가 진행 중에 있다. (주)삼일은 만기까지의 액면이자를 정상적으로 수령할 수 있으나 액면금액의 회수여부는 불투명한 상태이므로, 회수가능액을 측정한 결과가 다음과 같다. (주)삼일이 이 사채를 20X3년 말까지 계속 보유하고 있다고 가정할 경우, 사채의 취득일로부터 20X3년 말까지의 회계처리를 하시오.

[사채 내역]
- 발행일: 20X1년 1월 1일
- 취득원가: ₩900,636(유효이자율: 8%)
- 표시이자율: 5%

- 만기일: 20X4년 12월 31일
- 액면금액: ₩1,000,000

[회수가능액]
20X2년 12월 31일: ₩646,433
20X3년 12월 31일: ₩694,444(법정관리 종료)

① 유효이자율법에 의한 상각표

일자	유효이자(8%)	표시이자(5%)	할인차금상각액	상각후취득원가
20X1년 1월 1일				₩900,636
20X1년 12월 31일	₩72,051	₩50,000	₩22,051	922,687
20X2년 12월 31일	73,815	50,000	23,815	946,502
20X3년 12월 31일	75,720	50,000	25,720	972,222
:	:	:	:	:

② 회계처리

- 20X1년 1월 1일
  (차) 만기보유증권　　　900,636　　(대) 현금및현금성자산　　900,636
- 20X1년 12월 31일
  (차) 현금및현금성자산　50,000　　(대) 이자수익　　　　　　72,051
  　　만기보유증권　　　22,051
- 20X2년 12월 31일:
  (차) 현금및현금성자산　50,000　　(대) 이자수익　　　　　　73,815
  　　만기보유증권　　　23,815
  (차) 만기보유증권손상차손　300,069*　(대) 만기보유증권　　　300,069
  　　(영업외비용)
  　　*946,502−646,433=₩300,069
- 20X3년 12월 31일
  (차) 현금및현금성자산　50,000　　(대) 이자수익　　　　　　51,715
  　　만기보유증권　　　1,715*1
  (차) 만기보유증권　　　46,296*2　(대) 만기보유증권손상차손환입　46,296
  　　　　　　　　　　　　　　　　　　(영업외수익)

  　　*1 646,433×8%−50,000=₩1,715
  　　*2 694,444−648,148=₩46,296

(4) 채무증권의 재분류

채무증권은 취득시점에 단기매매증권, 매도가능증권, 만기보유증권 중의 하나로 분류한 후 보고기간종료일마다 분류의 적정성을 재검토해야 한다. 만약 보고기간종료일 현재 분류의 적정성을 검토한 결과 투자자의 채무증권에 대한 보유의도와 보유능력에 변화가 발생한 경우에는 다음과 같이 채무증권의 분류를 변경해야 한다.

① 단기매매증권은 다른 범주로 재분류할 수 없으며, 다른 범주의 유가증권의 경우에도 단기매매증권으로 재분류할 수 없다. 다만, 드문 상황에서 더 이상 단기간 내의 매매차익을 목적으로 보유하지 않는 단기매매증권은 매도가능증권이나 만기보유증권으로 분류할 수 있으며, 단기매매증권이 시장성을 상실한 경우에는 매도가능증권으로 분류하여야 한다.

② 매도가능증권은 만기보유증권으로 재분류할 수 있으며, 만기보유증권은 매도가능증권으로 재분류할 수 있다.

채무증권의 분류를 변경할 때에는 재분류일 현재의 공정가치로 평가한 후 변경한다(선평가 후대체). 채무증권 재분류에 따른 평가 후의 미실현보유손익 잔액은 다음과 같이 처리한다.

1) 만기보유증권으로부터 매도가능증권으로 재분류하는 경우

채무증권 재분류에 따른 평가에서 발생하는 공정가치와 장부금액의 차이금액은 매도가능증권평가손익(기타포괄손익누계액)으로 처리한다.

다만, 당 회계연도와 직전 2개 회계연도 중에 만기보유증권을 매도가능증권으로 재분류한 사실이 있다면(단, 이러한 사실들에 해당하는 금액이 만기보유증권 총액과 비교하여 경미한 금액인 경우는 제외), 보유 중이거나 신규로 취득하는 모든 채무증권은 만기보유증권으로 분류할 수 없다.

2) 매도가능증권에서 만기보유증권으로 재분류하는 경우

재분류를 위한 평가시점까지 발생한 매도가능증권의 미실현보유손익 잔액은 계속 기타포괄손익누계액으로 처리하고, 그 금액은 만기까지의 잔여기간에 걸쳐 유효이자율법을 적용하여 상각하고 각 기간의 이자수익에 가감한다.

또한 만기보유증권으로 재분류된 매도가능증권의 만기액면금액과 재분류일 현재의 공정가치와의 차이는 유효이자율법에 의하여 그 채무증권의 만기일까지의 잔여기간에 걸쳐서 상각하고 각 기간의 이자수익에 가감한다.

3) 단기매매증권을 매도가능증권이나 만기보유증권으로 재분류하는 경우

재분류일 현재의 공정가치(최종시장가격)를 새로운 취득원가로 본다. 이 경우에 재분류일까지의 미실현보유손익은 당기손익으로 인식한다.

(5) 채무증권의 양도

채무증권의 양도로 채무증권 보유자가 채무증권의 통제를 상실한 때에는 그 채무증권을 재무상태표에서 제거한다. 채무증권의 통제를 상실한 경우란 채무증권의 경제적 효익을 획득할 수 있는 권리를 전부 실현한 때, 그 권리가 만료된 때 또는 그 권리를 처분한 때를 말한다. 채무증권의 양도에 따른 실현손익을 인식하기 위해 양도한 채무증권의 원가를 결정할 때에는 개별법, 총평균법, 이동평균법 또는 다른 합리적인 방법을 사용하되, 동일한 방법을 매기 계속 적용한다.

채무증권을 양도하는 경우 장부금액과 양도금액의 차액을 처분손익으로 인식하며 관련된 미실현손익이 기타포괄손익누계액에 계상되어 있는 경우에는 당해 미실현손익을 가감하여 처분손익을 인식한다.

예 제

(주)삼일은 20X1년 1월 1일에 장기매매차익을 얻을 목적으로 액면금액 ₩1,000,000, 만기가 3년, 표시이자율이 5%인 사채를 ₩922,687(유효이자율: 8%)에 취득하였다. 이 사채의 20X1년 12월 31일 현재 공정가치가 ₩900,000이었고 (주)삼일이 이 사채를 20X2년 1월 1일에 ₩950,000에 처분하였을 경우, (주)삼일의 사채 취득일로부터 처분일까지의 회계처리를 하시오.

풀 이

① 채무증권의 분류 및 평가방법: 회사가 사채를 만기까지 보유할 의도가 없이 장기매매차익을 얻을 목적이므로, 매도가능증권으로 분류하여 공정가치법으로 평가해야 한다.

② 유효이자율법에 의한 상각표

일자	유효이자 (8%)	표시이자 (5%)	할인차금 상각액	상각후 취득원가	공정가치	미실현 보유손익 (기타포괄손 익누계액)
20X1년 1월 1일				₩922,687	₩922,687	–
20X1년 12월 31일	₩73,815	₩50,000	₩23,815	946,502	900,000	₩△46,502
:	:	:	:	:	:	:

③ 회계처리
- 20X1년 1월 1일

(차) 매도가능증권	922,687	(대) 현금및현금성자산	922,687

- 20X1년 12월 31일

(차) 현금및현금성자산	50,000	(대) 이자수익	73,815
매도가능증권	23,815		
(차) 매도가능증권평가손실	46,502	(대) 매도가능증권	46,502
(기타포괄손익누계액)			

- 20X2년 1월 1일

(차) 현금및현금성자산	950,000	(대) 매도가능증권	900,000
		매도가능증권평가손실	46,502
		(기타포괄손익누계액)	
		매도가능증권처분이익	3,498

IV 투자부동산

투자부동산은 영업활동과 직접 관련이 없으면서 타인에게 임대하기 위한 목적 또는 투기의 목적으로 소유하는 부동산을 말한다. 즉, 영업목적으로 사용하는 유형자산 이외의 부동산은 모두 투자부동산에 속한다.

따라서 장래 사업확장을 위해 보유하는 부동산이나 유휴설비로 곧 폐기될 부동산 또는 채권확보로 유입된 부동산 등도 투자부동산에 포함된다.

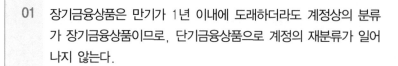 O, X 퀴즈

01 장기금융상품은 만기가 1년 이내에 도래하더라도 계정상의 분류가 장기금융상품이므로, 단기금융상품으로 계정의 재분류가 일어나지 않는다.

02 투자기업이 직접 또는 종속회사를 통하여 간접으로 피투자기업의 의결권 있는 주식의 20% 이상을 보유하고 있다면, 명백한 반증이 있는 경우를 제외하고는 유의적인 영향력이 있는 것으로 본다.

03 보유하고 있는 단기매매증권의 공정가치 변동액을 당기손익에 포함하는 이유는, 그 경제적 효과를 당기순이익에 반영함으로써 회계정보의 목적적합성보다 신뢰성을 높이기 위해서이다.

04 채무증권의 경우 장부금액으로 취득원가를 나타내주는 것이 목적적합성에 부합하므로, 채무증권의 취득원가는 제공한 대가의 장부금액으로 나타낸다.

05 채무증권인 매도가능증권의 경우 지분증권과 동일하게 공정가치로 평가하나, 이에 대한 평가이익은 당기손익에 반영한다.

01	×	만기가 1년 이내에 도래하는 경우 장기금융상품은 단기금융상품으로 계정대체하여야 한다.
02	○	유의적인 영향력이 있는 것으로 판단되면 지분법 적용대상으로 분류된다.
03	×	회계정보의 신뢰성보다 목적적합성을 높이기 위해서이다.
04	×	채무증권은 최초인식 시 공정가치로 측정한다.
05	×	지분증권과 동일하게 매도가능증권평가손익(기타포괄손익누계액)으로 분류하여 매도시의 손익으로 유보한다.

MEMO

01 다음 중 유가증권의 분류에 대한 설명으로 가장 올바르지 않은 것은?

① 지분증권 중 매도가능증권은 재무상태표에서 유형자산으로 분류한다.
② 지분증권은 매도가능증권, 단기매매증권, 지분법적용투자주식으로 분류한다.
③ 채무증권은 매도가능증권, 단기매매증권, 만기보유증권으로 분류한다.
④ 채무증권을 만기까지 보유할 의도로 취득하였으며, 실제 만기까지 보유할 능력이 있는 경우에는 만기보유증권으로 분류한다.

02 다음 중 유가증권에 관한 설명으로 가장 올바르지 않은 것은?

① 단기매매증권의 경우 시장성을 상실한 경우에도 다른 유가증권과목으로 분류변경을 할 수 없다.
② 단기매매증권의 공정가치 변동액을 당기손익에 포함하는 이유는 그 경제적 효과를 당기순이익에 반영함으로써 회계정보의 목적적합성을 높이기 위해서이다.
③ 매도가능증권의 경우 공정가치로 평가를 하나, 이에 대한 평가손익은 당기손익에 반영하지 않는다.
④ 채무증권을 장기투자목적으로 취득하였으나, 만기까지 보유할 의도가 없다면 매도가능증권으로 분류해야 한다.

03 다음 자료에서 설명하는 유가증권으로 옳은 것을 보기에서 고른 것은?

• 발행자에 대하여 금전을 청구할 수 있는 권리를 표시하는 유가증권 및 이와 유사한 유가증권

〈보기〉

ㄱ. 국채	ㄴ. 전환사채
ㄷ. 신주인수권	ㄹ. 수익증권

① ㄱ, ㄴ   ② ㄴ, ㄷ

③ ㄱ, ㄹ   ④ ㄷ, ㄹ

04 컴퓨터 판매 사업을 영위하는 (주)삼일이 보유한 단기매매증권과 매도가능증권의 기말 공정가치법에 따른 평가손익은 재무제표에 각각 어떠한 항목으로 공시해야 하는가?

<table>
<tr><td></td><td>단기매매증권평가손익</td><td>매도가능증권평가손익</td></tr>
<tr><td>①</td><td>기타포괄손익누계액</td><td>영업외손익</td></tr>
<tr><td>②</td><td>기타포괄손익누계액</td><td>기타포괄손익누계액</td></tr>
<tr><td>③</td><td>영업외손익</td><td>기타포괄손익누계액</td></tr>
<tr><td>④</td><td>영업외손익</td><td>영업외손익</td></tr>
</table>

05 다음 자료에서 (주)서울이 20X1년 손익계산서에 인식할 이익은 얼마인가?

- 20X1년 12월 1일: 단기매매목적으로 (주)용산의 주식 100주를 주당 10,000원에 취득하다.
- 20X1년 12월 15일: (주)용산의 주식 50주를 주당 13,000원에 처분하다.
- 20X1년 12월 31일: (주)용산 주식의 공정가액은 주당 12,000원이다.

① 150,000원   ② 200,000원
③ 250,000원   ④ 300,000원

06 (주)삼일은 20X1년 1월 1일 장기투자목적으로 (주)서울의 주식 100주(지분율 10%)를 600,000원에 취득하여 매도가능증권으로 분류하였다. 20X1년 12월 31일 (주)서울 주식의 공정가치는 주당 5,700원이었고, 20X2년 8월 5일에 보유 주식 중 80주를 500,000원에 처분하였다. (주)삼일이 20X2년에 인식할 매도가능증권처분손익은 얼마인가?

① 처분손실 20,000원   ② 처분이익 20,000원
③ 처분손실 70,000원   ④ 처분이익 70,000원

07 20X1년 12월 31일 현재 (주)삼일이 20X1년 중 취득하여 보유하고 있는 (주)남산과 (주)용산 주식의 공정가치가 다음과 같은 경우, 동 유가증권에 대한 평가가 (주)삼일의 20X1년 손익에 미치는 영향은 얼마인가?

종 목	취득원가	시 가
(주)남산 주식(매도가능증권)	2,000,000원	2,700,000원
(주)용산 주식(단기매매증권)	2,000,000원	1,800,000원

① 이익 ₩500,000
② 이익 ₩700,000
③ 손실 ₩200,000
④ 영향없음

08 다음 중 장기금융상품에 관한 설명으로 가장 올바르지 않은 것은?

① 장기금융상품이란 유동자산에 속하지 아니하는 금융상품을 말한다.
② 장기금융상품 중 만기가 1년 이내에 도래하는 장기금융상품은 단기금융상품으로 계정대체하여야 한다.
③ 장기금융상품은 실무적으로 계정면에서는 단기금융상품계정에서 일괄처리한 후 결산시점에서 만기가 1년 이상인 금융상품은 분리하여 장기금융상품으로 대체할 수 있다.
④ 사용이 제한되어 있는 장기금융상품의 경우 만기가 1년 이내에 도래하더라도 단기금융상품으로 계정대체하지 않는다.

09 다음 중 지분증권의 분류에 관한 설명으로 가장 올바르지 않은 것은?

① 투자자가 단기적 시세차익을 얻으려고 유가증권을 매입하였다 하더라도 매수와 매도가 적극적으로 발생되지 않는다면 단기매매증권으로 분류할 수 없다.
② 단기매매증권은 유동자산으로 분류된다.
③ 단기매매증권이나 지분법적용 투자주식으로 분류되지 않는 지분주식은 만기보유증권으로 분류한다.
④ 일반적으로 매도가능증권은 투자자산으로 분류한다.

10 다음 중 지분증권의 손상차손에 관한 설명으로 가장 올바르지 않은 것은?

① 지분증권으로부터 회수할 수 있을 것으로 추정되는 금액이 지분증권의 취득원가보다 작은 경우에는 손상차손을 인식할 것인가를 고려해야 한다.
② 지분증권의 손상징후에 대한 검토는 매 보고기간 종료일마다 이루어져야 한다.
③ 지분증권의 손상평가액은 당기손익에 반영해야 한다.
④ 지분법적용투자주식은 손상차손을 인식하지 않는다.

11 다음 중 지분법 회계처리에 관한 설명으로 가장 올바르지 않은 것은?

① 투자기업이 피투자기업에 대한 유의적인 영향력을 행사할 수 있는 경우 당해 지분증권은 지분법을 적용하여 평가한다.

② 유사한 상황에서 발생한 동일한 거래나 사건에 대하여 피투자기업의 회계정책을 투자기업의 회계정책으로 일치하도록 적절히 수정하여 지분법을 적용한다.

③ 투자기업이 직접 또는 종속회사를 통하여 간접으로 피투자기업의 의결권 있는 주식의 20 % 이상을 보유하고 있다면 명백한 반증이 있는 경우를 제외하고는 유의적인 영향력이 있는 것으로 본다.

④ 투자기업과 피투자기업의 보고기간 종료일이 다를 경우 반드시 투자기업의 보고기간 종료일을 기준으로 작성된 피투자기업의 신뢰성 있는 재무제표를 사용하여 적용한다.

12 (주)서울은 20X0년 1월 1일에 (주)부산의 주식을 30,000,000원에 취득하고 매도가능증권으로 계상하였다. 20X0년 말 해당 주식의 공정가치는 45,000,000원이었다. 20X1년 중 (주)서울의 재경담당자는 다음과 같은 내용의 신문기사를 읽게 되었다.

서울 증권 건설업체 최종부도

서울에 기반을 둔 중견 건설업체인 (주)부산이 기업구조조정촉진법에 의한 관리절차를 신청하였습니다. 금융업계에 따르면 (주)부산은 대한중앙회에 돌아온 4억 원의 만기어음을 막지 못해 최종 부도처리 됐습니다. 지난해 시공능력평가에 323위를 차지한 (주)부산은 (주)광주와 함께 서울지역의 대표적인 건설사입니다.

(주)서울은 (주)부산의 주식에 대해 회수가능액을 15,000,000원으로 평가하였다. (주)서울이 (주)부산의 주식에 대하여 20X1년 손익계산서에 인식할 손상차손 금액은 얼마인가?

① 15,000,000원   ② 20,000,000원

③ 35,000,000원   ④ 40,000,000원

13 다음 중 채무증권에 관한 설명으로 가장 올바르지 않은 것은?

① 채무증권은 최초인식 시 공정가치로 측정한다.

② 가격의 단기적 변동으로부터 이익을 발생시킬 목적으로 취득한 채무증권은 단기매매증권으로 분류할 수 있다.

③ 만기가 확정된 채무증권으로 만기까지 보유할 적극적인 의도와 능력이 있으면 만기보유증권으로 분류할 수 있다.

④ 단기매매증권으로 분류되지 않는 채무증권은 모두 유동자산인 만기보유증권으로 분류한다.

14 (주)삼일은 20X1년 12월 1일 투자목적으로 (주)사일의 주식 100주를 주당 ₩10,000에 취득하고 이를 매도가능증권으로 분류하였다. 20X2년 중 손상에 대한 사유가 발생하였으며, 회수가능액은 주당 ₩5,000으로 예상된다. 20X3년 중 손상에 대한 사유가 해소되었으며, 회수가능액은 주당 ₩8,000으로 예상된다. (주)삼일이 20X3년 손상차손 환입으로 당기손익에 반영할 금액은 얼마인가?

① ₩100,000   ② ₩300,000

③ ₩500,000   ④ ₩600,000

15 (주)삼일은 20X1년 1월 1일에 발행된 다음과 같은 조건의 채무증권을 최초 발행금액인 9,519,634원에 취득하였으며 해당 채무증권을 만기까지 보유할 의도와 능력을 보유하고 있다. 이 채무증권에 대하여 (주)삼일이 만기까지 인식할 총 이자수익은 얼마인가?

액면가액:	10,000,000원
만기일:	20X3년 12월 31일
이자지급조건:	매년 말 후급
표시이자율:	연 10%
유효이자율:	연 12%

① 3,480,366원   ② 3,000,000원

③ 2,519,634원   ④ 2,480,366원

16 다음 중 채무증권의 분류변경에 관한 설명으로 가장 올바르지 않은 것은?

① 매도가능증권은 만기보유증권으로 분류변경할 수 있다.
② 만기보유증권은 매도가능증권으로 분류변경할 수 있다.
③ 단기매매증권이 시장성을 상실한 경우에도 다른 범주로 분류변경할 수 없다.
④ 채무증권의 분류를 변경할 때에는 재분류일 현재의 공정가치로 평가한 후 변경한다.

17 다음 중 지분율이 20 % 미만인 경우에도 지분법으로 평가하는 경우로 가장 올바르지 않은 것은?

① 피투자기업의 이사회 또는 이에 준하는 의사결정기구에서 의결권을 행사할 수 있는 경우
② 피투자기업에게 유의적이지 않은 일반정보를 투자기업이 당해 피투자기업에게 제공하는 경우
③ 피투자기업의 재무정책과 영업정책에 관한 의사결정에 참여할 수 있는 경우
④ 피투자기업의 유의적인 거래가 주로 투자기업과 이루어지는 경우

18 다음은 (주)서울의 20X1년 중 발행한 주식에 대한 거래내역이다.

> ㄱ. (주)서울은 20X1년 1월 1일 (주)부산의 주식 25%를 500,000원에 취득하여 유의적인 영향력을 획득하였다.
> ㄴ. 주식 취득 시 (주)부산의 순자산장부금액은 2,000,000원이다.
> ㄷ. (주)부산의 순자산장부금액의 순자산공정가치와 일치한다.
> ㄹ. 20X1년 중 (주)서울과 (주)부산 간의 내부거래는 없다.

다음 중 상기 주식의 회계처리와 관련된 설명으로 가장 옳은 것은?

① (주)부산이 당기순이익을 보고한 경우에는 (주)서울의 당기순이익은 감소한다.
② (주)부산이 배당금 지급을 결의함과 동시에 지급할 경우 (주)서울이 보유하고 있는 (주)부산에 대한 지분법 적용투자주식의 장부금액은 감소한다.
③ (주)부산이 당기순손실을 보고한 경우 (주)서울이 보유하고 있는 (주)부산에 대한 지분법 적용투자주식의 장부금액은 증가한다.
④ (주)서울은 (주)부산에 대해 유의적인 영향력을 행사할 수 있으므로 공정가치법을 적용하여 투자주식을 평가해야 한다.

유형자산

I 개념 및 범위

1 유형자산의 의의

유형자산은 판매를 목적으로 하지 않고 영업활동(재화의 생산, 용역의 제공, 타인에 대한 임대 또는 자체적 사용 등)에 사용하기 위하여 보유하는 물리적 실체가 있는 자산으로서, 1년을 초과하여 사용할 것이 예상되는 자산을 말한다. 유형자산은 다음과 같은 특징을 가지고 있다.

(1) 유형자산은 구체적 형태를 가지고 있다

자산은 물리적 실체의 유무에 따라 크게 유형자산과 무형자산으로 구분되는데, 유형자산은 물리적인 실체나 형태가 존재하는 자산을 의미하며, 무형자산은 영업권, 산업재산권 등과 같이 물리적 실체나 형태가 존재하지 않는 자산을 의미한다.

(2) 유형자산은 영업활동에 사용할 목적으로 취득한 자산이다

유형자산은 판매를 목적으로 하지 아니하며 영업활동에 사용할 목적으로 취득한 자산이다. 따라서 여유자금을 증식시킬 목적으로 토지를 구입하였거나 재판매목적으로 취득한 자산은 유형자산으로 분류할 수 없고, 투자자산이나 재고자산으로 분류하여야 한다.

(3) 유형자산은 내구자산이다

1년 이내에 그 사용이 완료되는 것은 유형자산으로 처리하지 않고 당기비용(소모품비 등)으로 처리한다.

2 유형자산의 계정분류

일반기업회계기준에 의하면 유형자산에는 토지, 건물, 구축물, 기계장치, 건설중인자산 및 기타의 유형자산이 있다.

이러한 유형자산은 기업의 영업활동에 사용되며 사용기간이 1년 이상 또는 정상적인 영업순환기간 이상의 내구자산으로 사용 또는 시간이 경과함에 따라 그 가치가 감소하므로 수익과 비용의 적절한 대응을 위하여 감가상각을 하여야 한다. 하지만 토지는 사용 또는 시간이 경과하더라도 가치가 감소하지 아니하므로 감가상각하지 아니하며, 건설중인자산 역시 본래의 유형자산으로 대체되어 영업목적에 사용될 때까지는 감가상각할 수 없다.

(1) 토지

토지는 대지·임야·전답·잡종지 등으로 하며 유형자산으로서 토지계정에 기장되기 위하여는 영업활동을 위해 취득된 것이어야 한다.

따라서 투기(speculation)를 목적으로 취득한 토지는 유형자산이 아닌 투자자산(investment)으로 분류하여야 하며, 재판매목적으로 취득한 토지는 재고자산으로 분류하여야 한다. 영업활동에 사용할 목적으로 취득된 토지라 하더라도 기업의 내부사정에 의해 영업활동에 사용되지 않고 유휴상태에 있는 자산은 재무상태표상에 투자자산으로 분류하여야 한다.

(2) 건물

건물이란 통상적으로 토지에 정착하는 공작물 중 사실상 준공된 것으로서, 지붕 및 기둥 또는 벽이 있는 것과 이에 부수된 시설물과 건축물을 말한다.

그러나 건물이라 해서 모두 일반기업회계상 유형자산의 건물로 기장되는 것이 아니다. 즉, 영업용이 아니고 투자목적으로 소유하고 있는 건물은 건물계정에 포함시키지 않고 '투자부동산' 계정으로 기재해야 하며, 분양목적 신축상가와 아파트는 재고자산으로 분류해야 한다.

또한 우발적 사고나 기타 여건의 변화로 본래의 용도로 사용할 수 없고 앞으로도 사용계획이 없는 건물의 경우에는 투자자산 중 적절한 과목으로 대체한다.

(3) 구축물

구축물이란 기업이 자기의 경영목적을 위하여 소유사용하고 토지위에 정착 건설한 건물 이외의 토목설비, 공작물 및 이들의 부속설비를 처리하는 계정이다.

통상 선거, 교량, 안벽, 궤도, 저수지, 갱도, 연통 등 외에 침전지, 샘, 상하수도, 용수설비, 도로, 저탄장, 제방, 터널, 전주, 지하도관, 신호장치, 정원 등을 포함하며 대체로 직접적인 자체의 작업은 하지 않고 주로 보조적 작용을 하는 것을 말한다.

한편, 사용이 종료된 구축물은 폐기자산 또는 저장품으로 구별되며 기업의 경영활동과 관련없이 타인에게 대여 중인 구축물은 투자부동산으로 분류되어야 하며 유형자산의 구축물계정에 포함하여 서는 안된다.

(4) 기계장치

기계장치계정은 영업용으로 사용하는 기계, 부속설비를 처리하는 계정이다. 기계장치는 제조업에 있어서 가장 기본적인 설비로서 직접 또는 간접으로 제조목적에 사용하는 기계장치 및 이에 부속하는 제생산설비를 말한다.

(5) 건설중인자산

건설중인자산은 유형자산의 완성시까지 유형자산의 발생원가를 집계하였다가 유형자산이 완성되어 영업에 사용될 때 해당 유형자산으로 대체되는 일종의 가계정으로 미완성 유형자산을 말하는데, 유형자산의 자체 제작이나 건설을 위한 재료비·노무비 및 제조간접비(경비)뿐만 아니라 건설을 위하여 지출한 도급금액 또는 취득한 기계 등을 포함한다.

건설중인자산은 결국 유형자산이 완성되면 본계정으로 대체될 가계정이므로 건설·제작이나 공사가 진행 중인 유형자산의 과목별 또는 공사별로 세분화된 보조장부를 작성할 필요가 있다.

건설중인자산은 자금은 투하하였으나 아직 구체적인 자산의 형태로서 존재하지 않고 건설 중에 있는 미완성자산이므로 영업목적에 사용될 때까지는 감가상각을 할 수 없다. 다만, 건설중인자산으로 설정된 자산 중 전부 완성되지 않았지만 일부 완성되어 사용할 경우에는 동 금액만이라도 본계정에 대체한 후 감가상각해야 한다.

(6) 기타의 유형자산

일반기업회계기준 제10장 유형자산에서는 '(1)~(5)' 이외에 차량운반구, 선박, 비품, 공기구 등을 기타의 유형자산으로 분류하고 있다.

유형자산의 과목은 업종의 특성 등을 반영하여 신설하거나 통합할 수 있다. 앞에서 제시한 유형자산의 과목분류로 열거되어 있지 않더라도, 당해 기업이 속한 업종의 특성상 특정유형자산의 비중이 중요한 경우에는 별도의 과목을 신설하고, 중요하지 않다면 통합하여 적절한 과목으로 표시할 수 있다. 예를 들어 항공회사의 경우에는 항공기를, 해운회사의 경우는 선박을 별도의 과목으로 표시할 수 있다. 반면에 기계장치의 비중이 크지 않은 서비스업종 등의 경우에는 기계장치를 기타의 유형자산으로 분류할 수 있다.

참고로 업종에 따라 별도의 과목을 사용할 수 있는 예를 들면 다음과 같다.

① 건설업의 경우: 건설용장비 과목
② 관광업의 경우: 동물 과목(관상용 동물), 식물 과목(관상용 식물)
③ 발전소 등의 경우: 발전설비, 배전설비, 변전설비 과목
④ 맥주음료 등의 운반·보관 용기인 회수조건부 공병: 공병 과목
⑤ 임차건물의 내부시설(개보수비용, 칸막이공사, 실내장치 등)을 위하여 지출한 비용은 임차시 설물 등의 유형자산으로 계상하고, 임차기간 동안에 걸쳐 감가상각한다.

한편 공기구 및 비품은 1회의 사용에 의하여 상실되는 것이 아니고 1년 이상 사용하는 내구성자산이므로 기타의 유형자산에 속하지만, 내용연수가 1년 미만이거나 또는 상당금액 이하인 것은 취득 시에 유형자산으로 처리하였다가 감가상각을 하는 것은 그 수고에 비하여 중요성이 없다. 그러므로 이러한 경우에는 취득 시에 비용으로 처리하고 기말에 미사용잔액에 대하여 유동자산인 저장품 계정으로 대체하는 것이 편리하다.

유형자산의 회계처리 흐름

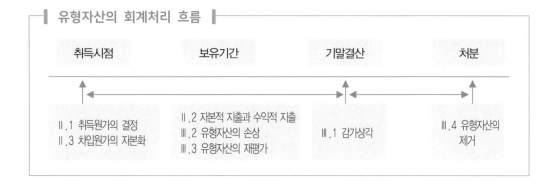

Ⅱ 유형자산의 취득원가

1 취득원가의 결정

유형자산은 최초에는 취득원가로 측정하며, 현물출자·증여·기타 무상으로 취득한 자산의 금액은 공정가치를 취득원가로 한다. 여기서 공정가치란 합리적인 판단력과 거래의사가 있는 독립된 당사자 간에 거래될 수 있는 교환가격으로 일반적으로 시장가격을 말한다. 다만, 시장가격이 없는 경우에는 동일 또는 유사 자산의 현금거래로부터 추정할 수 있는 실현가능금액이나 공인된 감정기관의 감정금액을 사용할 수 있다.

취득원가는 구입원가 또는 제작원가 및 경영진이 의도하는 방식으로 자산을 가동하는데 필요한 장소와 상태에 이르게 하는데 직접 관련되는 원가(①~⑨)와 관련된 지출 등으로 구성된다.

① 설치장소 준비를 위한 지출
② 외부 운송 및 취급비
③ 설치비
④ 설계와 관련하여 전문가에게 지급하는 수수료
⑤ 유형자산의 취득과 관련하여 국·공채 등을 불가피하게 매입하는 경우 당해 채권의 매입금액과 일반기업회계기준에 따라 평가한 현재가치와의 차액
⑥ 자본화대상인 차입원가
⑦ 취득세, 등록세 등 유형자산의 취득과 직접 관련된 제세공과금
⑧ 해당 유형자산의 경제적 사용이 종료된 후에 원상회복을 위하여 그 자산을 제거, 해체하거나 또는 부지를 복원하는데 소요될 것으로 추정되는 원가가 충당부채의 인식요건을 충족하는 경우 그 지출의 현재가치(이하 '복구원가'라 한다)
⑨ 유형자산이 정상적으로 작동되는지 여부를 시험하는 과정에서 발생하는 원가. 단, 시험과정에서 생산된 재화(예: 장비의 시험과정에서 생산된 시제품)의 순매각금액(매각금액에서 매각부대원가를 뺀 금액)은 당해 원가에서 차감한다.

자산의 취득, 건설, 개발에 따른 복구원가에 대한 충당부채는 유형자산을 취득하는 시점에서 해당 유형자산의 취득원가에 반영한다. 그러나 법규의 신설, 계약조항의 변경 등으로 인하여 자산을 사용하는 도중에 책임을 부담하게 되는 경우에는 당해 복구원가에 대한 충당부채를 인식하는 시점에서 해당 유형자산의 장부금액에 반영한다. 다만, 복구원가가 자산의 내용연수에 걸쳐 발생하는 경우에는 해당기간의 비용 또는 제조원가로 처리한다.

한편, 취득원가를 산정함에 있어 매입하는 자산에 매입할인 등이 있는 경우에는 이를 차감하여 취득원가를 산출한다.

(1) 토지와 건물의 일괄구입

일반적으로 건물은 토지와 일괄하여 구입하게 되며, 이때 건물의 취득원가와 토지의 취득원가는 구분되어야 한다. 토지와 건물을 일괄해서 취득하는 경우 총구입원가는 건물을 사용할 목적이 있는 지 여부에 따라 다음의 경우로 나누어 처리된다.

1) 기존건물을 사용할 목적으로 토지를 취득한 경우

토지와 건물을 모두 사용할 목적으로 일괄 취득한 경우에는 총구입원가(매입금액과 공통부대비용 등)를 토지와 건물의 공정가치비율로 안분하여 취득원가를 산정하여야 한다.

2) 건물신축목적으로 기존건물이 있는 토지를 취득한 경우

건물을 신축할 목적으로 기존 건물이 있는 토지를 취득하고 그 건물을 철거하는 경우, 기존 건물의 철거 관련 비용에서 철거된 건물의 부산물을 판매하여 수취한 금액을 차감한 금액을 토지의 취득원가에 산입한다. 이는 기존건물의 철거비용이 토지를 의도했던 대로 사용할 수 있는 상태에 이르기까지 부수적으로 발생한 취득부대비용으로 보기 때문이다.

한편, 건물을 신축하기 위하여 사용 중인 기존 건물을 철거하는 경우 그 건물의 장부금액은 제거하여 처분손실로 반영하고, 철거비용은 전액 당기비용으로 처리한다.

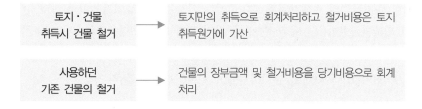

199

(2) 자가건설 유형자산

　기업은 영업활동에 사용할 기계장치나 건물 등을 외부로부터 구입하지 않고 스스로 건설하거나 제작하는 경우가 있는데, 이때 자체 제작하거나 건설하는 자산을 자가건설 자산(self-constructed assets)이라 한다.

　자가건설 자산의 취득원가도 외부에서 구입한 자산과 마찬가지로 건설에 따른 제비용과 건설 후 실제 사용가능한 상태로 준비하는데 발생한 모든 관련 비용을 자가건설 자산의 취득원가에 포함시킨다.

　자가건설과 관련하여 발생하는 비용에는 재료비, 노무비, 제조간접비 등이 있으며 이 중 제조간접비는 자가건설 자산의 관련성을 추적하기 어려우므로 이를 취득원가에 포함시켜야 하는지에 대해서는 많은 논란이 제기되고 있으나 일반적으로 자가건설과 관련하여 발생한 모든 비용을 자가건설 자산의 취득원가에 포함시키고 있다. 다만, 자가건설에 따른 내부이익과 자가건설 과정에서 원재료, 인력 및 기타 자원의 낭비로 인한 비정상적인 원가는 취득원가에 포함하지 않는다.

(3) 장기연불거래 등에 의한 유형자산의 취득

　유형자산을 장기후불조건으로 구입하거나, 대금지급기간이 일반적인 신용기간보다 긴 경우 취득원가는 취득시점의 현금구입가격으로 한다.

　예를 들어 기업이 토지를 구입하고 장기성지급어음이나 사채 등을 발행하여 실질적으로 자산에 대한 대금지급을 이연시키는 경우, 토지의 취득원가는 취득당시의 현금구입가격으로 계상해야 함을 의미한다.

　이 경우 현금구입가격은 미래에 지급할 총지급액의 현재가치와 동일한 것이며, 현금구입가격과 미래에 지급할 총지급액의 현재가치를 일치시키는 이자율을 유효이자율이라 한다.

　이에 대한 회계처리방법은 다음과 같이 두 가지로 나눌 수 있다.

1) 장기성지급어음이나 사채의 표시이자율이 시장이자율과 같은 경우

　자산구입 시 발행된 사채나 장기성지급어음의 표시이자율과 유효이자율이 일치할 경우에는 사채나 어음의 미래 현금지급액의 현재가치는 그 액면금액이 구입한 자산의 취득당시의 현금구입가격과 동일하게 된다.

　이와 같은 경우에는 사채나 어음의 액면금액을 새로 취득한 자산의 취득원가로 하고 이후 지급되는 이자는 당기비용으로 처리한다.

예 제

20X1년 1월 1일에 (주)삼일은 토지를 취득하고 그 대가로 액면금액 ₩250,000,000인 장기성 지급어음(만기: 5년, 표시이자율: 14%)을 발행하였다. 이자는 매년 말에 지급하며 (주)삼일의 정상적인 차입이자율은 14%라고 가정하고 20X1년에 (주)삼일의 분개를 하시오.

풀 이

• 20X1년 1월 1일
  (차) 토지   250,000,000   (대) 장기성지급어음   250,000,000
• 20X1년 12월 31일
  (차) 이자비용   35,000,000*   (대) 현금   35,000,000
  * ₩250,000,000×14%=₩35,000,000

2) 장기성지급어음이나 사채의 표시이자율이 시장이자율과 현저히 다르거나 또는 무이자부조건으로 발행된 경우

이 경우에는 어음이나 사채의 액면금액과 미래 현금지급액의 현재가치, 곧 현금구입가격이 다르므로 액면금액을 유형자산의 취득원가로 사용하지 못한다. 대신 유형자산의 취득시점의 현금구입가격을 구하여 이를 그 유형자산의 취득원가로 하고, 현금구입가격과 사채 또는 어음의 액면금액과의 차액인 할인(증)액은 현재가치할인차금(현재가치할증차금)의 평가계정(contra account 또는 adjunct account)을 설정하여 계상하여야 한다. 이 할인(증)액은 어음이나 사채의 상환기간에 걸쳐 유효이자율법을 적용하여 상각이나 환입하고 이를 이자비용 또는 이자수익 과목에 계상한다. 여기서, 유의해야 할 것은 새로 취득한 유형자산의 현금구입가격으로부터 계산된 내재이자율(유효이자율)을 기준으로 기간별 이자비용을 계상하고 이자비용과 현금지출이자액의 차이만큼 할인(증)액을 상각한다는 점이다.

예 제

20X1년 1월 1일에 (주)삼일은 토지를 취득한 대가로 액면금액 ₩250,000,000인 무이자부 지급어음(만기: 3년)을 발행하였다. (주)삼일이 구입한 토지의 시가는 ₩187,828,700으로 이미 형성되어 있었다. 20X1년 1월 1일에 이루어질 (주)삼일의 분개를 하시오.

풀 이

(차) 토지   187,828,700   (대) 장기성지급어음 250,000,000
    현재가치할인차금   62,171,300

상기 사례에서 (주)삼일의 20X1년 12월 31일의 분개를 하시오.

(차) 이자비용   18,782,870*   (대) 현재가치할인차금 18,782,870
　　* (₩250,000,000－₩62,171,300)×10%=₩18,782,870

이 경우에는 (주)삼일이 취득한 토지의 현금구입가격 ₩187,828,700인 것을 명확히 알 수 있다. 또한 (주)삼일이 발행한 장기성지급어음이 무이자부 어음이기 때문에 액면금액 속에 이자비용이 포함되어 있다고 볼 수 있다. 이와 같은 사실은 (주)삼일의 토지의 취득원가가 ₩187,828,700, 동시에 장기성지급어음의 현재가치도 ₩187,828,700임을 의미한다. 따라서 장기성지급어음의 액면금액은 취득한 자산의 공정가치를 나타내지 못한다. 어음의 액면금액과 현재가치와의 차액인 ₩62,171,300(₩250,000,000－₩187,828,700)은 (주)삼일이 3년간 인식해야 할 총이자비용액이다. 이 이자비용은 매년 발생하는 것이므로 매결산기마다 인식하여야 하며, 이때 적용되는 이자율은 유효이자율법(effective interest method)에 의해 역산되어야 한다. 유효이자율법을 적용하여 이자율(할인율)을 역산할 때는 다음과 같은 현가방정식을 사용한다.

$$\text{자산의 공정시가} = \frac{C_t}{(1+r)^n}$$

(어음의 현가)
n=만기기간
C_t=t연도의 현금지출액
r=할인율(유효이자율 또는 내재이자율)

위의 공식을 적용하면,

$$₩187,828,700 = \frac{₩250,000,000}{(1+r)^3}$$

r=0.1

즉, 유효이자율은 10%이다.

(4) 다종자산의 일괄구입

일괄구입(lump-sum purchase)이란, 두 종류 이상의 자산을 일괄가격(single price)으로 동시에 구입하는 것을 말한다. 즉 토지, 건물, 기계장치 등을 각각의 개별금액의 구분없이 일률적으로 전체금액을 지불함으로써 생기는 거래를 말한다. 이 경우 어떻게 각 자산별로 취득원가를 결정할 것인가가 주요한 문제가 된다.

위와 같은 일괄구입의 경우 자산들의 공정가치비율로 안분계산하고, 이때 일괄구입한 모든 유형자산의 공정가치를 알 수 없는 경우 공정가치를 알 수 있는 자산에 해당 자산의 공정가치를 우선 배분하고 잔액은 나머지 자산에 배분한다.

예제

(주)삼일은 ₩360,000,000의 일괄구입가격으로 토지, 건물, 기계장치를 취득하였다. 여러 가지 자료를 통하여 감정한 결과 각 자산의 공정시가는 다음과 같다.

토지	₩ 200,000,000
건물	120,000,000
기계장치	100,000,000
계	420,000,000

각 자산의 취득원가를 계산하고 매입거래를 분개하시오.

풀이

1. 각 자산의 취득원가
   토지   : ₩360,000,000×₩200,000,000/₩420,000,000=₩171,428,571
   건물   : ₩360,000,000×₩120,000,000/₩420,000,000=₩102,857,143
   기계장치 : ₩360,000,000×₩100,000,000/₩420,000,000=₩ 85,714,286

2. 분개

(차) 토지	171,428,571	(대) 현금	360,000,000
건물	102,857,143		
기계장치	85,714,286		

(5) 주식발행에 의해 취득한 자산(현물출자)

기업이 자산을 취득하고 그 대가로 주식을 교부하는 것을 현물출자라고 한다. 현물출자로 취득한 자산은 교부한 주식의 공정가치를 취득원가로 한다.

예 제

(주)삼일은 1주당 액면금액이 ₩5,000인 보통주 10,000주를 발행하여 토지를 취득하였다. (주)삼일은 상장회사로서 증권시장에서 주당 ₩8,000에 거래되고 있으며 토지의 시가는 ₩80,000,000으로 형성되어 있다. 동 거래를 분개하시오.

풀 이

(차) 토지	80,000,000	(대) 자본금	50,000,000
		주식발행초과금	30,000,000

---

(6) 교환에 의하여 취득한 자산

1) 이종자산 간의 교환

다른 종류의 자산과의 교환으로 유형자산을 취득하는 경우 유형자산의 취득원가는 교환을 위하여 제공한 자산의 공정가치로 측정한다. 다만, 교환을 위하여 제공한 자산의 공정가치가 불확실한 경우에는 교환으로 취득한 자산의 공정가치를 취득원가로 할 수 있다. 자산의 교환에 현금수수액이 있는 경우에는 현금수수액을 반영하여 취득원가를 결정한다.

이종자산교환에 대한 회계처리는 제공한 자산을 처분하고 제공받는 자산을 취득한 것으로 보아 회계처리하며, 제공한 자산의 장부금액과 제공한 자산의 공정가치와의 차액을 제공한 자산의 처분손익으로 처리한다.

교환취득한 자산의 원가 = 제공한 자산의 공정가치 + 현금지급액 − 현금수취액
                  = 취득한 자산의 공정가치(교환을 위하여 제공한 자산의 공정가치가 불확실한 경우)
유형자산처분손익   = 제공한 자산의 공정가치 − 제공한 자산의 장부금액

한편, 유형자산의 공정가치는 시장가격으로 한다. 다만, 시장가격이 없는 경우에는 동일 또는 유사 자산의 현금거래로부터 추정할 수 있는 실현가능금액이나 전문적 자격이 있는 평가인의 감정금액을 사용할 수 있다.

예 제

이종자산의 교환

(주)삼일은 사용 중이던 건물을 (주)용산의 기계장치와 교환하였다. 이 교환과 관련하여 (주)삼일은 공정가치의 차액 ₩100,000을 현금으로 지급하였다.

	건물	기계장치
취득원가	₩2,000,000	₩4,000,000
감가상각누계액	800,000	3,120,000
공정가치	1,000,000	1,100,000

각각의 회사의 입장에서 해야 할 회계처리를 하시오.

풀 이

- (주)삼일의 입장

(차) 기계장치	1,100,000	(대) 건물	2,000,000
감가상각누계액	800,000	현금	100,000
유형자산처분손실	200,000		

- (주)용산의 입장

(차) 건물	1,000,000	(대) 기계장치	4,000,000
감가상각누계액	3,120,000	유형자산처분이익	220,000
현금	100,000		

2) 동종자산 간의 교환

동일한 업종 내에서 유사한 용도로 사용되고 공정가치가 비슷한 동종자산과의 교환으로 유형자산을 취득하거나, 동종자산에 대한 지분과의 교환으로 유형자산을 매각하는 경우에는 제공된 유형자산으로부터 수익창출활동이 아직 완료되지 않았기 때문에 교환에 따른 거래손익을 인식하지 않아야 하며, 교환으로 받은 자산의 취득원가는 교환으로 제공한 자산의 장부금액으로 한다.

교환되는 동종자산의 공정가치가 유사하지 않은 경우에는 거래조건의 일부로 현금과 같이 다른 종류의 자산이 포함될 수 있다. 이 경우 교환에 포함된 현금 등의 금액이 중요하다면 동종자산의 교환으로 보지 않는다.

> 동종자산 간의 교환시 취득원가
> = 제공한 자산의 장부금액 + 현금지급액 − 현금수령액

동종자산의 교환

(주)삼일은 사용 중이던 차량운반구 A를 (주)용산이 사용하던 차량운반구 B와 교환하였다. 이 교환과 관련하여 (주)삼일은 공정가치의 차액 ₩100,000을 현금으로 지급하였다.
단, 교환에 포함된 현금수수액은 중요하지 않다.

	차량운반구 A	차량운반구 B
취득원가	₩2,000,000	₩4,000,000
감가상각누계액	800,000	3,120,000
공정가치	1,000,000	1,100,000

각각의 회사의 입장에서 해야 할 회계처리를 하시오.

풀 이

- (주)삼일의 입장

(차) 차량운반구 B	1,300,000	(대) 차량운반구 A	2,000,000
감가상각누계액	800,000	현금	100,000

- (주)용산의 입장

(차) 차량운반구 A	780,000	(대) 차량운반구 B	4,000,000
감가상각누계액	3,120,000		
현금	100,000		

(7) 증여 또는 무상취득

증여 등 무상으로 취득한 자산은 당해 자산의 공정가치를 취득원가로 계상한다. 이때 취득자산의 공정가치는 자산수증이익의 과목으로 영업외수익으로 처리한다.

예 제

(주)삼일은 (주)용산으로부터 취득원가 ₩50,000,000인 토지를 기증받았다. 동 토지의 공정자산가치는 ₩150,000,000이었다. 동 거래를 분개하시오.

풀 이

(차) 토지   150,000,000   (대) 자산수증이익   150,000,000

(8) 유형자산 취득에 수반되는 국·공채 매입

기업이 보유하고 있는 국·공채 등 유가증권은 유형자산의 구입이나 각종 인·허가 취득과 관련하여 법령 등에 의하여 불가피하게 매입한 경우가 대부분이다. 이 경우 당해 국·공채를 액면금액으로 매입하지만 대부분 액면이자율이 시장이자율보다 낮기 때문에 국·공채 등 유가증권의 시가(현재가치)는 취득금액인 액면금액보다 낮게 된다.

이렇게 유형자산의 취득과 관련하여 국·공채 등 유가증권을 불가피하게 매입하는 경우 발생하는 동 유가증권의 현재가치와 취득금액의 차액은 유형자산의 취득을 위하여 불가피하게 지출한 금액이므로 당해 유형자산의 취득원가로 계상하여야 한다.

예 제

(주)삼일은 업무용차량을 ₩30,000,000에 구입하면서 액면금액 ₩1,000,000, 무이자 5년 만기 상환조건의 공채를 액면금액으로 매입하였다. 시장이자율은 12%이고, 5년의 현가요소가 0.57일 경우 차량운반구 취득 관련 분개를 하시오.

풀 이

(차) 차량운반구   30,430,000   (대) 현금   31,000,000
     유가증권   570,000*
     * ₩1,000,000×0.57=₩570,000

(9) 정부보조금 등으로 취득한 자산

1) 개념 및 범위

정부보조금이란 국가 또는 지방자치단체가 산업정책적 견지에서 기업설비의 근대화, 시험연구의 촉진, 기술개발 및 향상, 재해복구 등의 목적을 위하여 보조금의 예산 및 관리에 관한 법률의 규정에 의하여 시설자금이나 운영자금으로서 국고금에서 교부하는 금액을 말한다.

공사부담금이란 전기·가스·수도·전화 등의 공익사업에 대한 신규설비를 건설할 때, 당해 사업시설의 수요자 또는 편익을 받는 자가 당해 설비비의 전부 또는 일부를 사업시행자에게 제공하는 자금 또는 자재의 화폐환산액을 말한다.

2) 회계처리 규정

정부보조금 등으로 유형자산을 무상 또는 공정가치보다 낮은 대가로 취득한 경우 그 유형자산의 취득원가는 취득일의 공정가치로 한다. 정부보조금 등은 취득원가에서 차감하는 형식으로 표시하고 그 자산의 내용연수에 걸쳐 감가상각비와 상계하며, 해당 유형자산을 처분하는 경우에는 그 잔액을 처분손익에 반영한다.

다만, 자산관련 보조금을 받는 경우 관련 자산을 취득하기 전까지는 받은 자산 또는 받은 자산을 일시적으로 운용하기 위하여 취득하는 다른 자산의 차감계정으로 회계처리하고, 관련 자산을 취득하는 시점에서 관련 자산의 차감계정으로 회계처리한다.

① 정부보조금 등의 교부 시: 관련 자산의 구입 전

ㄱ 정부보조금 등을 현금으로 지급받은 경우

(차) 현금	×××	(대) 정부보조금(현금)	×××
		(현금의 차감계정으로 표시)	

ㄴ 정부보조금 등을 현금으로 지급받고 정기예금에 예치한 경우

(차) 단기금융상품(정기예금)	×××	(대) 현금	×××
정부보조금(현금)	×××	정부보조금(단기금융상품)	×××

(현금의 차감계정에서 단기금융상품의 차감계정으로 대체)

② 관련 자산취득 시

(차) 유형자산	×××	(대) 현금	×××
정부보조금(현금)	×××	정부보조금(유형자산)	×××

(현금의 차감계정에서 취득한 자산의 차감계정으로 대체)

③ 결산 시

회사는 결산시점에서 정부보조금 등으로 취득한 자산에 대한 감가상각비를 계상할 때는 취득자산의 내용연수에 걸쳐 정부보조금과 감가상각비를 상계하여야 한다.

(차) 감가상각비 　　　　　　×××　　(대) 감가상각누계액 　　　　　×××
　　 정부보조금(유형자산)　×××*　　　　 감가상각비 　　　　　　×××

　　 * 상계액은 다음과 같이 계산하여야 한다.

$$취득자산감가상각비 \times \frac{정부보조금해당액}{감가상각대상금액}$$

④ 자산처분시

정부보조금 등으로 취득한 자산을 처분할 경우에는 감가상각비와 상계하고 남은 정부보조금 잔액을 당해 자산의 처분손익에서 차감 또는 부가하는 방식으로 회계처리한다.

(차) 현금 　　　　　　　　　×××　　(대) 유형자산 　　　　　　　　×××
　　 감가상각누계액 　　　　×××　　　　 유형자산처분이익 　　　　×××
　　 정부보조금(유형자산)　×××

수익관련보조금을 받는 경우에는 당기의 손익에 반영한다. 다만, 수익관련보조금을 사용하기 위하여 특정의 조건을 충족해야 하는 경우에는 그 조건을 충족하기 전에 받은 수익관련 보조금은 선수수익으로 회계처리한다.

수익관련보조금은 수익으로 표시하거나 관련비용에서 보조금을 상계하여 표시한다. 해당 보조금을 수익으로 표시하는 경우, 회사의 주된 영업활동과 직접적인 관련성이 있다면 영업수익으로, 그렇지 않다면 영업외수익으로 회계처리한다.

또한, 상환의무가 발생하게 된 정부보조금은 회계추정의 변경으로 회계처리한다.

수익관련보조금을 상환하는 경우 상환금액을 즉시 당기손익으로 인식한다. 다만, 수익관련보조금 사용에 대한 특정 조건을 미충족하여 선수수익으로 계상한 금액이 있는 경우에는 선수수익계정에 먼저 적용한다. 자산관련보조금을 상환하는 경우는 상환금액만큼 자산의 장부금액을 증가시킨다. 보조금이 없었더라면 현재까지 당기손익으로 인식했어야 하는 추가 감가상각누계액은 즉시 당기손익으로 인식한다.

3) 회계처리 요약

구분		일반기업회계상 회계처리
상환의무가 없는 경우	자산취득에 충당한 경우	−관련 자산취득 전까지 받은 자산의 차감계정으로 기재 −관련 자산의 취득 시 취득자산의 차감계정으로 표시하고 당해 자산을 상각하는 경우 감가상각비와 상계
	자산취득에 충당하지 않은 경우	−당기의 손익에 반영 −특정 조건을 충족해야 하는 경우 조건 충족 전에 받은 수익 관련 보조금은 선수수익으로 처리 −보조금을 수익으로 표시하는 경우 영업수익 또는 영업외수익으로 회계처리
상환의무가 있는 경우	상환할 금액이 확정되어 있는 경우	−상환할 금액을 부채로 계상하고 향후 부채를 상환할 의무가 소멸되면 채무면제이익으로 계상
	상환할 금액이 확정되지 않은 경우	−상환할 금액을 추정하여 부채로 계상

예 제

(주)삼일은 정부로부터 전년도에 ₩100,000,000의 보조금을 교부받아 그것을 포함하여 20X1년 1월 1일에 기계장치를 ₩800,000,000에 취득하였다. 감가상각은 정액법(내용연수 4년, 잔존가치 없음)으로 한다. 그리고 20X2년 1월 1일에 동 기계를 ₩650,000,000에 매각하였다. 정부보조금으로 취득한 기계장치와 관련하여 ① 정부보조금 교부시 ② 기계장치 매입 시 ③ 20X1년 12월 31일(결산 시) ④ 20X2년 1월 1일(매각 시)로 나누어 분개하시오.

풀 이

① 정부보조금 교부 시

(차) 현금	100,000,000	(대) 정부보조금	100,000,000
		(현금의 차감계정)	

② 기계장치 매입 시

(차) 기계장치	800,000,000	(대) 현금	800,000,000
정부보조금	100,000,000	정부보조금	100,000,000
(현금의 차감계정)		(기계장치차감계정)	

③ 20X1년 12월 31일(결산 시)

(차) 감가상각비	200,000,000	(대) 감가상각누계액	200,000,000
정부보조금	25,000,000*	감가상각비	25,000,000

$$* \ ₩200,000,000 \times \frac{₩100,000,000}{₩800,000,000} = ₩25,000,000$$

④ 20X2년 1월 1일(매각 시)

(차) 현금	650,000,000	(대) 기계장치	800,000,000
감가상각누계액	200,000,000	유형자산처분이익	125,000,000
정부보조금	75,000,000		

2 자본적 지출과 수익적 지출

유형자산을 취득하여 사용하는 중에도 그 자산과 관련된 여러 가지 지출이 발생한다. 이러한 지출 중에는 영업활동에 관련된 정상적인 수선비 또는 유지비의 성질을 띤 것도 있고, 자산의 근본적인 기능 또는 성질에 유의적인 변화를 야기시키는 것도 있다. 따라서 자산의 취득 후에 발생한 지출을 당기비용화할 것인가, 아니면 이를 자본화하여 미래기간에 배분할 것인가 하는 문제가 발생한다. 이에 대하여 일반기업회계기준 제10장 '유형자산'에서는 비유동자산의 내용연수를 연장시키거나 가치를 실질적으로 증가시키는 지출을 자본적 지출로 하고, 당해 비유동자산의 원상을 회복시키거나 능률유지를 위한 지출은 수익적 지출로 한다고 규정하고 있다.

실무적으로 자본적 지출 또는 수익적 지출을 엄격히 구분한다는 것은 매우 어려운 일이나, 대체로 다음의 구분기준에 부합하는 지출은 자본적 지출로 하고 그러하지 않은 지출은 수익적 지출로 한다.

① 유형자산의 원가를 구성하는 지출
② 소유 유형자산의 가치를 증대시키는 지출
③ 미래에 수익력과 생산성을 증대시키는 지출
④ 내용연수를 연장시키는 지출
⑤ 그 지출효과가 당해 연도에 그치지 않고 장래에 미치는 경우
⑥ 지출금액이 상대적으로 중요한 지출

(1) 자본적 지출의 범위

자본적 지출은 당해 유형자산의 내용연수를 증가시키거나 가치를 현실적으로 증가시키는 지출을 뜻하며, 일반적으로 증설, 개조나 냉·난방장치 등과 같이 금액이 큰 지출이 이에 해당한다.

(2) 수익적 지출의 범위

수익적 지출은 유형자산의 원상을 회복하거나 능률을 유지하기 위하여 지출한 비용 등을 말하며 건물의 도장, 소모된 부속품이나 벨트의 교체 등과 같이 금액이 상대적으로 적은 지출이 수익적 지출에 해당된다.

한편, 법인세법에서는 개별자산별로 수선비로 지출한 금액이 300만 원 미만이거나, 직전사업연도 종료일 현재 장부금액의 5%에 미달하는 경우 및 3년 미만의 기간마다 주기적인 수선을 위하여 지출하는 비용은 이를 수익적 지출로 처리하고 있다.

(3) 증설, 개량 및 대체

1) 증설

증설(additions)이란 기존의 유형자산에 새롭고 독립적인 자산을 부가하거나, 혹은 기존의 유형 자산을 확장 내지 증축하는 것을 말한다. 건물의 경우에 있어서 증설이란 기존 건물에 추가적으로 건물을 증축하는 것을 말한다. 건물을 증설할 경우에는 이 증설에 따른 경제적 효익이 미래기간에 발생하므로, 증설에 소요된 지출을 자본화하고 미래기간에 실현될 수익과 대응시키기 위해 내용연 수 동안에 감가상각하여야 한다. 이때 증설건물의 감가상각은 다음과 같이 이루어진다. 증설된 건 물이 기존자산을 구성하는 일부로서만 존재할 때에는 증설건물의 내용연수와 기존건물의 내용연수 중 보다 짧은 기간에 걸쳐 증설건물의 원가를 상각한다. 그러나 증설된 건물이 기존건물과 독립적으 로 존재하여 그 자체만으로도 용역잠재력을 제공하는 경우에는 증설건물의 원가를 증설건물의 내용 연수에 걸쳐 상각한다.

2) 대체 및 개량

기업은 종종 기존자산의 일부분 내지 주요부품을 처분하고 새로운 것으로 교체한다. 이때 교체된 새로운 부분 또는 부품이 기능상으로는 실질적으로 전과 동일한 결과만을 가져오는 경우에 이러한 교체를 대체(replacement)라 한다. 예를 들면, 건물의 기존난방장치를 동일한 난방용량을 가진 새로운 난방장치로 바꾸는 것은 대체에 해당한다. 이러한 대체는 수익적 지출로 처리한다.

한편, 교체된 부분 또는 부품이 기존자산의 기능을 현저히 개선하면 이는 개선(betterment)이 나 개량(improvement)이라 한다. 이와 같이 기존자산의 일부분 내지 주요부품을 새로운 것으로 교체함으로써 기존자산의 용역잠재력이 증가하고 동 지출이 비경상적인 경우는 자본적 지출로 처리 한다.

(4) 정기적으로 발생하는 수선의 경우

일부 유형자산은 주요 부품이나 구성요소를 정기적으로 교체해야 한다. 예를 들면, 용광로는 일 정시간 사용 후에 내화벽돌을 교체해야 하며 항공기의 경우에도 좌석 등의 내부설비를 항공기 동체 의 내용연수 동안 여러 번 교체해야 한다. 이와 같이 유형자산의 사용가능기간 중 정기적으로 이루 어지는 종합검사, 분해수리와 관련된 지출은 별개의 감가대상자산으로 인식되거나, 관련 지출이 유 형자산 인식기준을 충족하는 경우에는 자본적 지출로 처리한다.

다만, 유형자산을 구성하는 주요부품이나 구성요소의 내용연수가 관련 유형자산의 내용연수와 상 이한 경우에는 별도로 자산으로 처리한다. 부품이나 구성요소의 교체를 위한 지출이 유형자산 인식기 준을 충족하는 경우에는 별도 자산의 취득으로 처리하고 교체된 자산은 재무상태표에서 제거한다.

3 차입원가의 자본화

차입원가는 기간비용으로 처리함을 원칙으로 한다. 다만, 유형자산, 무형자산 및 투자부동산과 제조, 매입, 건설 또는 개발(이하 '취득'이라 한다)이 개시된 날로부터 의도된 용도로 사용하거나 판매할 수 있는 상태가 될 때까지 1년 이상의 기간이 소요되는 재고자산(이하 '적격자산'이라 한다)의 취득을 위한 자금에 차입금이 포함된다면 이러한 차입금에 대한 차입원가는 적격자산의 취득에 소요되는 원가로 회계처리할 수 있다.

적격자산의 취득과 관련된 차입원가는 그 자산을 취득하지 아니하였다면 부담하지 않을 수 있었던 원가이기 때문에 적격자산의 취득원가를 구성하며, 그 금액을 객관적으로 측정할 수 있는 경우에는 해당 자산의 취득원가에 산입할 수 있다. 차입원가의 회계처리방법은 모든 적격자산에 대하여 매기 계속하여 적용하고, 정당한 사유 없이 변경하지 아니한다. 또한, 자본화할 수 있는 차입원가는 적격 자산을 취득할 목적으로 직접 차입한 자금으로서 적격자산을 의도된 용도로 사용하거나 판매가능한 상태에 이르게 하는 데 필요한 대부분의 활동이 완료되기 전까지 자금(이하 '특정차입금'이라 한다)에 대한 차입원가와 일반적인 목적으로 차입한 자금 중 적격자산의 취득에 소요되었다고 볼 수 있는 자금(이하 '일반차입금'이라 한다)에 대한 차입원가로 나누어 산정한다. 이때 특정차입금이 그 적격 자산을 의도된 용도로 사용하거나 판매가능하게 하는 데 필요한 대부분의 활동이 완료된 경우에는 특정차입금의 정의를 충족하지 않으므로 일반차입금에 포함될 수 있다.

(1) 특정차입금 관련 차입원가

특정차입금에 대한 차입원가 중 자본화할 수 있는 금액은 자본화기간 동안 특정차입금으로부터 발생한 차입원가에서 동 기간 동안 자금의 일시적 운용에서 생긴 수익을 차감한 금액으로 한다.

다만, 특정외화차입금에 대한 외환차이 중 차입원가의 조정으로 볼 수 있는 부분은 해당 외화차입금에 대한 차입원가에 외화차입금과 관련된 외환차이를 가감한 금액이 유사한 조건의 원화차입금에 대한 이자율 또는 원화차입금의 가중평균이자율을 적용하여 계산한 차입원가를 초과하지 않는 금액을 한도로 한다.

(2) 일반차입금 관련 차입원가

일반차입금에 대한 차입원가 중 자본화할 수 있는 차입원가는 회계기간 동안의 적격자산에 대한 평균지출액 중 특정차입금을 사용한 평균지출액을 초과하는 부분에 대해 적절한 이자율(이하 '자본화이자율'이라 한다)을 적용하는 방식으로 산정한다.

차입원가자본화 대상자산에 대한 지출액은 차입원가를 부담하는 부채를 발생시키거나, 현금지급, 다른 자산을 제공하는 등에 따른 지출액을 의미한다. 정부보조금, 공사부담금 등의 보조금과 건설 등의 진행에 따라 회수되는 금액은 자본화대상 자산에 대한 지출액에서 차감한다.

자본화이자율은 회계기간 동안 상환되었거나 미상환된 일반차입금에 대하여 발생된 차입원가를 가중평균하여 산정한다. 다만, 회계기간 동안 일반차입금 구성 종목 및 차입금액의 변동이 유의적이지 않은 경우에 한하여 자본화이자율은 결산일 현재 미상환된 일반차입금에 대한 차입원가를 가중평균하여 산정할 수 있다.

일반차입금에 대하여 자본화할 차입원가는 자본화이자율 산정에 포함된 차입금으로부터 회계기간 동안 발생한 차입원가를 한도로 하여 자본화하고, 자금의 일시적 운용에서 생긴 수익은 차감하지 않는다.

(3) 자본화기간

자본화기간의 개시시점은 적격자산에 대한 지출이 있었고, 차입원가가 발생하였으며, 적격자산을 의도된 용도로 사용하거나 판매하기 위한 취득활동이 진행 중이라는 조건이 모두 충족되는 시점으로 한다. 여기에는 물리적인 제작뿐만 아니라 그 이전 단계에서 이루어진 행정, 기술상의 활동도 포함한다. 예를 들면, 설계활동, 각종 인허가를 얻기 위한 활동 등을 들 수 있다. 한편, 차입원가의 자본화의 종료시점은 적격자산을 의도된 용도로 사용하거나 판매가능한 상태에 이르게 하는데 필요한 대부분의 활동이 완료된 시점으로 한다.

적격자산을 의도된 용도로 사용하거나 판매하기 위한 취득활동이 중단된 경우 그 기간 동안에는 차입원가의 자본화를 중단하며 해당 차입원가는 기간비용으로 인식하지만, 제조 등에 필요한 일시적 중단이나 자산취득과정상 본질적으로 불가피하게 일어난 중단의 경우에는 차입원가의 자본화를 중단하지 않는다. 한편, 기업이 의도적으로 취득활동을 지연하거나 중단한 경우에 발생한 차입원가는 자산취득과정에서 발생된 것으로 볼 수 없으므로 기간비용으로 인식한다.

 심화학습

[사례]
다음 주제에 대해 생각해보고, 여러분의 의견을 작성해보세요.
다음의 외화차입금과 관련하여 자본화대상 차입원가는 얼마인가? 동 차입금은 특정차입금으로 가정하며, 유사한 조건의 원화차입금의 차입원가는 900이다.
(1) 외화차입금의 차입원가: 100
(2) 외화차입금의 일시 운용에서 발생한 이자수익: 10
(3) 이자율변동 현금흐름위험회피거래에서 발생한 평가이익·거래이익: 5

(4) 외화차입금의 외화환산손실: 10, 외환차손: 15
(5) 외화차입금의 일시 운용에서 발생한 외화환산이익·외환차익: 3
(6) 환율변동 현금흐름 위험회피거래에서 발생한 평가이익·거래이익: 12

[풀이]
- 외화차입금의 차입원가((1)+(2)+(3)): 100-10-5=85
- 외화차입금의 외환차이((4)+(5)+(6)): 25-3-12=10(손실)

  외환차이(손실)가 발생하고, 유사한 조건의 원화차입금의 차입원가가 90인 경우, 원화차입금의 차입원가가 외화차입금의 차입원가 85보다 크므로 외화차입금의 외환차이(손실)(10) 중 5는 차입원가의 조정으로 보아 자본화하고, 잔액 5는 기간비용으로 즉시 인식해야 한다. 따라서 자본화대상 차입원가는 90이다.

III 감가상각과 자산의 손상

1 감가상각

(1) 의의

　유형자산은 소모·파손·노후 등의 물리적 원인이나 경제적 여건변동, 유형자산의 기능변화 등의 기능적 원인에 의하여 그 효용이 점차로 감소하는데, 이러한 효용의 감소현상을 감가라 한다. 유형자산의 감가원인은 다양하고 또한 복합적이므로 법인이 기간손익계산을 하기 위하여 유형자산의 감가분을 금액적으로 측정하기란 매우 어렵다. 따라서 유형자산의 감가분을 합리적인 방법으로 추정하여 기간손익에 배분하는 절차가 필요한 바, 이러한 원가배분의 절차를 감가상각이라 한다. 결국, 감가상각이란 적정한 기간손익계산을 위하여 유형자산의 취득원가 또는 취득원가를 대체하는 다른 금액에서 잔존가치(예측처분가치)를 차감한 금액을 일정한 상각방법에 의해서 당해 자산의 내용연수에 걸쳐 동 자산의 이용이나 시간의 경과 등으로 인한 효용의 감소분을 배분하는 회계절차라고 할 수 있다.

　이와 같이 감가상각회계의 목적은 특정자산의 감가상각대상금액(취득원가 또는 취득원가를 대체하는 다른 금액-잔존가치)을 자산의 이용에 따라 효익이 발생하는 기간에 체계적이고 합리적인 방법으로 배분하는 것이다.

(2) 일반기업회계상 회계처리

유형자산의 원가를 여러 기간에 배분하는 감가상각회계와 관련된 주요회계문제는 다음과 같다.
- 감가상각대상금액을 결정하는 문제
- 내용연수를 추정하는 문제
- 감가상각방법을 결정하는 문제

1) 감가상각대상금액

감가상각대상금액(depreciation base)이란 유형자산의 취득원가 또는 취득원가를 대체하는 다른 금액에서 잔존가치와의 차액으로 당해 자산을 수익획득과정에 이용하는 기간 동안 인식할 총감가상각비(즉, 당해 자산을 사용하는 총원가)를 의미한다. 여기서 잔존가치(residual base)란 자산의 내용연수가 종료되는 시점에서 그 자산의 예상처분금액에서 예상처분비용을 차감한 금액을 말한다. 잔존가치는 자산을 제거하기 전의 특정시점에서 추정한 값으로, 이러한 추정은 미래의 불확실성 때문에 상당히 주관적이다. 회사는 당해 자산의 성격과 업종 등을 고려하여 객관적이고 합리적으로 잔존가치를 정해야 한다.

감가상각대상금액은 원가 또는 원가를 대체하는 다른 금액에서 잔존가치를 차감하여 결정하지만 실무상 잔존가치가 경미한 경우가 많다. 그러나 유형자산의 잔존가치가 유의적인 경우 매 보고기간 말에 재검토하여, 재검토 결과 새로운 추정치가 종전의 추정치와 다르다면 그 차이는 회계추정의 변경으로 회계처리한다.

한편, 법인세법에 의하면 잔존가치는 유·무형자산을 불문하고 없는 것으로 본다. 다만, 정률법에 의한 상각률계산시에는 잔존가치를 취득금액의 5%로 하고, 동 잔존가치는 감가상각이 종료하는 회계연도에 취득금액의 5%와 천 원 중 적은 금액을 제외하고 전액 상각하여야 한다.

2) 내용연수의 추정

유형자산의 내용연수(useful life)란 자산이 수익획득과정에 사용될 것으로 기대되는 기간을 말한다. 내용연수의 상한선은 특정자산의 물리적 수명일 것이나, 일반적으로 특정자산의 내용연수는 그 자산의 물리적 수명보다 짧은 것이 일반적이다. 왜냐하면, 특정 유형자산의 효율적인 운영상태를 유지하기 위해서는 오래된 기계일수록 더 많은 비용이 발생할 것이므로 기업은 물리적인 수명이 다하기 전에 다른 자산으로 대체할 것이기 때문이다. 따라서 내용연수를 추정하기 위해서는 물리적 요소뿐만 아니라 경제적 요소도 고려하여야 한다.

3) 감가상각방법의 결정

특정자산의 취득원가 또는 취득원가를 대체하는 다른 금액이 결정되고 잔존가치 및 내용연수가 추정되면 내용연수 동안에 상각될 총감가상각비가 결정된다. 그러나 총감가상각비를 각 연도에 어떻게 배분할 것인가 하는 원가배분유형의 선택문제가 아직 남아 있다. 유형자산의 원가는 자산의 이용에 따라 경제적 효익이 발생하는 여러 기간에 배분될 결합원가(joint cost)이다. 그러나 이러한 결합원가를 논리적으로 정확하게 배분하는 방법은 존재하지 않는다. 따라서 감가상각과정은 수익을 창출하기 위해 소멸된 비용의 정확한 금액을 찾는 것이 아니라, 신중하고 체계적인 방법에 따라 감가상각기준액을 내용연수 동안에 합리적으로 배분하는 것이라 보아야 한다.

다시말해 감가상각방법(depreciation method)이란 특정자산의 감가상각대상금액(즉, 취득원가 또는 취득원가를 대체하는 다른 금액과 잔존가치의 차액)을 내용연수 동안에 체계적이고 합리적으로 배분하는 방법이다.

유형자산의 감가상각방법에는 정액법, 체감잔액법(예: 정률법 등), 연수합계법, 생산량비례법 등이 있으며, 감가상각방법은 매기 계속하여 적용하고, 정당한 사유 없이 변경하지 않는다. 새로 취득한 유형자산에 대한 감가상각방법도 동종의 기존 유형자산에 대한 감가상각방법과 일치시켜야 한다. 다만, 자산에 내재된 미래경제적효익의 예상되는 소비형태에 유의적인 변동이 있는 경우, 변동된 소비형태를 반영하기 위하여 감가상각방법을 변경하여야 하며 회계추정의 변경으로 회계처리한다. 한편, 신규사업의 착수나 다른 사업부문의 인수 등의 결과로 독립된 새로운 사업부문이 창설되어 기존의 감가상각방법으로는 그 자산에 내재된 미래경제적효익의 예상되는 소비형태를 반영할 수 없기 때문에 다른 방법을 사용하는 경우에는 회계변경으로 보지 아니한다.

한편, 법인세법에서는 건축물의 감가상각방법으로 정액법만 인정하고 그 외의 유형자산의 감가상각방법으로 정액법, 정률법 및 생산량비례법만을 인정하고 있으나 합리적이고 체계적인 감가상각방법에 의해 계상한 각 기간의 감가상각비는 다른 자산의 제조와 관련된 경우에는 관련 자산의 제조원가(예를 들면, 제조공정에 사용된 유형자산의 감가상각비는 재고자산의 원가를 구성)로, 그 밖의 경우에는 판매비와관리비로 계상한다.

이하에서는 실무적으로 많이 사용되는 정액법, 정률법, 생산량비례법, 연수합계법에 대하여 간단히 설명하고자 한다.

① 정액법

정액법이란 자산의 내용연수에 걸쳐 균등하게 감가상각비를 인식함으로써 매 사업연도의 상각액이 균등하게 되는 상각방법이다. 이는 시간의 경과에 따라서 자산의 가치가 일정하게 감소될 때 적합한 방법이다.

정액법에 의한 감가상각범위액의 계산식은 다음과 같다.

$$\text{감가상각비} = (\text{취득원가 또는 취득원가를 대체하는 다른 금액} - \text{잔존가치}) \div \text{내용연수}$$

정액법은 계산하기가 간단하고 편리한 반면, 특정 회계기간 동안의 조업도가 그 기간의 감가상각비에 전혀 영향을 미치지 않는다고 가정하므로 논리상 문제점이 있다.

② 정률법

정률법은 가속상각의 한 방법으로서 상각초기연도에 많은 금액을 상각하게 하는 방법이다. 즉, 각 사업연도에 감가상각 기초금액에 일정률을 곱함으로써 시간이 경과할수록 장부금액은 적어지게 되므로 이에 또다시 일정률을 곱하게 되면 감가상각비는 매년 줄어들게 된다.

정률법에 의한 감가상각범위액의 계산식은 다음과 같다.

$$\text{감가상각비} = (\text{취득원가 또는 취득원가를 대체하는 다른 금액} - \text{감가상각누계액}) \times \text{감가상각률}^*$$

$$* \ \text{감가상각률} = 1 - \sqrt[n]{\frac{\text{잔존가치}}{\text{취득원가 또는 취득원가를 대체하는 다른 금액}}} \quad (n = \text{회계기간})$$

이와 같은 정률법은 취득초기에 많은 감가상각비를 계상하고 시간이 경과함에 따라 그 금액이 체감하게 된다. 따라서 정률법은 정액법에 비하여 초기에 많은 비용을 계상할 수 있으므로 조속히 원가화시킬 수 있다는 장점이 있으나, 상각률을 계산하는 것이 실무상 번거로우므로 법인세법상 감가상각률표를 이용하는 것이 편리하다.

③ 생산량비례법

생산량비례법은 유형자산의 감가가 단순히 시간이 경과함에 따라 나타난다고 하기보다는 생산량에 비례하여 나타난다고 하는 것을 전제로 감가상각비를 계산하는 상각방법으로, 각 사업연도의 감가상각범위액은 총생산예정량에 대한 각 사업연도의 실제생산량의 비율을 상각비율로 하여 이를 기초금액에 곱하여 계산한다.

생산량비례법에 의한 감가상각범위액의 계산식은 다음과 같다.

$$\text{감가상각비} = (\text{취득원가 또는 취득원가를 대체하는 다른 금액} - \text{잔존가치}) \times \frac{\text{당기 중 실제생산량}}{\text{추정 총생산량}}$$

④ 연수합계법

연수합계법은 취득원가 또는 취득원가를 대체하는 다른 금액에서 잔존가치를 차감한 감가상각대상금액에 특정연도 초 잔존내용연수를 내용연수총합계로 나누어 계산된 상각률을 곱하여 감가상각비를 구하는 방법이다.

$$상각률 = \frac{특정연도 \ 초의 \ 잔존내용연수}{내용연수의 \ 합계}$$

감가상각비=(취득원가 또는 취득원가를 대체하는 다른 금액−잔존가치) × 상각률

예 제

(주)삼일은 20X1년 1월 1일 내용연수 5년, 잔존가치가 ₩5,000,000인 기계장치를 ₩50,000,000에 취득하였다. 다음 각각의 감가상각방법에 의하여 20X1년과 20X2년의 감가상각비를 계산하시오.
1. 정액법
2. 정률법(상각률: 0.451)
3. 생산량비례법(총생산제품수량: 6,000개 중 20X1년 생산량 1,500개, 20X2년 생산량 3,000개)
4. 연수합계법

풀 이

1. 정액법
   ① 20X1년 감가상각비=(₩50,000,000−₩5,000,000) ÷ 5=₩9,000,000
   ② 20X2년 감가상각비: 20X1년과 동일

2. 정률법
   ① 20X1년 감가상각비=₩50,000,000 × 0.451=₩22,550,000
   ② 20X2년 감가상각비=(₩50,000,000−₩22,550,000) × 0.451=₩12,379,950

3. 생산량비례법
   ① 20X1년 감가상각비=(₩50,000,000−₩5,000,000) × $\dfrac{1,500개}{6,000개}$=₩11,250,000

   ② 20X2년 감가상각비=(₩50,000,000−₩5,000,000) × $\dfrac{3,000개}{6,000개}$=₩22,500,000

4. 연수합계법

① 20X1년 감가상각비=(₩50,000,000−₩5,000,000) × $\dfrac{5}{15^*}$=₩15,000,000

② 20X2년 감가상각비=(₩50,000,000−₩5,000,000) × $\dfrac{4}{15^*}$=₩12,000,000

* 내용연수의 합계=1+2+3+4+5=15

4) 회계기간 중에 유형자산을 구입 또는 처분할 때의 감가상각

일반적으로 유형자산의 구입과 처분은 회계기간의 기초나 기말에 발생하기보다는 기중에 발생한다. 따라서 취득연도나 처분연도의 감가상각비를 정확히 인식하기 위해서는 1년분 감가상각비 중에서 자산이 사용된 기간에 해당하는 부분만 감가상각비로 인식해야 한다.

즉, 처분자산은 처분 시까지 감가상각을 해야 하며 취득자산은 취득시점부터 회계연도종료일까지 감가상각을 해야만 정확한 감가상각비를 계산할 수 있다.

5) 사용을 중단한 유형자산

내용연수 도중 사용을 중단하고, 처분 또는 폐기할 예정인 유형자산은 사용을 중단한 시점의 장부금액으로 표시한다. 이러한 자산에 대해서는 감가상각을 하지 않는 대신 투자자산으로 재분류하고, 손상차손 발생 여부를 매 회계연도 말에 검토한다. 내용연수 도중 사용을 중단하였으나, 장래 사용을 재개할 예정인 유형자산에 대해서는 감가상각을 하되, 그 감가상각비는 영업외비용으로 한다.

2 유형자산의 손상

(1) 유형자산 손상의 판단과 손상에 대한 회계처리

유형자산은 매 보고기간 말마다 자산손상을 시사하는 징후가 있는지를 검토하고, 만약 그러한 징후가 있다면 당해 자산의 회수가능액을 추정한다.

유형자산 손상을 시사하는 징후가 있는지를 검토할 때, 최소한의 고려사항은 다음과 같다.

1) 외부정보

① 회계기간 중에 자산의 시장가치가 시간의 경과나 정상적인 사용에 따라 하락할 것으로 기대되는 수준보다 유의적으로 더 하락하였다.

② 기업 경영상의 기술 · 시장 · 경제 · 법률 환경이나 해당 자산을 사용하여 재화나 용역을 공급하는 시장에서 기업에 불리한 영향을 미치는 유의적 변화가 회계기간 중에 발생하였거나 가까운 미래에 발생할 것으로 예상된다.

③ 시장이자율(시장에서 형성되는 그 밖의 투자수익률을 포함한다)이 회계기간 중에 상승하여 자산의 사용가치를 계산하는데 사용되는 할인율에 영향을 미쳐 자산의 회수가능액을 중요하게 감소시킬 가능성이 있다.

2) 내부정보

① 자산이 진부화되거나 물리적으로 손상된 증거가 있다.

② 회계기간 중에 기업에 불리한 영향을 미치는 유의적 변화가 자산의 사용범위 및 사용방법에서 발생하였거나 가까운 미래에 발생할 것으로 예상된다. 이러한 변화에는 자산의 유휴화, 당해 자산을 사용하는 영업부문을 중단하거나 구조조정 하는 계획, 예상 시점보다 앞서 자산을 처분하는 계획 등을 포함한다.

③ 자산의 경제적 성과가 기대수준에 미치지 못하거나 못할 것으로 예상되는 증거를 내부보고를 통해 얻을 수 있다.

④ 해당 자산으로부터 영업손실이나 순현금의 유출이 발생하고, 미래에도 지속될 것이라고 판단된다.

유형자산이 위에서 제시한 항목에 해당되어 손상가능성이 있다고 판단되고, 당해 유형자산의 사용 및 처분으로부터 기대되는 미래 현금흐름총액의 추정액이 장부금액에 미달하는 경우에는 장부금액을 회수가능액으로 조정하고 그 차액을 유형자산손상차손의 과목으로 영업외비용으로 처리하고 동 금액을 손상차손누계액의 과목으로 당해 유형자산에서 차감하는 형식으로 표시한다.

정리하면 손상차손을 인식할 상황인지 여부를 판단하는 기준은 다음과 같다.

---

① 위의 외부, 내부정보를 고려할 때 손상 가능성이 있다고 판단됨.
② 유형자산의 사용 및 처분으로 기대되는 미래현금흐름 총액 〈 장부금액
　　　　　　　　　　　　　　　　　　　(현재가치 아님)

손상차손 = 장부금액 − 회수가능액*

*회수가능액 = MAX[순공정가치, 사용가치]

이때 회수가능액이란 순공정가치와 사용가치 중 큰 금액을 말한다. 순공정가치는 합리적인 판단력과 거래의사가 있는 제3자와의 독립적인 거래에서 매매되는 경우의 예상처분금액에서 예상처분비용을 차감한 금액을 말하며, 사용가치는 해당 자산 또는 자산그룹의 사용으로부터 예상되는 미래현금흐름의 현재가치를 말한다.

> 회수가능액＝MAX[① 순공정가치, ② 사용가치]
> ① 순공정가치＝예상처분금액－예상처분비용
> ② 사용가치＝PV(예상미래현금흐름)

(2) 손상된 유형자산의 회수가능액의 회복

차기 이후에 손상된 자산의 회수가능액이 장부금액을 초과하는 경우에는, 그 자산이 손상되기 전의 장부금액의 감가상각 후 잔액을 한도로 하여 그 초과액을 손상차손환입으로 처리한다.

> 손상차손환입＝환입한도액－감가상각 후 기말장부금액
> 환입한도액＝MIN[회수가능액, 애초에 손상차손을 인식하지 않았을 경우의 기말장부금액]

예 제

(주)삼일은 20X1년 1월 1일 기계장치(취득금액: ₩10,000, 내용연수 10년, 잔존가치 없음)를 취득하고 정액법으로 감가상각하고 있다. 기계장치를 사용하던 도중 20X2년 말에는 기계장치가 자산의 손상요건에 해당되어 손상차손을 인식하였고, 20X4년 말에 회수가능액의 회복으로 손상차손환입을 인식하였다.
- 20X2년 12월 31일 유형자산의 회수가능액: ₩6,400
- 20X4년 12월 31일 유형자산의 회수가능액: ₩7,000
기계장치와 관련한 일련의 회계처리(20X1년 1월 1일~20X4년 12월 31일)를 하시오.

풀 이

• 20X1년 회계처리
  20X1년 1월 1일 취득 시
  | (차) 기계장치 | 10,000 | (대) 현금 | 10,000 |
  20X1년 12월 31일 감가상각 시
  | (차) 감가상각비 | 1,000 | (대) 감가상각누계액 | 1,000 |

- 20X2년 회계처리
  20X2년 12월 31일 감가상각 시

  (차) 감가상각비   1,000   (대) 감가상각누계액   1,000

  20X2년 12월 31일 손상차손인식 시

  (차) 기계장치손상차손   1,600*   (대) 손상차손누계액   1,600

  * 8,000(장부금액)−6,400(회수가능액)=₩1,600

- 20X3년 회계처리
  20X3년 12월 31일 감가상각 시

  (차) 감가상각비   800*   (대) 감가상각누계액   800

  * 6,400/8=₩800

- 20X4년 회계처리
  20X4년 12월 31일 감가상각 시

  (차) 감가상각비   800   (대) 감가상각누계액   800

  20X4년 12월 31일 손상차손환입 시

  (차) 손상차손누계액   1,200*   (대) 기계장치손상차손   1,200

  * ① 회수가능액: ₩7,000
  ② 손상 전의 장부금액의 감가상각 반영 후 잔액: ₩6,000
     (10,000−1,000×4)=₩6,000
  ③ 20X4년 12월 31일 장부금액: ₩4,800(=6,400−800×2)
  ④ MIN[7,000, 6,000]−4,800=₩1,200

3 유형자산의 재평가

일반기업회계기준에서 기업은 유형자산 인식시점 이후의 측정방법으로 원가모형과 재평가모형 중 하나를 회계정책으로 선택하여 유형자산 분류별로 동일하게 적용할 수 있다. 원가모형은 유형자산의 장부금액을 취득원가에서 감가상각누계액과 손상차손누계액을 차감한 금액으로 공시하는 방법이며, 이 장에서는 추가적으로 재평가모형에 대해 설명하고자 한다.

(1) 재평가모형의 일반

재평가모형이란 취득일 이후 재평가일의 공정가치로 해당 자산금액을 수정하고, 당해 공정가치에서 재평가일 이후의 감가상각누계액과 손상차손누계액을 차감한 금액을 장부금액으로 공시하는 방법을 말한다.

재평가는 보고기간 말에 자산의 장부금액이 공정가치와 중요하게 차이가 나지 않도록 주기적으로 수행해야 하며, 재평가의 빈도는 재평가되는 유형자산의 공정가치 변동에 따라 달라진다. 공정가치의 변동이 빈번하고 그 금액이 중요하다면 매년 재평가할 필요가 있으나, 공정가치의 변동이 중요하지 않아서 빈번한 재평가가 필요하지 않은 경우에는 3년이나 5년마다 재평가할 수 있다. 또한 유형자산별로 선택적 재평가를 하거나 재무제표에서 서로 다른 기준일의 평가금액이 혼재된 재무보고를 하는 것을 방지하기 위하여 동일한 분류 내의 유형자산은 동시에 재평가한다. 그러나 재평가가 단기간에 수행되며 계속적으로 갱신된다면, 동일한 분류에 속하는 자산을 순차적으로 재평가할 수 있다.

(2) 재평가손익의 회계처리

유형자산의 재평가와 관련한 회계처리는 다음과 같다.

1) 재평가이익이 발생한 경우

자산의 장부금액이 재평가로 인하여 증가된 경우에 그 증가액은 기타포괄이익으로 인식하고 재평가잉여금의 과목으로 자본(기타포괄손익누계액)에 가산한다. 그러나 동일한 자산에 대하여 이전에 당기손익으로 인식한 재평가감소액이 있다면, 그 금액을 한도로 재평가증가액만큼 당기손익으로 인식한다.

2) 재평가손실이 발생한 경우

자산의 장부금액이 재평가로 인하여 감소된 경우에 그 감소액은 당기손실로 인식한다. 그러나 그 자산에 대한 재평가잉여금의 잔액이 있다면 그 금액을 한도로 재평가감소액을 기타포괄손익으로 인식한다. 재평가감소액을 기타포괄손익으로 인식하는 경우 재평가잉여금의 과목으로 자본에 누계한 금액을 감소시킨다.

3) 재평가잉여금의 처리방법

유형자산의 재평가와 관련하여 인식한 기타포괄손익의 잔액이 있다면, 그 유형자산을 폐기하거나 처분할 때 당기손익으로 인식한다.

구분		회계처리
재평가이익	최초평가	재평가잉여금으로 기타포괄이익으로 인식
	후속평가	과거에 당기손실로 인식한 재평가손실을 한도로 당기손익 인식 후 기타포괄이익으로 인식
재평가손실	최초평가	당기손실로 인식
	후속평가	과거에 기타포괄이익으로 인식한 재평가잉여금과 우선상계 후 당기손실로 인식
재평가잉여금		해당 자산 제거 시 당기손익으로 대체

예제

재평가손익의 회계처리
(주)삼일은 20X1년 초에 토지를 1,000,000원에 취득하였다. 이 토지는 20X2년 말에 1,300,000원으로 재평가되었고, 20X3년 말에는 800,000원으로 재평가되었다. 20X2년 말과 20X3년 말의 회계처리를 하시오.

풀이

- 20X2년 말

(차) 토지	300,000 (대) 재평가잉여금(자본)	300,000

- 20X2년 말

(차) 재평가잉여금(자본)	300,000 (대) 토지	500,000
자산재평가손실(당기손실)	200,000	

(3) 장부금액의 수정

재평가모형을 이용하여 유형자산을 측정하는 경우, 일반기업회계기준은 총장부금액에서 기존 감가상각누계액의 전부를 제거하여 자산의 순장부금액이 재평가 금액이 되도록 하는 방법을 채택하고 있다.

예 제

장부금액 조정 회계처리
(주)삼일은 20X1년 초에 기계장치 1대를 10,000원에 구입하였다. 동 기계장치의 내용연수는 5년이고, 잔존가치는 없으며 감가상각방법은 정액법이다. 회사는 기계장치에 대하여 재평가모형을 이용하여 회계처리하고 있으며, 20X1년 말의 기계장치의 공정가치는 16,000원이다.
다음 각각의 방법에 의하여 20X1년 말의 재평가와 관련한 회계처리를 하시오.
재평가모형(잔액제거법)

풀 이

재평가모형(잔액제거법)

| (차) 기계장치 | 6,000 | (대) 재평가잉여금(기타포괄손익) | 8,000 |
| 감가상각누계액 | 2,000 | | |

(해설)

기계장치	10,000	⟩	총장부금액	16,000
감가상각누계액	(2,000)	⟩	감가상각누계액	(0)
평가 전 장부금액	8,000	⟩	재평가금액	16,000

평가 전 장부금액과 재평가금액과의 차이금액(8,000) 중 감가상각누계액(2,000)에 우선 배부하고 나머지 차액(6,000)을 총장부금액에 배분한다.

심화학습

[사례]
다음 주제에 대해 생각해보고, 여러분의 의견을 작성해보세요.
단일법인 내 독립채산제로 운영되고 영업내용이 다른 여러 사업부문이 존재하고 각각 구분경리되는 경우, 어느 한 사업부문만 재평가모형을 적용할 수 있는가?

[풀이]
재평가모형 적용단위는 '해당 자산의 영업상 성격과 용도'를 기준으로 분류하는 것이므로, 지리적 위치 및 사업부문 등을 기준으로 분류를 달리할 수는 없는 것이다.
재평가모형은 특정 분류에 포함되는 유형자산 전체를 대상으로 적용되어야 하며, 유형자산의 분류결과인 과목은 업종의 특성을 반영하여 신설하거나 통합할 수 있으므로, 특정 사업부문에 존재하는 유형자산이 업종의 특성을 반영하여 신설되거나 통합된 분류 결과에 속하게 된다면, 그 분류에 대해 재평가모형을 적용할 수 있을 것이다. 가령, 어떤 기업이 영업내용이 다른 여러 사업부문이 있고, 그 사업부문별로 각각 '임대용 건물'을 보유하고 있는 경우, 임대용 건물에 대해 재평가모형을 적용하기 위해서는 모든 사업부문 내 '임대용 건물'을 재평가해야 하는 것이다.

4 유형자산의 제거

기업의 영업활동에 사용하는 유형자산을 처분하는 경우에는 처분금액과 장부금액을 비교하여 처분금액이 장부금액보다 작은 경우에는 유형자산처분손실(영업외비용)로 처리하고, 처분금액이 장부금액보다 큰 경우에는 유형자산처분이익(영업외수익)으로 처리한다. 유형자산처분시 회계처리의 경우 주의할 점은 기초부터 유형자산처분시점까지 발생한 감가상각비를 먼저 계산하여 이를 장부금액에 고려한 후 유형자산처분손익을 계상하여야 한다는 것이다.

예 제

(주)삼일은 20X1년 6월 29일 건물(취득금액 ₩150,000,000, 전기 말 감가상각누계액 ₩80,000,000)과 부속토지(장부금액 ₩200,000,000)를 B회사에 건물 ₩60,000,000, 토지 ₩300,000,000에 매각하고, 건물에 대한 부가가치세 ₩6,000,000을 포함하여 ₩366,000,000을 당좌수표로 받아 은행에 입금하였다. 건물에 대한 20X1년 1월 1일부터 20X1년 6월 29일까지의 감가상각비는 ₩2,000,0000이다.
건물과 부속토지의 매각과 관련된 회계처리를 하시오.

풀 이

(차) 감가상각누계액	80,000,000	(대) 건물	150,000,000
감가상각비	2,000,000	토지	200,000,000
현금	366,000,000	부가가치세예수금	6,000,000
		유형자산처분이익	92,000,000

✓ O, X 퀴즈

01 판매를 목적으로 하지 않고 영업활동에 사용하기 위하여 보유하는 물리적 실체가 있는 자산은 유형자산이며, 판매를 목적으로 보유하고 있는 자산은 재고자산이다.

02 유형자산 간의 교환은 일종의 매매거래이므로, 이에 대한 유형자산처분손익에 대하여 항상 인식하여야 한다.

03 유형자산의 취득 후에 추가적인 지출이 발생한 경우 지출의 효과가 장기간에 걸쳐 나타나는 것으로서, 유형자산의 내용연수가 증가하거나 가치가 증대되는 지출은 수익적 지출로 처리한다.

04 유형자산 감가상각의 내용연수와 잔존가치는 세법의 규정에 의하여 정해야 한다.

05 유형자산을 취득한 초기에 정액법에 따라 감가상각하였을 경우, 정률법에 비하여 이익도 크고 유형자산 금액도 크게 표시된다.

01	○	참고로 투자를 목적으로 보유하고 있는 자산은 투자자산이다.
02	×	동종자산의 경우 실질적인 차이가 발생하지 않았으므로, 이에 대한 손익은 인식하지 않는다.
03	×	자본적 지출로 처리한다.
04	×	감가상각의 내용연수와 잔존가치는 합리적이고 체계적으로 정해야 한다.
05	○	정액법이 정률법보다 상각률이 작아 초기의 감가상각비가 적게 나온다. 따라서 감가상각누계액도 작게 계상된다.

MEMO

01 다음 중 유형자산의 최초 취득원가에 포함되지 않는 것은?

① 외부 운송 및 취급비
② 유형자산 취득과 관련하여 국·공채 등을 불가피하게 매입하는 경우 당해 채권의 매입금액과 회계기준에 따라 평가한 현재가치와의 차액
③ 법규의 신설, 계약조항의 변경 등으로 인하여 자산을 사용하는 도중에 책임을 부담하게 되는 비용
④ 유형자산의 경제적 사용이 종료된 후에 원상회복을 위하여 그 자산을 제거, 해제하거나 또는 부지를 복원하는데 소요될 것으로 추정되는 원가

NEW

02 다음 중 유형자산에 관한 설명으로 가장 옳은 것은?

① 유형자산은 판매를 목적으로 보유하는 자산이다.
② 유형자산의 손상시 회수가능액이란 순공정가치와 사용가치 중 작은 금액을 말한다.
③ 유형자산의 사용을 일시 중단한 경우(사용재개 예정)에는 해당 자산의 감가상각비를 영업외비용으로 처리한다.
④ 건물을 신축하기 위하여 그 동안 사용하던 기존건물을 철거하는 경우 건물의 미상각잔액과 철거비용은 신축건물의 취득원가로 계상한다.

03 다음 중 건물의 취득원가를 증가시키는 지출로 가장 옳은 것은?

① 외벽의 도장
② 파손된 유리의 대체
③ 관리비의 지급
④ 엘리베이터의 설치

NEW

04 (주)삼일은 20X2 년 중 기계장치를 구입하고 그 대가로 주당 액면금액이 5,000원인 보통주 300주를 발행하였다. 교부일 현재 시가는 주당 6,000 원일 경우 ㈜삼일이 구입한 기계장치의 취득원가는 얼마인가?

① 1,500,000원
② 1,800,000원
③ 2,000,000원
④ 2,100,000원

NEW

05 (주)삼일은 20X1년 1월 1일 토지, 건물을 일괄구입가격으로 300,000,000원에 구입하여 영업활동에 사용하였다. 토지와 건물에 대한 정보가 다음과 같을 때 20X1년 ㈜삼일이 인식하여야 할 토지 취득원가는 얼마인가(단, 토지는 원가모형을 적용한다)?

토지와 건물의 공정가치 정보
− 토지 : 300,000,000원
− 건물 : 100,000,000원

① 75,000,000원
② 200,000,000원
③ 225,000,000원
④ 300,000,000원

06 (주)삼일은 20X2년 1월 1일에 기계장치를 취득하여 4년 동안 정률법으로 감가상각하고자 한다. 정률법을 적용하는 경우, 정액법을 사용할 경우와 비교하여 20X2년 (주)삼일의 감가상각비와 기계장치의 기말장부금액에 미치는 영향으로 가장 옳은 것은?

	감가상각비	기말장부금액
①	과대계상	과대계상
②	과대계상	과소계상
③	과소계상	과대계상
④	과소계상	과소계상

07 다음 중 유형자산의 감가상각에 관한 설명으로 가장 올바르지 않은 것은?

① 동일한 내용연수 하에서는 정률법에 따라 감가상각하였을 경우, 정액법에 비하여 유형자산을 취득한 초기에 당기순이익과 유형자산의 금액이 적게 표시된다.

② 정액법을 적용하는 경우에는 취득원가에서 잔존가치를 차감한 금액을 내용연수로 나누어 감가상각비로 계상한다.

③ 일반적으로 정률법을 적용하는 경우에는 매년 감가상각비가 동일하다.

④ 유형자산의 잔존가치가 유의적인 경우 매 보고기간 말에 재검토하여, 재검토 결과 새로운 추정치가 종전의 추정치와 다르다면 그 차이는 회계추정의 변경으로 회계처리한다.

08 다음 중 유형자산의 감가상각에 관한 설명으로 가장 올바르지 않은 것은?

① 토지의 원가에 해체, 제거 및 복구원가가 포함된 경우에는 그러한 원가는 감가상각하지 않는다.
② 유형자산의 잔존가치가 유의적인 경우 매 보고기간 말에 재검토한다.
③ 내용연수 도중 사용을 중단하고, 처분 또는 폐기할 예정인 유형자산은 사용을 중단한 시점의 장부금액으로 표시한다.
④ 유형자산의 감가상각은 자산이 사용가능한 때부터 시작한다.

09 (주)삼일은 20X1년 1월 1일에 취득원가 5,000,000원, 잔존가치 500,000원, 내용연수 5년인 유형자산을 취득하고 정액법으로 감가상각하고 있다. (주)삼일이 20X1년에 감가상각비로 계상할 금액은?

① 500,000원　　　　　　　② 900,000원
③ 1,500,000원　　　　　　④ 1,666,667원

10 (주)삼일은 사용 중이던 건물을 (주)용산의 기계장치와 교환하였다. 이 교환거래와 관련하여 (주)삼일은 공정가치의 차액 100,000원을 현금으로 지급하였다. 이 교환거래에서 (주)삼일이 취득하는 기계장치의 취득원가는 얼마인가?

	건물	기계장치
취득원가	2,000,000원	4,000,000원
감가상각누계액	(800,000원)	(3,120,000원)
공정가치	1,000,000원	1,100,000원

① 900,000원　　　　　　　② 1,000,000원
③ 1,100,000원　　　　　　④ 1,200,000원

11 (주)삼일은 20X1년 1월 1일에 기계장치를 300,000원에 취득하고 원가모형을 적용하였다. 기계장치의 내용연수는 5년이며 잔존가치 0원, 정액법으로 감가상각한다. ㈜삼일은 20X2년 7월 1일에 250,000원의 현금을 받고 기계장치를 처분하였다. ㈜삼일이 인식할 유형자산처분손익은 얼마인가(단, 감가상각비는 월할 상각한다)?

① 처분손실 40,000원
② 처분이익 40,000원
③ 처분손실 10,000원
④ 처분손실 10,000원

12 (주)삼일은 20X1년 1월 1일 정부로부터 상환의무가 없는 보조금 ₩400,000을 받아 기계장치를 ₩1,200,000에 취득하였다. 이 기계장치의 내용연수는 5년, 잔존가치는 없으며 정액법으로 상각한다. (주)삼일이 20X3년 1월 1일 이 기계장치를 ₩650,000에 매각하였다면 관련된 처분손익은 얼마인가?

① 이익 ₩170,000
② 손실 ₩170,000
③ 이익 ₩250,000
④ 이익 ₩550,000

13 다음 중 자산의 취득원가에 산입할 수 있는 자본화대상 차입원가에 해당하지 않는 것은?

① 사채할인발행차금상각액
② 장·단기차입금과 사채에 대한 이자비용
③ 차입과 직접 관련하여 발생한 수수료
④ 리스이용자의 운용리스비용

14 자동차부품 제조업을 영위하는 (주)삼일은 최근 자동차모형의 변경으로 부품제조 기계장치의 효용이 현저하게 감소되어 유형자산 손상차손 인식 사유에 해당되었다. (주)삼일이 손상차손으로 인식할 금액은 얼마인가?

ㄱ. 장부금액(감가상각누계액 차감 후 잔액)	5,000,000원
ㄴ. 순공정가치	2,300,000원
ㄷ. 사용가치	1,900,000원

① 1,900,000원 ② 2,300,000원
③ 2,700,000원 ④ 3,100,000원

NEW

15 다음 중 유형자산 손상의 판단과 손상 회계처리에 관한 내용으로 가장 올바르지 않은 것은?

① 자산이 진부화되거나 물리적으로 손상된 증거가 있을 경우 자산의 회수가능액을 추정하여 손상인식여부를 판단한다.
② 손상차손 인식 후 차기 이후에 손상된 자산의 회수가능액이 장부금액을 초과하는 경우에는 한도 없이 그 초과액을 손상차손환입으로 처리한다.
③ 유형자산의 사용 및 처분으로 기대되는 미래현금흐름 추정액이 장부금액에 미달하는 경우 손상차손을 인식한다.
④ 시장이자율이 회계기간 중에 상승하여 사용가치를 계산하는 데 사용되는 할인율에 영향을 미쳐 자산의 회수가능액을 중요하게 감소시킬 가능성이 있는 경우 이는 손상징후에 해당한다.

16 12월 말 결산법인인 (주)서울은 20X1년 1월 1일에 장부가액 300,000,000원의 보유토지를 400,000,000원에 매각하였다. 단, 매각과 동시에 매각대금으로 300,000,000원을 받았으며, 잔금은 20X1년 12월 31일과 20X2년 12월 31일에 50,000,000원씩 분할수령하기로 하였다. 토지매각일 현재 시장이자율은 10%이다. (주)서울이 20X1년에 인식할 유형자산 처분이익은 얼마인가?(단, 중소기업회계처리특례는 고려하지 않는다)

기간	10% 연금의 현가계수
1	0.9091
2	1.7355

① 68,595,000원
② 86,775,000원
③ 95,455,000원
④ 100,000,000원

17 다음 중 유형자산의 재평가와 관련된 내용으로 가장 올바르지 않은 것은?

① 재평가모형이란 취득일 이후 재평가일의 공정가치로 해당 자산금액을 수정하고, 당해 공정가치에서 재평가일 이후의 감가상각누계액과 손상차손누계액을 차감한 금액을 장부금액으로 공시하는 방법을 말한다.

② 재평가는 보고기간 말에 자산의 장부금액이 공정가치와 중요하게 차이가 나지 않도록 주기적으로 수행한다.

③ 유형자산별로 선택적 재평가를 하거나 재무제표에서 서로 다른 기준일의 평가금액이 혼재된 재무보고를 하는 것을 방지하기 위하여 동일한 분류 내의 유형자산은 동시에 재평가한다.

④ 자산의 장부금액이 재평가로 인하여 감소된 경우에 그 감소액은 기타포괄손실로 인식한다.

MEMO

Ⅰ 개념 및 범위

1 무형자산의 정의와 요건

무형자산이란 재화의 생산이나 용역의 제공, 타인에 대한 임대 또는 관리에 사용할 목적으로 기업이 보유하고 있으며, 물리적 형체가 없지만 식별가능하고, 기업이 통제하고 있으며, 미래 경제적 효익이 있는 비화폐성자산을 말한다.

기업이 경제적 자원을 사용하거나 부채를 부담하여 창출하는 무형의 자원에는 여러 가지가 있으며 여기에는 컴퓨터소프트웨어, 특허권, 저작권, 어업권, 프랜차이즈, 고객 또는 공급자와의 관계, 고객충성도, 시장점유율과 판매권 등이 있다. 하지만 이러한 무형의 자원들이 모두 무형자산으로 인식될 수는 없다.

무형자산으로 인식되기 위해서는 상기 무형자산의 정의와 다음의 인식조건을 모두 충족시켜야 한다.

> ① 자산에서 발생하는 미래 경제적 효익이 기업에 유입될 가능성이 매우 높다.
> ② 자산의 원가를 신뢰성 있게 측정할 수 있다.

무형자산의 인식요건을 모두 충족하는 경우에는 무형자산으로 인식하지만, 충족시키지 못할 경우에는 그것을 취득 또는 창출하는데 소요되는 지출이 발생했을 때 비용으로 인식한다.

2 무형자산의 특징

(1) 식별가능성

무형자산이 식별가능하다는 것은 그 자산이 기업실체나 다른 자산으로부터 분리될 수 있거나 계약상 또는 법적 권리를 창출할 수 있는 경우 등을 의미한다.

(2) 통제

통제란, 무형자산의 미래경제적효익을 확보할 수 있고 그 효익에 대한 제3자의 접근을 제한할 수 있는 것을 의미한다.

(3) 미래 경제적 효익

무형자산의 미래 경제적 효익은 재화의 매출이나 용역수익, 원가절감 또는 그 자산의 사용에 따른 기타 효익의 형태로 발생한다.

3 무형자산의 종류

일반기업회계기준 제11장 '무형자산'에서 열거하고 있는 무형자산의 예로는 산업재산권, 라이선스와 프랜차이즈, 저작권, 컴퓨터소프트웨어, 개발비 등이 있다.

사업결합으로 취득하는 영업권은 일반기업회계기준 제12장 '사업결합'에서 다루고 있다.

(1) 영업권

사업결합으로 인식하는 영업권은 사업결합에서 획득하였지만 개별적으로 식별하여 별도로 인식하는 것이 불가능한 그 밖의 자산에서 발생하는 미래경제적효익을 나타내는 자산이다. 그 미래경제적효익은 취득한 식별가능한 자산 사이의 시너지효과나 개별적으로 인식기준을 충족하지 않는 자산으로부터 발생할 수 있다.

이러한 영업권은 기업 내부적으로 창출된 영업권과 외부에서 구입한 영업권으로 구분할 수 있다. 다만, 내부적으로 창출된 영업권은 취득원가를 신뢰성 있게 측정할 수 없을 뿐만 아니라 기업이 통제하고 식별가능한 자원도 아니므로 무형자산으로 인식하지 않는다.

한편, 외부에서 구입한 영업권이란 합병, 영업양수 등의 경우에 유상으로 취득한 것을 말하며 합병 등의 대가가 합병 등으로 취득하는 순자산의 공정가치를 초과하는 금액이 영업권에 해당한다.

영업권=합병 등의 대가로 지급한 금액－취득한 순자산의 공정가치

예 제

(주)삼일은 20X1년 7월 1일 (주)회계를 합병하면서 현금 ₩50,000,000을 지급하였다. (주)회계의 20X1년 7월 1일 현재 자산의 공정가치는 ₩80,000,000이며, 부채의 공정가치는 ₩40,000,000이다. 이때 영업권에 관련된 분개를 하시오.

풀 이

영업권=₩50,000,000-(₩80,000,000-₩40,000,000)=₩10,000,000

| (차) 자산 | 80,000,000 | (대) 부채 | 40,000,000 |
| 영업권 | 10,000,000 | 현금 | 50,000,000 |

(2) 개발비

개발비란 신제품·신기술의 개발과 관련하여 발생한 비용(소프트웨어 개발과 관련된 비용을 포함한다)으로서, 개별적으로 식별가능하고 미래 경제적 효익을 확실하게 기대할 수 있는 것을 말한다. 이러한 개발비는 다른 무형자산과는 달리 내부적으로 창출된 무형자산에 해당한다. 그러나 내부적으로 창출된 무형자산이 자산의 인식기준에 부합하는지를 평가하기는 쉽지 않다.

왜냐하면 내부적으로 창출된 무형자산은 외부에서 구입한 무형자산과는 달리 미래 경제적 효익을 창출할 무형자산의 존재여부와 인식시점을 식별하기 어렵고, 그러한 자산의 원가를 신뢰성 있게 측정하기 어렵기 때문이다. 또한 어떤 경우에는 내부적으로 창출된 무형자산의 원가를 내부적으로 창출된 영업권을 유지 또는 향상시키는 비용이나 일상적인 경영관리활동에서 발생하는 비용과 구별할 수 없기 때문이다.

따라서 내부적으로 창출된 무형자산이 인식기준에 부합하는지를 평가하기 위하여 무형자산의 창출과정을 연구단계와 개발단계로 구분한다. 이 경우 무형자산을 창출하기 위한 내부 프로젝트를 연구단계와 개발단계로 구분할 수 없는 경우에는 그 프로젝트에서 발생한 지출은 모두 연구단계에서 발생한 것으로 본다.

1) 연구단계

프로젝트 연구단계에서는 미래 경제적 효익을 창출할 무형자산이 존재한다는 것을 입증할 수 없기 때문에 연구단계에서 발생한 지출은 무형자산으로 인식할 수 없고 발생한 기간의 비용으로 인식한다.

연구단계에 속하는 활동의 일반적인 예는 다음과 같다.

① 새로운 지식을 얻고자 하는 활동
② 연구결과 또는 기타 지식을 탐색, 평가, 최종 선택 및 응용하는 활동
③ 재료, 장치, 제품, 공정, 시스템, 용역 등에 대한 여러가지 대체안을 탐색하는 활동
④ 새롭거나 개선된 재료, 장치, 제품, 공정, 시스템, 용역 등에 대한 여러가지 대체안을 제안, 설계, 평가 및 최종 선택하는 활동

2) 개발단계

개발단계에서 발생한 지출은 다음의 조건을 모두 충족하는 경우에만 무형자산으로 인식하고, 그 외의 경우에는 경상개발비의 과목으로 발생한 기간의 비용으로 인식한다.

---

① 무형자산을 사용 또는 판매하기 위해 그 자산을 완성시킬 수 있는 기술적 실현가능성을 제시할 수 있다.
② 무형자산을 완성해 그것을 사용하거나 판매하려는 기업의 의도가 있다.
③ 완성된 무형자산을 사용하거나 판매할 수 있는 기업의 능력을 제시할 수 있다.
④ 무형자산이 어떻게 미래 경제적 효익을 창출할 것인가를 보여줄 수 있다. 예를 들면, 무형자산의 산출물, 그 무형자산에 대한 시장의 존재 또는 무형자산이 내부적으로 사용될 것이라면 그 유용성을 제시하여야 한다.
⑤ 무형자산의 개발을 완료하고 그것을 판매 또는 사용하는데 필요한 기술적, 금전적 자원을 충분히 확보하고 있다는 사실을 제시할 수 있다.
⑥ 개발단계에서 발생한 무형자산 관련 지출을 신뢰성 있게 구분하여 측정할 수 있다.

개발단계는 연구단계보다 훨씬 더 진전되어 있는 상태이기 때문에 프로젝트의 개발단계에서는 무형자산을 식별할 수 있으며, 그 무형자산이 미래 경제적 효익을 창출할 것임을 입증할 수 있기 때문에 연구단계에서 발생한 지출은 발생한 기간의 비용으로 처리하지만 위의 조건을 충족시키는 개발단계에서의 지출은 무형자산으로 인식하는 것이다.

개발단계에 속하는 활동의 일반적인 예는 다음과 같다.

① 생산 전 또는 사용 전의 시작품과 모형을 설계, 제작 및 시험하는 활동
② 새로운 기술과 관련된 공구, 금형, 주형 등을 설계하는 활동
③ 상업적 생산목적이 아닌 소규모의 시험공장을 설계, 건설 및 가동하는 활동
④ 새롭거나 개선된 재료, 장치, 제품, 공정, 시스템 및 용역 등에 대하여 최종적으로 선정된 안을 설계, 제작 및 시험하는 활동

위에서 살펴본 연구 및 개발단계에서 발생한 지출을 도식화하면 다음과 같다.

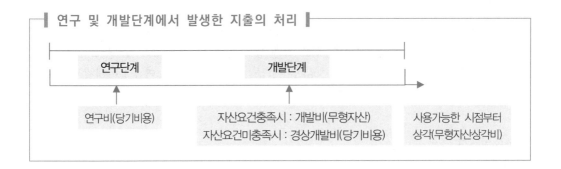

연구 및 개발단계에서 발생한 지출의 처리

연구단계	개발단계	
연구비(당기비용)	자산요건충족시 : 개발비(무형자산) 자산요건미충족시 : 경상개발비(당기비용)	사용가능한 시점부터 상각(무형자산상각비)

한편, 내부적으로 창출된 브랜드, 고객목록 및 이와 유사한 항목에 대한 지출은 무형자산으로 인식하지 않는다.

마지막으로 무형자산으로 인식되었던 개발비에 대한 법적 권리가 확보되었을 때 이 개발비 잔액을 산업재산권으로 대체할 수 있는가에 대해 살펴보자.

개발비와 산업재산권은 효익이 기대되는 기간이 다를 수 있기 때문에 관련된 개발비 미상각잔액을 산업재산권으로 대체한다면 원래의 내용연수와 달라지게 되어 상각금액이 달라지게 되므로, 개발활동의 산출물에서 산업재산권을 취득한 경우에는 산업재산권 취득을 위하여 직접 지출된 금액만을 산업재산권 과목으로 무형자산으로 인식한다.

예 제

다음은 (주)삼일의 프로젝트 개발활동과 관련된 지출들 중 내부적으로 창출된 무형자산에 관련한 것이다.

프로젝트	금액	내용
A	₩200,000	연구단계에서 발생한 지출
B	1,000,000	개발단계에서 발생한 지출로 자산인식조건을 만족시킴.
C	500,000	개발단계에서 발생한 지출로 자산인식조건을 만족시키지 못함.
D	400,000	프로젝트 개발과 관련된 내부개발 소프트웨어로 자산인식조건을 만족시킴.

(주)삼일의 프로젝트별로 그 처리방안에 대해서 설명하고, 각각에 대해서 당해 지출 발생 시의 회계처리를 하시오.

> **풀 이**
>
> - 프로젝트 A: 연구단계에서 발생한 지출이므로, 연구비의 과목으로 당기비용 처리한다.
>
>   (차) 연구비   200,000   (대) 현금   200,000
>
>   (판매비와관리비)
>
> - 프로젝트 B: 개발단계에서 발생하고 개발비(자산) 인식조건을 만족시키고 있으므로, 개발비의 과목으로 무형자산으로 처리한다.
>
>   (차) 개발비   1,000,000   (대) 현금   1,000,000
>
> - 프로젝트 C: 개발단계에서 발생한 지출이나 개발비(자산) 인식요건을 만족시키지 못하므로, 경상개발비의 과목으로 당기비용 처리한다.
>
>   (차) 경상개발비   500,000   (대) 현금   500,000
>
>   (판매비와관리비)
>
> - 프로젝트 D: 프로젝트 개발과 관련된 내부개발 소프트웨어로 개발비(자산) 인식요건을 만족시키고 있으므로, 개발비의 과목으로 무형자산으로 처리한다.
>
>   (차) 개발비   400,000   (대) 현금   400,000

(3) 소프트웨어

자산인식조건을 충족하는 소프트웨어를 구입하여 사용하는 경우의 동 구입비용은 소프트웨어의 과목으로 하여 무형자산으로 인식하지만, 내부에서 개발된 소프트웨어에 소요된 원가가 자산인식조건을 충족하는 경우에는 개발비의 과목으로 하여 무형자산으로 처리한다.

(4) 산업재산권

산업재산권이란 법률에 의하여 일정기간 독점적 · 배타적으로 이용할 수 있는 권리로서 특허권 · 실용신안권 · 의장권 및 상표권 등을 말한다.

1) 특허권

특허권은 정부가 특수한 기술적인 발명이나 사실에 대하여 그 발명인 및 소유자를 보호하려는 취지에서 일정한 기간 동안 그 발명품의 제조 및 판매에 관하여 부여하는 특권이며, 특허법에 의하여 등록을 함으로써 취득된다.

2) 실용신안권

실용신안권이란 특정고안이 실용신안법에 의하여 등록되어 이를 일정기간 독점적·배타적으로 이용할 수 있는 권리를 말한다.

3) 의장권

의장권이란 특정의장이 의장법에 의하여 등록되어 이를 일정기간 독점적·배타적으로 이용할 수 있는 권리를 말한다. 실용신안권은 미감을 무시하고 물품의 형상, 구조 등의 고안적 가치에 중점을 두고 있는데 비하여 의장권은 전적으로 미감에 중점을 두고 있다.

4) 상표권

상표권이란 특정상표가 상표법에 의하여 등록되어 이를 일정기간 독점적·배타적으로 이용할 수 있는 권리를 말한다.

Ⅱ 무형자산의 회계처리

1 무형자산의 취득원가

무형자산을 최초로 인식할 때에는 취득원가로 측정한다. 이 경우 취득원가는 자산 취득시점이나 생산시점에서 지급한 현금 또는 현금성 자산 또는 제공하거나 부담할 기타 대가의 공정가치로, 여기에는 구입원가 뿐만 아니라 자산을 사용할 수 있도록 준비하는데 직접 관련되는 지출도 포함한다. 취득유형별로 다음과 같이 취득원가를 산정할 수 있다.

(1) 할부구입의 경우

무형자산에 대한 대금지급기간이 일반적인 신용기간보다 긴 경우에는 무형자산의 구입원가는 현금구입상당액이 된다.

(2) 지분증권과 교환의 경우

기업이 발행한 지분증권과 교환하여 취득한 무형자산의 취득원가는 그 지분증권의 공정가치로 한다.

(3) 일괄취득의 경우

무형자산과 기타자산을 일괄취득한 경우에는 총취득원가를 무형자산과 기타자산의 공정가치에 비례하여 배분한 금액을 각각 무형자산과 기타자산의 취득원가로 한다.

(4) 국고보조 등에 의한 취득

국고보조 등에 의해 무형자산을 무상 또는 공정가치보다 낮은 대가로 취득한 경우에는 그 무형자산의 취득원가는 취득일의 공정가치로 한다. 이 경우 국고보조금 등은 무형자산의 취득원가에서 차감하는 형식으로 표시하고 그 자산의 내용연수에 걸쳐 무형자산상각금액과 상계하며, 그 자산을 처분하는 경우에는 그 잔액을 처분손익에 반영한다.

(5) 자산교환에 의한 취득

다른 종류의 무형자산이나 다른 자산과의 교환으로 무형자산을 취득하는 경우에는 무형자산의 원가를 교환으로 제공한 자산의 공정가치로 측정한다. 다만, 교환으로 제공한 자산의 공정가치가 불확실한 경우에는 교환으로 취득한 자산의 공정가치를 원가로 할 수 있다. 자산의 교환에 현금수수액이 있는 경우에는 현금수수액을 반영하여 원가를 결정한다.

(6) 내부적으로 창출된 무형자산의 경우

내부적으로 창출된 무형자산의 취득원가는 그 자산의 창출, 제조, 사용준비에 직접 관련된 지출과 합리적이고 일관성 있게 배분된 간접지출을 모두 포함한다. 취득원가에 포함되는 항목의 예는 다음과 같다.

① 무형자산의 창출에 직접 종사한 인원에 대한 급여, 상여금, 퇴직급여 등의 인건비
② 무형자산의 창출에 사용된 재료비, 용역비 등
③ 무형자산의 창출에 직접 사용된 유형자산의 감가상각비와 무형자산(특허권, 라이선스 등)의 상각비
④ 법적 권리를 등록하기 위한 수수료 등 무형자산을 창출하는데 직접적으로 관련이 있는 지출

⑤ 무형자산의 창출에 필요하며 합리적이고 일관된 방법으로 배분할 수 있는 간접비(건물 등 유형자산의 감가상각비, 보험료, 임차료, 연구소장 또는 연구지원실 관리직원의 인건비 등)

⑥ 자본화대상 차입원가

2 취득 또는 완성 후의 지출

무형자산의 취득 또는 완성 후의 지출로서 다음의 요건을 모두 충족하는 경우에는 자본적 지출로 처리하고, 그렇지 않은 경우에는 발생한 기간의 비용으로 인식한다.

① 관련 지출이 무형자산의 미래 경제적 효익을 실질적으로 증가시킬 가능성이 매우 높은 경우
② 관련된 지출이 신뢰성 있게 측정될 수 있으며, 무형자산과 직접 관련되는 경우

그러나 취득 또는 완성 후의 지출이 최초에 평가된 무형자산의 성능수준을 유지하기 위한 것이라면 비용으로 인식한다. 이 경우 취득 또는 완성 후의 지출로 인하여 무형자산으로부터의 경제적 효익이 증가될지 여부를 판단하는 것은 매우 어렵다. 또한 그러한 지출을 사업 전체가 아닌 특정 무형자산에 직접 귀속시키기도 어렵다. 따라서 취득 또는 완성 후의 지출을 무형자산의 자본적 지출로 처리하는 것은 매우 제한적인 경우에 한한다.

3 무형자산의 상각

(1) 상각기간

무형자산의 상각대상금액은 그 자산의 추정내용연수 동안 체계적인 방법에 의하여 비용으로 배분된다. 무형자산의 상각기간은 독점적·배타적인 권리를 부여하고 있는 관계 법령이나 계약에 정해진 경우를 제외하고는 20년을 초과할 수 없다. 상각은 자산이 사용 가능한 때부터 시작한다.

(2) 상각방법

무형자산의 상각방법은 자산의 경제적 효익의 소비 형태를 반영한 합리적인 방법이어야 한다. 무형자산의 상각대상금액을 내용연수 동안 합리적으로 배분하기 위해 다양한 방법을 사용할 수 있다. 이러한 상각방법에는 정액법, 체감잔액법(정률법 등), 연수합계법, 생산량비례법 등이 있다. 다만, 합리적인 상각방법을 정할 수 없는 경우에는 정액법을 사용한다.

무형자산의 상각이 다른 자산의 제조와 관련된 경우에는 관련 자산의 제조원가로, 그 밖의 경우에는 판매비와관리비로 계상한다. 예를 들면, 제조공정에서 사용된 무형자산의 상각비는 재고자산의 원가를 구성한다.

(3) 잔존가치

무형자산의 잔존가치는 없는 것을 원칙으로 한다. 다만, 경제적 내용연수보다 짧은 상각기간을 정한 경우에 상각기간이 종료될 때 제3자가 자산을 구입하는 약정이 있거나, 그 자산에 대한 거래시장이 존재하여 상각기간이 종료되는 시점에 자산의 잔존가치가 거래시장에서 결정될 가능성이 매우 높다면 잔존가치를 인식할 수 있다.

> 예 제
>
> 제조업을 영위하고 있는 (주)삼일의 신제품 개발활동과 관련하여 ₩3,000,000(20X1년 ₩1,000,000, 20X2년 ₩2,000,000) 지출이 발생하였고, 이는 모두 개발비자산인식요건을 만족하는 것이다. 신제품개발로부터 수익은 20X3년 초부터 발생하였다.
> 개발비와 관련하여 20X1년, 20X2년, 20X3년의 회계처리를 하시오. 단, 개발비의 내용연수는 5년이며, 개발비의 사용가능한 시점은 신제품으로부터의 수익이 발생한 때로 한다.
>
> 풀 이
>
> 개발비 중 자산인식요건을 충족시키지 않는 것은 경상개발비의 과목으로 발생연도의 비용으로 처리하고 자산인식요건을 충족시키는 것은 개발비의 과목으로 자산으로 계상하였다가 관련 수익이 실현되는 시점인 (20X3년)부터 상각을 한다.
>
> • 20X1년 개발비 발생시
> (차) 개발비   1,000,000   (대) 현금   1,000,000
> • 20X2년 개발비 발생시
> (차) 개발비   2,000,000   (대) 현금   2,000,000
> • 20X3년 말 개발비 상각 시
> (차) 개발비상각비   600,000*   (대) 개발비   600,000
> * (1,000,000+2,000,000)/5=600,000

4 무형자산의 손상

자산의 진부화 및 시장가치의 급격한 하락 등으로 인하여 무형자산의 회수가능액이 장부금액에 중요하게 미달하게 되는 경우에는 장부금액을 회수가능액으로 조정하고 그 차액을 손상차손으로 처리한다.

다만, 차기 이후에 손상된 자산의 회수가능액이 장부금액을 초과하게 되는 경우에는 그 자산이 손상되기 전 장부금액의 상각 후 잔액을 한도로 하여 그 초과액을 손상차손환입으로 처리한다.

아직 사용가능하지 않은 무형자산은 최소한 매 보고기간 말에 회수가능액은 반드시 추정하여야 한다.

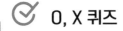 O, X 퀴즈

---

01 다른 종류의 무형자산이나 다른 자산과의 교환으로 무형자산을 취득하는 경우에는 무형자산의 취득원가는 교환으로 제공한 자산의 공정가치로 한다. 다만, 교환으로 제공한 자산의 공정가치가 불확실한 경우에는 교환으로 취득한 자산의 공정가치를 취득원가로 할 수 있다.   O   X

---

02 무형자산의 상각방법은 유형자산과 다르게 정액법만 적용할 수 있다.   O   X

---

03 내부적으로 개발단계에서 발생한 지출은 모두 개발비(무형자산)로 인식할 수 있다.   O   X

01	○	
02	×	합리적인 상각방법(정액법, 정률법, 연수합계법, 생산량비례법 등)을 사용할 수 있다. 단, 합리적인 상각방법을 정할 수 없는 경우에는 정액법을 사용한다.
03	×	개발단계에서 지출한 비용은 특정 요건을 충족한 경우에 한하여 개발비(무형자산)로 인식할 수 있다.

01 다음은 (주)삼일이 20X1년에 지출한 R&D 비용의 내역이다. (주)삼일이 20X1년에 경상연구개발비(비용)와 개발비(무형자산)로 처리할 금액은 각각 얼마인가?

> ㄱ. 연구단계 지출액: 500억 원
> ㄴ. 개발단계 지출액: 170억 원
>
> 개발단계 지출액 중 개별적으로 식별 가능하고 미래의 경제적 효익을 확실하게 기대할 수 있는 것으로 판단되는 금액은 120억 원임.

	경상·연구개발비	개발비		경상·연구개발비	개발비
①	520억 원	150억 원	②	620억 원	50억 원
③	500억 원	170억 원	④	550억 원	120억 원

02 신제품의 개발을 위하여 기계장치를 취득한 경우 취득원가에 관한 회계처리로 가장 옳은 것은 무엇인가?(단, 동 기계장치는 개발활동에만 사용되며, 해당 개발활동은 개발비의 자산인식요건을 충족시킨다고 가정한다)

① 기계장치로 계상한 후 기계장치의 내용연수에 걸쳐 감가상각하고, 개발기간 동안 동 감가상각비는 개발비의 항목으로 자산화한다.

② 기계장치의 취득원가 전액을 개발비로 자산화한다.

③ 기계장치로 계상한 후 기계장치의 내용연수에 걸쳐 감가상각하고, 동 감가상각비는 비용처리한다.

④ 기계장치의 취득원가 전액을 경상개발비로 비용화한다.

03 (주)삼일은 20X1년 설립된 벤처회사로 20X1년에 지출한 금액은 다음과 같다. 다음 자료를 기초로 할 경우 20X1년의 손익계산서상 비용으로 인식해야 할 금액은 얼마인가?

> ㄱ. 연구단계에서 발생한 지출: ₩400,000
> ㄴ. 개발단계에서 발생한 지출: ₩500,000
> ㄷ. 개발단계에서 발생한 지출 ₩500,000 중 ₩200,000은 무형자산 중 개발비 인식요건을 만족한다.
> ㄹ. 개발비의 사용가능한 시점은 20X1년 7월 1일이며, 내용연수는 5년, 잔존가치는 없다.

① ₩400,000   ② ₩700,000

③ ₩720,000   ④ ₩900,000

04 다음 중 무형자산의 회계처리에 대한 설명으로 가장 올바르지 않은 것은?

① 내부적으로 창출된 브랜드, 고객목록도 회사의 수익창출에 기여하므로 무형자산으로 인식한다.

② 국고보조 등에 의해 무형자산을 무상 또는 공정가치보다 낮은 대가로 취득한 경우, 무형자산의 취득원가는 취득일의 공정가치로 인식한다.

③ 무형자산과 기타자산을 일괄 취득한 경우에는 총 취득원가를 각 자산의 공정가치에 비례하여 배분한 금액을 각각 개별 무형자산과 기타자산의 취득원가로 인식한다.

④ 기업이 발행한 지분증권과 교환하여 취득한 무형자산의 취득원가는 그 지분증권의 공정가치로 인식한다.

다음은 (주)삼일이 20X1년에 지출한 연구 및 개발 활동 내역이다. (주)삼일이 20X1년에 비용으로 인식할 총금액은 얼마인가?(단, 개발단계에 속하는 활동으로 분류되는 항목에 대해서는 지출금액의 50%가 자산인식요건을 충족했다고 가정한다)

ㄱ. 새로운 지식을 얻고자 하는 활동:	10,000원
ㄴ. 생산이나 사용 전의 시작품과 모형을 제작하는 활동:	20,000원
ㄷ. 상업적 생산 목적이 아닌 소규모의 시험공장을 건설하는 활동:	40,000원
ㄹ. 연구결과나 기타 지식을 탐색, 평가, 응용하는 활동:	20,000원
ㅁ. 재료, 장치, 제품, 공정, 시스템이나 용역에 대한 여러 가지 대체안을 평가하는 활동:	10,000원

① 40,000원

② 50,000원

③ 60,000원

④ 70,000원

NEW

06 다음 중 개발단계에서 발생한 지출을 무형자산으로 계상하기 위해 필요한 조건에 해당되는 것을 모두 고른 것은?

> ㄱ. 무형자산을 사용 또는 판매하기 위해 그 자산을 완성시킬 수 있는 기술적 실현가능성을 제시할 수 있어야 한다.
> ㄴ. 무형자산이 어떻게 미래 경제적 효익을 창출할 것인가를 보여줄 수 있어야 한다.
> ㄷ. 개발단계에서 발생한 무형자산 관련 지출을 신뢰성 있게 구분하여 측정할 수 있어야 한다.
> ㄹ. 무형자산을 사용하여 개발된 시제품의 판매로 인한 매출이 발생하고 있어야 한다.

① ㄱ, ㄴ

② ㄴ, ㄷ

③ ㄱ, ㄷ, ㄹ

④ ㄱ, ㄴ, ㄷ

07 다음 중 무형자산의 손상에 대한 설명으로 가장 올바르지 않은 것은?

① 자산의 진부화 및 시장가치의 급격한 하락 등으로 인하여 무형자산의 회수가능액이 장부가액에 중요하게 미달되는 경우에는 그 차액을 손상차손으로 처리한다.
② 아직 사용하지 않는 무형자산은 최소한 매 보고기간 말에 회수가능액을 반드시 추정하여 손상 여부를 판단하여야 한다.
③ 차기 이후에 손상된 자산의 회수가능액이 장부금액을 초과하게 되는 경우에는 그 초과액 전부를 손상차손환입으로 처리한다.
④ 영업권은 20년 이내의 기간에 정액법으로 상각하며, 손상차손은 인식하되 손상차손환입은 인식하지 않는다.

08 다음 중 무형자산의 취득원가에 관한 설명으로 가장 옳지 않은 것은?

① 무형자산 취득 시 구입원가에 자산을 사용할 수 있도록 준비하는데 직접 관련된 지출은 취득원가에 가산한다.
② 무형자산과 기타 자산을 일괄취득한 경우에는 총취득원가를 무형자산과 기타 자산의 공정가치에 비례하여 배분한 금액을 각각의 무형자산과 기타 자산의 취득원가로 인식한다.
③ 다른 자산과의 교환으로 무형자산을 취득하는 경우에는 제공한 자산의 공정가치를 무형자산의 취득원가로 한다.
④ 내부적으로 창출된 무형자산의 경우 무형자산의 창출에 사용된 간접비는 모두 제외한다.

09 (주)삼일의 20X1년 12월 31일 총계정원장에는 다음과 같은 계정잔액이 표시되어 있다.

연구비	10,000원
경상개발비	23,000원
합병으로 인해 발생한 영업권	72,000원
산업재산권	16,000원

위의 금액 중 20X1년 12월 31일 (주)삼일의 재무상태표상에 무형자산으로 보고될 금액은 얼마인가?

① 88,000원   ② 98,000원
③ 111,000원   ④ 121,000원

10 (주)삼일은 당기 개발단계의 지출 중 무형자산 인식조건을 충족하지 못하는 경상개발비 항목을 내용연수 5년의 무형자산인 개발비로 잘못 분류하였다. 재무제표에 미치는 영향으로 가장 올바르지 않은 것은?

① 무형자산 과대계상
② 당기 이익 과대계상
③ 당기 자본 과대계상
④ 차기 이익 과대계상

MEMO

기타비유동자산

Ⅰ 개념 및 종류

1 기타비유동자산의 기본개념

기타비유동자산이란 비유동자산 중 투자자산 및 유형자산, 무형자산에 속하지 않는 자산을 의미하는 것으로, 이에는 이연법인세 자산(유동자산으로 분류되는 부분 제외), 보증금, 장기매출채권, 장기미수금 등이 포함된다.

2 기타비유동자산의 종류

(1) 이연법인세자산

차감할 일시적 차이의 법인세 효과는 향후 과세소득의 발생이 거의 확실하며, 미래의 법인세 절감효과가 실현될 수 있을 것으로 기대되는 경우에 인식한다. 법인세 절감효과로 인하여 미래 자산 유출이 감소하기 때문에 자산으로 계상하게 되는데 일반기업회계기준 제22장 '법인세회계'에 따라 유동자산으로 분류되는 이연법인세자산을 제외한 부분을 기타비유동자산으로 분류하여 재무상태표에 표시한다.

(2) 보증금

보증금은 전세권, 전신전화가입권, 임차보증금 및 영업보증금 등이 포함된다.

1) 전세권

보증금 중 전세권은 전세금을 지급하고 타인의 부동산을 그 용도에 따라 사용, 수익하는 권리를 의미한다. 전세권은 용익물권으로 전세권이 소멸하면 목적부동산으로부터 전세금의 우선 변제를 받을 수 있는 효력이 인정되는 것으로서 등기에 의하여 보호되는 보증금을 말한다. 따라서 일정액을 보증금으로 주고 사용권만 획득하는 임대차계약과는 다르다. 즉, 등기하지 않고 임대차계약에 의하여 지급한 보증금은 임차보증금이라 한다.

기타비유동자산으로 분류되는 전세권은 반환받을 수 있는 금액을 기재한다. 따라서 전세권의 취득과 관련하여 권리를 유상으로 취득한 것(권리금)은 전세권이 아닌 무형자산으로 계상하여 일정 기간 이내에 상각한다.

2) 전신전화가입권

전신전화가입권은 특정한 전신 또는 전화를 소유, 사용하는 권리를 말한다. 전신전화가입권 역시 반환받을 수 있는 금액만을 계상하므로 설치비 등은 여기에 포함되지 않는다.

3) 영업보증금

영업보증금은 영업목적을 위하여 제공한 거래보증금, 입찰보증금 및 하자보증금을 말한다. 영업 보증금의 예로는 대리점계약을 체결하고 보증금을 지급한 경우 등이 있다.

(3) 장기매출채권

주된 영업활동에서 발생한 1년 이내 또는 정상적인 영업주기 이내에 회수가 어려운 채권을 의미 한다.

(4) 장기미수금

주된 영업활동 이외 유형자산·무형자산 및 투자자산의 처분 등에서 발생한 채권으로서, 1년 이 내에 회수가 어려운 회수액을 의미한다.

(5) 장기선급비용

계속적 용역공급계약을 체결하고 선지급한 비용 중 1년 이후에 비용으로 되는 것을 의미한다.

Ⅱ 장기성 채권·채무의 공정가치 평가

최초인식시 금융상품의 공정가치는 일반적으로 거래가격(자산의 경우에는 제공한 대가의 공정가치, 부채의 경우에는 수취한 대가의 공정가치)이다. 그러나 장기연불조건의 매매거래, 장기금전대차거래 또는 이와 유사한 거래에서 발생하는 채권·채무로서 명목금액과 공정가치의 차이가 유의적인 경우에는 이를 공정가치로 평가하고 여기서 발생하는 채권·채무의 명목상의 금액과 공정가치의 차액은 현재가치할인차금의 과목으로 하여 당해 채권·채무의 명목상의 금액에서 차감하는 형식으로 기재하고 적용한 이자율, 기간 및 회계처리방법 등을 주석으로 기재하도록 규정하고 있어 공정가치평가 개념을 도입하고 있다.

1 적용대상

(1) 장기연불조건의 매매거래

일반적으로 장기연불조건이라 하면 매매대금의 최종지급일이 1년 후에 도래하고 대금지불이 일시불이 아니고 분할지급되는 조건을 의미하는데 장기연불조건과 유사한 거래도 공정가치평가의 대상이므로 장기연불조건에의 해당 여부를 엄밀하게 따질 필요는 없다. 즉, 여기서 개념적으로 중요한 것은 거래의 유형이 일반적 상거래에서 발생하는 재고자산의 매매거래, 용역의 수수거래, 유형자산의 매매거래 등으로서 대금지급조건이 장기(1년 이상)로 이루어지는 거래인 경우 공정가치평가의 대상이 된다는 것이다.

(2) 장기금전대차거래

금전대차거래라 함은 일반적으로 채권·채무가 현금의 수수에 의해서만 발생되고 다른 자산이나 권리가 개입되지 아니한 거래를 말하는 것으로서, 은행으로부터 자금을 차입하는 거래 등을 예로 들 수 있다.

장기금전대차거래에서 발생한 채권·채무를 해당 거래의 유효이자율로 할인하는 경우 공정가치금액이 수수된 현금액과 같게 되므로 현재가치할인차금이 발생하지 않게 된다. 그러나 유효이자율이 아닌 시장이자율로 할인하는 경우 혹은 명목금액을 수수하지 않는 경우에는 현재가치할인차금이 발생한다.

위와 같이 장기금전대차거래의 공정가치평가로 인한 명목금액과 공정가치의 차액은 적절한 과목으로 하여 당기손익 등으로 처리한다.

2 적절한 이자율의 산정

장기성 채권·채무의 공정가치평가에서 현재가치는 당해 채권·채무로 인하여 미래에 수취하거나 지급할 총금액을 적정한 이자율로 할인한 금액이다. 여기서 적정한 이자율이란 당해 거래의 유효이자율을 적용한다. 다만, 당해 거래의 유효이자율을 구할 수 없거나 당해 거래의 유효이자율과 관련시장에서 형성되는 동종 또는 유사한 채권·채무의 이자율(동종시장이자율)의 차이가 유의적인 경우에는 동종시장이자율을 기초로 적정하게 산정된 이자율을 적용하며, 동종시장이자율 산정이 곤란한 경우에는 가중평균차입이자율을 적용할 수 있다.

(1) 당해 거래의 유효이자율

당해 거래의 유효이자율이란 거래에 내재된 이자율을 말한다. 통상의 거래가 독립된 당사자 사이에서 합리적으로 이루어졌다면 당해 거래의 내재이자율은 거래한 자산의 공정가치와 미래의 현금흐름을 일치시키는 공정한 시장이자율이 될 것이기 때문이다.

(2) 동종시장이자율

동종시장이자율이란 관련시장에서 당해 거래의 종류·성격과 동일하거나 유사한 거래가 발생할 경우 합리적인 판단력과 거래의사가 있는 독립된 당사자 간에 적용될 수 있는 이자율을 말하며, 특별판매 등에 의해 형성된 시장은 제외한다. 따라서 업계의 일시적인 특별판매 정책 등에 의해 낮은 약정이자율이 일률적으로 적용되어 거래되는 경우 정상적이고 합리적으로 형성된 시장이자율로 보기 어려우므로 동종시장이자율에 해당하지 않는 것으로 본다. 또한 금전대차거래의 경우 동종시장을 구분함에 있어서는 거래상대방의 신용상태, 만기 등을 고려하여 결정할 수 있다.

(3) 가중평균차입이자율

가중평균차입이자율이란 장기차입금과 관련하여 발생한 총차입원가를 연평균총장기차입금으로 나눈 비율을 의미하며 객관적이고 합리적인 기준에 의하여 산출하여야 한다. 공정가치 평가대상 채권·채무 발생시점과 가장 가까운 재무제표(반기 및 분기 재무제표를 공시하는 경우 이를 포함한다)상의 장기차입금을 기준으로 산정한 경우에는 객관적이고 합리적인 기준을 충족한 것으로 본다. 이경우 장기차입금에는 유동성장기차입금을 포함하고 정책자금과 특수관계자차입금 등 현저히 낮은 이자율이 적용되는 차입금은 제외한다.

채권·채무 발생시점과 가장 가까운 재무제표상의 장기차입금이 없는 경우에는 회사채 유통수익률을 기초로 회사의 신용도 등을 반영하여 당해 회사에 적용될 자금조달비용을 합리적으로 추정하여 적용한다.

3 현재가치할인차금의 상각 또는 환입

현재가치할인차금을 계상하는 것은 장기연불조건의 매매거래, 장기금전대차거래 또는 이와 유사한 거래에 있어서 명목금액 속에는 이자상당액이 포함되어 있으므로 이를 차감한 공정가치로 자산 및 부채를 평가하기 위해서이다.

따라서 시간의 경과에 따라서 명목금액과 공정가치의 차이를 이자비용(채무에 대한 현재가치할인차금) 또는 이자수익(채권에 대한 현재가치할인차금)으로 인식하는 것이 필요하게 되며, 이를 위해서 현재가치할인차금의 상각 또는 환입이라는 과정을 거치게 된다.

현재가치할인차금의 상각 또는 환입은 일반기업회계기준상 유효이자율법을 적용해야 한다.

예제

장기연불거래에서 발생하는 현재가치평가

(주)삼일은 제조한 기계장치를 20X1년 1월 1일에 5년 연불조건으로 판매하였다. 판매와 동시에 ₩800,000을 받았으며, 20X1년부터 20X5년까지 매년 12월 31일에 ₩500,000씩 5회에 걸쳐 나누어 받기로 하였다. 연불금을 결정함에 있어서 적용된 계약서상의 이자율은 5%이고, 관련시장에서 형성되는 동종 또는 유사한 채권·채무의 이자율은 15%이다. 본 기계의 판매에서 최종 연불금의 회수에 이르기까지의 회계처리를 하시오(단, 5년, 15%, 연금현가계수는 3.35216임).

풀이

1. 현재가치의 계산
   현재가치=₩800,000+₩500,000×3.35216=₩2,476,080

2. 현재가치할인차금 계산
   현재가치할인차금=₩3,300,000-₩2,476,080=₩823,920

연도	기초잔액 (①)	회수금액 (②)	이자율 (③)	이자수익 (④=①×③)	원금해당액 (⑤=②-④)	기말잔액 (⑥=①-⑤)
20X1년 1월 1일	₩2,476,080	₩800,000	15%	–	₩800,000	₩1,676,080
20X1년 12월 31일	1,676,080	500,000	15%	₩251,412	248,588	1,427,492
20X2년 12월 31일	1,427,492	500,000	15%	214,123	285,877	1,141,615
20X3년 12월 31일	1,141,615	500,000	15%	171,242	328,758	812,857
20X4년 12월 31일	812,857	500,000	15%	121,928	378,072	434,785
20X5년 12월 31일	434,785	500,000	15%	65,215	434,785	–
		₩3,300,000		₩823,920	₩2,476,080	

- 20X1년 1월 1일

(차) 현금	800,000	(대) 매출	2,476,080
매출채권	500,000	현재가치할인차금	823,920
장기성매출채권	2,000,000		

- 20X1년 12월 31일

(차) 현금	500,000	(대) 매출채권	500,000
현재가치할인차금	251,412	이자수익	251,412
매출채권	500,000	장기성매출채권	500,000

- 20X2년 12월 31일

(차) 현금	500,000	(대) 매출채권	500,000
현재가치할인차금	214,123	이자수익	214,123
매출채권	500,000	장기성매출채권	500,000

- 20X3년 12월 31일

(차) 현금	500,000	(대) 매출채권	500,000
현재가치할인차금	171,242	이자수익	171,242
매출채권	500,000	장기성매출채권	500,000

- 20X4년 12월 31일

(차) 현금	500,000	(대) 매출채권	500,000
현재가치할인차금	121,928	이자수익	121,928
매출채권	500,000	장기성매출채권	500,000

- 20X5년 12월 31일

(차) 현금	500,000	(대) 매출채권	500,000
현재가치할인차금	65,215	이자수익	65,215

◎ O, X 퀴즈

01 장기연불조건의 매매거래, 장기금전대차거래 또는 이와 유사한 거래에서 발생하는 채권·채무로서 명목금액과 공정가치의 차이가 유의적인 경우에는 이를 공정가치로 평가한다.

02 임차보증금, 장기의 선급금, 선수금, 이연법인세자산(부채) 등은 공정가치평가의 대상이 된다.

03 장기성 채권·채무의 공정가치평가 적용시 사용하는 할인율은 동종 시장이자율을 원칙으로 한다.

01	○	명목금액과 공정가치의 차이가 유의적인 경우에는 이를 공정가치로 평가한다.
02	×	전세권, 전신전화가입권, 장기의 선급금, 선수금, 이연법인세자산(부채) 등은 공정가치 평가 대상에서 제외하고 있다.
03	×	장기성 채권·채무의 공정가치평가에서 사용되는 적절한 할인율은 원칙적으로 당해거래의 유효이자율이다.

MEMO

01 다음 중 기타비유동자산에 관한 설명으로 가장 올바르지 않은 것은?

① 기타비유동자산이란 비유동자산 중 투자자산, 유형자산 및 무형자산에 속하지 않는 자산을 의미한다.

② 이연법인세자산은 미래 법인세 절감효과가 실현될 수 있는 것으로 기대되는 경우에만 자산으로 인식한다.

③ 장기매출채권은 주된 영업활동에서 발생하였으나, 1년 이내 또는 정상적인 영업주기 이내에 회수가 어려운 채권을 의미한다.

④ 임차보증금, 장기선급금, 이연법인세자산 등은 현재가치 평가의 대상이 된다.

02 다음 중 장기연불조건의 매매거래에서 발생한 매출액은 어떤 금액으로 재무제표상에 공시해야 하는가?

① 미래에 수취할 명목금액의 단순합계

② 미래에 수취할 명목금액을 공정가치로 할인한 금액

③ 최초 현금으로 수취한 금액

④ 판매한 상품의 취득원가

NEW

03 장기성 채권, 채무의 공정가치평가에서 현재가치는 당해 채권, 채무로 인하여 미래에 수취하거나 지급할 총금액을 적절한 이자율로 할인한 금액이다. 여기서 적절한 이자율에 해당하지 않는 것은?

① 국채 이자율
② 당해 거래의 유효이자율
③ 동종시장이자율
④ 가중평균차입이자율

NEW

04 장기연불조건의 매매거래, 장기금전대차거래 또는 이와 유사한 거래에서 발생하는 채권·채무로서 명목금액과 현재가치의 차이가 유의적인 경우에는 이를 현재가치로 평가한다. 이와 관련된 다음 설명 중 가장 올바르지 않은 것은?

① 전세권, 장기의 선급금·선수금, 이연법인세자산(부채) 등은 현재가치 평가 대상에서 제외된다.
② 채권·채무의 명목상의 금액과 공정가치의 차액은 현재가치할인차금의 과목으로 하여 당해 채권·채무의 명목상의 금액에서 차감하는 형식으로 표시한다.
③ 명목금액과 현재가치의 차이는 시간의 경과에 따라 이자비용 또는 이자수익으로 인식한다.
④ 장기성 채권·채무의 현재가치에 적용하는 이자율은 원칙적으로 가중평균차입이자율로 한다.

05 상품매매업을 영위하는 (주)삼일은 보유 중인 차량운반구를 20X1년 1월 1일에 3년 연불조건으로 판매하고 매년 말 4,000원씩 3회를 받기로 하였다. 위 거래와 관련한 유효이자율은 10%이며, 3년 10%의 연금현가계수는 2.4869이다. 20X1년 이자수익으로 인식할 금액은 얼마인가?(단, 소수점 이하 첫째 자리에서 반올림한다)

①   0원
② 364원
③ 694원
④ 995원

유동부채란 보고기간종료일로부터 1년 이내에 상환되어야 하는 단기차입금 등의 부채를 말한다. 다만, 기업의 정상적인 영업주기 내에 상환 등을 통하여 소멸할 것이 예상되는 매입채무와 미지급비용 등의 부채를 포함한다.

이론적으로 볼 때, 부채는 부채를 상환하기 위해 미래에 제공하여야 할 재화나 용역의 현재가치로 평가하여야 한다. 그러나 대부분의 유동부채는 단기간 내에 만기가 도래하여 미래에 지불할 만기금액과 만기금액의 현재가치와의 차이가 중요하지 않기 때문에, 실무에서는 미래에 지불할 만기금액으로 유동부채를 평가하는 것이 보통이다. 이와 같이 만기금액으로 유동부채를 평가하는 방법은 중요성과 실무상의 편의라는 관점에서 인정되는 방법이다.

I 매입채무

매입채무는 일반적 상거래에서 발생한 외상매입금과 지급어음을 의미한다. 일반적인 상거래라 함은 당해 회사의 사업목적을 위한 경상적인 영업활동에서 발생하는 거래를 말한다. 따라서 설비구입대금 등 일반적 상거래 이외의 거래에서 발생하는 매입채무는 외상매입금계정이 아닌 미지급금계정으로 계상하여야 하며, 금융기관으로부터의 차입을 위해 발행하는 어음은 지급어음이 아닌 단기차입금계정으로 처리한다.

일반적으로 매입채무의 인식시기는 재고자산의 검수완료시점이 된다. 그러나 외국으로부터 상품을 수입하는 경우에는 상품이 발송된 후 도착하는 시점까지 상당한 시일이 필요하기 때문에 계약조건에 따라 입고 이전시점에 매입채무를 인식하기도 한다.

미착상품의 경우 보통 그 검수 이전에 운송화물을 대표하는 선화증권 등의 수수나 화환어음의 인수 등에 의하여 소유권이 이전되고 지급채무가 확정되므로, 상품 자체는 아직 운송 중에 있다 하더라도 그에 관한 매입채무를 계상하는 것이 타당하다. 여기에서 화환어음이라 함은 외국과의 무역에서 주로 쓰이는 것으로서 환어음에 선적서류(선화증권, 송장, 보험증권 등)가 첨부되어 있는 상태의 어음을 말한다.

Ⅱ 단기차입금

단기차입금은 금융기관으로부터의 당좌차월액과 1년 내에 상환될 차입금으로 한다.

당좌차월이란 사전약정에 의하여 금융기관이 회사의 예금잔액을 초과하여 지급한 금액을 말한다. 금융기관별로 당좌예금과 당좌차월이 각각 있는 경우에는 일반기업회계기준 제2장 재무제표의 작성과 표시 Ⅰ. 문단 2-41에서 제시한 총액주의 개념에 의하여 이들을 상계하지 아니하고 당좌예금과 당좌차월로 구분계상한다.

어음(융통어음 포함)을 발행하여 차입한 경우에는 지급어음이 아닌 단기차입금으로 계상하여야 한다. 또한 수입의 경우에 수입대금을 거래은행이 먼저 수출업자에게 지급하는 경우(Banker's usance) 수입업자는 그 금액을 단기차입금으로 계상한다.

1 일반기업회계기준상 회계처리

(1) 당좌차월

1) 개념

예금의 인출은 예금 잔액의 범위 내에 한정되어 있다. 그러나 사전에 금융기관과 당좌차월 계약을 체결해 두면 일정기간, 일정금액까지는 예금의 잔액이 부족하거나 전혀 없는 경우에도 수표를 발행하여 지급할 수 있게 되는데, 이때 예금잔액을 초과하는 금액은 차입금의 성격을 갖게 되며 이를 당좌차월이라 한다.

2) 회계처리

당좌차월계정을 따로 설정하여야 하지만, 실무적으로는 예입과 인출이 매우 빈번하게 발생하므로 불편한 점이 있다. 따라서 당좌계정에서 총괄하여 회계처리를 한다. 당좌계정이 차변잔액일 때는 당좌예금이 되며, 대변잔액이 발생할 때에는 당좌차월이 된다.

1. 상품 ₩10,000을 매입하고 수표를 발행하여 대금을 지급하였다. 현재 당좌예금 잔액은 ₩3,000이고, 당좌거래 약정에 의한 당좌차월 한도액은 ₩20,000이다.
   ① 당좌예금계정과 당좌차월계정으로 분리하는 경우

(차) 매입	10,000	(대) 당좌예금	3,000
		당좌차월	7,000

   ② 당좌계정에서 처리하는 경우

(차) 매입	10,000	(대) 당좌계정	10,000

2. 상품 ₩30,000을 매출하고, 그 대금을 수표로 받아 즉시 은행에 예입하였다.
   ① 당좌예금계정과 당좌차월계정으로 분리하는 경우

(차) 당좌차월	7,000	(대) 매출	30,000
당좌예금	23,000		

   ② 당좌계정에서 처리하는 경우

(차) 당좌계정	30,000	(대) 매출	30,000

3) 결산 시 유의사항

결산 시 당좌차월계정에 유의할 사항도 당좌예금과 유사한 바, 다시 한번 정리하면 다음과 같다.

첫째, 당좌예금과 당좌차월을 상계하지 않도록 한다.

예를 들어 ㈜삼일이 A·B·C은행과 당좌거래를 하고 있는 경우 A은행에는 당좌예금이, B·C은행에는 당좌차월이 있는 경우 이를 상계하여 재무상태표상에 표시할 수 없다는 것이다. 그 이유는 일반기업회계기준 제2장 재무제표의 작성과 표시 Ⅰ. 문단 2-41에서 자산과 부채의 "총액주의"를 표방하고 있기 때문이다.

둘째, 은행계정조정을 하여 회사의 당좌예금 잔액과 은행측 잔액이 일치하였다 하더라도 은행계정조정이 끝난 것은 아니라는 것이다.

예를 들어 은행계정조정을 하였을 경우, 차이 내역을 조정한 것 중 회사측 잔액을 수정하여야 할 금액은 수정분개를 하여야 한다. 차이 내역을 조정한 것 중 은행수수료 ₩100,000을 회사측이 기장하지 아니하였으나 은행이 이를 반영하였다면 회사측 잔액을 수정하여야 한다.

이때 회사가 하여야 할 분개는 다음과 같다.

(차) 지급수수료	100,000	(대) 당좌예금	100,000
		(또는 당좌차월)	

셋째, 당좌차월은 재무상태표에서 "단기차입금" 과목으로 보고해야 한다.

Ⅲ 미지급금과 미지급비용

미지급금은 일반적 상거래 이외의 거래나 계약관계 등에서 발생한 채무를 말하며, 미지급비용은 발생된 비용으로 지급하지 아니한 비용을 말한다.

미지급비용은 결산정리사항이므로 결산절차를 진행함에 있어 모든 비용항목을 검토하여 미지급비용에 해당하는 금액을 회계처리해야 한다.

만약 발생한 비용을 미지급했다는 이유로 비용으로 인식하지 않는다면 회사의 손익에 어떤 영향을 미칠까?

⇒ 비용이 발생한 연도 : 비용 과소계상
⇒ 비용을 지급하는 연도: 비용 과대계상

예를 들어 20X1년 12월 1일에 만기가 3개월, 연 이자율 12%의 이자지급조건으로 ₩1,000,000을 차입하였다고 하자.

12월 31일 현재 발생한 이자비용은,

$$\underset{₩1,000,000}{\underline{\text{단기차입금}}} \times \underset{12\%}{\underline{\text{연이자율}}} \times \underset{1/12}{\underline{\text{기간}}} = \underset{₩10,000}{\underline{\text{이자비용}}}$$

이를 지급하지 않았다고 하여 비용으로 인식하지 않는다면 발생주의 개념에 벗어나는 것이다. 따라서 다음과 같은 결산수정분개가 필요하다.

20X1년 12월 31일: (차) 이자비용   10,000   (대) 미지급비용   10,000

Ⅳ   선수금과 예수금

선수금은 수주공사·수주품 및 기타 일반적 상거래에서 발생한 선수액을 말하며, 예수금은 일반적 상거래 이외에서 발생한 일시적 제예수액을 말한다.

따라서 일반적 상거래에서 발생된 것으로 미래에 재화 또는 용역을 제공한다는 약속하에 미리 받은 금액은 선수금으로, 일반적 상거래 이외에서 발생된 일시적 제예수액으로 미래에 이를 변제할 의무가 있는 것은 예수금으로 계상한다.

한편, 선수금은 선수수익과 구분된다. 선수금은 주된 영업수익에 관한 선수금액이지만 선수수익은 영업외수익에 관한 선수금액으로 선수이자, 선수임대료, 선수할인료 등과 같이 일정한 계약에 따라 제공하는 급부에 대한 선수금액을 말하며, 시간이 경과하면 자동적으로 수익으로 이전해 간다는 점에 있어서 선수금과 차이가 있다.

Ⅴ   기타 유동부채계정

1 당기법인세부채

당기법인세부채란 법인세 및 지방소득세의 미지급액을 의미한다.

회사는 기중에 원천징수세액, 중간예납세액 등의 세금을 납부하게 되는데, 기중 납부 시 이들을 선급법인세로 처리한 후 결산 시 당해 회계연도의 산출세액에서 기납부한 선급법인세를 차감한 금액을 당기법인세부채로 계상하게 된다.

2 유동성장기부채

유동성장기부채란 비유동부채 중 보고기간종료일로부터 1년 내에 상환될 것을 의미한다. 회사는 매 결산일에 모든 비유동부채 특히 차입금에 대하여 개별적으로 상환일을 검토하여 유동성대체를 판단하여야 한다.

한편, 비유동부채가 사채, 장기차입금, 외화장기차입금 등 종류별로 각각 계상되었을 경우 유동성장기부채의 표시방법을 단일계정으로 할 것인가 또는 유동성사채, 유동성장기차입금 등으로 구분표시할 것인가에 대하여는 중요성 개념에서 판단하면 될 것이다.

3 선수수익

선수수익은 입금된 영업외수익 중 차기 이후에 속하는 금액을 의미하며, 선수수익 중 보고기간종료일로부터 1년 이후에 수익으로 대체될 부분은 장기선수수익으로 하여 비유동부채로 계상한다.
예를 들어 1년분의 임대료를 미리 받았다고 가정하자.
이때 수취한 임대료전액을 수취시점에 수익으로 인식한다면 회사의 손익에 어떤 영향을 미칠까?

⇒ 수취하는 연도: 수익 과대계상
⇒ 그 다음 연도 : 수익 과소계상

따라서 당기에 귀속되지 않는 금액은 선수수익이라는 부채계정을 이용하여 수익인식을 차기 이후로 이연시킨다.

⊘ O, X 퀴즈

01 미착상품과 관련하여 운송화물을 대표하는 선화증권을 수수하거나 화환어음을 인수하면 그 상품과 관련한 매입채무를 계상하여야 한다.　Ｏ　Ｘ

02 기말 결산 시 당좌예금과 당좌차월이 함께 있는 경우 서로 상계하여야 한다.　Ｏ　Ｘ

03 장기차입금 중 보고기간종료일로부터 1년 내에 상환될 예정인 부분은 기말결산 시 유동부채로 분류하여야 한다.　Ｏ　Ｘ

01	○	운송화물을 대표하는 선화증권 등의 수수나 화환어음의 인수 등에 의하여 소유권이 이전되고 지급채무가 확정되므로, 상품 자체는 아직 운송 중에 있다 하더라도 그에 관한 매입채무를 계상하는 것이 타당하다.
02	×	당좌예금과 당좌차월은 상계하지 않는다.
03	○	회사는 매 결산일에 차입금에 대하여 개별적으로 상환일을 검토하여 유동성대체(비유동부채를 유동부채로 분류)를 판단하여야 한다.

MEMO

NEW

01 (주)삼일의 매입과 관련된 다음 사항을 반영하기 전 20X1년 12월 31일 매입채무 계정 잔액은 200,000원이다. 다음 자료를 반영한 후 (주)삼일의 매입채무 금액은 얼마인가?

20X1년 12월 31일 현재 대금을 지급하지 않고 운송 중인 매입 관련 상품
ㄱ.　선 적 일:　20X1년 12월 29일 　　인도기준:　선적지 인도기준 　　도 착 일:　20X2년 1월 4일 　　가　　격:　100,000원
ㄴ.　선 적 일:　20X1년 12월 23일 　　인도기준:　도착지 인도기준 　　도 착 일:　20X2년 1월 5일 　　가　　격:　50,000원

① 200,000원　　　　　　　　　　② 250,000원

③ 300,000원　　　　　　　　　　④ 350,000원

02 (주)삼일은 20X1년 손익계산서에 이자비용 ₩160,000을 보고하였으나, 만일 (주)삼일이 현금주의를 채택하였다면 이자비용이 ₩30,000만큼 감소하게 된다. 20X1년 말 미지급이자가 ₩40,000이라면 (주)삼일의 20X1년 초 재무상태표에 기재되어 있는 미지급이자는 얼마인가?

① ₩10,000　　　　　　　　　　② ₩30,000

③ ₩40,000　　　　　　　　　　④ ₩50,000

NEW

03 미지급비용은 아직 지급 기일이 도래하지 않아 지급되고 있지 않는 채무를 말하는데, 이렇게 지급 기일이 도래하지 않았음에도 불구하고 기간의 경과에 따라 비용을 인식하는 근거로 가장 옳은 것은?

① 총액주의   ② 현금주의

③ 중요성   ④ 발생주의

04 다음 중 유동부채에 관한 설명으로 가장 올바르지 않은 것은?

① 유동부채란 보고기간종료일로부터 1년 이내에 상환되어야 하는 단기차입금 등의 부채를 말한다.

② 미착상품의 경우 아직 운송 중에 있다 하더라도 계약조건에 따라 입고 이전 시점에 매입채무를 인식할 수 있다.

③ 선수금은 일반적 상거래에서 발생된 것으로 미래에 재화 또는 용역을 제공한다는 약속 하에 미리 받은 금액이다.

④ 최초 차입 시 만기가 3년이었으나 결산일 현재 잔여 만기가 6개월 남은 장기차입금의 경우 비유동부채로 분류한다.

05 다음 중 유동부채에 대한 설명으로 가장 올바르지 않은 것은?

① 선수금은 시간이 경과하면 자동적으로 수익으로 이전해 간다.

② 예수금은 일반적 상거래 이외에서 발생된 제예수액으로 미래에 이를 변제할 의무가 있는 것을 의미한다.

③ 당기법인세부채란 법인세 및 지방소득세의 미지급액을 의미한다.

④ 유동성장기부채란 비유동부채 중 보고기간종료일로부터 1년 내에 상환될 것을 의미한다.

I 비유동부채의 의의

부채는 유동부채와 비유동부채로 구분된다.

유동부채는 보고기간종료일 기준으로 1년 이내에 상환해야 하는 부채임에 비해, 비유동부채는 유동부채에 해당하지 않는 부채라서 대부분 보고기간종료일 기준으로 지급기일이 1년 이후에 도래하는 장기채무이다.

1 사채

보고기간종료일로부터 1년 이후에 상환되는 사채의 금액으로 하되, 사채의 종류별로 구분하고 그 내용을 주석으로 기재한다.

2 장기차입금

보고기간종료일로부터 1년 이후에 상환되는 차입금으로 하며 차입처별 차입액, 차입용도, 이자율, 상환방법 등을 주석으로 기재한다.

심화학습

[사례]
다음 주제에 대해 생각해보고, 여러분의 의견을 작성해보세요.
삼일기업은 보고기간 후 10개월 경과시점에서 만기가 도래하는 차입금을 보유하고 있다.
보고기간 말 이전 삼일기업과 은행은 3년 후 만기가 도래하는 새로운 차입 약정을 체결하였다. 동 약정에 따라 기업은 기존에 만기가 도래하는 차입금의 미상환잔액을 차환할 수 있으며, 새로운 차입약정에 만기까지 해당 미상환잔액을 유지하려는 의도를 갖고 있다.
보고기간 말 재무상태표에 해당 차입금은 어떻게 분류되어야 하는가?
만일 기존 차입금과 새로운 차입약정이 서로 다른 금융기관과 체결된 것이라면 분류에 차이가 있는가?

[풀이]
차입금은 비유동부채로 분류되어야 한다. 비록 10개월 경과시점에 만기가 도래하기는 하지만 기업은 동 차입금을 차환하여 보고기간 후 1년을 초과한 기간까지 상환을 연장할 수 있는 권리를 갖고 있으므로 실질적으로 새로운 차입약정의 만기까지 상환하는 차입금을 보유한 것이므로 비유동부채로 분류하는 것이 타당하다.
다른 금융기관과 체결된 경우 기존 차입금의 상환·결제와 신규차입금의 발생이 각각 이루어지는 것이므로 기존 차입금의 연장으로 볼 수 없는 것이며 동 차입금은 유동성부채로 재무상태표에 분류하여야 한다. 단, 타 금융기관과의 차입약정은 주석으로 공시하는 것이 타당하다.

3 장기성매입채무

유동부채에 속하지 아니하는 일반적 상거래에서 발생한 장기의 외상매입금 및 지급어음으로 한다.

II 사채

1 사채의 의의

사채는 발행자가 약정에 따라 일정기간 동안 표시이자를 지급하고 만기일에는 원금을 상환하기로 한 채무증권이다. 장기차입금은 돈을 빌려주는 주체가 대부분 금융기관에 한정되지만, 사채는 거액의 돈이라도 작은 단위까지 나누어 사채를 발행할 수 있기 때문에 일반투자자들로부터 널리 자금을 조달할 수 있는 장점이 있다.

회사채를 발행한 회사의 입장에서는 비유동부채인 사채로 회계처리하여야 하며 회사채를 구입한 투자자의 입장에서는 자산 중 단기매매증권, 매도가능증권 또는 만기보유증권으로 자산의 보유목적에 따라 회계처리하게 된다.

2 사채의 가격결정

사채의 가격결정에는 다음의 요소가 영향을 미친다.

---

① 만기에 지급할 금액 → 액면금액(사채표면에 기재된 금액)

② 이자 → 이자율*과 이자지급기일

③ 돈 빌리는 기간 → 사채의 발행일과 만기일

* 사채의 가격결정시 고려해야 할 이자율은 다음과 같다.
 ┌ 액면이자율 : 발행회사가 사채의 구입자에게 지불하기로 약정한 이자율을 말한다.
 └ 시장이자율 : 일반투자자들이 사채를 구입하는 대신 다른 곳에 투자하는 경우 받을 수 있는 평균이자율을 말한다.
      이 시장이자율로 할인하여 현재가치를 계산한다.

사채를 발행하는 것은 사채를 구입하려는 사람 즉, 투자자가 있기 때문이다. 그러면 투자자의 입장에서는 사채의 가격이 얼마로 결정되어야 투자할까?

다음과 같은 사채의 가격결정에 대하여 알아보자.

사채의 발행일 : 20X1년 1월 1일
사채의 상환일 : 20X3년 12월 31일
액면금액   : ₩100,000
액면이자율   : 10%, 매년 말 지급
시장이자율   : 10%

이 사채를 구입하는 사람은 3년 동안 다음의 현금을 수취하게 된다.

　매년 말 : 이자 ₩10,000(액면금액 ₩100,000×이자율 10%)

　만기　 : 액면금액 ₩100,000

3년 동안 수취할 현금을 사채발행시점으로 앞당겨 사채의 현재가치를 구하면 다음과 같다.

사채의 현재가치(사채의 가격)=이자의 현재가치+액면금액의 현재가치

---

① 이자의 현재가치 = $\dfrac{10,000}{(1.1)} + \dfrac{10,000}{(1.1)^2} + \dfrac{10,000}{(1.1)^3}$ = ₩24,869

② 원금의 현재가치 $= \dfrac{100,000}{(1.1)^3} = $ ₩75,131

③ 사채의 현재가치(①+②) = ₩100,000

이 사채로 인해 들어오는 현금을 현재가치로 환산하면 ₩100,000이므로 이 가격이 사채의 최고 가격이라고 할 수 있다. 이 사채의 구입가격이 ₩100,000보다 큰 ₩110,000이라면 투자자는 사채로 인한 현금흐름의 현재가치가 구입가격보다 작으므로 이 사채를 구입하지 않고 다른 투자안을 찾을 것이기 때문이다.

이와 같이 사채의 현재가치가 투자자에게는 사채의 구입가가 되며, 사채를 발행하는 회사의 입장에서는 발행가가 되는 것이다.

3 사채발행시 회계처리

(1) 사채의 액면발행

사채는 현금을 빌리기 위하여 발행하는 것이므로, 부채가 증가하고 동시에 현금이라는 자산이 증가하게 된다.

사채의 발행금액인 현재가치와 사채의 액면금액이 같은 경우를 액면금액으로 발행했다고 하여 액면발행이라 한다. 사채 액면금액 ₩100,000을 액면발행한다면 회계처리는 다음과 같다.

(차) 현금　　　　　100,000　　　　　(대) 사채　　　　　100,000

(2) 사채의 할인발행

사채의 액면이자율이 시장이자율 즉, 자금시장에서 실제로 통용되고 있는 평균이자율보다 낮은 경우에는 아무도 액면금액 이상으로 사채를 사지 않을 것이다. 따라서 회사는 투자자들을 유인하기 위하여 사채의 발행금액을 액면금액보다 낮게 발행하여 액면이자율이 낮은 것을 만회하려 한다. 이를 사채의 할인발행이라 한다.

이때 사채의 현재가치를 계산해 보면, 사채의 현재가치가 액면금액보다 작다는 것을 알 수 있다. 다음 사례를 통해 이를 살펴보자.

사채의 발행일 : 20X1년 1월 1일
사채의 상환일 : 20X3년 12월 31일
액면금액　　 : ₩100,000
액면이자율　 : 10%, 매년 말 지급
시장이자율　 : 11%
발행금액　　 : ₩97,556

현재가치로 환산한 금액인 ₩97,556은 사채구입자가 구입하려고 하는 최고 금액이다. 즉, 이 경우에는 사채의 액면금액보다 구입가격이 낮게 결정되어야 투자자를 유인할 수 있다.

이때의 회계처리는 다음과 같다.

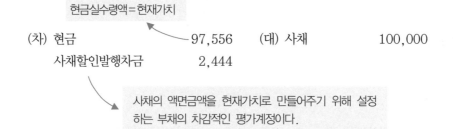

현금실수령액＝현재가치

(차) 현금　　　　　　　　　　97,556　　　(대) 사채　　　　　　　100,000
　　사채할인발행차금　　　　2,444

사채의 액면금액을 현재가치로 만들어주기 위해 설정하는 부채의 차감적인 평가계정이다.

발행시점의 재무상태표는 다음과 같다.

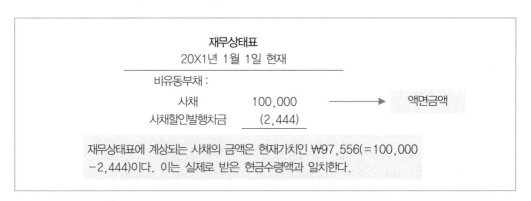

재무상태표
20X1년 1월 1일 현재
―――――――――――――――――――――――――――――
비유동부채 :
　　사채　　　　　　　　100,000　　　　⟶　　액면금액
　　사채할인발행차금　　(2,444)

재무상태표에 계상되는 사채의 금액은 현재가치인 ₩97,556(＝100,000 －2,444)이다. 이는 실제로 받은 현금수령액과 일치한다.

(3) 사채의 할증발행

사채의 액면이자율이 시장이자율보다 높은 경우에는 투자자들을 유인하기가 쉽다. 회사로부터 받는 이자가 다른 곳에 투자하였을 경우에 받는 이자보다 크므로 너도나도 이 사채에 투자하려고 할 것이고, 이때에는 사채의 가격이 액면금액보다 더 높아지게 된다.

사채의 발행일 : 20X1년 1월 1일
사채의 상환일 : 20X3년 12월 31일
액면금액   : ₩100,000
액면이자율   : 10%, 매년 말 지급
시장이자율   : 9%
발행금액   : ₩102,531

이때의 회계처리는 다음과 같다.

현금실수령액

(차) 현금   102,531   (대) 사채   100,000
                                       사채할증발행차금   2,531

사채의 액면금액을 현재가치로 만들어주기 위해 설정하는 부채의 가산적인 평가계정이다.

발행시점의 재무상태표는 다음과 같다.

재무상태표
20X1년 1월 1일 현재

비유동부채 :	
사채	100,000
사채할증발행차금	2,531

재무상태표에 계상되는 사채의 금액은 현재가치인 ₩102,531(=100,000 +2,531)이다. 이는 실제로 받은 현금수령액과 일치한다.

4 이자지급시 회계처리

사채를 발행하면 사채를 발행한 회사는 이를 구입한 투자자에게 일정기간마다 일정액의 이자를 지급해야 한다. 앞에서 설명했던 사례를 통해 사채의 발행방법에 따른 이자의 회계처리를 살펴보자.

(1) 액면발행시

사채가 액면 발행된 경우에는 액면이자율과 시장이자율이 일치하므로 액면이자 지급액이 발행회사가 매년 인식할 이자비용이 된다.

따라서 앞에서 설명한 사례에서의 사채는 액면금액이 ₩100,000이고 액면이자율 10%이므로 발행일로부터 상환일까지 매년 12월 31일에 다음과 같은 분개를 해야 한다.

    (차) 이자비용   10,000   (대) 현금   10,000

(2) 할인발행시

사채를 할인발행한 이유는 시장이자율보다 액면이자율이 낮기 때문인데 만기에는 ₩97,556이 아닌 ₩100,000을 상환하여야 하므로 그 차액 ₩2,444은 발행회사가 추가적으로 부담하는 이자비용으로 보아 사채상환일까지의 기간동안 비용으로 인식한다. 이러한 사채할인발행차금을 이자로 인식하는 방법에는 정액법과 유효이자율법이 있는데, 일반기업회계기준은 사채할인발행차금과 사채할증발행차금은 유효이자율법을 적용하여 상각 또는 환입하고 그 금액을 사채이자에 가감하도록 규정하고 있다.

1) 유효이자율법

사채와 관련된 유효이자율이란 사채의 현재가치를 사채의 취득금액과 일치시키는 이자율로서, 사채권자가 관련사채를 취득할 때 실질적으로 얼마의 수익률로 이자수익을 얻게 되는가를 나타내주는 이자율을 말한다. 그러므로 사채발행회사가 각 연도에 인식할 이자비용은 다음과 같이 계산된다.

> 당해연도의 이자비용=사채의 기초장부금액 × 유효이자율

그러나 각 이자지급일에 현금으로 지급되는 이자액은 사채의 액면금액에 표시이자율을 곱하여 계산된 금액이다. 따라서 유효이자율법에서는 각 연도에 인식할 이자비용(유효이자액)과 각 이자지급

일에 실제로 지급할 이자액(표시이자액)의 차이만큼 할인액을 상각한다.

이를 분개를 통해 살펴보면 다음과 같다.

(차) 이자비용(유효이자액)	×××	(대) 현금(표시이자액)	×××
		사채할인발행차금	×××
		(유효이자액−표시이자액)	

▌ 유효이자율법에 의한 할인액 상각표 ▐

연도	기초부채	총이자비용 (유효이자)	현금지급이자 (액면이자)	할인액상각	부채증가액	기말부채
	①	①×11%=②	③	②−③=④	④	①+④
20X1	₩97,556	₩10,731	₩10,000	₩731	₩731	₩98,287
20X2	98,287	10,812	10,000	812	812	99,099
20X3	99,099	10,901	10,000	901	901	100,000
계		₩32,444	₩30,000	₩2,444	₩2,444	

	20X1년 12월 31일	20X2년 12월 31일	20X3년 12월 31일
액면이자 :	₩10,000	₩10,000	₩10,000
사채할인발행차금 :	731	812	901
총이자비용 :	₩10,731	₩10,812	₩10,901

2) 회계처리

액면이자에 대한 회계처리에 사채할인발행차금에 대한 회계처리가 더 추가된다.
이자비용의 인식을 위하여 사채상환일까지 해야 할 회계처리는 다음과 같다.

• 20X1년 12월 31일

| (차) 이자비용 | 10,731 | (대) 현금 | 10,000 |
| | | 사채할인발행차금 | 731 |

• 20X2년 12월 31일

| (차) 이자비용 | 10,812 | (대) 현금 | 10,000 |
| | | 사채할인발행차금 | 812 |

- 20X3년 12월 31일

  (차) 이자비용   10,901 (대) 현금   10,000

                   사채할인발행차금 901

(3) 할증발행시

액면이자율이 시장이자율보다 크기 때문에 할증발행되었는데, 만기에는 ₩102,531이 아닌 ₩100,000을 상환하여야 하므로 그 차액 ₩2,531은 이자비용의 차감 성격으로 보아야 한다.

유효이자율에 의한 상각표

연도	기초부채	총이자비용 (유효이자)	현금지급이자 (액면이자)	할증액상각	부채감소	기말부채
20X1	₩102,531	₩9,228	₩10,000	₩772	₩772	₩101,759
20X2	101,759	9,158	10,000	842	842	100,917
20X3	100,917	9,083	10,000	917	917	100,000
계		₩27,469	₩30,000	₩2,531	₩2,531	

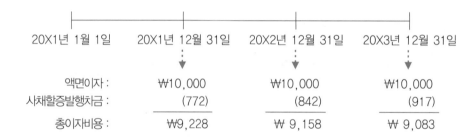

	20X1년 1월 1일	20X1년 12월 31일	20X2년 12월 31일	20X3년 12월 31일
액면이자 :		₩10,000	₩10,000	₩10,000
사채할증발행차금 :		(772)	(842)	(917)
총이자비용 :		₩9,228	₩9,158	₩9,083

이자비용의 인식을 위하여 사채상환일까지 해야 할 회계처리는 다음과 같다.

- 20X1년 12월 31일

  (차) 이자비용   9,228 (대) 현금   10,000

    사채할증발행차금 772

- 20X2년 12월 31일

  (차) 이자비용   9,158 (대) 현금   10,000

    사채할증발행차금 842

- 20X3년 12월 31일

  (차) 이자비용   9,083 (대) 현금   10,000

    사채할증발행차금 917

┃ 사채발행에 따른 장부금액, 이자비용, 상각액의 변동 ┃

구분	이자비용	사채할인(할증)발행차금상각액	사채 장부금액
할인발행	매년 증가	매년 증가	매년 증가
액면발행	일정	일정	일정
할증발행	매년 감소	매년 증가	매년 감소

5 이자지급기간과 회계기간의 불일치

일반적으로 회사의 회계기간과 사채이자지급기간은 일치하지 않는데, 이때에는 이자비용에 대한 수정분개가 필요하다. 즉, 기간손익을 정확하게 계산하기 위해서는 직전의 이자지급일로부터 회계연도 말까지 발생한 이자비용을 결산시에 인식해야 하는 것이다. 예를 들어 사채이자가 6개월마다 지불된다면 사채에 대한 회계처리도 이자지급기간을 기준으로 이루어져야 한다. 그리고 할인액 및 할증액 상각표를 6개월 단위로 작성하고 해당기간만큼 안분하여 상각하면 된다.

6 사채발행시 발생된 비용-사채발행비

앞에서는 사채발행비를 고려하지 않고 사채발행차금을 결정하였다. 사채발행비란 사채를 발행하기 위하여 직접 발생한 사채발행수수료, 사채권인쇄비 등의 비용을 말한다.

사채발행비는 사채발행으로 인해 조달된 현금을 감소시키는 효과가 있으므로, 사채할증발행차금에서 차감하거나 사채할인발행차금에 가산하여야 한다. 이렇게 회계처리하면 사채발행비는 자동적으로 사채발행기간 동안 이자비용으로 비용화된다.

7 사채상환시 회계처리

(1) 만기상환

사채를 발행한 회사는 만기가 되면 사채를 상환하게 된다. 이때 만기에 상환하는 돈의 액수는 사채의 표면에 기재된 액면금액이다.

만기일의 회계처리를 살펴보자. 빌린 돈을 갚음으로써 부채가 감소하고, 동시에 현금이라는 자산이 감소하게 된다.

(차) 사채	1,000,000	(대) 현금	1,000,000

(2) 조기상환

사채발행회사의 자금사정이 좋아져서 만기일 전에 사채를 상환하는 것을 조기상환이라 한다. 사채의 조기상환시에는 사채상환손익이 발생하는 것이 일반적이다.

① 현금상환액 〉 사채의 장부금액 ⇒ 사채상환손실
② 현금상환액 〈 사채의 장부금액 ⇒ 사채상환이익

상기 사채의 장부금액은 사채 상환일까지 발생한 이자비용을 인식한 후의 금액이므로 상환일까지의 미지급이자와 사채할인발행차금이나 사채할증발행차금의 상각을 인식하는 분개를 통해 장부금액을 확정하여야 한다.

8 자기사채

자기사채란 사채발행회사가 자기회사의 사채를 취득하여 보유하고 있는 사채이다. 자기사채를 보유하는 이유는 사채의 조기상환을 목적으로 한 경우와 유휴자금의 운용을 목적으로 한 경우가 있다. 일반기업회계기준에서는 취득목적과 관계없이 자기사채의 취득을 사실상의 상환으로 보고 자기사채에 상당하는 액면금액과 사채발행차금을 당해 계정과목에서 직접 차감하고, 자기사채의 장부금액과 취득금액의 차이는 사채상환이익 또는 사채상환손실의 계정과목으로 하여 당기손익으로 처리하도록 하고 있다.

Ⅲ 장기차입금

1 개념 및 일반기업회계상 회계처리

장기차입금은 금전소비대차계약에 의한 차입금 중 보고기간종료일로부터 1년 이후에 상환되는 차입금을 말한다. 따라서 분할상환 조건인 장기차입금은 상환기일별로 구분하여 1년 이내인 부분은 유동성장기부채로 대체하여야 한다.
차입처별 차입액, 차입용도, 이자율, 상환방법 등을 주석으로 기재하고, 관계회사 장기차입금과 주주·임원·종업원 장기차입금 및 외화장기차입금의 내용도 주석으로 기재하여야 한다.

한편, 장기금전대차거래에서 발생한 장기차입금의 명목금액과 현재가치의 차이가 유의적인 경우에는 이를 현재가치로 평가하고 명목금액과의 차액은 자산수증이익 또는 기부금으로 처리한다. 또한 회사정리절차 개시, 화의절차 개시 및 거래당사자 간의 합의 등으로 인하여 원금, 이자율 또는 상환기간 등 계약조건이 변경되고 그로 인하여 재조정된 장기차입금의 명목금액과 현재가치의 차이가 유의적인 경우에는 이를 현재가치로 평가하고, 그 차액은 채무면제이익으로 처리한다.

2 외화장기차입금

장기차입금 중 외화장기차입금은 결산시점에 환산의 문제가 발생한다.

일반기업회계기준 제23장 환율변동효과에 따르면, 외화장기차입금은 화폐성 외화부채이므로 마감환율로 환산한다.

IV 장기성매입채무

장기성매입채무는 유동부채에 속하지 아니하는 일반적 상거래에서 발생한 장기의 외상매입금 및 지급어음으로 한다. 따라서 장기성매입채무로 계상된 채무 중 보고기간종료일 현재 만기가 1년 및 정상적인 영업주기 이내에 도래하게 되는 채무는 유동성장기부채로 계정재분류해야 한다.

한편, 일반기업회계기준 제6장 금융자산·금융부채 문단 13에서는 장기연불조건의 매매거래에서 발생한 장기성매입채무로서 명목상의 금액과 현재가치의 차이가 유의적인 경우에는 현재가치로 평가하도록 규정하고 있다.

장기성매입채무의 명목상의 금액과 현재가치의 차액은 현재가치할인차금의 과목으로 하여 당해 장기성매입채무의 명목상의 금액에서 차감하는 형식으로 기재하고, 동 현재가치할인차금은 유효이자율법을 적용하여 상각하고 이자비용의 과목으로 계상한다.

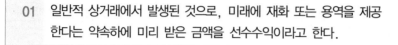 O, X 퀴즈

01 일반적 상거래에서 발생된 것으로, 미래에 재화 또는 용역을 제공한다는 약속하에 미리 받은 금액을 선수수익이라고 한다.

02 사채의 액면이자율이 시장이자율보다 낮은 경우 사채의 발행금액을 액면금액보다 높게 발행하여야 한다.

03 장기금전대차거래에서 발생한 장기차입금에서 명목금액과 현재가치의 차이가 유의적인 경우에는 현재가치로 평가하고, 명목금액과의 차액은 그 성격에 따라 적절한 과목으로 하여 당기손익 등으로 처리한다.

01	×	선수금에 대한 설명이다. 선수수익은 영업외수익에 관한 선수금액으로 선수이자, 선수임대료, 선수할인료 등과 같이 일정한 계약에 따라 제공하는 급부이다.
02	×	액면이자율이 낮으므로 이에 대한 보상으로 발행금액은 액면금액보다 낮게 발행하여야 한다.
03	○	명목금액과 현재가치의 차이는 당해 자산의 처분손익이나 취득원가에서 차감할 수 없으며, 그 성격에 따라 적절한 과목으로 하여 당기손익 등으로 처리한다.

MEMO

NEW

01 사채를 할증발행한 경우 사채할증발행차금 상각방법에 따른 총이자비용의 변동을 가장 잘 나타낸 것은?

	유효이자율법	정액법		유효이자율법	정액법
①	매년 감소	매년 증가	②	매년 증가	매년 감소
③	매년 증가	매년 일정	④	매년 감소	매년 일정

02 다음 중 사채에 대한 설명으로 가장 올바르지 않은 것은?

① 시장이자율보다 액면이자율이 높으면 액면금액으로 발행된다.
② 자기사채를 취득하는 경우에는 사채의 상환으로 처리한다.
③ 사채할인발행차금은 유효이자율법으로 상각한다.
④ 시장이자율이 액면이자율보다 높으면 할인발행된다.

NEW

03 (주)삼일은 20X1년 1월 1일 액면금액 1,000,000원, 액면이자율 연 8 % (매년 말 이자지급), 만기 3년인 회사채를 950,244원에 발행하였다. 발행 당시 유효이자율은 연 10 % 이었으며, 사채할인발행차금에 대하여 유효이자율법으로 상각하고 있다. (주)삼일의 20X1년 말 재무상태표에 표시할 사채의 장부금액은 얼마인가(단, 소수점 이하는 고려하지 않는다)?

①	965,268원	②	989,752원
③	1,000,000원	④	1,045,268원

04 20X2년 1월 1일에 (주)삼일은 액면금액 1,000,000원, 액면이자율 10 %, 3 년 만기의 사채를 929,165원에 발행하였다. 이자지급일은 매년 12월 31일이며 유효이자율은 13 % 이다. 유효이자율법으로 사채할인발행차금을 상각할 경우, (주)삼일이 3년간 인식할 총 사채이자비용은 얼마인가(해당 사채가 만기에 상환된다고 가정한다.)?

① 300,000원　　　　　　　　② 370,835원
③ 390,000원　　　　　　　　④ 470,835원

05 (주)한국은 20X1년 1월 1일 액면금액 100,000원, 만기 3년의 사채를 유효이자율 연 10 % 를 적용하여 92,539원에 발행하였다. 20X1년 12월 31일 사채의 장부금액이 94,793 원이라면 이 사채의 표시이자율은 얼마인가(단, 표시이자율은 소수점 첫째 자리에서 반올림한다)?

① 2%　　　　　　　　② 4%
③ 7%　　　　　　　　④ 9%

06 (주)삼일은 20X1년 1월 1일에 액면금액 1,000,000원의 회사채를 발행하였다. 회사채의 표시 이자율은 10%이며, 이자지급일은 매년 말일이고, 만기는 20X3년 12월 31일이다. 회사채 발행 시 유효이자율이 12%라고 하면 (주)삼일이 사채발행 시에 수령할 금액은 얼마인가?(단, 중소기업회계처리특례는 고려하지 않는다)

현가계수	1년	2년	3년
이자율 12%	0.89286	0.79719	0.71178

① 951,963원

② 966,159원

③ 1,000,000원

④ 1,100,000원

07 다음 중 이론적인 측면에서 사채의 발행으로 기업이 받아야 하는 대가로 가장 옳은 것은?

① 사채의 액면금액

② 사채의 상환일에 지급하게 되는 원금과 사채의 존속기간 동안 지급하게 되는 이자를 발행 당시 시장이자율로 할인한 현재가치금액

③ 사채의 액면금액과 사채의 존속기간 동안 지급하게 될 이자의 총 금액

④ 사채의 존속기간 동안 지급하게 될 이자의 총 금액

08 20X2년 7월 1일에 (주)삼일은 액면금액 100,000원, 이자율 5%, 3년 만기의 사채를 92,269원에 발행하였다. 이자지급일은 매년 6월 30일이며 유효이자율은 8%이다. (주)삼일이 사채할인발행차금을 유효이자율법으로 상각하는 경우 12월 31일로 종료하는 20X2 회계연도의 사채이자비용으로 인식할 금액은 얼마인가?(단, 이자비용은 월할계산하며, 단수는 소수 첫째 자리에서 반올림 한다)

① 2,307원   ② 2,500원

③ 2,999원   ④ 3,691원

09 다음 중 사채에 관한 설명으로 가장 올바르지 않은 것은?

① 사채발행비는 사채발행으로 인해 조달된 현금을 감소시키는 효과가 있으므로 지급수수료로 처리한다.

② 일반기업회계기준에서는 자기사채의 취득시 취득목적에 관계없이 사채의 상환으로 처리하도록 규정하고 있다.

③ 사채발행비가 발생하지 않고 사채가 액면발행된 경우에는 액면이자 지급액이 발행회사가 매년 인식할 이자비용이 된다.

④ 일반기업회계기준에서는 사채발행시 인식한 사채할인발행차금이나 사채할증발행차금은 유효이자율법을 적용하여 상각 또는 환입하고 그 금액을 이자비용에 가감하도록 규정하고 있다.

10 다음 중 사채의 발행 및 발행 후 회계처리에 대한 설명으로 가장 옳은 것은?

① 사채발행비가 발생한다면 액면발행, 할인발행, 할증발행 등 모든 상황에서 유효이자율은 사채발행비가 발생하지 않는 경우보다 낮다.
② 사채를 할증발행한 경우 사채이자비용은 현금이자지급액에 사채할증발행차금 상각액을 가산하여 인식한다.
③ 사채의 할증발행시 유효이자율법에 의해 상각하는 경우 기간 경과에 따라 매기 인식하는 할증발행차금의 상각액은 감소한다.
④ 사채의 할인발행시 유효이자율법에 의해 상각하는 경우 기간 경과에 따라 매기 인식하는 할인발행차금의 상각액은 증가한다.

11 다음 자료를 이용하여 (주)삼일의 20X2년 손익계산서에 계상될 사채상환손익을 계산하면 얼마인가?(단, 소수 첫째 자리에서 반올림한다)

> ㄱ. 액면금액: 1,000,000원
> ㄴ. 발행금액: 950,244원(20X2년 1월 1일 발행)
> ㄷ. 만기: 20X4년 12월 31일
> ㄹ. 액면이자율: 연 8%(매년 말 지급)
> ㅁ. 유효이자율: 연 10%
> ㅂ. 사채발행자인 (주)삼일은 동 사채를 20X2년 12월 31일에 액면이자 지급 후 1,000,000원에 상환하였다. (주)삼일은 사채의 액면금액과 발행금액의 차이를 유효이자율법으로 상각하고 있다.

① 상환손실 34,732원   ② 상환손실 29,756원
③ 상환이익 29,756원   ④ 상환이익 34,732원

MEMO

충당부채, 우발부채 및 우발자산

I 개념

1 충당부채

충당부채란 과거사건이나 거래의 결과에 의한 현재의무로서, 지출의 시기 또는 금액이 불확실하지만 그 의무를 이행하기 위하여 자원이 유출될 가능성이 매우 높고 또한 당해 금액을 신뢰성 있게 추정할 수 있는 의무를 말한다.

2 우발부채

우발부채란 다음의 ① 또는 ②에 해당하는 잠재적인 부채를 말한다.

① 과거사건은 발생하였으나 기업이 전적으로 통제할 수 없는 하나 또는 그 이상의 불확실한 미래사건의 발생 여부에 의해서만 그 존재 여부가 확인되는 잠재적인 의무
② 과거사건이나 거래의 결과로 발생한 현재의무이지만 그 의무를 이행하기 위하여 자원이 유출될 가능성이 매우 높지 않거나, 또는 그 가능성은 매우 높으나 당해 의무를 이행하여야 할 금액을 신뢰성 있게 추정할 수 없는 경우

3 우발자산

우발자산이란 과거사건이나 거래의 결과로 발생할 가능성이 있으며, 기업이 전적으로 통제할 수 없는 하나 또는 그 이상의 불확실한 미래사건의 발생 여부에 의해서만 그 존재 여부가 확인되는 잠재적 자산을 말한다.

Ⅱ 일반기업회계상 회계처리

1 인식

(1) 충당부채

충당부채는 다음의 세 가지 요건을 모두 충족하는 경우에 재무상태표에 부채로 인식한다.

① 과거사건이나 거래의 결과로 현재의무가 존재한다.
② 당해 의무를 이행하기 위하여 자원이 유출될 가능성이 매우 높다.
③ 그 의무의 이행에 소요되는 금액을 신뢰성 있게 추정할 수 있다.

1) 과거사건이나 거래의 결과로 현재의무가 존재한다

현재의무는 보고기간종료일 현재 의무의 이행을 회피할 수 없는 법적의무 또는 의제의무를 뜻한다.

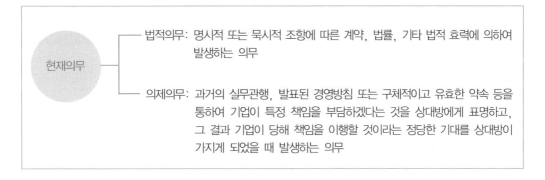

현재의무
— 법적의무: 명시적 또는 묵시적 조항에 따른 계약, 법률, 기타 법적 효력에 의하여 발생하는 의무

— 의제의무: 과거의 실무관행, 발표된 경영방침 또는 구체적이고 유효한 약속 등을 통하여 기업이 특정 책임을 부담하겠다는 것을 상대방에게 표명하고, 그 결과 기업이 당해 책임을 이행할 것이라는 정당한 기대를 상대방이 가지게 되었을 때 발생하는 의무

2) 당해 의무를 이행하기 위하여 자원이 유출될 가능성이 매우 높다

가능성이 매우 높다는 것은 일반적으로 발생확률이 80% 이상인 것을 의미한다.

3) 그 의무의 이행에 소요되는 금액을 신뢰성 있게 추정할 수 있다

충당부채를 재무상태표에 부채로 인식하기 위해서는 신뢰성 있는 추정이 필요하며, 충당부채로 인식하는 금액은 현재의무를 보고기간 말에 이행하기 위하여 소요되는 지출에 대한 최선의 추정치이어야 한다.

예를 들어, 현금유출이 발생 가능한 경우가 여러 가지일 때 충당부채는 각 경우의 현금유출 추정액에 각각의 발생확률을 곱한 금액의 합계금액으로 인식 가능하다.

(2) 우발부채

우발부채는 재무상태표상 부채로 인식하지 않고, 유형별로 그 성격을 주석에 설명하고 가능하면 다음의 내용을 주석에 기재한다.

① 우발부채의 추정금액
② 자원의 유출금액 및 시기와 관련된 불확실성 정도
③ 제3자에 의한 변제의 가능성

의무를 이행하기 위하여 자원이 유출될 가능성이 아주 낮은 경우에는 주석기재를 생략할 수 있으나, 이 경우에도 타인에게 제공한 지급보증 또는 이와 유사한 보증, 중요한 계류 중인 소송사건이 있을 때에는, 그 내용을 주석에 공시해야 한다.

위의 내용을 요약하면 다음과 같다.

금액추정가능성 자원유입가능성	신뢰성 있게 추정가능	추정불가능
가능성이 매우 높음.	충당부채인식	우발부채로 주석공시
가능성이 어느 정도 있음.	우발부채로 주석공시	
가능성이 거의 없음.	공시하지 않음.	공시하지 않음.

* 중요한 계류 중인 소송사건과 보증제공 사항은 의무적으로 주석공시

(3) 우발자산

우발자산은 자산으로 인식하지 아니하고, 상황변화로 인하여 자원이 유입될 것이 확정된 경우에는 그러한 상황변화가 발생한 기간에 관련 자산과 이익을 인식한다.

금액추정가능성 자원유입가능성	신뢰성 있게 추정가능	추정불가능
가능성이 매우 높음.	우발자산으로 주석공시	우발자산으로 주석공시
가능성이 어느 정도 있음.	공시하지 않음.	공시하지 않음.

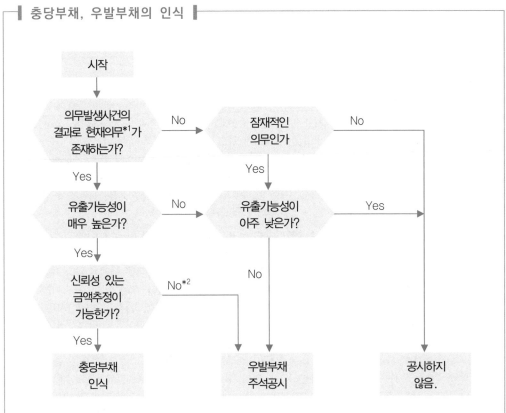

충당부채, 우발부채의 인식

*1 현재의무가 발생하였는지의 여부가 명확하지 않은 경우에도 모든 이용가능한 증거를 통하여 보고기간종료일 현재
    의무의 발생 가능성이 매우 높다고 판단되면 과거의 사건이나 거래의 결과로 현재의무가 발생한 것으로 본다.
*2 아주 드물게 발생함.

다음 각각의 사례들에 대한 회계처리 방법을 설명하면 다음과 같다.

(일반기업회계기준 적용사례)

사례 1 ㈜민국은 제품 구입 후 12개월 이내에 발생하는 제조상의 결함이나 다른 명백한 결함에 따른 하자에 대하여 제품보증을 실시하고 있다. 만약 20X0년도에 판매된 제품에서 중요하지 않은 결함이 발견된다면 12억 원의 수리비용이 발생하게 되고, 치명적인 결함이 발생하게 되면 48억 원의 수리비용이 발생하게 될 것으로 예상된다. 기업의 과거 경험과 미래 예측의 결과, 판매된 제품의 75%에는 하자가 없을 것으로 예상되며 제품의 20%는 중요하지 않은 결함이 발생될 것으로 예상되고 5%는 치명적인 결함이 있을 것으로 예상된다. 이와 같은 사례에서 최선의 추정치는 4.8억 원(75%×0 + 20%×12억 원 + 5%×48억 원)으로 계산될 수 있다.

사례 2 하나의 현재의무를 이행하기 위한 현금유출이 여러 가지 금액으로 추정될 수 있는 경우에는 그 중 발생확률이 가장 높은 추정금액으로 충당부채를 인식할 수 있다. 다만, 그 밖의 발생 가능한 추정금액 대부분이 발생확률이 가장 높은 추정금액보다 더 큰(더 작은) 경우에는 발생확률이 가장 높은 추정금액보다 더 큰(더 작은) 추정금액이 최선의 추정치가 될 수 있다. 예를 들면, 어떤 기업이 수주한 공사를 완성한 이후에 하자보수를 한 번(1,000,000원 소요)에 그칠 확률이 10%이고 2회(1,500,000원)에 걸쳐 하자보수할 확률이 20%, 3회(1,700,000원)가 50%, 4회 이상(2,000,000원)이 20%라면, 충당부채는 발생확률이 가장 높은 단일추정금액인 1,700,000원으로 설정할 수 있다. 그러나 어떤 기업이 수주한 공사를 완성한 이후에 하자보수를 한 번(1,000,000원 소요)에 그칠 확률이 30%이고, 2회(1,500,000원)에 걸쳐 하자보수할 확률이 25%, 3회(1,700,000원)가 25%, 4회 이상(2,000,000원)이 20%라면, 하자가 발생하여 하자보수를 하여야 하는 경우에 1,000,000원을 지출하여 단 한 번에 하자보수를 완전하게 완료할 확률이 가장 높다고 하더라도 충당부채는 1,000,000원보다 더 큰 금액으로 설정하여야 한다.

사례 3 환불정책

　　㈜남북은 가방 도소매점이다. ㈜남북은 법적의무가 없음에도 불구하고 제품에 대해 만족하지 못하는 고객에게 환불해 주는 정책을 펴고 있으며, 이러한 사실은 고객에게 널리 알려져 있다.
　　• 과거의 의무발생사건의 결과로 현재의무가 있는가?
　　　의무발생사건은 상품의 판매이며 기업에게 의제의무가 있다. 왜냐하면 기업의 행위에 따라 기업이 환불해 줄 것이라는 정당한 기대를 고객이 가지게 되었기 때문이다.
　　• 의무이행을 위한 자원의 유출 가능성이 매우 높은가?
　　　환불을 받기 위해 반품된 금액 중 일정 비율만큼 자원의 유출 가능성이 매우 높다.
　　• 환불원가에 대한 최선의 추정치로 충당부채를 인식한다.

사례 4 보고기간 말 이전에 아직 이행되지 않은 부서 폐쇄 계획의 경우

　　20X1년 12월 2일에 이사회는 한 부서를 폐쇄하기로 결정했다. 보고기간 말 이전에 이러한 결정의 영향을 받는 어떤 누구에게도 결정내용이 전달되지 않았고, 그 결정을 이행하기 위한 절차를 아직 착수하지 않았다.
　　• 과거의 의무발생사건의 결과로 현재의무가 있는가?
　　　어떠한 의무발생사건도 없었으므로 현재의무도 없다.

• 충당부채를 인식하지 않는다.

사례 5 보고기간 말 이전에 부서 폐쇄계획에 관하여 의사소통과 이행에 착수한 경우

20X1년 12월 2일에 이사회는 특정제품을 제조하는 부서를 폐쇄하기로 결정했다. 20X1년 12월 20일에 이사회는 이 부서의 폐쇄에 관한 세부계획을 승인하였다. 지금까지 당해 부서에서 생산한 제품을 구매하던 고객에게는 부서폐쇄계획과 다른 공급업체를 물색하도록 통지하였으며 해당 부서의 종업원에게도 부서폐쇄계획을 알려주었다.

• 과거의 의무발생사건의 결과로 현재의무가 있는가?

의무발생사건은 그 의사결정을 고객 및 종업원들에게 알림으로써 발생되었다. 따라서 그와 같은 의사소통이 있었던 날부터 의제의무가 있다. 왜냐하면, 그 부서가 폐쇄될 것이라는 정당한 기대를 관련자들이 가지게 되었기 때문이다.

• 의무이행을 위한 자원의 유출 가능성이 매우 높은가?

가능성이 매우 높다.

• 20X1년 12월 31일에 그 부서의 폐쇄원가에 대한 최선의 추정치로 충당부채를 인식하여야 한다.

사례 6 법규정에 의한 공해여과장치 설치

새로이 제정된 법률에서는 20X1년 6월 30일까지 공장에 공해여과장치를 설치하도록 규정하고 있다.

– 20X0년 12월 31일

• 과거의 의무발생사건의 결과로 현재의무가 있는가?

법률에서 규정한 공해여과장치의 설치비나 벌과금에 대하여 과거사건의 결과로서의 현재 의무는 없다.

• 공해여과장치의 설치비에 대한 충당부채를 인식하지 않는다.

– 20X1년 12월 31일

• 과거의 의무발생사건의 결과로 현재의무가 있는가?

의무발생사건인 공해여과장치의 설치가 없었으므로 공해여과 장치의 설치비에 대하여 현재의무는 없다. 그러나 의무발생사건인 법률규정 위배 사실이 발생하였으므로 법률규정에 의한 벌과금에 대한 의무는 발생할 수 있다.

• 의무이행을 위한 자원의 유출 가능성이 매우 높은가?

법률 위배에 따른 벌과금의 발생 가능성은 법률규정의 내용과 법 집행기관의 정책을 고려하여 판단한다.

• 공해여과장치의 설치비에 대한 충당부채를 인식하지 않는다. 한편, 벌과금의 부과 가능성이 매우 높은 경우에는 벌과금에 대한 최선의 추정치로 충당부채를 인식한다.

사례 7 손실부담계약

(주)남해는 운용리스 조건으로 임차한 공장에서 수익성 있는 사업을 운영해오다가 20X1년 12월 중에 다른 장소의 새로운 공장으로 이전하였다. 구 공장시설에 대한 리스계약은 앞으로 4년간 해지할 수 없으며 다른 사용자에게 재리스할 수도 없다.

• 과거의 의무발생사건의 결과로 현재의무가 있는가?

의무발생사건은 리스계약을 체결한 사건이며 따라서 법적의무가 있다.

• 의무이행을 위한 자원의 유출 가능성이 매우 높은가?

리스계약이 손실부담계약의 조건을 충족하게 되었으므로 자원의 유출 가능성이 매우 높다.

- 애초 리스계약이 손실부담계약이 되기 이전에는 리스회계를 적용하는 것이나, 일단 손실부담계약이 되면 회피할 수 없는 리스료부담액에 대한 최선의 추정치로 충당부채를 인식한다.

사례 8 법적 소송

(주)서해는 예식장 부근에서 대형 음식점을 경영하고 있다. 20X0년 X월 X일에 음식물에 포함된 독극물 영향인지는 확실하지 않으나 결혼식 직후 10명이 사망했다. (주)서해는 20X0년 말 현재, 고객이 제소한 손해배상청구 소송의 피고로 재판을 받고 있으며 책임이 있는지의 여부에 대해 원고와 다투고 있다. 20X0년 12월 31일로 종료되는 회계연도의 재무제표가 승인되는 시점까지 법률고문은 기업이 법적의무를 지지 않을 가능성이 매우 높다고 조언하였다. 그러나 기업이 20X1년 12월 31일의 재무제표를 작성할 때 법률고문은 소송이 불리하게 진행됨에 따라 기업이 법적의무를 부담할 가능성이 매우 높다고 조언하였다.

- 20X0년 12월 31일
- 과거의 의무발생사건의 결과로 현재의무가 있는가?
  재무제표가 승인되기까지 이용 가능한 증거를 바탕으로 판단할 때 과거사건의 결과로서의 현재의무는 없다.
- 충당부채를 인식하지 않는다. 소송결과에 따른 자원의 유출 가능성이 거의 없는 경우에도 그 내용을 주석에 기재한다.
- 20X1년 12월 31일
- 과거의 의무발생사건의 결과로 현재의무가 있는가?
  이용 가능한 증거에 의하면 현재의무가 있다.
- 의무이행을 위한 자원의 유출 가능성이 매우 높은가?
  가능성이 매우 높다.
- 의무를 이행하기 위한 금액에 대한 최선의 추정치로 충당부채를 인식한다.

2 측정

(1) 최선의 추정치

충당부채로 인식하는 금액은 현재의무의 이행에 소요되는 지출에 대한 보고기간종료일 현재의 최선의 추정치이어야 한다. 최선의 추정치는 보고기간종료일 현재 시점에 의무를 직접 이행하거나 이해관계가 없는 제3자에게 이전시키는 경우에 지급하여야 하는 금액이다.

(2) 불확실성

충당부채로 인식하는 금액에 대한 최선의 추정치는 관련된 사건과 상황에 대한 불확실성이 고려되어야 한다.

(3) 현재가치

충당부채의 명목금액과 현재가치의 차이가 중요한 경우에는 의무를 이행하기 위하여 예상되는 지출액의 현재가치로 평가한다.

현재가치 평가에 사용하는 할인율은 그 부채의 고유한 위험과 화폐의 시간가치에 대한 현행 시장의 평가를 반영한 세전 이율이다. 이 할인율에 반영되는 위험에는 미래 현금흐름을 추정할 때 고려된 현금흐름 자체의 변동위험은 포함되지 아니한다. 또한, 애초에 사용한 할인율이나 매 보고기간 말 현재 최선의 추정치를 반영한 할인율 중 한 가지를 선택하여 보고기간 말 현재 충당부채를 산출한다.

(4) 자산의 예상처분차익

충당부채를 발생시킨 사건과 밀접하게 관련된 자산의 처분차익이 예상되는 경우에도 당해 처분차익은 충당부채 금액을 측정할 때 고려하지 아니한다.

(5) 충당부채의 변제

기업이 의무이행을 위하여 지급한 금액을 제3자가 보험약정이나 보증계약 등에 따라 보전하여 주거나, 기업이 지급할 금액을 제3자가 직접 지급하는 경우 제3자가 변제할 것이 확실한 경우에 한하여 그 금액을 자산으로 인식하고, 수익에 해당하는 금액은 충당부채의 인식에 따라 손익계산서에 계상될 관련 비용과 상계한다. 다만, 자산으로 인식하는 금액은 관련 충당부채 금액을 초과할 수 없다.

변제가능성	현재의무 없음	현재의무 존재함
확실함.	인식하지 않음.	별도의 자산으로 인식하고 비용과 상계함(관련 자산은 충당부채를 초과할 수 없으며 변제액은 주석공시).
확실하지 않음.	인식하지 않음.	변제가능성을 주석으로 공시함.

3 특수한 상황

(1) 손실부담계약

손실부담계약이란 당해 계약상의 의무에 따라 발생하는 회피 불가능한 원가가 그 계약에 의하여 받을 것으로 기대되는 효익을 초과하는 계약을 말하며, 이러한 손실부담계약을 체결한 경우에는 관련된 현재의무를 충당부채로 인식한다.

여기에서 회피 불가능한 원가는 다음의 ①과 ② 중 적은 금액으로서, 계약을 이행하기 위한 최소 원가를 말한다.

① 계약을 이행하기 위하여 소요되는 원가
② 계약을 이행하지 못하였을 때 지급하여야 할 보상금 또는 위약금

(2) 구조조정

구조조정이란 사업부 매각 또는 폐쇄, 이전, 조직구조변경 등과 같이 경영자의 계획과 통제 하에 사업의 범위 또는 사업수행방식을 중대하게 변화시키는 일련의 절차를 말한다.

이러한 구조조정과 관련된 의제의무로서 충당부채의 인식요건을 모두 충족하는 경우에는 재무상 태표상 충당부채로 인식한다. 구조조정에 대한 의제의무는 다음의 요건을 모두 충족하는 경우에 발생된다.

1) 구조조정에 대한 공식적이며 구체적인 계획

① 구조조정 대상이 되는 사업
② 구조조정의 영향을 받는 주사업장 소재지
③ 구조조정에 소요되는 지출 내용
④ 구조조정계획의 이행시기

2) 기업이 구조조정 계획의 이행에 착수하였거나 구조조정의 주요 내용을 공표

구조조정의 영향을 받을 당사자가 기업이 구조조정을 이행할 것이라는 정당한 기대를 가져야 한다.

위 요건을 모두 만족한 경우에도 구조조정과 관련하여 직접 발생하여야 하고, 구조조정과 관련하여 필수적으로 발생하는 지출로서 기업의 계속적인 활동과 관련 없는 지출에 해당하는 경우에만 구조조정충당부채로서 인식할 수 있다.

구조조정충당부채로 인식할 수 있는 지출금액	구조조정과 관련하여 직접 발생하여야 하며, 다음의 요건을 충족함. • 구조조정과 관련하여 필수적으로 발생하는 지출 • 기업의 계속적인 활동과 관련없는 지출
구조조정충당부채로 인식할 수 없는 지출금액	• 계속 근무하는 직원에 대한 교육 훈련과 재배치 • 마케팅 • 새로운 제도와 물류체제의 구축에 대한 투자

4 충당부채의 유형

(1) 제품보증충당부채

제품보증은 판매자가 구매자에게 제품의 품질, 성능, 수량 등에 결함이 있을 경우 이에 대한 수리 또는 보상을 해주겠다는 약정으로 판매촉진수단으로 많이 이용하고 있다. 이에 대한 비용은 발생 시마다 비용으로 처리하는 경우와 판매시점에서 미래에 발생할 금액을 추정하여 판매한 기간에 비용으로 인식한 후 판매보증충당부채를 설정하는 방법이 있는데, 매출이 이루어진 기간에 판매보증충당부채를 설정하는 후자가 수익·비용대응의 원칙에 보다 부합하는 방법이다.

예제

전자제품을 판매하는 (주)삼일은 판매 후 1년간 판매한 제품에서 발생하는 결함을 무상으로 수리하여 주고 있다. 과거의 판매경험에 의하면 보증비용은 매출액의 10%만큼 발생할 것으로 예상한다. 다음은 (주)삼일의 각 회계연도 매출액과 실제 발생한 제품보증비용이다.

	20X1년	20X2년
매출액	100억 원	150억 원
제품보증비 발생액		
−20X1년	3억 원	6억 원
−20X2년	−	4억 원

1. (주)삼일의 20X1년과 20X2년의 제품보증충당부채금액은 얼마인가?
2. 20X1년과 20X2년 (주)삼일의 회계처리를 하시오(단, 전액 현금매출 가정).

1. 제품보증충당부채계상액

	20X1년	20X2년
매출액	100억 원	150억 원
제품보증비 예상액	10억 원	15억 원
제품보증비 발생액	3억 원	4억 원
제품보증충당부채	7억 원*[1]	11억 원*[2]

*[1] 100억 원 × 10% − 3억 원 = 7억 원
*[2] 150억 원 × 10% − 4억 원 = 11억 원

2. 회계처리

〈20X1년〉

① 판매시

  (차) 현금   100억 원   (대) 매출 100억 원

② 보증비 발생시

  (차) 제품보증비   3억 원   (대) 현금 3억 원

③ 결산시

  (차) 제품보증비   7억 원   (대) 제품보증충당부채   7억 원

〈20X2년〉

① 판매시

  (차) 현금   150억 원   (대) 매출 150억 원

② 보증비 발생시

  (차) 제품보증충당부채   7억 원   (대) 현금 10억 원
     제품보증비   3억 원

③ 결산시

  (차) 제품보증비   11억 원   (대) 제품보증충당부채   11억 원

(2) 반품충당부채

거래 이후에도 판매자가 소유에 따른 위험의 대부분을 부담하는 반품가능 판매의 경우에는, ① 판매가격이 사실상 확정되었고, ② 구매자의 지급의무가 재판매 여부에 영향을 받지 않으며, ③ 판매자가 재판매에 대한 사실상의 책임을 지지 않고, ④ 미래의 반품금액을 신뢰성 있게 추정할 수 있다는 조건들이 모두 충족되지 않는 한 수익을 인식할 수 없다.

수익을 인식하는 경우에는 반품추정액을 수익에서 차감한다. 고객이 한 제품을 유형, 품질, 조건, 가격이 모두 같은 제품으로 교환하는 경우에는 이장의 적용 목적상 반품으로 보지 않는다.

상기 조건을 충족하여 수익으로 인식하는 반품가능판매의 경우, 판매시점에 반품이 예상되는 매출액에 해당하는 금액은 환불충당부채로 설정하고, 보고기간 말마다 반품예상량의 변동에 따라 그 부채의 측정치를 새로 수정하며 그 조정액을 수익(또는 수익의 차감)으로 인식한다.

환불충당부채를 결제할 때 고객에게서 제품을 회수할 기업의 권리는 자산으로 인식한다. 해당 자산을 처음 측정할 때 제품의 직전 장부금액에서 그 제품회수에 예상되는 원가(반품되는 제품이 기업에 주는 가치의 잠재적인 감소를 포함)를 차감한다. 보고기간 말마다 반품될 제품에 대한 예상의 변동을 반영하여 자산의 측정치를 새로 수정한다. 이 자산은 환불충당부채와는 구분하여 표시한다.

심화학습

과거사건에 따른 충당부채 설정 여부
과거사건에 의하여 충당부채를 인식하기 위해서는 그 사건이 기업의 미래행위와 독립적이어야 한다. 예를 들면, 불법적인 환경오염으로 인한 범칙금이나 환경정화비용의 경우에는 기업의 미래행위에 관계없이 그 의무의 이행에 자원의 유출이 수반되므로 충당부채를 인식한다. 반면, 법에서 정하는 환경기준을 충족시키기 위해서 또는 상업적 압력 때문에 공장에 특정 정화장치를 설치하기 위한 비용지출을 계획하고 있는 경우에는 충당부채를 인식하지 아니한다. 공장운영방식을 바꾸어 그 지출을 회피할 수 있다면 그러한 지출은 현재의무가 아니다.

(3) 하자보수충당부채

일반적으로 건설형공사계약은 공사종료 후에 하자보수 의무가 있다. 이런 경우에는 합리적이고 객관적인 기준에 따라 추정된 금액을 하자보수비로 하여 그 전액을 공사가 종료되는 회계연도의 공사원가에 포함하고, 동액을 하자보수충당부채로 계상한다.

하자보수충당부채는 이후 실제로 발생한 하자보수비와 상계하고 그 잔액은 실질적으로 하자보수의 의무가 종료한 회계연도에 환입하며, 하자보수충당부채를 초과하여 발생한 하자보수비는 당해연도의 비용으로 처리한다.

5 기타충당부채

일반기업회계기준에서 별도 장에서 정하고 있는 건설형공사계약, 종업원급여, 리스거래, 금융상품 등은 일반기업회계기준 제14장 '충당부채, 우발부채 및 우발자산'이 적용되지 아니한다. 별도의 장에서 규정하고 있는 충당부채의 예는 다음과 같다.

(1) 공사손실충당부채

건설형공사계약에서 공사와 관련하여 향후 공사손실의 발생이 예상되는 경우에는 예상손실을 즉시 공사손실충당부채로 인식하고 중요 세부내용을 주석으로 기재한다.

당기에 계상하는 공사손실충당부채전입액(추정공사손실)은 잔여공사기간 중에 발생이 예상되는 공사원가의 합계액이 동기간 중 인식될 공사수익의 합계액을 초과하는 금액이며, 공사 전 기간에 걸쳐 예상되는 총공사손실액에 과거 기간 중에 인식한 공사이익이 있을 경우 이를 합계한 금액과 같다. 공사손실충당부채전입액은 당기의 비용으로 처리하고 실제발생공사원가에 부가하여 공사원가로 보고한다.

차기 이후의 공사에서 실제로 손실이 발생한 경우에는 동 손실에 상당하는 금액을 공사손실충당부채 잔액의 범위 내에서 환입하고, 동 환입액은 해당 회계연도의 공사원가에서 차감하여 보고한다.

자세한 내용은 제15장 수익의 인식 '건설형공사계약'에서 다루고 있다.

(2) 퇴직급여충당부채

1) 퇴직일시금 지급제도

① 퇴직일시금 지급제도의 의의

임직원이 퇴직할 경우 퇴직금을 일시에 지급하는 제도를 선택한 경우, 회사는 임직원 퇴직 시에 거액의 퇴직금을 지급하게 된다. 퇴직금은 임직원의 노동력 제공에 대한 대가에 해당하는 것이므로 퇴직금 지급 시 비용으로 인식하는 것은 비용인식 관점(수익비용대응의 원칙·발생주의)과 충당부채인식 관점에서 어긋나므로, 임직원이 노동력을 제공한 기간의 비용으로 인식하여야 한다.

따라서 회사는 임직원의 근속기간에 따라 퇴직금에 해당하는 관련 비용 발생분을 매년 퇴직급여로 계상하여 당기 말 임직원 전원이 퇴직할 경우에 지급하여야 할 퇴직급여전액을 퇴직급여충당부채로 설정해야 한다.

② 퇴직금 및 퇴직급여충당부채의 계산방법

퇴직금은 근로기준법이나 회사의 내부규정에 따라 지급하는데, 기본적인 계산구조는 '평균급여×근속연수'이다. 근로기준법은 계속근로연수 1년에 대하여 30일분 이상의 평균임금을 퇴직하는 근로자에게 지급하도록 규정하고 있다. 여기서 평균임금이라 함은 각종 수당과 상여금을 포함한 금액을 말하며, 연월차수당이나 휴가보상금도 포함된다.

이 규정은 퇴직금의 하한선을 정한 것이기 때문에 사규에서 근로기준법의 규정보다 종업원에게 더 불리한 조건을 정하고 있다면, 회사의 퇴직금지급규정은 효력이 없고 실제 퇴직할 때에는 근로기준법에 의하여 산출된 퇴직금을 지급해야 한다.

그러나 회사의 퇴직금지급규정에서 근로기준법이 보장하는 하한선을 상회하는 금액을 정하고 있다면, 이는 적법할 뿐 아니라 동 규정에 의하여 퇴직금지급의무가 생긴다. 그러므로 매년 퇴직급여충당부채를 설정할 때에도 근로기준법에 의한 금액이 하한선이 되고, 사규에서 그보다 상회하는 조건을 정하고 있다면 그에 따라 설정하여야 한다.

퇴직금의 지급원인인 종업원의 근로제공이 재직기간을 통하여 연속적으로 발생함에 따라서 퇴직금의 액수도 그만큼 증가하게 된다.

③ 퇴직급여충당부채 회계처리

퇴직급여충당부채와 관련한 회계처리는 다음과 같다.

첫째, 결산 수정전 퇴직급여충당부채 잔액을 확인한다. 이는 퇴직급여충당부채 기초잔액에서 당기 중 퇴직자에게 지급한 퇴직금을 차감하여 구한다.

둘째, 당기 말 현재 전 종업원이 퇴직한다고 가정할 경우 지급하여야 할 퇴직금 총액을 구한다. 이 금액이 기말 퇴직급여충당부채 잔액이 되어야 한다.

셋째, 다음의 식을 통해 당기에 추가로 설정해야 할 퇴직급여를 구한다.

퇴직급여＝퇴직급여충당부채 기말잔액−(퇴직급여충당부채 기초잔액−당기 퇴직금지급액)

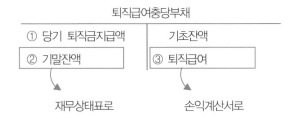

위와 같이 계산된 퇴직급여는 다음과 같이 회계처리한다.

    (차) 퇴직급여   ×××   (대) 퇴직급여충당부채   ×××

④ 퇴직보험제도 회계처리

회사청산이나 부도 등으로 인하여 회사가 퇴직금을 지급하지 못하는 경우에 대비하여 회사가 종업원의 수급권을 보장하기 위하여 퇴직보험 가입제도를 실시해 왔다. 이에 따른 회계처리는 다음과 같다.

㉠ 퇴직보험에 가입한 경우의 회계처리

    ⓐ 퇴직보험료로 납입한 금액에서 보험회사가 사업비로 충당하는 금액을 차감한 잔액을 자산으로 처리한다.

        (차) 퇴직보험예치금   ×××   (대) 현금및현금성자산   ×××
            지급수수료(사업비)   ×××

    ⓑ 이자수익과 특별배당금의 수령은 영업외수익으로 계상하며, 동 금액을 납입할 보험료로 대체할 경우 다음과 같이 회계처리한다.

        (차) 퇴직보험예치금   ×××   (대) 이자수익   ×××

    ⓒ 단체퇴직보험을 퇴직보험으로 전환한 경우

        회사가 종전에 가입했던 단체퇴직보험을 퇴직보험으로 전환한 경우에는 다음과 같이 회계처리한다.

        (차) 퇴직보험예치금   ×××   (대) 단체퇴직보험예치금   ×××

㉡ 퇴직보험의 재무상태표 표시

회사가 종업원의 수급권을 보장하는 퇴직보험에 가입한 경우 퇴직보험예치금은 퇴직급여충당부채에서 차감하는 형식으로 표시한다. 다만, 퇴직보험예치금액이 퇴직급여충당부채를 초과하는 경우의 당해 초과액은 투자자산의 과목으로 표시한다.

한편, 기존의 단체퇴직보험은 중도해지 시 해약환급금에 대한 청구권이 기업에게 있어 종업원퇴직금을 안전하게 지급하는 보험이 아니라는 이유로 인해 폐지되어 추가적으로 보험료를 납입할 수 없게 되었다.

예 제

퇴직급여충당부채

(1) (주)삼일의 20X1년 1월 1일 현재 퇴직급여충당부채의 장부금액은 ₩500,000이며, 당기
중 종업원의 퇴직으로 인하여 지급한 퇴직금은 ₩200,000이다.
(2) (주)삼일의 20X1년 12월 31일 현재 종업원의 현황과 근속연수는 다음과 같다.

	월평균급여	근속연수
진부장	₩30,000	8년
박차장	20,000	6개월
이과장	15,000	1년 6개월
오대리	10,000	5년
김사원	8,000	2년

[요구사항]

1. 20X1년 말 현재 (주)삼일의 퇴직금추계액을 계산하시오.
2. (주)삼일이 20X1년 중에 해야 할 회계처리를 하시오.
3. (주)삼일이 종업원의 수급권을 보장하는 퇴직보험에 가입한 금액이 ₩100,000이라고 할 경
우 퇴직급여충당부채만을 표시하는 부분재무상태표를 작성하시오.

풀 이

1. 퇴직금추계액

	월평균급여	근속연수	퇴직금추계액
진부장	₩30,000	8년	₩240,000
박차장*	20,000		–
이과장	15,000	1년 6개월	22,500
오대리	10,000	5년	50,000
김사원	8,000	2년	16,000
			₩328,500

* 퇴직금은 1년 이상 근무한 종업원에게 지급하는 것으로, 박차장은 1년 미만 근속자이므로 퇴직급여충당
부채를 계상할 필요가 없다.

2. 회계처리

구분	회계처리			
퇴직금지급시	(차) 퇴직급여충당부채	200,000	(대) 현금	200,000
결산시	(차) 퇴직급여　　　　　　 28,500*　　(대) 퇴직급여충당부채　　　28,500 * 328,500−(500,000−200,000)=28,500			

3. 부분재무상태표

부분재무상태표

(주)삼일   20X1년 12월 31일 현재

비유동부채	
퇴직급여충당부채	₩328,500
퇴직보험예치금	(100,000)
	₩228,500

2) 퇴직연금제도의 회계처리

퇴직연금제도란 회사가 근로자의 퇴직급여를 금융기관에 맡겨 운용한 뒤 근로자가 퇴직할 때 연금이나 일시금으로 주는 제도이다. 종전의 퇴직금제도는 우량기업에 종사하는 근로자들이 퇴직 이후를 대비할 수 있는 유효한 수단이었다. 그러나 기업이 도산할 경우 퇴직금을 받을 수 없고, 전체 근로자의 절반 정도만 수혜를 입는다는 단점이 있었다. 또한 근로자의 고령화, 연봉제 확산, 단기근속자 증가, 중간정산제 확산 등 여건이 급변함에 따라 퇴직금제도가 사용자에게는 부담이면서 동시에 근로자에게도 별 도움이 되지 못하는 현상이 발생했다. 이에 근로자들의 퇴직급여 수급권을 보장하고 최근의 금융, 경제환경 변화에 맞는 새로운 제도의 필요성이 커져 퇴직연금제도가 2005년 12월부터 도입되었다. 이에 따라 모든 기업들은 2010년까지는 기존의 퇴직보험제도와 퇴직연금제도를 병행하여 실시할 수 있었다. 그러나 2011년부터 대다수 기업체들이 퇴직연금제도를 채택하고 있으나, 의무적용사항은 아님에 유의하기 바란다.

퇴직연금은 '확정급여형'(DB)과 '확정기여형'(DC)으로 나뉜다. 확정급여형 퇴직연금제도(Defined Benefit : DB)는 근로자가 받을 퇴직급여의 규모와 내용이 사전에 약정되는 제도로서 가입자가 받을 퇴직급여가 미리 확정되고, 회사가 부담할 금액이 운용 실적에 따라 달라진다. 운용에 따른 리스크(위험)나 가입자에 대한 최종 지급책임이 모두 회사 몫이다.

이에 반해 확정기여형 퇴직연금제도(Defined Contribution : DC)는 기업의 부담금이 사전에 확정되는 제도로서 회사가 부담할 금액이 미리 확정되고, 가입자가 받을 퇴직급여는 운용 실적에 따라 달라진다. 회사는 금융기관에 정해진 부담금을 입금하는 것으로 의무가 끝나며, 그 이후 운용에 관한 내용은 모두 가입자가 결정하고 책임진다.

퇴직연금의 종류	종업원 수령액	회사 부담금	회계처리
확정급여형(DB)	확정적 (연금 또는 일시금)	불확정적	부채로 인식
확정기여형(DC)	불확정적	확정적	부채로 인식하지 않음.

　　일반기업회계기준 제21장 종업원급여에 따르면 퇴직연금제도의 도입시 회계처리에 대하여 다음과 같이 설명하고 있다.

① 확정급여형 퇴직연금제도에 가입한 경우의 회계처리

　　㉠ 퇴직급여 관련된 부채의 인식

　　　　ⓐ 종업원이 퇴직하기 전의 경우

　　　　　　보고기간종료일 현재 종업원이 퇴직할 경우 지급하여야 할 퇴직일시금에 상당하는 금액을 측정하여 퇴직급여충당부채로 계상한다.

　　　　　　(차) 퇴직급여　　　　　　×××　　(대) 퇴직급여충당부채　　　×××

　　　　ⓑ 종업원이 퇴직연금에 대한 수급조건 중 가입기간 요건을 갖추고 퇴사하였으며, 퇴직연금의 수령을 선택한 경우

　　　　　　(차) 퇴직급여충당부채　　×××　　(대) 퇴직연금미지급금　　　×××

　　　　　　보고기간종료일 이후 퇴직 종업원에게 지급하여야 할 예상퇴직연금합계액의 현재가치를 측정하여 퇴직연금미지급금으로 계상하는데, 측정치의 변동이 발생한 경우 다음과 같이 회계처리한다.

　　　　　　(차) 퇴직급여　　　　　　×××　　(대) 퇴직연금미지급금　　　×××

　　㉡ 퇴직연금 납입시

　　　　확정급여형퇴직연금제도에서 운용되는 자산은 기업이 직접 보유하고 있는 것으로 보아 회계처리한다. 이 경우 재무상태표에는 운용되는 자산을 '퇴직연금운용자산'으로 표시하고 그 구성내역을 주석으로 공시한다.

　　　　　　(차) 퇴직연금운용자산　　×××　　(대) 현금및현금성자산　　　×××
　　　　　　　　지급수수료(사업비)　　×××

　　㉢ 종업원이 퇴직한 이후에 회사가 연금지급의무를 부담하지 않는 경우

　　　　확정급여형 퇴직연금제도 규약에서 종업원이 연금수령을 선택할 때 회사가 퇴직일시금 상당액을 일시납 연금상품을 구매하도록 정하는 경우 회사는 연금상품을 구매함으로써 연금지급에 관한 책임을 연금상품 제공자에게 이전하게 되므로 회사는 연금 지급의 의무가 없다. 이와 같이 연금지급의 의무를 부담하지 않는 경우 다음과 같이 회계처리한다.

　　　　　　(차) 퇴직급여충당부채　　×××　　(대) 퇴직연금운용자산　　　×××

확정급여형퇴직연금의 재무상태표 표시

부분재무상태표	
비유동부채	
퇴직급여충당부채	×××
퇴직연금미지급금	×××
퇴직연금운용자산	(×××)

단, 퇴직연금운용자산이 퇴직급여충당부채와 퇴직연금미지급금의 합계액을 초과하는 경우에는 그 초과액을 투자자산의 과목으로 표시한다.

② 확정기여형퇴직연금제도에 가입한 경우의 회계처리

확정기여형퇴직연금제도를 설정한 경우에는 당해 회계기간에 대하여 회사가 납부하여야 할 부담금(기여금)을 퇴직급여(비용)로 인식하고, 퇴직연금운용자산, 퇴직급여충당부채 및 퇴직연금미지급금은 인식하지 아니한다.

(차) 퇴직급여   ×××   (대) 현금및현금성자산   ×××

3) 퇴직급여제도 변경

기존의 퇴직금제도에서 확정급여형퇴직연금제도 또는 확정기여형퇴직연금제도로 변경하는 경우 기존 퇴직급여충당부채에 대한 회계처리는 다음과 같다.

① 퇴직급여제도를 변경하면서 기존 퇴직급여충당부채를 정산하는 경우 기존 퇴직급여충당부채의 감소로 회계처리한다.
② 기존의 퇴직금제도에서 과거근무기간을 포함하여 확정급여형퇴직연금제도로 변경하는 경우, 기존 퇴직급여충당부채에 대해 부담금 납부의무가 생기더라도 이는 사내적립액을 사외적립액으로 대체할 의무에 지나지 않으므로 별도의 추가적인 부채로 인식하지 아니하고 납부하는 시점에 퇴직연금운용자산으로 인식한다. 결과적으로 존재하는 퇴직보험예치금이 있는 경우에는 퇴직연금운용자산과 구분하여 퇴직급여충당부채에서 차감하는 형식으로 표시한다.

예 제

확정급여형 퇴직연금(퇴직일시금의 수령)

(1) (주)삼일은 확정급여형 퇴직연금제도를 도입하고 있으며, 20X1년 1월 1일 현재 퇴직급여충당부채와 퇴직연금운용자산의 장부금액은 다음과 같다.

퇴직급여충당부채	퇴직연금운용자산
₩1,000,000	₩1,000,000

(2) 20X1년 중 퇴직한 종업원은 퇴직일시금을 선택하였으며, 퇴직일시금 ₩200,000은 전액을 퇴직연금운용자산에서 충당하였다.
(3) 20X1년 12월 31일 현재 종업원이 퇴직하는 경우 퇴직일시금으로 지급할 금액은 ₩1,200,000이며, 퇴직연금운용자산에 ₩400,000을 추가 출연하였다. 20X1년 12월 31일 퇴직연금운용자산에서 이자수익 ₩40,000이 발생하였으며, 동 이자수익은 퇴직연금운용자산에 포함되었다.

[요구사항]
1. 20X1년의 각 일자에 해야 할 회계처리를 하시오.
2. 20X1년 12월 31일 현재 퇴직급여충당부채를 표시하는 (주)삼일의 부분재무상태표를 작성하시오.

풀 이

1. 회계처리

구분	회계처리		
퇴직금지급시	(차) 퇴직급여충당부채 200,000	(대) 퇴직연금운용자산	200,000
결산시	(차) 퇴직급여 400,000	(대) 퇴직급여충당부채	400,000*
	(차) 퇴직연금운용자산 400,000	(대) 현금	400,000
	(차) 퇴직연금운용자산 40,000	(대) 이자수익	40,000
	*1,200,000−(1,000,000−200,000)=400,000		

2. 부분재무상태표

부분재무상태표

(주)삼일		20X1년 12월 31일 현재	
투자자산		비유동부채	
퇴직연금운용자산	40,000[*2]	퇴직급여충당부채	₩1,200,000
		퇴직연금운용자산	(1,200,000)[*1]
			₩ −

[*1] MIN [1,000,000−200,000+40,000+400,000=1,240,000, 1,200,000]=1,200,000
[*2] 1,240,000−1,200,000=40,000

(1) (주)삼일은 확정급여형 퇴직연금제도를 도입하고 있으며, 20X1년 1월 1일 현재 퇴직급여충
당부채와 퇴직연금운용자산의 장부금액은 다음과 같다.

퇴직급여충당부채	퇴직연금운용자산
₩600,000	₩600,000

(2) 20X1년 12월 31일 종업원이 퇴직하면서 퇴직연금을 선택하였으며, 퇴직연금은 20X2년
12월 31일부터 매년 12월 31일에 ₩30,000씩 지급하며, 보험수리적 가정을 사용하는 경우
향후 3년간 지급할 것으로 예상된다. 20X1년 12월 31일 현재 국공채의 시장이자율은 10%
이며, 10%, 3기간, 연금현재가치계수는 2.4868이다. 퇴직한 종업원과 관련된 퇴직급여충당
부채는 ₩70,000이다.

(3) 20X1년 12월 31일 현재 퇴직하지 않은 종업원이 모두 퇴직하는 경우 퇴직일시금으로 지급
할 금액은 ₩700,000이며, 퇴직연금운용자산에 부족분 ₩174,604을 추가 출연하였다.

[요구사항]
1. 20X1년의 각 일자에 해야 할 회계처리를 하시오.
2. 20X1년 12월 31일 현재 퇴직급여충당부채를 표시하는 (주)삼일의 부분재무상태표를 작성하시오.

풀이

1. 회계처리

구분	회계처리
퇴직연금 선택시	(차) 퇴직급여충당부채 70,000　　(대) 퇴직연금미지급금　　74,604* 　　　퇴직급여　　　　4,604 *30,000×2.4868=74,604
결산시	(차) 퇴직급여　　　　　170,000　　(대) 퇴직급여충당부채　170,000* (차) 퇴직연금운용자산174,604　　(대) 현금　　　　　　174,604 *700,000-(600,000-70,000)=170,000

2. 부분재무상태표

부분재무상태표

(주)삼일	20X1년 12월 31일 현재	
투자자산	비유동부채	
	퇴직급여충당부채	₩700,000
	퇴직연금미지급금	74,604
	퇴직연금운용자산	(774,604)*
		₩ -

* MIN [600,000+174,604=774,604, 700,000+74,604=774,604]=774,604

✅ O, X 퀴즈

01	중요한 계류 중인 소송사건과 보증제공 사항은 의무적으로 주석 공시해야 한다.		

02	우발자산과 우발부채의 경우 발생가능성이 매우 높고 신뢰성 있는 금액의 측정이 가능한 경우에만 재무상태표에 인식한다.		

03	퇴직금의 경우 종업원이 퇴직할 경우 발생하는 비용이므로, 퇴직하기 직전까지는 비용으로 인식할 필요가 없다.		

04	확정급여형 퇴직연금제도에서는 회사가 부담금을 납부할 때 동 납입액을 퇴직급여로 처리하고, 퇴직급여와 관련된 부채는 인식하지 않는다.		

01	○	자원이 유출될 가능성이 거의 없더라도 소송사건 등은 주석 공시해야 한다.
02	×	우발자산과 우발부채의 경우는 주석으로만 공시한다.
03	×	수익·비용대응의 원칙에 의거하여 비용으로 인식하여야 한다.
04	×	확정기여형 퇴직연금제도에 대한 설명이다.

01 다음은 (주)삼일의 퇴직급여와 관련된 회계정보이다. 20X2년 말 (주)삼일의 퇴직급여충당부채 잔액은 얼마인가?

	20X1년	20X2년
12월 31일 퇴직급여충당부채 잔액	30,000원	?
퇴직금 지급액	5,000원	10,000원
손익계산서상 퇴직급여	10,000원	30,000원

① 40,000원
③ 60,000원

② 50,000원
④ 70,000원

02 충당부채는 일정한 요건을 모두 충족하였을 때 재무제표에 부채로 인식된다. 다음 중 충당부채로 인식하기 위한 요건에 해당하지 않는 것으로 가장 올바르게 짝지은 것은?

> ㄱ. 과거 사건이나 거래의 결과로 현재의무가 존재해야 한다.
> ㄴ. 당해 의무로 인하여 기업에 발생할 손실금액이 확정되어야 한다.
> ㄷ. 당해 의무를 이행하기 위하여 자원이 유출될 가능성이 매우 높아야 한다.
> ㄹ. 그 의무의 이행에 소요되는 금액을 신뢰성 있게 추정할 수 있어야 한다.

① ㄴ
③ ㄷ, ㄹ

② ㄱ, ㄴ
④ ㄱ, ㄴ, ㄷ

03 충당부채에 관한 설명으로 옳지 않은 것은?

① 충당부채로 인식하는 금액은 현재의무의 이행에 소요되는 지출에 대한 보고기간종료일 현재의 최선의 추정치이어야 한다.

② 충당부채를 발생시킨 사건과 밀접하게 관련된 자산의 처분이익이 예상되는 경우에는 당해 처분이익을 고려하여 충당부채 금액을 측정한다.

③ 충당부채의 명목금액과 현재가치의 차이가 유의적인 경우에는 의무를 이행하기 위하여 예상되는 지출액의 현재가치로 평가한다.

④ 충당부채로 인식하기 위해서는 현재 의무가 존재하고, 그 의무의 이행으로 인한 자원의 유출 가능성이 매우 높아야 한다.

NEW

04 (주)삼일은 20X1년 초부터 판매한 제품에서 발생하는 결함을 2년간 무상으로 수리해 주기로 하였다. 보증비용이 매출액의 8 % 로 추정되는 경우, 20X1년 말 재무상태표에 제품보증충당부채로 계상되어야 할 금액은 얼마인가?

> ㄱ. 20X1년 매출액 : 100억원
> ㄴ. 20X1년 중 당기 매출분에 대해 3억원의 제품보증비가 발생함

① 3억 원   ② 5억 원

③ 8억 원   ④ 11억 원

05 (주)삼일은 보고기간종료일 현재 전 임직원이 일시에 퇴직할 경우 회사의 퇴직금지급규정에 따라 지급하여야 할 퇴직금추계액을 퇴직급여충당부채로 설정하고 있다.(단, 퇴직금충당부채의 변동은 당기 지급 및 추가 설정 이외에 다른 요인은 없다.)

> • 기초 퇴직급여충당부채 잔액: 30,000,000원
> • 기말 퇴직급여충당부채 잔액: 24,000,000원
> • 당기 말 회사가 행한 회계처리는 다음과 같다.
>   (차) 퇴직급여   8,000,000원   (대) 퇴직급여충당부채   8,000,000

(주)삼일의 당기 중 퇴직금 지급액은 얼마인가?

① 6,000,000원   ② 10,000,000원
③ 12,000,000원   ④ 14,000,000원

06 (주)삼일의 충당부채에 관한 다음 회계처리 중 가장 올바르지 않은 것은?

① (주)삼일은 판매시점으로부터 2년간 품질을 보증하는 조건으로 제품을 판매하여 전기 중에 판매한 제품에 대해 추정한 보증수리비용도 충당부채로 인식하였다.
② (주)삼일은 충당부채를 계상할 때 현재의무의 이행에 소요되는 지출에 대한 보고기간종료일 현재의 최선의 추정치를 산출하였다.
③ (주)삼일은 화재, 폭발 또는 기타 재해에 의한 재산상의 손실에 대비한 보험에 가입하고 있지 않아 이의 멸실에 대비하여 충당부채를 계상하였다.
④ (주)삼일은 충당부채의 명목금액과 현재가치의 차이가 유의적이어서 예상 지출액의 현재가치로 충당부채를 평가하였다.

07 다음은 (주)삼일의 퇴직급여충당부채와 관련된 자료이다. 이 경우 (주)삼일의 20X1년 비용으로 계상될 퇴직급여액은 얼마인가?

ㄱ. 퇴직금추계액

성명	직급	퇴직금추계액		비고
		20X1. 1. 1.	20X1. 12. 31.	
홍한영	사장	50,000,000	57,000,000	
문진성	부장	35,000,000	–	20X2년 중 퇴사
박성은	과장	30,000,000	45,000,000	
계		115,000,000	102,000,000	

ㄴ. 문진성 부장은 20X1년 중 (주)삼일을 퇴사하였으며, 회사는 퇴직금으로 35,000,000원을 지급하였다.

ㄷ. (주)삼일은 매년 말 퇴직금추계액만큼 퇴직급여충당부채를 설정하고 있다.

① 11,000,000원
② 22,000,000원
③ 37,000,000원
④ 47,000,000원

08 다음 중 충당부채 및 우발부채에 관한 설명으로 올바르지 않은 것은?

① 충당부채로 인식하는 금액은 현재의무의 이행에 소요되는 지출에 대한 보고기간종료일 현재의 최선의 추정치이어야 한다.
② 충당부채의 명목금액과 현재가치의 차이가 중요한 경우에는 현재가치로 평가한다.
③ 미래의 예상 영업손실은 충당부채로 인식하지 아니한다.
④ 중요한 계류 중인 소송사건과 보증제공 사항을 반드시 주석으로 공시할 필요는 없다.

09 다음은 항공운송업을 영위하고 있는 삼일항공사의 구조조정 계획과 관련된 자료들이다. 구조조정충당부채로 인식할 금액은 얼마인가?

> 삼일항공사는 국내선 항공사업부를 폐쇄하기로 하고, 구조조정의 영향을 받을 당사자가 구조조정을 이행할 것이라는 정당한 기대를 가질 정도로 구조조정계획의 주요내용을 구체적으로 공표하였다. 구조조정과 관련하여 예상되는 지출이나 손실은 다음과 같다.
>
> ㄱ. 해고대상직원들의 퇴직위로금: 5,000,000원
> ㄴ. 계속 근무하는 직원에 대한 재배치비용: 2,000,000원
> ㄷ. 구조조정과 관련된 자산의 예상처분이익: 1,000,000원

①   0원
② 5,000,000원
③ 7,000,000원
④ 8,000,000원

10 다음 중 퇴직급여충당부채에 관한 설명으로 가장 올바르지 않은 것은?

① 퇴직급여충당부채는 비유동부채로 분류된다.
② 회사의 퇴직금지급규정과 근로기준법에 의한 퇴직금추계액 중 적은 금액이 퇴직급여충당부채로 설정된다.
③ 종업원의 수급권을 보장하는 퇴직보험에 가입한 경우 퇴직보험예치금은 퇴직급여충당부채에서 차감하는 형식으로 표시한다.
④ 현재까지 잔액이 남아 있는 국민연금전환금은 퇴직급여충당부채에서 차감하는 형식으로 표시한다.

MEMO

Chapter 12 이연법인세

I 법인세회계의 의의 및 필요성

법인세회계란 한 기간의 손익계산서에 나타날 법인세비용과 기말재무상태표에 나타날 법인세 관련 자산과 부채를 확정하는 과정으로, 기업의 영업활동(거래)의 결과에 따른 법인세효과를 그 영업활동(거래)이 보고되는 기간과 동일한 기간의 재무제표에 인식하고자 하는 목적을 갖는다.

발생주의 및 공정가치 평가를 적용하는 일반기업회계와 권리의무확정주의 및 역사적 원가를 적용하는 세법 간에 차이가 존재하며, 일반기업회계상 수익·비용과 세법상 익금·손금의 인식방법과 시기에도 차이가 존재하기 때문에 법인세 등 부담세액과 법인세비용 간에 불일치가 발생하게 된다. 이러한 불일치를 조정하는 계정과목이 이연법인세자산(부채)이며, 일반기업회계기준 제22장 '법인세회계'에서 관련 내용을 규정하고 있다.

II 법인세회계

1 용어의 정의

법인세회계에서 사용되는 용어와 관련하여 일반기업회계기준 제22장 '법인세회계'에서는 다음과 같이 정의하고 있다.

(1) 회계이익(회계손실)

일반기업회계기준에 의하여 산출되는 법인세비용차감전순이익(법인세비용차감전순손실)을 말한다.

(2) 과세소득(세무상 결손금)

법인세법에 따라 법인세 부담액을 산출하는 대상소득(결손)을 말한다. 즉, 과세소득(세무상 결손금)이란 회계이익에 익금산입(손금불산입) 항목과 손금산입(익금불산입) 항목을 조정한 이후의 금액을 말한다.

(3) 법인세 부담액

법인세법 등의 법령에 의하여 각 회계연도에 부담할 법인세 및 법인세에 부가되는 세액의 합계액을 말한다. 이는 과세소득에 당해 연도의 법인세율을 곱하여 산출된 법인세와 이에 부가되는 세액(지방소득세 법인세분 등)을 합한 금액을 의미하는 것으로 실제로 납부한 법인세를 의미한다.

(4) 세무기준액

자산·부채의 세무기준액이란 세무회계상 자산·부채의 금액을 의미한다. 즉 자산의 세무기준액이란 해당 자산이 세무상 자산으로 인정되는 금액을 말하고, 부채의 세무기준액이란 해당 부채가 세무상 부채로 인정되는 금액을 말한다.

예를 들어 일반기업회계기준에서는 단기매매증권에 대하여 공정가치법을 적용하여 평가하도록 규정하고 있기 때문에 일반기업회계상 단기매매증권의 장부금액은 공정가치가 된다. 그러나 법인세법에서는 단기매매증권에 대하여 공정가치법을 인정하지 않고, 원가법을 인정하기 때문에 단기매매증권의 세무기준액은 취득원가가 된다. 이와 같이 자산·부채의 일반기업회계상 장부금액과 세무기준액 간에 차이가 있을 수 있다.

(5) 일시적차이

일시적차이란 자산·부채의 일반기업회계상 장부금액과 세무회계상 자산·부채의 금액인 세무기준액과의 차이로서, 다음과 같은 이유로 발생하게 된다.

- 일반기업회계상의 수익과 비용의 인식시점과 세무상의 익금과 손금의 인식시점이 다른 경우
- 자산을 공정가치 등으로 평가하여 그 장부금액은 변동하였으나 세무기준액은 변동하지 않는 경우
- 일반기업회계기준에서는 부채로 인식하지 아니하는 준비금을 세무회계상 부채로 인식하는 경우

이와 같은 일시적차이는 크게 가산할 일시적차이와 차감할 일시적차이로 분류할 수 있다.

1) 가산할 일시적차이

자산·부채가 회수·상환되는 미래 기간의 과세소득을 증가시키는 효과를 가지는 일시적차이를 말한다. 이는 뒤에 언급할 이연법인세부채를 발생시키는 차이에 해당한다.

2) 차감할 일시적차이

자산·부채가 회수·상환되는 미래 기간의 과세소득을 감소시키는 효과를 가지는 일시적차이를 말한다. 이는 뒤에 언급할 이연법인세자산을 발생시키는 차이에 해당한다.

3) 일시적차이로 인하여 이연법인세를 인식하는 경우

이하에서는 일반기업회계기준에 따라 이연법인세를 인식하게 되는 구체적인 예를 통해서 보다 자세하게 살펴본다.

① 재고자산, 유가증권, 유형자산 등 기업활동과 관련된 일반적인 자산의 세무기준액은 미래기간에 세무상 손금(비용)으로 인정될 금액이다. 예를 들어 취득원가 100원의 기계에 대하여 당회계연도 말까지 누적하여 40원의 감가상각액을 인식하였는데, 세무상으로는 누적하여 30원을 손금으로 인정받았다면 기계의 세무기준액은 70원이며 장부금액 60원과의 차이가 차감할 일시적차이이다.
② 선급비용의 경우 일반기업회계상으로는 미래의 비용을 미리 지급한 것이기 때문에 그만큼 자산으로 인식하는 것이나, 세무상 현금주의를 적용하여 당기에 지급된 금액이 전액 당기의 세무상 손금으로 인식되는 경우라면 세무상으로는 미래의 비용을 미리 지급한 것이 아니기 때문에 세무상 자산은 존재하지 않는다. 따라서 이 경우 일반기업회계에서 자산으로 인식하는 선급비용의 세무기준액은 영(0)이 되며, 가산할 일시적차이가 존재하게 된다.

③ 미수수익의 경우 일반기업회계상으로는 당기에 발생한 수익을 아직 현금으로 회수하지 못한 것이므로 그만큼 자산으로 인식하는 것이나, 세무상 현금주의를 적용하여 당기에 현금으로 회수한 금액만을 당기의 세무상 익금(수익)으로 인식하는 경우라면 세무상으로는 회수 못한 당기수익은 없는 것이기 때문에 세무상 자산은 존재하지 않는다. 따라서 이 경우 일반기업회계상 자산으로 인식하는 미수수익의 세무기준액은 0이 되며, 가산할 일시적차이가 존재하게 된다.

④ 대여금과 같은 자산은 일반기업회계상 장부금액이 그대로 세무상 자산으로 인정되므로 세무기준액은 장부금액과 일치한다. 다만, 대여금 등에 대하여 대손을 인식하는 경우에는 취득원가에서 세무상 대손비용으로 인정된 금액(세무상 대손충당금)을 차감한 금액이 세무기준액이 되며 그 금액이 장부금액과 다를 수 있다. 예를 들어 연말에 대여금 20,000원에 대하여 1,000원(5%)의 대손충당금을 설정하였지만 세무상으로는 200원(1%)만 당기의 대손상각비로 인정되는 경우(즉, 대손상각비로 인식한 1,000원 중 800원이 손금불산입된 경우), 대여금의 일반기업회계상 장부금액은 19,000원이지만 세무기준액은 19,800원이 되어 800원의 차감할 일시적차이가 존재하게 된다.

2 이연법인세자산과 이연법인세부채

일반기업회계기준에서는 자산·부채의 장부금액과 세무기준액의 차이인 일시적차이에 대하여 원칙적으로 이연법인세를 인식하도록 규정하고 있다. 그러나 자산·부채의 장부금액과 세무기준액에 차이가 난다고 하여 모두 이연법인세 회계를 적용하는 것은 아니다. 즉, 일시적 차이로 인하여 미래 과세소득을 증가 또는 감소시켜 미래 기간의 법인세부담액을 가산 또는 차감시키는 경우에만 이연법인세회계를 적용하는 것이다. 이때 다른 자산·부채의 인식조건과 마찬가지로 '경제적 효익의 유입가능성이 매우 높다'라는 조건도 충족되어야 한다.

(1) 이연법인세자산

차감할 일시적차이의 법인세효과는 향후 과세소득의 발생이 거의 확실하여 미래의 법인세 절감효과가 실현될 수 있을 것으로 기대되는 경우에 인식한다. 이로 인하여 미래의 자산 유출이 감소되기 때문에 자산으로서의 가치가 있다고 본다. 차감할 일시적차이는 미래 법인세 절감효과의 실현가능성 여부를 고려하여야 하는데, 미래 법인세 절감 효과가 실현가능하다고 판단할 수 있는 경우에 한하여 이연법인세자산을 인식한다.

(2) 이연법인세자산의 실현가능성에 대한 매 회계연도 말 평가

이연법인세자산의 실현가능성은 보고기간종료일마다 재검토되어야 한다.

재검토 결과 이연법인세 자산의 법인세절감효과가 실현되기에 충분한 과세소득이 예상되지 않으면 이연법인세자산을 감액시켜야 한다. 그리고 감액된 금액은 향후 충분한 과세소득이 예상되는 경우에 다시 환원하여야 한다. 또한, 매 보고기간종료일마다 과거에 실현가능성이 낮아서 인식하지 아니한 이연법인세자산의 인식가능성에 대하여 재검토하여야 한다.

(3) 이연법인세자산이 계상되는 추가적인 상황

1) 결손금

결손금이 발생하게 되면 차기 이후 회계연도의 이익발생시 법인세부담액이 감소되는 효과가 나타나므로 이연법인세자산을 계상하게 된다. 이월결손금의 법인세효과는 미래에 발생할 과세소득이 이월결손금을 상쇄할 수 있을 때 인식한다. 또한 이월결손금의 법인세효과는 실현가능성이 거의 확실할 때 인식하는 것이 원칙이지만, 당기 이전에 발생한 일시적차이로 인한 이연법인세부채가 존재하거나 당기에 발생한 가산할 일시적차이가 존재하는 경우에는 세법상 이월결손금 공제를 받을 수 있는 기간 내에 소멸되는 일시적차이와 관련된 이연법인세부채를 한도로 인식한다.

2) 이월되는 세액공제

법인세 산출세액에서 직접 차감하는 세액공제 항목 중 최저한세가 적용되어 공제받지 못하고 향후 기간에 걸쳐 산출세액에서 차감할 수 있도록 이월공제되는 경우가 있다. 이러한 이월되는 세액공제액은 이월결손금이 법인세비용에 미치는 영향과 동일한 효과가 있다. 그러므로 이월세액공제액이 발생하게 되면 차기 이후 회계연도의 이익발생시 법인세부담액이 감소되는 효과가 나타나므로 이연법인세자산을 계상하게 된다. 다만, 이월결손금이나 일시적차이를 일으키는 유보사항과는 달리 세액공제액은 전액이 법인세 산출세액에서 직접 차감될 수 있음을 유의한다. 즉, 법인세율을 곱하지 않고 이월세액공제액을 이연법인세자산 금액으로 계상하면 된다.

(4) 이연법인세부채

가산할 일시적차이가 발생하면 미래 과세소득이 증가하게 되어 미래 법인세부담액을 증가시킨다. 이로 인하여 미래 자산 유출이 증가하게 되어 이를 이연법인세부채로 계상하는 것이다. 그리고 이연법인세자산과는 달리 이연법인세부채의 경우에는 보수주의에 따라 실현가능성을 검토하지 않고, 바로 부채로 계상한다.

이연법인세자산 / 부채의 발생

	이연법인세자산	이연법인세부채
발생원인	차감할 일시적차이 결손금, 이월되는 세액공제	가산할 일시적차이
실현가능성 검토 여부	항상 검토함.	검토의 필요가 없음

3 이연법인세자산(부채)의 측정

이연법인세자산(부채)은 보고기간 말 현재까지 확정된 세율에 기초하여 당해 자산이 회수되거나 부채가 상환될 기간에 적용될 것으로 예상되는 시점의 세율을 적용하여 측정한다. 이 경우 세율이나 세법이 변경되거나 관련 자산의 예상되는 회수방법이 변경되는 경우에는 이를 적절하게 반영하여 재측정한다.

또한 현재가치평가를 하기 위해서는 일시적차이가 소멸되는 회계연도를 예측해야 하는데, 이는 현실적으로 불가능하다. 따라서 이연법인세자산(부채)은 보고기간종료일로부터 1년 초과시점에 실현되는 경우에도 현재가치로 평가하지 않는다.

4 법인세비용의 계산절차

손익계산서에 계상될 법인세비용은 법인세부담액에 이연법인세자산(부채)을 가감한 금액이다. 따라서 우선 법인세부담액을 먼저 계산해야 한다. 다음은 손익계산서에 계상될 법인세비용을 도출하는 절차이다.

1단계 : 과세소득에 당기명목법인세율을 곱하여 법인세부담액을 계산한다.

> 법인세부담액＝과세소득 × 당기명목법인세율

• 2단계 : 당기 말 재무상태표에 계상될 이연법인세자산(부채)을 계산한다.

> 당기 말 현재의 이연법인세자산(부채)
> ＝당기 말 현재 인식대상 누적 일시적차이 × 일시적차이가 소멸되는 기간의 예상평균법인세율

- 3단계 : 이연법인세자산(부채)의 당기변동액을 계산한다. 당기 말 현재의 이연법인세자산(부채)에서 전기 말 현재의 이연법인세자산(부채)을 차감하면 당기변동액이 도출된다.

- 4단계 : 손익계산서에 계상될 법인세비용을 도출한다.

법인세비용 = 당기법인세부담액 ± 이연법인세자산(부채)의 당기변동액

예 제

(주)삼일은 20X1년 1월 1일에 현금 ₩1,000,000을 지급하여 기계장치를 취득하였다. (주)삼일은 동 기계장치에 대하여 내용연수 4년, 잔존가치없이 연수합계법으로 감가상각한다(그러나 법인세법상으로 동 기계장치에 대해서는 정액법으로 감가상각해야 한다고 가정). 20X1년부터 (주)삼일의 연도별 법인세비용차감전순이익은 ₩3,000,000으로 동일하게 발생할 것으로 합리적으로 예상된다. 또한 (주)삼일에 적용되는 예상(명목, 평균) 법인세율은 30%이다. (주)삼일의 연도별 수행할 법인세 관련 회계처리를 표시하시오.
(단, 감가상각 이외의 세무조정사항은 없으며 20X1년 1월 1일 이전에 발생한 일시적차이는 없는 것으로 가정한다.)

풀 이

① 20X1년

(차) 이연법인세자산　　　　45,000　　　(대) 당기법인세부채　　945,000
　　 법인세비용　　　　　 900,000

* 차감할 일시적차이의 분석은 다음과 같다.

	20X1년 말	20X2년 말	20X3년 말	20X4년 말
자산의 장부금액	₩600,000	₩300,000	₩100,000	₩0
자산의 세무기준액	750,000	500,000	250,000	0
차감할 일시적차이	₩150,000	₩200,000	₩150,000	₩0

차감할 일시적차이의 증가 : ₩150,000(20X1년 말)-0(20X0년 말)
　　　　　　　　　　　　　=₩150,000
당기법인세부채 : (₩3,000,000+₩150,000(차감할 일시적차이))×30%
　　　　　　　　=₩945,000
이연법인세자산의 증가 : ₩150,000(차감할 일시적차이)×30%=₩45,000
법인세비용 : ₩945,000-₩45,000=₩900,000

② 20X2년

(차) 이연법인세자산   15,000   (대) 당기법인세부채   915,000
법인세비용   900,000

차감할 일시적차이의 증가 : ₩200,000(20X2년 말)−₩150,000(20X1년 말)
                =₩50,000
당기법인세부채 : (₩3,000,000+₩50,000)×30%=₩915,000
이연법인세자산의 증가 : ₩50,000(차감할 일시적차이의 증가)×30%
                =₩15,000
법인세비용 : ₩915,000−₩15,000=₩900,000

③ 20X3년

(차) 법인세비용   900,000   (대) 당기법인세부채   885,000
이연법인세자산   15,000

차감할 일시적차이의 감소 : ₩200,000(20X2년 말)−₩150,000(20X3년 말)
                =₩50,000
당기법인세부채 : (₩3,000,000−₩50,000)×30%=₩885,000
이연법인세자산의 감소 : ₩50,000(차감할 일시적차이의 감소)×30%
                =₩15,000
법인세 비용 : ₩885,000+₩15,000=₩900,000

④ 20X4년

(차) 법인세비용   900,000   (대) 당기법인세부채   855,000
이연법인세자산   45,000

차감할 일시적차이의 감소 : ₩150,000(20X3년 말)−0(20X4년 말)
                =₩150,000
당기법인세부채 : (₩3,000,000−₩150,000)×30%=₩855,000
이연법인세자산의 감소 : ₩150,000(차감할 일시적차이의 감소)×30%
                =₩45,000
법인세비용 : ₩855,000+₩45,000=₩900,000

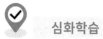

[사례]

다음 주제에 대해 생각해보고, 여러분의 의견을 작성해보세요.

매도가능증권의 경우 일반기업회계상 공정가치로 평가하지만, 세무상으로는 원가법만을 인정하므로 일시적차이가 나타남. 다음 각 상황에 따른 회계처리를 하시오.

– 매도가능증권(주식)을 1,000원에 취득함.

– 연말에 평가차익 100원 발생함: (세율은 30% 가정)

– 다음 연도에 매도가능증권을 1,100원에 처분함.

[풀이]

– 취득시

| (차) 매도가능증권 | 1,000 | (대) 현금 | 1,000 |

– 보고기간 말

(차) 매도가능증권	100	(대) 매도가능증권평가차익	100
법인세비용	30	이연법인세부채	30
매도가능증권평가차익	30	법인세비용	30[기간내 배분]

– 처분시

(차) 현금	1,100	(대) 매도가능증권	1,100
매도가능증권평가차익	70	매도가능증권처분이익	100*
이연법인세부채	30		

– 매도가능증권의 처분이익에 따른 법인세 납부

| (차) 법인세비용 | 30* | (대) 당기법인세부채 | 30 |

* 결국 매도가능증권의 처분연도에 100원의 처분이익과 30원의 법인세비용을 인식하게 됨.

5 이연법인세자산(부채)의 분류와 공시

(1) 재무상태표 공시방법

구분	이연법인세자산	이연법인세부채
재무상태표상 자산항목이나 부채항목과 관련되어 인식하는 이연법인세자산(부채)의 경우	유동자산/기타비유동자산	유동부채/기타비유동부채
	예를 들어 재고자산에서 발생한 일시적차이에 대한 법인세효과는 유동자산(부채)으로 분류하며, 유형자산에서 발생한 일시적차이에 대한 법인세효과는 기타비유동자산(부채)으로 분류한다.	
세무상 결손금에 따라 인식하는 이연법인세 자산과 같이 재무상태표상 자산항목 또는 부채항목과 관련되지 않은 경우	일시적차이의 예상소멸시기에 따라서 유동항목과 기타 비유동항목으로 구분	좌동

동일한 유동 및 비유동 구분 내의 이연법인세자산과 이연법인세부채는 동일한 과세당국과 관련된 경우 각각 상계하여 표시한다.

O, X 퀴즈

01 미래 기간의 과세소득을 감소시키는 효과를 가지는 일시적차이를 조정하는 항목을 이연법인세자산이라고 한다.

02 이연법인세회계는 발생하는 시기에 자산·부채로 인식하는 것이므로, 발생시기의 법인세율을 적용한다.

03 일반기업회계는 발생주의에 따라 수익·비용을 인식하고, 법인세법은 현금주의에 따라 익금·손금을 인식하므로 양자 간에 차이가 발생한다.

04 이연법인세자산·부채는 일시적차이와 영구적차이의 구별없이 모두 인식한다.

05 일반기업회계기준에 의해서 산정된 법인세액은 법인세비용계정으로 손익계산서에 나타난다.

06 결손금은 차기 이후 회계연도의 이익발생시 법인세부담액이 감소되는 효과가 발생하므로 이연법인세부채로 인식한다.

01	○	미래 기간의 과세소득을 증가시키는 효과를 가지는 일시적 차이를 조정하는 항목을 이연법인세 부채라고 한다.
02	×	적정한 자산·부채의 측정을 중요시하여 차이가 소멸될 시기의 법인세율을 적용한다.
03	×	법인세법은 권리의무 확정주의에 따라 익금, 손금을 인식한다.
04	×	일시적 차이에서만 이연법인세자산·부채를 인식한다.
05	○	법인세법에 의해서 산정된 금액이 당기법인세부채계정으로 나타난다.
06	×	실현가능성이 있는 경우 이연법인세자산으로 인식한다.

MEMO

NEW

01 다음 중 이연법인세회계에 관한 설명으로 가장 올바르지 않은 것은?

① 이연법인세자산·부채는 세무조정이 발생한 시점의 세율을 적용하여 측정한다.

② 세무조정 중 일시적차이에 대하여 원칙적으로 이연법인세자산·부채가 인식된다.

③ 일시적차이는 자산·부채의 회계상 장부금액과 세무기준액에 차이가 존재하기 때문에 발생한다.

④ 이월결손금은 미래 법인세부담을 감소시키게 되므로 실현가능성이 있는 경우 이연법인 세자산으로 계상한다.

02 다음 중 이연법인세회계에 관한 설명으로 가장 옳은 것은?

① 이연법인세자산의 실현가능성은 보고기간종료일마다 재검토할 필요는 없다.

② 법인세회계에서는 회계이익과 과세소득의 모든 차이를 이연법인세 계산 대상으로 한다.

③ 동일한 유동 및 비유동 구분 내의 이연법인세자산과 이연법인세부채는 동일한 과세당국과 관련된 경우라도 상계하여 표시할 수 없다.

④ 일시적차이의 법인세효과는 보고기간종료일 현재까지 확정된 세율에 기초하여 당해 자산이 회수되거나 부채가 상환될 기간에 적용될 것으로 예상되는 세율을 적용하여 계상한다.

03 20X1년 사업을 개시한 (주)삼일의 미수이자에 대한 정보는 다음과 같다.

> ㄱ. 20X1년 12월 31일: 미수이자 200,000원 인식
> ㄴ. 적용세율: 20%
> ㄷ. 세법상 미수이자에 대한 귀속시기: 현금을 수령한 때

(주)삼일이 미수이자와 관련하여 20X1년 12월 31일 재무상태표에 계상할 이연법인세자산 또는 이연법인세부채는 얼마인가?

① 이연법인세자산 40,000원   ② 이연법인세부채 40,000원
③ 이연법인세자산 160,000원   ④ 이연법인세부채 160,000원

04 (주)삼일은 20X1년에 영업을 개시하였다. (주)삼일의 20X1년 과세소득과 관련된 다음 자료를 이용하여 20X1년의 법인세비용을 구하면 얼마인가?(단, (주)삼일은 이연법인세회계를 적용한다)

> ㄱ. 법인세비용차감전순이익   10,000,000원
> ㄴ. 가산조정
>   감가상각비한도초과액   1,000,000원
> ㄷ. 과세표준   11,000,000원
> ㄹ. 세율(가정)   20%
>
> [추가자료]
> -법인세율의 변동은 발생하지 않을 것으로 예상되며, 20X1년부터 (주)삼일의 연도별 법인세비용
>   차감전순이익은 10,000,000원으로 동일하게 발생할 것으로 예상된다.

① 1,500,000원   ② 1,800,000원
③ 2,000,000원   ④ 2,200,000원

05 다음은 이연법인세회계와 관련된 (주)삼일 재경실무자들의 대화 내용이다. 이연법인세회계에 대해서 가장 잘못 이해하고 있는 사람은 누구인가?

① 민정: 일시적차이란 자산·부채가 회계상 장부금액과 세무기준액과의 차이가 있기 때문에 발생하는 것입니다.

② 유신: 그러나 자산·부채의 장부금액과 세무기준액에 차이가 난다고 하여 모두 이연법인세 회계를 적용하는 것은 아닙니다.

③ 두현: 차감할 일시적차이의 실현가능성은 보고기간종료일마다 재검토되어야 합니다.

④ 상진: 이월결손금은 미래 법인세부담을 증가시키게 되므로 이연법인세부채로 계상하여야 합니다.

NEW

06 다음은 20X1년 초에 설립된 (주)삼일의 법인세 관련 자료이다. 20X1년 법인세비용은 얼마 인가? (단, 이연법인세자산 또는 이연법인세부채의 인식조건은 충족된다)

- 20X1년 법인세비용차감전순이익이 50,000원이다.
- 세무조정 결과 회계이익과 과세소득의 차이로 인해 가산할 일시적 차이는 10,000원이고, 접대비 한도초과액은 5,000원이다. 다른 세무조정 사항은 없다.
- 20X1년 법인세율은 20 % 이며, 20X2년 이후 법인세율은 30 % 이다.

① 10,000원   ② 12,000원

③ 13,000원   ④ 14,000원

07 다음은 (주)삼일의 법인세 관련 내역이다. 20X1년 손익계산서에 계상될 (주)삼일의 법인세비용은 얼마인가(단, 중소기업회계처리특례는 고려하지 않는다)?

• 20X1년 당기법인세(법인세법상 당기에 납부할 법인세)	1,000,000원
• 20X0년 말 이연법인세부채 잔액	0원
• 20X1년 말 이연법인세부채 잔액	200,000원

① 800,000원　　　　　　　　② 1,000,000원

③ 1,200,000원　　　　　　　④ 1,400,000원

I 자본의 의의

회사의 자산은 크게 두 가지 원천으로부터 조달된다. 바로 부채와 자본이다.

① 채권자가 제공하는 자금: 부채(타인자본)
② 소유주가 제공하는 자금: 자본(자기자본)

기업의 자본은 다음의 식으로 계산된다.

$$자본 = 자산 - 부채$$

자본은 자산에서 부채를 차감한 잔액으로서 회사에 자금을 투자한 소유주의 몫을 나타낸다. 반면 부채로 자금을 조달하는 경우 채권자는 자금을 제공하는 대가로 확정된 청구권을 갖는다.

이에 반해 자본으로 자금을 조달하는 경우 소유주는 확정된 청구권을 갖는 것이 아니고 경영성과에 따라 귀속되는 지분이 달라지는 특성을 지니고 있다. 즉, 이익이 발생하면 자본(소유주지분)이 증가하고 손실이 발생하면 자본이 감소하게 된다.

이 장에서는 소유주지분인 자본에 대하여 살펴보고, 손익계산서상의 이익과 어떻게 연계되는지 알아보자.

II 자본의 분류

개인회사의 경우 자본은 설립 시 출자한 금액과 한 해 동안 벌어들인 이익의 합계로 이루어진다.

$$자본 = 자본금 + \underbrace{(수익 - 비용)}_{이익}$$

한편, 주식회사의 자본은 발생원천에 따라 다음과 같이 구분한다.

자본 = 자본금 + 자본잉여금 + 자본조정 + 기타포괄손익누계액 + 이익잉여금

* 잉여금(剩餘金): 회사의 순자산 즉, 자본 중에서 법정자본금을 초과하는 부분으로서 발생원천에 따라 자본잉여금과 이익잉여금으로 나뉜다.
  자본거래에서 발생 ⇒ 자본잉여금
  손익거래에서 발생 ⇒ 이익잉여금

III 자본금

1 자본금의 의의

주식회사를 설립하기 위해서는 주식을 발행해야 하는데, 이때 발행하는 주식의 액면금액상당액을 자본금이라 하며 다음과 같이 계산한다.

자본금 = 발행주식수 × 1주당 액면금액

2 주식의 종류

상법은 이익배당이나 잔여재산분배 등에 관하여 그 내용이 다른 수종의 주식을 인정하고 있다. 즉, 재산적 내용에 따라 분류하면 재산적 내용에 관하여 상대적인 의미에서 표준이 되는 보통주, 이에 비하여 재산적 내용에 관하여 우선적 지위를 가지는 우선주, 보통주보다 후순위로 배당을 받는 후배주, 이익배당에서는 보통주에 우선하고 잔여재산분배에서는 후순위로 배당하는 혼합주로 구분된다. 또, 주식에 부가된 특성에 따라 분류하면 회사가 일시적 자금조달의 필요에 따라 배당우선주를 발행하지만 일정한 요건하에 이익으로 소각할 수 있는 상환주식, 수종의 주식을 발행하는 경우에 다른 종류의 주식으로 전환할 수 있는 권리가 인정된 전환주식, 정관으로 배당우선주에 대하여 주주에게 의결권이 없는 것으로 규정된 무의결권주식으로 구분된다. 이외에 액면금액의 표시 여부에 따라 주식을 액면주식과 무액면주식으로 나눌 수 있다. 일반기업회계기준상 보통주와 우선주를 자세히 살펴보면 다음과 같다.

(1) 보통주

보통주는 기본적인 소유권을 나타내는 주식으로, 기업의 최종위험을 부담하는 잔여지분의 성격을 갖는 주식을 말한다.

(2) 우선주

우선주는 특정 사항에 관해서 보통주에 비하여 우선적인 권리가 부여된 주식을 말한다.

1) 누적적 우선주

누적적 우선주는 특정 회계연도에 배당을 받지 못하거나 미리 정해진 일정 배당률에 미달하는 경우, 이후 회계연도에 동 배당금액을 우선적으로 지급받을 수 있는 권리가 부여된 우선주를 말한다. 누적적 우선주의 배당금은 배당이 선언된 경우에만 지급의무가 발생하므로, 배당금을 선언하지 않은 경우에는 미지급배당금을 부채로 계상해서는 안된다.

누적적 우선주배당금=우선주자본금×최소배당률×배당금을 수령하지 못한 기간(당기 포함)

---

2) 참가적 우선주

참가적 우선주는 사전에 정해진 배당률을 우선적으로 수령한 후 보통주가 우선주 배당률과 동일한 금액을 배당받는 경우, 동 금액을 초과하여 배당금으로 처분된 금액에 대하여 이익배당에 참여할 권리를 보통주와 동일하게 향유할 수 있는 우선주를 말한다. 참가적 우선주는 배당금의 한도가 정해져 있지 않은 완전참가적 우선주와 배당금의 한도가 정해져 있는 부분참가적 우선주로 나누어진다. 참가적 우선주배당금은 배당금으로 선언된 금액을 초과해서는 안된다.

① 완전참가적 우선주인 경우
    추가배당금＝잔여배당금총액×{우선주자본금/(보통주자본금＋우선주자본금)}
② 부분참가적 우선주인 경우
    추가배당금＝우선주자본금×(부분참가율－우선주배당률)

예제

(주)삼일은 20X1년 1월 1일에 설립된 회사로 설립 시에 보통주와 우선주를 모두 발행하였다. 설립일 이후 자본금의 변동은 없었으며, 20X3년 12월 31일 현재의 보통주자본금과 우선주자본금은 다음과 같다.
보통주자본금(액면 ₩100, 발행주식수 10,000주) ₩1,000,000
우선주자본금(액면 ₩100, 발행주식수 5,000주) ₩500,000
(주)삼일은 설립한 회계연도부터 20X2년 12월 31일로 종료되는 회계연도까지 어떠한 형태의 배당도 없었다. 20X3년 12월 31일로 종료되는 회계연도의 정기주주총회는 20X4년 3월 13일에 개최할 예정이며, 배당금 총액은 ₩150,000의 배당을 선언할 예정이다.
(주)삼일이 발행한 우선주가 다음과 같은 경우 (주)삼일이 배당금으로 선언한 금액을 보통주주와 우선주주에게 배분하시오.
1. 5%, 누적비참가적 우선주
2. 5%, 비누적완전참가적 우선주
3. 5%, 누적완전참가적 우선주

풀이

1. 5%, 누적비참가적 우선주
    (1) 누적적 우선주배당금(과거누적분과 당기분): ₩500,000×5%×3＝₩75,000
    (2) 보통주배당금: ₩150,000－₩75,000＝₩75,000

2. 5%, 비누적완전참가적 우선주
    (1) 최소배당금
        ① 우선주 최소배당금: ₩500,000×5%＝₩25,000
        ② 보통주 최소배당금: ₩1,000,000×5%＝₩50,000

(2) 잔여배당금의 배분
  ① 잔여배당금: ₩150,000−₩25,000−₩50,000=₩75,000

  ② 잔여배당금의 우선주 배분액: $₩75,000 \times \dfrac{₩500,000}{₩500,000+₩1,000,000} = ₩25,000$

  ③ 잔여배당금의 보통주 배분액: $₩75,000 \times \dfrac{₩1,000,000}{₩500,000+₩1,000,000} = ₩50,000$

(3) 배당금 총액
  ① 우선주배당금: ₩25,000+₩25,000=₩50,000
  ② 보통주배당금: ₩50,000+₩50,000=₩100,000

3. 5%, 누적완전참가적 우선주
  (1) 최소배당금
    ① 우선주 과거배당금(누적분): ₩500,000×5%×2=₩50,000
    ② 우선주 최소배당금(당기분): ₩500,000×5%=₩25,000
    ③ 보통주 최소배당금: ₩1,000,000×5%=₩50,000
  (2) 잔여배당금의 배분
    ① 잔여배당금: ₩150,000−₩50,000−₩25,000−₩50,000=₩25,000

    ② 잔여배당금의 우선주 배분액: $₩25,000 \times \dfrac{₩500,000}{₩500,000+₩1,000,000} = ₩8,333$

    ③ 잔여배당금의 보통주 배분액: $₩25,000 \times \dfrac{₩1,000,000}{₩500,000+₩1,000,000} = ₩16,667$
  (3) 배당금 총액
    ① 우선주배당금: ₩50,000+₩25,000+₩8,333=₩83,333
    ② 보통주배당금: ₩50,000+₩16,667=₩66,667

3 주식의 발행

회사는 설립시와 설립 후 필요에 따라 주식을 발행하는데, 이때 자본금계정은 반드시 액면금액으로 기록해야 한다.

주식의 액면금액은 회사의 법정자본금을 의미하는 것이므로, 주주가 불입하는 금액과 반드시 일치하는 것은 아니다.

따라서 액면금액을 초과해서 주식을 발행할 수도 있고, 아주 드물게는 액면금액보다 낮은 금액으로 주식을 발행할 수도 있다.

(1) 액면발행

주식을 액면발행하는 경우에는 액면금액 전액을 자본금계정으로 기록한다.

(2) 할증발행

액면금액을 초과하여 주식을 발행하는 것을 할증발행이라 한다. 이때 액면금액은 자본금으로 처리하고, 이를 초과하는 금액은 주식발행초과금(자본잉여금)으로 처리한다.

(3) 할인발행

주식을 액면금액에 미달하게 발행하는 것을 할인발행이라 한다.

할인발행의 경우 액면금액에 해당하는 금액은 자본금으로 처리하고, 납입금액이 액면금액에 미달하는 부분은 주식할인발행차금(자본조정)으로 처리한다.

(4) 신주발행비

신주발행비란 설립일 이후 추가적으로 주식을 발행하기 위하여 직접 발생하는 비용을 말하는데, 이에는 발행수수료, 증자등기비용, 발행공고비용, 증권인쇄비 등이 있다.

신주발행비 역시 주식발행으로 인해 조달된 현금을 감소시키는 효과가 있으므로 발행금액에서 차감하여야 한다.

즉, 할증발행의 경우에는 주식발행초과금에서 차감하고 할인발행의 경우에는 주식할인발행차금에 가산하여 회계처리한다.

현물출자란 금전 이외의 자산을 출자하여 주식을 배정받는 것으로, 통상 현물출자시에는 영업용 건물이나 토지를 출자하지만 그 대상에 특별한 제한이 있는 것은 아니다. 현물출자의 경우 현금이 개재되지 않으므로 대상자산과 발행주식의 금액을 어떻게 결정할 것인가의 문제가 발생하게 되는데, 일반기업회계기준에서는 현물출자·증여 기타 무상으로 취득한 자산의 금액은 공정가치를 취득원가로 계상하도록 하고 있다. 따라서 현물출자를 받은 기업은 취득한 자산의 공정가치를 결정한 후 주식발행시에 다음과 같이 회계처리하여야 한다.

(차) 현물출자자산(건물, 토지등)	×××	(대) 자본금	×××
		주식발행초과금	×××

상법에서는 자본충실의 원칙에 입각하여 현물출자에 엄격한 제한을 가하고 있는데, 이는 다음과 같은 이유에서다. 현물출자자산을 공정가치보다 높게 평가하는 경우 혼수주식 현상이 일어난다.

이는 회사의 자본을 과대계상함으로써 회사의 재무상태를 실제보다 좋게 보이게 하여 자본충실의 원칙에 위배된다. 그래서 상법에서는 현물출자의 경우 법원의 심사를 받게 하는 등 엄격한 규제를 하고 있다. 한편, 현물출자자산을 공정가치보다 낮게 평가하는 경우 자본이 과소계상되는 비밀적립금 현상이 일어난다. 혼수주식이나 비밀적립금은 자산과 부채를 잘못 평가하는 경우에도 나타나는데 가령, 유형자산의 감가상각비를 과소계상하면 자본이 과대계상되어 혼수주식 현상이 일어나고, 유형자산의 감가상각비를 과대계상하면 자본이 과소계상되어 비밀적립금 현상이 일어난다.

4 유상증자와 무상증자

(1) 유상증자

주식회사는 기업이 발행할 수 있는 주식의 총수를 설립시에 정관에 기재하는데, 이때 발행가능한 주식의 총수를 수권주식수라고 한다. 수권주식수는 회사가 발행할 수 있는 주식의 총수일 뿐, 실제로 발행된 주식수를 의미하는 것은 아니다. 따라서 실제로 발행된 주식의 액면총액이 자본금이 되는 것이다.

유상증자란 이러한 수권주식수 내에서 주주로부터 증자납입금을 직접 징수하여 자본을 증가시키는 것으로서 현금발행, 청약발행, 현물출자 등이 있다.

(2) 무상증자

무상증자는 자본잉여금이나 이익잉여금 중 배당이 불가능한 법정적립금을 자본에 전입하여 자본금을 증가시키는 것을 말한다. 무상증자는 현금의 유입이 없으므로, 기업의 입장에서는 자본의 구성내용만 변경될 뿐 자본총계에는 영향을 미치지 아니한다.

유상증자와 무상증자

구분	유상증자	무상증자
자본금	증가	증가
자본총계	증가	변동없음

Ⅳ 자본잉여금

잉여금이란 회사자산에 대한 주주청구권이 회사의 법정자본금을 초과하는 경우에 그 차액으로 표시되는 부분을 말한다. 이러한 잉여금은 분류하는 관점에 따라 여러 가지로 나누어지고 있으나 그 중 가장 보편적인 분류방법인 발생원천에 따라 분류하는 관점에 따르면 잉여금은 증자활동, 감자활동 및 기타 자본과 관련된 자본거래에서 발생된 자본잉여금과 영업활동과 관련하여 발생한 이익잉여금으로 나누어 볼 수 있다.

일반기업회계기준상 자본잉여금은 재평가적립금과 주식발행초과금 및 기타자본잉여금으로 구별되며, 이들 자본잉여금은 결손보전 및 자본전입의 목적으로만 사용되며 잉여금처분의 대상이 될 수 없다.

1 자본잉여금의 의의

자본잉여금은 자본거래로 인한 자본의 증가분 중 법정자본금(액면금액)을 초과하는 잉여금이다.

자본잉여금은 이익잉여금과는 달리 자본거래에서 발생하므로, 손익계산서를 거치지 않고 직접 자본계정에 가감되는 특징을 가지고 있다.

2 자본잉여금의 분류

자본잉여금은 크게 자본준비금과 재평가적립금으로 구분되고, 자본준비금은 다시 주식발행초과금과 기타자본잉여금으로 분류된다.

자본잉여금은 자본거래로부터 발생하는 잉여금이다. 따라서 자본잉여금은 이익배당의 재원으로는 사용할 수 없고 결손보전이나 자본전입의 목적으로만 사용할 수 있다.

(1) 주식발행초과금

주식발행초과금은 회사의 설립시 또는 증자시에 주식의 액면금액을 초과하여 납입된 금액을 말한다.

(2) 감자차익

감자차익은 자본을 감소하는 과정에서 발생하는 이익으로, 자본감소액이 자본을 감소하는데 소요되는 금액을 초과하는 경우 그 차액을 말한다.

주식회사의 감자에는 유상감자와 무상감자가 있다. 유상감자는 회사가 사업을 축소하는 경우 또는 불필요한 자금을 주주에게 반환하기 위한 경우에 사용되며, 이와 같은 유상감자는 자본이 감소하는 동시에 회사의 순자산도 현실적으로 감소하여 회사의 규모가 축소되므로 자본의 환급 또는 실질상의 자본감소라고도 한다. 이에 비하여 무상감자는 계산상 자본액이 감소하여도 실질적인 회사의 순자산은 감소하지 않기 때문에 명목상의 자본감소 또는 형식상의 자본감소라고도 한다.

일반기업회계상 유상감자, 무상감자를 통한 회계처리를 살펴보면 다음과 같다.

1) 유상감자

발행된 주식을 유상으로 취득하여 소각하는 것을 말하며, 주식의 취득으로 인해 순자산이 감소하므로 실질적 감자이다.

(주)삼일은 자사의 주식 10,000주(1주당 액면금액 ₩5,000)를 1주당 ₩3,500으로 매입소각하다.

(차) 자본금	50,000,000	(대) 현금	35,000,000
		감자차익	15,000,000

2) 무상감자

현금의 유출도 없고 감자 전후의 자본총계도 동일하다는 점에서 감자 후에 자본총계가 감소하는 유상감자와 다르다. 무상감자에는 주식수를 감소시키는 법, 주금액의 감소 등의 방법이 있다.

① 〈주식수의 감소〉

(주)삼일은 당기 중 결손금 ₩70,000,000의 보전을 위하여 자사주식 10주를 8주로 병합하다. 회사의 자본금은 감자 전 ₩500,000,000(1주당 액면금액 ₩5,000, 발행주식수 100,000주)이다.

(차) 자본금	100,000,000	(대) 미처리결손금	70,000,000
		감자차익	30,000,000

② 〈주금액의 감소〉

(주)삼일은 1주당 액면금액 ₩10,000인 자사의 주식 20,000주 전부에 대하여 액면금액 ₩5,000으로 무상으로 감소하기로 하고 회사의 결손금 ₩70,000,000을 보전하기로 하다.

(차) 자본금	100,000,000	(대) 미처리결손금	70,000,000
		감자차익	30,000,000

(3) 자기주식처분이익

자기주식이란 회사가 보유하고 있는 유가증권 중 자사가 발행한 주식을 말한다. 이는 주식을 발행한 회사가 자사발행주식을 매입 또는 증여에 의하여 보유하고 있는 주식을 말하며 재취득주식이라고도 한다. 자기주식의 취득은 상법상 원칙적으로 금지하고 있으나 특별한 경우에는 예외적으로 인정하고 있다. 그러나 자기주식을 불가피하게 취득한 경우라 하더라도 지체없이 이를 소각하거나 매각처분하여야 한다. 이 중 소각목적으로 취득한 자기주식을 소각한 경우에는 감자차손익이 발생하지만, 이를 매각처분한 때에는 자기주식처분손익이 발생하게 된다. 이때 발생되는 자기주식처분이익을 일반기업회계에서는 자본잉여금 중 기타자본잉여금으로 규정하고 있다.

V 자본조정

자본조정이란 당해 항목의 성격으로 보아 자본거래에 해당하나 최종 납입된 자본으로 볼 수 없거나 자본의 가감 성격으로 자본금이나 자본잉여금으로 분류할 수 없는 항목을 의미한다. 예를 들면, 주식할인발행차금, 미교부주식배당금, 자기주식, 배당건설이자, 신주청약증거금 등이 포함된다.

1 주식할인발행차금

주식을 액면금액 이하로 발행한 경우, 액면금액에 미달하는 금액은 주식할인발행차금으로 회계처리한다.

발행금액이 액면금액보다 작다면 그 차액을 주식발행초과금의 범위 내에서 상계처리하고, 미상계된 잔액이 있는 경우에는 자본조정의 주식할인발행차금으로 회계처리한다. 이익잉여금(결손금)처분(처리)으로 상각되지 않은 주식할인발행차금은 향후 발생하는 주식발행초과금과 우선적으로 상계한다.

2 미교부주식배당금

주식배당이란 회사가 이익잉여금을 불입자본에 전입함으로써 신주를 발행하고, 이 주식을 주주의 주식소유비율(지분비율)에 따라서 배정하는 특수한 형태의 배당을 말한다.

주식배당은 회사자금을 사내에 유보하는 효과를 가져오며, 이익은 산출되나 배당할 현금이 부족한 경우에도 배당을 할 수 있는 장점이 있다.

구체적인 회계처리는 "Ⅶ. 이익잉여금 5. 이익잉여금처분계산서 (3) 이익잉여금처분"을 참조하기 바란다.

3 자기주식

자기주식이란 주식회사가 일단 발행한 자기회사의 주식을 다시 취득한 것을 말하며, 이를 금고주(treasury stock) 또는 재취득주식이라고도 한다. 따라서 자기주식은 발행주식의 일부이므로 미발행주식과 구별하여야 한다. 자기주식을 구입하면 취득금액을 자본의 차감계정인 자본조정 항목으로 회계처리한다. 자기주식관련 회계처리는 취득시 취득원가로 기록하고 이를 자기주식의 과목으로 자본조정으로 분류하는 원가법과 취득시 액면금액으로 기록하고 이를 자본금계정에서 차감하는 형식으로 표시하는 액면금액법이 있는데 일반기업회계기준에서는 원가법을 채택하고 있다. 원가법은 자기주식을 취득한 때 그 취득원가로서 자기주식계정에 계상하는 방법으로 여타 일반적인 경우의 자산취득에 관련한 회계처리와 동일하다.

심화학습

개정된 우리사주신탁제도
개정된 우리사주신탁제도(ESOP, 2002년 1월 1일부터 시행)에 의하면 회사가 우리사주조합에 현금 또는 자기주식을 출연할 수 있게 되었다. 한국회계연구원의 질의회신 [02-011]에 따르면 회사가 상여금의 형식으로 근로자복지기본법에 따라 우리사주조합에 출연하는 자기주식에 대해서는 출연시점에서 공정가치로 측정하여 비용으로 회계처리하고, 자기주식 장부금액과의 차액은 자기주식처분손익으로 회계처리하도록 회신하고 있다.

4 신주청약증거금

청약기일이 경과된 신주청약증거금은 신주납입액으로 충당될 금액을 자본조정으로 회계처리하며, 주식을 발행하는 시점에서 자본금과 자본잉여금으로 회계처리한다.

VI 기타포괄손익누계액

"포괄손익"은 일정 기간 동안 주주와의 자본거래를 제외한 모든 거래나 사건에서 인식한 자본의 변동을 말한다. 즉 포괄손익은 주주의 투자 및 주주에 대한 분배 등 자본거래를 제외한 모든 원천에서 인식된 자본의 변동을 말한다. 이와 같이 자본거래 이외의 원천에서 발생한 순자산의 변동으로 측정되는 포괄이익은 손익계산서에 반영되는 당기순손익에 포함된 후 이익잉여금에 영향을 미치는 부분과 손익계산서에 반영되지 않고 재무상태표에 직접 포함되는 부분으로 구분된다.

포괄이익 중 손익계산서에 반영되지 않고 재무상태표에 직접 반영되는 부분을 기타포괄이익(other comprehensive income)이라고 하며, 이는 미실현손익(unrealized gains or losses)의 성격을 가지며 나중에 실현되었을 때 당기순손익에 포함된다. 이러한 기타포괄손익 중 기말 현재 남아 있는 잔액을 기타포괄손익누계액이라 하며 매도가능증권평가손익, 지분법자본변동 등이 여기에 해당한다.

1 매도가능증권평가이익

매도가능증권을 공정가치로 평가함에 따라 발생되는 평가손익은 미실현손익항목으로 보아 기타포괄손익누계액에 계상한다.

매도가능증권평가이익 또는 매도가능증권평가손실은 차기 이후에 발생하는 매도가능증권평가손실 또는 매도가능증권평가이익과 상계하여 표시하고, 당해 유가증권의 처분시 매도가능증권처분이익 또는 매도가능증권처분손실에 차감 또는 부가한다.

2 유형자산 재평가잉여금

유형자산에 대하여 재평가모형을 적용하는 경우, 당해 자산의 재평가이익은 재평가잉여금의 계정으로 하여 기타포괄손익에 반영한다.

3 지분법자본변동

지분법적용투자주식 취득 이후 피투자기업에 대한 순자산지분금액의 변동이 피투자기업의 자본금, 자본잉여금, 자본조정 항목의 증가 또는 감소로 인하여 변동한 경우 지분법적용투자주식의 장부금액 변동액을 표시하는 계정이다.

자본조정과 기타포괄손익누계액

구분	자본조정	기타포괄손익누계액
자본의 부가계정	미교부주식배당, 주식선택권, 신주청약증거금 등	매도가능증권평가이익, 유형자산재평가잉여금, 지분법자본변동 등
자본의 차감계정	주식할인발행차금, 감자차손, 자기주식, 자기주식처분손실, 배당건설이자 등	매도가능증권평가손실, 부의지분법자본변동 등

VII 이익잉여금

1 이익잉여금의 의의

이익잉여금(retained earnings)이란, 유보이익이라고도 불리는 것으로 영업활동이나 재무활동 등 기업의 이익창출활동에 의해 획득된 이익으로서, 사외에 유출되거나 또는 불입자본계정에 대체되지 않고 사내에 유보된 부분을 말한다.

재무상태표상 이익잉여금의 구성항목은 다음과 같다.

① 상법 및 기타 법의 규정에 의해 적립된 이익준비금, 기타법정적립금

② 정관의 규정 또는 주주총회의 결의로 적립된 임의적립금

③ 미처분이익잉여금(또는 처리전결손금)

이익잉여금은 배당의 형식으로 주주에게 분배되거나 사내에 유보시킨 후 결손보전, 사업확장 등의 목적에 사용된다.

2 이익잉여금의 분류

(1) 이익준비금

채권자를 보호하고 회사의 재무적 기초를 견고히 하고자 상법의 규정에 의하여 강제적으로 적립하는 법정적립금이다. 이익준비금은 매 결산기에 이익배당액(주식배당 제외)의 10분의 1 이상을 자본금의 2분의 1에 달할 때까지 적립한다.

(2) 기타법정적립금

조세특례제한법과 유가증권의 발행 및 공시 등에 관한 규정에 의하여 적립하는 이익처분액을 말한다. 이에는 재무구조개선적립금 등이 있다.

(3) 임의적립금

법률에 의하지 않고 회사가 임의적으로 일정한 목적을 위하여 적립하는 것을 말한다. 이에는 사업확장적립금, 감채적립금, 결손보전적립금 등이 있다.

(4) 미처분이익잉여금

이익잉여금 중 처분이 이루어지지 않은 부분은 미처분이익잉여금이라 하는데, 이 경우 이익잉여금 처분에는 주주에 대한 배당이나 배당을 제한하는 효과가 생기는 적립이 있다. 따라서 배당 또는 적립으로 처분되지 않은 이익잉여금이 미처분이익잉여금이 된다.

3 미처분이익잉여금

미처분이익잉여금은 회사의 영업활동에 의하여 이익잉여금이 발생하였으나, 특정목적에 사용하도록 처분되기 전의 잉여금으로서 전기이월미처분이익잉여금에 회계정책의 변경으로 인한 누적효과, 전기오류수정손익, 중간배당액 및 당기순손익을 가감한 금액이다.

(1) 전기이월미처분이익잉여금

전기의 미처분이익잉여금 중 주주총회에서 이익잉여금 처분결의를 하고 남은 이익잉여금이 전기이월미처분이익잉여금이다.

(2) 회계정책의 변경으로 인한 누적효과

변경된 새로운 회계정책을 자산 또는 부채의 해당 계정과목에 소급적용하여 계산된 손익의 누적효과를 미처분이익잉여금에 반영한다.

(3) 전기오류수정손익

전전기 이전에 발생한 오류사항을 비교목적으로 작성하는 전기재무제표에 반영하는 경우에 한한다. 전기에 발생한 오류사항은 전기재무제표를 재작성하면서 자동적으로 수정이 되므로, 미처분이익잉여금 계산시 고려되는 사항은 전전기 이전의 오류사항뿐이다.

(4) 중간배당액

상법 규정에 의하여 연 1회의 결산기를 정한 회사는 영업연도 중 1회에 한하여 이사회의 결의로 일정한 날을 정하여 그날의 주주에 대하여 금전으로 배당을 할 수 있다. 이러한 배당을 중간배당이라고 하며, 기중에 중간배당을 할 경우 이익잉여금과 상계하므로 미처분이익잉여금 계산시에는 중간배당액 만큼을 차감하여야 한다.

(5) 당기순이익

당기순이익은 당기 손익계산서상의 당기순이익과 동일한 금액이다.

(6) 일반기업회계상 회계처리

1) 이월이익잉여금의 대체

미처분이익잉여금은 재무상태표상 전기이월미처분이익잉여금, 회계정책의 변경으로 인한 누적효과, 전기오류수정손익, 중간배당액 및 당기순이익 각각의 합계금액으로 표시된다.
전기이월미처분이익잉여금계정의 잔액을 미처분이익잉여금계정으로 대체하는 회계처리방법은 다음과 같다.

① 전기이월미처분이익잉여금의 대체
(차) 전기이월미처분이익잉여금　　×××　(대) 미처분이익잉여금　　　　×××

2) 회계정책변경으로 인한 누적효과와 전기오류수정손익의 대체

회계정책변경으로 인한 누적효과의 손익은 순액으로 구하여 누적효과가 손실이면 미처분이익잉 여금을 차변에 기록하고, 이익이면 대변에 기록한다.

① 누적효과가 손실일 때

(차) 미처분이익잉여금 ××× (대) 회계정책변경의 누적효과 ×××

② 누적효과가 이익일 때

(차) 회계정책변경의 누적효과 ××× (대) 미처분이익잉여금 ×××

전기오류수정손익은 이익과 손실로 구분하여 각각 기재하도록 하였으므로 전기오류수정손실인 경우에는 전기오류수정손실을 대변에, 미처분이익잉여금을 차변에 기록한다. 손실을 이익잉여금에 대체하는 것이기 때문에 손실항목이 대변에 오는 것이다. 전기오류수정이익인 경우에는 반대로 하면 된다.

① 전기오류손실의 경우

(차) 미처분이익잉여금 ××× (대) 전기오류수정손실 ×××

② 전기오류이익의 경우

(차) 전기오류수정이익 ××× (대) 미처분이익잉여금 ×××

3) 중간배당액의 처리

중간배당액은 이익잉여금과 상계하도록 규정하고 있으므로, 기중에 이익잉여금의 대체가 일어난 다. 중간배당은 현금배당만 인정하므로, 다음과 같이 회계처리를 해야 한다.

(차) 미처분이익잉여금 ××× (대) 현금 ×××

4) 당기순이익의 대체

당기결산시에 수익·비용계정을 마감하기 위하여 집합손익계정을 설정하여 손익계정의 잔액을 모두 대체하여 당기순손익을 계산하게 된다.

이때 계산된 당기순이익은 집합손익계정으로부터 미처분이익잉여금계정으로 다음과 같이 대체처 리하게 된다.

(차) 집합손익 ××× (대) 미처분이익잉여금 ×××

4 임의적립금이입액

임의적립금 등을 이입하여 당기의 이익잉여금처분에 충당하는 경우에는 그 금액을 당기 말미처분이익잉여금에 가산하는 형식으로 기재한다.

임의적립금 등을 이입한다는 의미는 이전에 임의적립금 등으로 처분했던 금액을 다시 미처분이익잉여금으로 계정대체하는 것을 의미하고, 회계처리는 다음과 같다.

(차) 임의적립금등   ×××   (대) 미처분이익잉여금   ×××

5 이익잉여금처분계산서

(1) 의의

이익잉여금은 배당의 형식으로 주주에게 분배되거나 사내에 유보시킨 후 결손보전, 사업확장 등의 목적에 사용된다.

즉, 주식회사가 벌어들인 이익이 어떠한 용도로 처분되며 처분 후 남아있는 이익의 잔액이 얼마인지 알려주기 위하여 작성하는 보고서가 이익잉여금처분계산서이다.

(2) 이익잉여금처분계산서와 결손금처리계산서

일반적인 경우에는 이익잉여금처분계산서가 작성되겠지만, 회사가 결손이 발생한 경우에는 이익잉여금처분계산서 대신에 결손금처리계산서를 작성해야 한다.

1) 이익잉여금처분계산서

이익잉여금처분계산서는 미처분이익잉여금에서 출발하여 임의적립금이입액을 가산하고, 이익잉여금처분액을 차감하여 차기이월이익잉여금을 구하는 방식으로 작성된다. 이때 이익잉여금처분계산서상의 미처분이익잉여금은 다음과 같이 계산된다.

미처분이익잉여금 = 전기이월미처분이익잉여금 ± 회계정책변경의 누적효과 ± 전기오류수정손익
－ 중간배당액 ± 당기순손익

여기서 전기이월미처분이익잉여금은 전기의 이익잉여금처분계산서상의 차기이월미처분이익잉여금과 같은 금액이다. 이렇게 미처분이익잉여금이 구해지면 차기이월미처분이익잉여금은 다음과 같이 계산된다.

차기이월미처분이익잉여금 = 미처분이익잉여금 + 임의적립금이입액 − 이익잉여금처분액

2) 결손금처리계산서

결손금처리계산서의 미처리결손금은 다음과 같이 계산된다.

미처리결손금 = 전기이월미처분이익잉여금(전기이월결손금) ± 회계정책변경의 누적효과
± 전기오류수정손익 − 중간배당액 ± 당기순손익

이렇게 미처리결손금이 구해지면, 차기이월결손금은 다음과 같이 계산된다.

차기이월미처리결손금 = 미처리결손금 − 결손금처리액

① 미처리결손금의 보전

미처리결손금의 보전은 회사 장부상 이미 계상되어 있는 이익잉여금과 자본잉여금을 이입하여 처분하는 형식으로 하게 되며, 일반적으로 잉여금은 회사가 자본전입 및 결손보전을 위하여 주주총회의 결의로 자유롭게 처분할 수 있으나 잉여금 간의 처분순위에 대하여는 일정한 제약이 있다. 결손금의 처리는 다음과 같은 과목의 순서로 한다.

ㄱ 임의적립금이입액
ㄴ 기타법정적립금이입액
ㄷ 이익준비금이입액
ㄹ 자본잉여금이입액

이익잉여금처분계산서			결손금처리계산서		
미처분이익잉여금		×××	미처리결손금		×××
전기이월미처분이익잉여금	×××		전기이월이익잉여금	×××	
(또는 전기이월미처리결손금)			(또는 전기이월미처리결손금)		
회계정책변경의 누적효과			회계정책변경의 누적효과		
전기오류수정손익			전기오류수정손익		
중간배당액			중간배당액		
당기순이익(또는 당기순손실)	×××		당기순이익(또는 당기순손실)	×××	
임의적립금이입액		×××	결손금처리액		×××
×××적립금	×××		임의적립금이입액	×××	
×××적립금	×××		법정적립금이입액	×××	
이익잉여금처분액		×××	자본잉여금이입액	×××	
이익준비금	×××				
기타법정적립금	×××				
주식할인발행차금상각액	×××				
배당금	×××				
현금배당					
주당배당금(률)보통주: 당기××원(%)					
전기××원(%)					
우선주: 당기××원(%)					
전기××원(%)					
주식배당					
주당배당금(률)보통주: 당기××원(%)					
전기××원(%)					
우선주: 당기××원(%)					
전기××원(%)					
사업확장적립금					
감채적립금					
차기이월미처분이익잉여금		×××	차기이월미처리결손금		×××

이익잉여금의 처분은 주주총회에서 확정된다. 단, 예외적으로 중간배당만 이사회 결의로 할 수 있다. 따라서 주주총회에 제출되는 이익잉여금처분계산서는 보고기간종료일 현재 확정되지 아니한 처분안에 불과하므로 주주총회의 결의내용에 따라 변경될 수도 있다.

(3) 이익잉여금처분

이익잉여금의 처분이란 미처분이익잉여금과 임의적립금 등의 이입액 합계로 계상된 처분가능한 이익잉여금을 처분하는 것을 의미하며, 처분은 다음과 같은 과목으로 세분하여 기재한다.

1) 이익준비금적립액

회사가 이익배당(주식배당 제외)을 할 경우에는 상법의 규정에 의하여 이익배당액의 10분의 1 이상의 금액을 이익준비금으로 적립하여야 한다. 다만, 이익준비금의 적립은 이익준비금의 총액이 자본금의 2분의 1에 달할 때까지만 하면 된다.

여기서 "금전에 의한 이익배당액의 10분의 1 이상의 금액"은 이익배당액이 있는 경우에만 이익준비금을 적립할 수 있다는 취지로 규정한 것이 아니고, 이익준비금을 적립할 수 있는 최저한도를 정한 것이라고 할 것이므로 이익이 있는 한 이익준비금은 금전배당이 없는 경우에도 적립할 수 있다. 이익배당액에는 중간배당도 포함한다.

2) 기타 법정적립금적립액

재무구조개선적립금 등과 같이 상법 이외의 법령에 의하여 의무적으로 적립하여야 할 적립금으로 한다.

3) 이익잉여금처분에 의한 상각 등

주식할인발행차금, 자기주식처분이익과 상계하고 남은 자기주식처분손실 잔액, 감자차손 잔액 등은 이익잉여금처분에 의하여 상각한다.

4) 배당금

당기에 처분할 배당액으로 하되 금전에 의한 배당과 주식에 의한 배당으로 구분하여 기재한다. 회사가 이익배당을 할 때는 금전에 의한 배당뿐만 아니라 주식에 의한 배당도 가능하며, 주식에 의한 배당은 이익배당 총액의 2분의 1에 상당하는 금액을 초과하지 못한다. 다만 상장회사의 경우에는 그 전액을 주식배당으로 할 수 있다(주식의 시가가 액면금액을 초과하는 경우에 한한다).

① 현금배당: 현금배당은 현금으로 배당금을 지급하는 것으로 일반적인 형태의 배당이며 적절한 회계처리를 위해서는 배당기준일, 배당결의일, 배당금지급일이 무엇을 뜻하는지 이해해야 한다.

ⓒ 배당기준일: 배당을 받을 권리가 있는 주주들이 결정되는 날이며, 배당기준일이 경과되면 배당권과 주식은 분리되어 거래된다. 따라서 이날 이후의 주식을 배당락된 주식이라 하며 배당기준일은 일반적으로 당해 기업의 결산일이 된다. 배당금은 결산일 이후 이사회와 주주총회를 통해서 결정되므로, 배당기준일에는 아무런 회계처리도 하지 않는다.

ⓒ 배당결의일: 배당결의일이란 보고기간종료일 후에 이사회에서 이익잉여금을 배당으로 승인한 날이다. 다만, 이사회의 승인내용이 주주총회에서 수정·승인된 경우에는 주주총회일이 배당결의일이 된다. 그러나 우리나라에서는 이사회에서 승인된 내용이 주주총회에서 수정없이 확정되는 경우가 대부분이기 때문에 구분하는 것은 실익이 없다. 주식을 발행한 회사는 배당결의일부터 배당금지급에 대한 채무를 부담하므로, 다음과 같은 회계처리가 필요하다.

(차) 미처분이익잉여금　　　　　×××　　(대) 미지급배당금　　　×××

ⓒ 배당금지급일: 배당금으로 결의된 금액을 실제로 지급한 날이며, 유동부채로 계상된 미지급배당금을 현금지급액과 상계한다.

(차) 미지급배당금　　　　　×××　　(대) 현금　　　　　　×××

② 주식배당: 주식을 발행하여 배당하는 것으로, 회사의 순자산이 외부로 유출되지 않으므로 무상증자와 유사하다.

주식배당의 회계처리는 현금배당의 경우 배당금 예정액을 미지급배당금으로 계상하는데 반해 미교부주식배당금의 과목으로 하여 자본조정으로 분류하여야 한다. 자본조정으로 분류된 미교부주식배당금은 실제로 주식을 발행, 교부하는 시점에서 자본금 등으로 대체하여야 한다.

일반기업회계기준에 의한 회계처리는 다음과 같다.

• 주식배당결의일의 분개

(차) 미처분이익잉여금　　　　　×××　　(대) 미교부주식배당금　×××
　　　(배당주식의 액면금액)　　　　　　　　　　(자본조정계정)

• 주식교부일의 분개

(차) 미교부주식배당금　　　　　×××　　(대) 자본금　　　　　×××

예 제

(주)삼일은 20X1년 2월 24일에 주당 액면금액 ₩5,000이고 발행금액이 ₩8,000인 보통주 100주를 배당할 것을 결의하고 20X1년 4월 1일에 주식을 분배하였다. 이와 관련한 분개를 하시오.

풀 이

① 주식배당결의일
   (차) 미처분이익잉여금   500,000   (대) 미교부주식배당금   500,000
② 주식분배일
   (차) 미교부주식배당금   500,000   (대) 자본금   500,000

5) 임의적립금

정관의 규정 또는 주주총회의 결의로 적립된 금액으로서 사업확장적립금, 감채적립금, 배당평균적립금, 결손보전적립금 또는 법인세 등을 이연할 목적으로 적립하여 일정 기간이 경과한 후 환입될 준비금 등으로 한다.

6) 일반기업회계상 회계처리

이익잉여금 처분에 대한 회계처리는 다음과 같다.

(차) 미처분이익잉여금	×××	(대) 이익준비금	×××
		기타법정적립금	×××
		주식할인발행차금등	×××
		미지급배당금	×××
		미교부주식배당	×××
		임의적립금	×××
		차기이월미처분이익잉여금	×××

6 차기이월미처분이익잉여금

차기이월미처분이익잉여금은 미처분이익잉여금에 임의적립금이입액을 가산한 금액에서 이익잉여금처분액을 차감하여 계산한다.

VIII 자본변동표

1 자본변동표의 의의

자본변동표는 자본의 크기와 그 변동에 관한 정보를 제공하는 재무보고서로서, 자본을 구성하고 있는 자본금, 자본잉여금, 자본조정, 기타포괄손익누계액, 이익잉여금의 변동에 대한 포괄적인 정보를 제공해 준다.

상법 등 관련 법규에서 이익잉여금처분계산서의 작성을 요구하는 경우 주석으로 공시하는 이익잉여금처분계산서는 자본 중 이익잉여금의 변동내용만을 나타내기 때문에 다른 자본항목에 대한 변동내용을 파악하기 위해서는 다른 재무제표 및 부속명세시를 참고해야 하지만, 자본변동표는 자본을 구성하고 있는 모든 항목의 변동사항에 대한 정보를 제공하기 때문에 정보이용자에게 보다 목적적합한 정보를 제공할 수 있다. 그리고 손익계산서에서는 나타내지 못하는 자본에 직접 가감되는 항목에 대한 정보, 예를 들어 매도가능증권평가손익과 같은 미실현손익에 대한 정보를 제공함으로써 포괄적인 기업경영성과에 대한 정보를 직·간접적으로 제공하게 된다.

이러한 자본변동표에서 나타내는 기업실체의 자본변동에 관한 정보는 일정 기간 동안에 발생한 기업실체와 소유주(주주) 간의 거래 내용을 이해하고, 소유주에게 귀속될 수 있는 이익 및 배당가능이익을 파악하는데 유용하다.

2 자본변동표의 기본구조

자본변동표에는 자본금, 자본잉여금, 자본조정, 기타포괄손익누계액, 이익잉여금(또는 결손금)의 각 항목별로 기초잔액, 변동사항, 기말잔액을 표시한다.

(1) 자본금의 변동

유상증자(감자), 무상증자(감자)와 주식배당 등에 의하여 발생하며, 자본금은 보통주자본금과 우선주자본금으로 구분하여 표시한다.

(2) 자본잉여금의 변동

유상증자(감자), 무상증자(감자), 결손금처리 등에 의하여 발생하며, 주식발행초과금과 기타자본잉여금으로 구분하여 표시한다.

(3) 자본조정의 변동

다음과 같은 항목으로 구분하여 표시한다.

① 자기주식

② 주식할인발행차금

③ 주식선택권

④ 출자전환채무

⑤ 청약기일이 경과된 신주청약증거금 중 신주납입금으로 충당될 금액

⑥ 감자차손

⑦ 자기주식처분손실

⑧ 기타: ① 내지 ⑦ 외의 원인으로 당기에 발생한 자본조정의 변동으로 하되, 그 금액이 중요한 경우에는 적절히 구분하여 표시한다.

(4) 기타포괄손익누계액의 변동

다음과 같은 항목으로 구분하여 표시한다.

① 매도가능증권평가손익

② 지분법자본변동

③ 기타: ① 내지 ② 외의 원인으로 당기에 발생한 기타포괄손익누계액의 변동으로 하되, 그 금액이 중요한 경우에는 적절히 구분하여 표시한다.

(5) 이익잉여금의 변동

다음과 같은 항목으로 구분하여 표시한다.

① 회계정책의 변경으로 인한 누적효과

② 중대한 전기오류수정손익

③ 연차배당(당기 중에 주주총회에서 승인된 배당금액으로 하되 현금배당과 주식배당으로 구분하여 기재한다)과 기타 전기 말미처분이익잉여금의 처분

④ 중간배당(당기 중에 이사회에서 승인된 배당금액)

⑤ 당기순손익

⑥ 기타: ① 내지 ⑤ 외의 원인으로 당기에 발생한 이익잉여금의 변동으로 하되, 그 금액이 중요한 경우에는 적절히 구분하여 표시한다.

자본변동표

(1) (주)삼일의 20X1년 1월 1일 현재 자본의 구성내역은 다음과 같으며, 보통주의 주당 액면금액은 ₩500이다.

납입자본		₩150,000
자본금	₩100,000	
주식발행초과금	50,000	
이익잉여금		₩130,000
이익준비금	₩40,000	
시설확장적립금	20,000	
미처분이익잉여금	70,000	
기타자본요소		₩10,000
자기주식	₩(10,000)	
재평가잉여금	20,000	
		₩290,000

(2) 20X1년 3월 15일에 개최된 20X0년도 정기주주총회에서 (주)삼일은 시설확장적립금 ₩20,000을 전액 처분 전의 상태로 이입하기로 하였으며, 이익잉여금은 다음과 같이 처분하였다.

현금배당	₩20,000
주식배당	10,000
이익준비금 적립액	5,000
재무구조개선적립금 적립액	8,000

(3) 20X1년 8월 18일, (주)삼일은 보통주식 100주를 발행하는 유상증자를 실시하였으며, 발행주식의 액면금액은 ₩50,000, 발행금액은 ₩70,000이다.

(4) 20X1년 9월 16일, (주)삼일은 주주들에게 중간배당액 ₩10,000을 지급하였다.

(5) 20X1년 12월 24일, (주)삼일은 주가안정을 위하여 유통 중인 자기주식을 ₩14,000에 취득하였다.

(6) 20X1년 12월 31일 현재 기타 자본에 미친 영향은 다음과 같다.

당기순이익	₩50,000
재평가잉여금(기타포괄손익)의 발생	12,000

[요구사항]
(주)삼일의 20X1년도 자본변동표를 작성하시오.

자본변동표

(주)삼일　　　　　　　　20X1년 1월 1일부터 12월 31일까지

	납입자본	자기주식	재평가잉여금	이익잉여금	총계
20X1. 1. 1.	₩150,000	₩(10,000)	₩20,000	₩130,000	₩290,000
연차현금배당				(20,000)	(20,000)
연차주식배당	10,000			(10,000)	–
유상증자	70,000				70,000
중간배당				(10,000)	(10,000)
자기주식 취득		(14,000)			(14,000)
당기순이익				50,000	50,000
재평가잉여금 발생			12,000		12,000
20X1. 12. 31.	₩230,000	₩(24,000)	₩32,000	₩140,000	₩378,000

자본변동표

제×기 20XX년 X월 X일부터   20XX년 X월 X일까지
제×기 20XX년 X월 X일부터   20XX년 X월 X일까지

회사명 (단위: 원)

구분	자본금	자본잉여금	자본조정	기타포괄손익누계액	이익잉여금	총계
20XX.X.X.(보고금액)	×××	×××	×××	×××	×××	×××
회계정책변경누적효과					(×××)	(×××)
전기오류수정					(×××)	(×××)
수정 후 이익잉여금					×××	×××
연차배당					(×××)	(×××)
처분 후 이익잉여금					×××	×××
중간배당					(×××)	(×××)
유상증자(감자)	×××	×××				×××
당기순이익(손실)					×××	×××
자기주식 취득			(×××)			(×××)
해외사업환산손익				(×××)		(×××)
20XX.X.X.	×××	×××	×××	×××	×××	×××
20XX.X.X.(보고금액)	×××	×××	×××	×××	×××	×××
회계정책변경누적효과					(×××)	(×××)
전기오류수정					(×××)	(×××)
수정 후 이익잉여금					×××	×××
연차배당					(×××)	(×××)
처분 후 이익잉여금					×××	×××
중간배당					(×××)	(×××)
유상증자(감자)	×××	×××				×××
당기순이익(손실)					×××	×××
자기주식 취득			(×××)			(×××)
매도가능증권평가손익				×××		×××
20XX.X.X.	×××	×××	×××	×××	×××	×××

MEMO

✅ O, X 퀴즈

01 사채권자와 주주는 이익발생 여부와 관계없이 각각 확정적인 이자와 배당금을 지급받는다. Ｏ　Ｘ

02 자본은 소유자지분으로 순자산이라고 하여 자산에서 부채를 차감한 부분을 의미한다. Ｏ　Ｘ

03 사채는 만기가 되면 상환되나, 자본금은 감자 등의 법적절차를 밟지 않는 한 감소되지 않는다. Ｏ　Ｘ

04 자본조정에는 주식할인발행차금, 미교부주식배당금, 자기주식, 매도가능증권평가손실 등이 있다. Ｏ　Ｘ

05 결손금처리는 자본잉여금, 이익준비금이입액, 기타법정적립금이입액, 임의적립금이입액의 순으로 이루어진다. Ｏ　Ｘ

06 자본잉여금은 배당의 형식으로 주주에게 분배되거나 사내에 유보시킨 후 결손보전, 사업확장 등의 목적에 사용된다. Ｏ　Ｘ

07 기중에 중간배당이 있는 경우 기중에 미처분이익잉여금에서 차감하지 않고, 잉여금처분시에 중간배당을 미처분이익잉여금에서 반영한다. Ｏ　Ｘ

08 회사가 금전에 의한 이익배당(현금배당)을 할 경우에는 상법의 규정에 의하여 현금배당액의 10분의 1 이상의 금액을 이익준비금으로 적립하여야 한다.
(단, 이익준비금의 총액은 자본금의 2분의 1에 달하지 않는다) Ｏ　Ｘ

09 자본변동표는 자본 중 이익잉여금의 변동내용만을 나타내기 때문에 다른 자본항목에 대한 변동내역을 파악하기 위해서는 다른 재무제표 및 부속명세서를 참고해야 한다.

10 자본잉여금의 변동은 유상증자(감자), 무상증자(감자), 결손금처리 등에 의하여 발생하며, 주식발행초과금과 기타자본잉여금으로 구분 하여 표시한다.

11 자본변동표상 수정 후 이익잉여금은 기초이익잉여금에 회계정책변 경누적효과, 전기오류수정, 연차배당 등을 고려하여 산출한다.

01	×	사채권자의 경우는 확정적인 이자를 받지만, 주주의 경우는 매 회계연도의 이익발생 여부에 따라서 배당금이 결정된다.
02	○	
03	○	자본금은 보통 주식의 액면금액을 나타내며, 만기가 없기 때문에 상환기한이 정해져 있지 아니하다.
04	×	매도가능증권평가손실은 기타포괄손익누계에 해당한다.
05	×	결손금처리는 임의적립금이입액, 기타법정적립금이입액, 이익준비금이입액, 자본잉여금 순으로 이루어진다.
06	×	이익잉여금에 대한 설명이다.
07	×	중간배당은 기중에 미처분이익잉여금에서 차감한다.
08	○	
09	×	자본변동표는 자본을 구성하고 있는 모든 항목의 변동사항에 대한 정보를 제공하기 때문에 별도로 다른 재무제표나 부속명세서를 참고할 필요가 없다.
10	○	
11	×	연차배당은 처분 후 이익잉여금 산출시 고려한다.

01 다음 중 자본을 감소시키는 거래는 어느 것인가?

① 소정의 절차를 밟아 주식을 액면 이하로 할인발행하고 대금을 현금으로 납입받았다.
② 자금의 부족으로 인하여 주주에게 현금배당 대신 주식배당을 계획하고 이를 이익잉여금 처분계산서에 반영하였다.
③ 임의적립금을 재원으로 하여 무상증자를 실시하였다.
④ 증권시장에서 유통 중인 자기회사 주식을 발행금액보다 낮은 금액으로 취득하였다.

02 다음 중 유상증자 및 무상증자에 관한 설명으로 가장 올바르지 않은 것은?

① 유상증자: 자본금의 증가
② 유상증자: 자본총계의 증가
③ 무상증자: 자본금의 증가
④ 무상증자: 자본총계의 증가

03 다음 중 이익잉여금의 증감을 가져오는 거래에 해당하지 않는 것은?

① 처분전이익잉여금 중의 일부를 이익준비금으로 적립했다.
② 결산의 결과 당기순손실이 발행하여 이를 이익잉여금계정에 대체했다.
③ 처분전이익잉여금을 재원으로 하여 주식배당을 선언했다.
④ 이사회 결의로 현금배당을 선언하였다.

04 다음 중 현금배당과 주식배당이 자본총액에 미치는 영향을 바르게 표시한 것은?

	현금배당	주식배당
①	감소	영향없음
②	감소	감소
③	증가	영향없음
④	영향없음	증가

05 20X1년 초 (주)삼일의 자본총액은 650,000원이었고, 20X1년 중 자본과 관련하여 발생한 거래는 다음과 같다. 20X1년 말 (주)삼일의 자본총액은 얼마인가?

> ㄱ. 20X1년 2월 25일 주주총회에서 현금배당 70,000원과 주식배당 30,000원을 결의하였다.
> ㄴ. 20X1년 12월 31일 결산보고시 보고한 당기순이익은 300,000원이다.

① 780,000원   ② 830,000원
③ 850,000원   ④ 880,000원

06 다음 중 자본에 관한 설명으로 가장 올바르지 않은 것은?

① 자본조정에는 미교부주식배당금, 자기주식, 배당건설이자, 신주청약증거금 등이 포함된다.

② 주식할인발행차금과 주식발행초과금은 서로 상계하지 않고 주식할인발행차금은 자본조정으로 주식발행초과금은 자본잉여금으로 각각 총액 계상한다.

③ 이익잉여금처분계산서에 포함된 배당 등의 처분사항은 보고기간종료일 이후에 발생한 사건이므로 재무상태표에 인식하지 아니하므로 재무상태표에는 이익잉여금처분 전의 재무상태를 표시한다.

④ 감자차손은 감자차익과 우선 상계하고 그 잔액은 자본조정으로 계상한 후, 결손금의 처리순서에 준하여 처리한다.

07 자본조정이란 자본거래에 해당하나 최종 납입된 자본으로 볼 수 없거나 자본의 가감 성격으로 자본금이나 자본잉여금으로 분류할 수 없는 항목을 의미한다. 다음 중 자본조정 항목으로 가장 올바르지 않은 것은?

① 매도가능증권평가이익   ② 미교부주식배당금
③ 신주청약증거금   ④ 배당건설이자

08 다음은 재무상태표상 자본에 대한 내역이다. 자본잉여금과 자본조정으로 표시되어야 하는 금액은 각각 얼마인가?

자기주식처분이익	100,000원
이익준비금	50,000원
자기주식	(−)150,000원
주식발행초과금	300,000원

	자본잉여금	자본조정
①	200,000원	(+) 100,000원
②	300,000원	(−) 100,000원
③	350,000원	(−) 150,000원
④	400,000원	(−) 150,000원

09 (주)삼일의 20X1년도 재무상태표 중 자본의 구성항목이 다음과 같을 때, 자본잉여금, 자본조정 및 기타포괄손익누계액으로 표시되어야 하는 금액은 각각 얼마인가?

ㄱ. 주당 액면금액	5,000원
ㄴ. 주당 발행금액	6,500원
ㄷ. 발행주식수	10,000주

① 주식할인발행차금　　　　　　　　　　　　　6,500,000원
② 주식발행초과금　　　　　　　　　　　　　　6,500,000원
③ 자본금 50,000,000원, 주식할인발행차금　　15,000,000원
④ 자본금 50,000,000원, 주식발행초과금　　　15,000,000원

10 다음 중 이익준비금이 속하는 자본의 분류로 가장 옳은 것은?

① 자본잉여금
② 자본조정
③ 이익잉여금
④ 기타포괄손익누계액

11 포괄손익은 일정 기간 동안 주주와의 자본거래를 제외한 모든 거래나 사건에서 인식한 자본의 변동이다. 이러한 포괄손익 중 손익계산서에 반영되지 않고 재무상태표에 직접 반영되는 부분을 기타포괄손익이라고 하며, 이는 미실현손익의 성격을 가지고 있다. 다음 중 기타포괄손익에 해당되는 항목은 무엇인가?

① 외화환산손익
② 매도가능증권평가손익
③ 대손상각비
④ 유형자산처분손익

12 다음 조건을 만족하는 계정과목으로 올바르게 구성된 것은?

> • 자본의 차감계정에 포함된다.
> • 자본금이나 자본잉여금으로 분류할 수 없는 항목이다.
> • 자본거래에 해당하나 최종 납입된 자본으로 볼 수는 없다.

① 미교부주식배당, 매도가능증권평가이익
② 감자차손, 주식할인발행차금
③ 자기주식, 매도가능증권평가손실
④ 지분법자본변동, 신주청약증거금

13 다음은 20X1년과 20X2년 말을 기준으로 작성되고 주주총회에서 확정된 (주)삼일의 자본총계와 당기순이익이다.

	20X1년도	20X2년도
ㄱ. 기말자본	4,320,000원	5,000,000원
ㄴ. 당기순이익	300,000원	600,000원

(주)삼일이 20X2년 중 유상증자 370,000원과 현금배당 이외의 자본변동 사항이 없는 경우, 20X2년 중 (주)삼일이 지급할 현금배당액은 얼마인가?

① 120,000원
② 220,000원
③ 290,000원
④ 410,000원

14 다음 중 주식배당이 이루어졌을 때 회사에는 어떠한 영향을 미치는가?

① 유동비율의 감소, 운전자본의 감소, 주당순자산금액의 감소
② 운전자본의 불변, 주당순이익의 감소, 주당순자산금액의 감소
③ 운전자본의 불변, 주당순이익의 감소, 부채비율의 감소
④ 유동비율의 감소, 운전자본의 감소, 주당순이익의 감소

15 다음 중 기타포괄손익에 관한 설명으로 가장 올바르지 않은 것은?

① 포괄손익은 일정 기간 동안 주주와의 자본거래를 제외한 모든 거래나 사건에서 인식한 자본의 변동을 말한다.
② 포괄이익 중 손익계산서에 반영되지 않고 재무상태표에 직접 포함되는 부분을 기타포괄이익이라고 한다.
③ 기타포괄손익에는 매도가능증권평가손실, 자본법자본변동 등이 있다.
④ 기타포괄손익누계액이 실현되면 당기순손익에 포함하지 않고 자본잉여금으로 직접 대체해야 한다.

16 (주)삼일의 자본금은 다음과 같이 구성되어 있다. 당기에 배당가능한 금액 ₩4,000,000을 모두 배당한다고 할 경우 보통주와 우선주에 대한 배당금은 각각 얼마인가?

> ㄱ. 보통주: 5,000주 발행, 액면금액 ₩5,000
> ㄴ. 우선주*: 2,000주 발행, 액면금액 ₩10,000
>   * 비누적적, 비참가적, 액면배당률은 10%

	보통주배당금	우선주배당금
①	0원	4,000,000원
②	1,500,000원	2,500,000원
③	2,000,000원	2,000,000원
④	2,500,000원	1,500,000원

17 다음 중 배당금에 관한 설명으로 가장 올바르지 않은 것은?

① 배당금을 지급하는 경우 상법의 규정에 의하여 현금배당액의 10분의 1 이상의 금액을 자본금의 2분의 1에 달할 때까지 이익준비금으로 적립해야 한다.
② 주식배당의 경우 회사의 자본에 변동이 없으므로 아무런 회계처리를 하지 않아도 된다.
③ 회사가 이익배당을 할 때에는 금전에 의한 배당뿐만 아니라 주식배당도 가능하다.
④ 회사는 결산 전이라도 금전에 의한 중간배당이 가능하다.

18 (주)삼일은 20X1년 말 결산결과 전기에 비하여 자산은 ₩5,660,000 증가하였고 부채는 ₩2,840,000 감소하였음을 알게 되었다. (주)삼일의 자본이 자본금과 이익잉여금만으로 구성되어 있으며, 20X1년 중 ₩5,000,000의 신주를 액면으로 발행하였다면 20X1년도 당기순이익은 얼마인가?(단, 신주발행비는 없다고 가정한다)

① ₩820,000   ② ₩2,840,000

③ ₩3,500,000   ④ ₩4,200,000

19 다음 중 자본변동표에 관한 설명으로 가장 올바르지 않은 것은?

① 자본변동표는 자본을 구성하고 있는 항목의 변동사항에 대한 포괄적인 정보를 제공한다.

② 자본변동표는 손익계산서에서 나타내지 못하는 자본에 직접 가감되는 미실현손익에 대한 정보를 제공함으로써 포괄적인 기업경영성과에 대한 정보를 직·간접적으로 제공한다.

③ 자본변동표는 기본재무제표에 해당하지 않는다.

④ 자본변동표는 일정 기간 동안에 발생한 기업실체와 주주 간의 거래 내용을 이해하고, 주주에게 귀속될 수 있는 이익 및 배당가능이익을 파악하는데 유용하다.

20 12월 말 결산법인의 (주)삼일의 20X1년 자본항목과 관련된 주요사항은 다음과 같다.

- 20X1년 5월 5일 유상증자 100,000주 실시(발행금액 900원, 액면금액 500원)
- 20X1년 7월 5일 회사는 장기투자 목적으로 시장성이 있는 (주)세일 주식 10,000주를 주당 50,000원에 증권시장을 통하여 구입하였다(지분율 1%, 보고기간종료일 현재 공정가치 51,000원).
- 20X1년 10월 5일 이사회결의를 통하여 (주)기존의 자기주식 100,000주를 800원에 취득하였다.
- 상기자료 이외에 자본에 미치는 사건의 발생은 없다.

자본변동표

제13기 20X1년 1월 1일부터 20X1년 12월 31일까지

회사명 (단위: 백만 원)

구분	자본금	자본잉여금	자본조정	기타 포괄손익 누계액	이익 잉여금	총계
20X1년 1월 1일(보고금액)	500	750	100	650	×××	×××
회계정책변경누적효과					(×××)	(×××)
전기오류수정					(×××)	(×××)
수정 후 이익잉여금					×××	×××
연차배당					(×××)	(×××)
처분 후 이익잉여금					×××	×××
중간배당					(×××)	(×××)
유상증자						×××
매도가능증권평가이익					×××	×××
자기주식 취득						(×××)
해외사업환산손익						(×××)
20X1. 12. 31.	×××	×××	×××	×××	×××	×××

20X1년 말 결산시 (주)삼일의 자본에 대한 보고금액으로 가장 옳은 것은?(단위: 백만 원)

	자본금	자본잉여금	자본조정	기타포괄손익누계액
①	590	750	20	660
②	550	790	180	650
③	590	750	30	650
④	550	790	20	660

MEMO

손익계산서의 기초이론

I 손익계산서의 의의

손익계산서란 기업의 경영성과를 명확하게 보고하기 위하여 일정 기간 동안에 일어난 거래나 사건을 통해 발생한 수익과 비용을 나타내는 보고서로서 기본재무제표의 하나이다. 즉, 손익계산서는 일정 기간 동안의 회계실체 순자산의 변동원인을 보고하는 기본재무제표이며, 일정 기간 동안의 영업활동흐름을 나타내는 동태적 보고서이다.

손익계산서는 수익과 수익을 획득하기 위해 지출된 비용을 대응시킴으로써 기업의 당기경영활동에 대한 성과를 측정할 수 있게 할 뿐만 아니라, 정상적인 생산활동으로부터의 자기자본의 총증가 · 감소액과 영업활동에 부수되는 기타 활동으로부터의 총증가 · 감소액 및 그밖에 사유들로부터 발생한 총증가 · 감소액을 명백히 구분표시함으로써, 진정한 기간손익과 기간경영성과를 나타낼 수 있는 것이다.

한편, 계속사업손익과 중단사업손익을 구분기재함으로써 재무제표의 기간별 비교가능성을 제고하는 정보를 제공한다.

또한, 손익계산서는 기업의 이익창출능력에 관한 정보를 제공하여 주며, 미래순이익흐름을 예측하는데 유용한 정보를 제공하기도 한다. 또한, 기업내부적으로 경영계획이나 배당정책을 수립하는데 중요한 자료로 이용되며, 과세소득의 기초자료로도 이용된다. 과세소득은 회계이익과 동일한 것은 아니다.

따라서 과세소득은 회계이익에서 출발하여 익금산입 및 손금불산입 항목을 가산하고 익금불산입 및 손금산입 항목을 차감하는 과정을 거쳐 계산하게 되며, 이를 근거로 법인세를 결정하게 된다. 이상의 유용성 이외에도 손익계산서가 제공하는 정보는 노동조합의 임금협상에 필요한 정보, 정부의 조세 및 경제정책의 기초자료 제공 등의 역할을 한다.

Ⅱ 손익계산서의 작성기준

일반기업회계기준은 손익계산서를 작성하는 경우에 구체적으로 적용해야 할 회계처리지침을 제시하고 있는데, 다음과 같이 발생주의, 실현주의, 수익비용대응의 원칙, 총액주의 및 구분계산의 원칙을 규정하고 있다.

1 발생주의

기본적으로 손익계산서는 수익에서 비용을 차감하여 당기순이익(손실)을 구함으로써 기업의 경영성과를 나타내는 보고서이다.

기업은 이러한 순이익을 창출하기 위하여 영업활동을 계속적으로 수행하고 있다. 그러나 정보이용자들에게 의사결정을 내리는데 시기적절하고도 유용한 정보를 제공하고자 하는 기업회계의 목표를 달성하기 위해서는 기업의 실제 경제활동을 인위적으로 일정 기간 단위로 분할하여 각 기간마다의 경영성과를 측정하여 보고하여야 한다.

따라서 회사들은 통상 1년을 하나의 회계연도로 설정하여 각 회계연도의 경영성과 즉, 당기순이익을 측정하여 손익계산서를 통해 보고한다.

이에 따라 각 회계기간의 수익과 비용을 회계상으로 어떻게 확정하여 손익계산서에 보고할 것인가의 문제가 발생하며, 이를 해결하기 위한 기준으로 현금주의와 발생주의가 있다.

현금주의(cash basis)는 고객으로부터 현금을 수취한 시점에서 그 금액을 수익으로 인식하고 현금을 지출한 시점에서 그 금액을 비용으로 인식하는 방법으로서 현금의 수입과 지출을 직접 수익과 비용으로 보는 방법이다.

이러한 현금주의는 수익을 창출하는데 발생한 비용과 그 비용으로 인해 획득한 수익이 적절히 대응되지 않아 정확한 기간손익계산이 이루어지지 않고, 수익을 인식하는 기간이 불필요하게 연장되는 단점이 있으므로 일반기업회계기준에서는 받아들여지지 않는다.

발생주의(accrual basis)는 현금수취 및 현금지출거래 그 자체보다는 근원적으로 현금을 발생시키는 거래나 경제적 사건에 초점을 맞추어, 수익은 획득시점에서 인식하고 비용은 발생된 시점에서 인식하는 방법이다. 따라서 발생주의하에서는 현금은 아직 못받았으나 기간의 경과로 수익의 획득과정이 완료된 미수이자 등은 수익으로 인식하고, 현금이 지출되었더라도 기간이 경과되지 않은 선급비용 등은 비용으로 계상하지 않는다.

이러한 발생주의는 수익이 보다 정확하게 측정되고, 비용이 보고된 수익과 보다 밀접하게 관련된다는 점에서 현금주의보다 경영성과를 보다 잘 측정할 수 있고, 차기 이후의 경영성과를 측정하는데 있어서도 보다 더 우월한 기준이 되므로 일반기업회계기준에서도 수익과 비용을 측정하는데에 있어서는 발생주의에 의할 것을 명백히 하고 있다.

이러한 발생주의를 전제로 하여, 수익과 비용을 구체적으로 인식하고 측정하는데에 있어서는, 다음에서 설명되는 실현주의와 수익비용대응의 원칙을 규정하고 있다.

2 실현주의

발생주의에 의해 수익과 비용을 인식하는 것이 일반기업회계의 대전제가 되기는 하지만, 구체적으로 수익을 인식하는데에 있어서는 실현주의를 채택하고 있다.

실현주의란 수익창출활동이 완료되거나 실질적으로 거의 완료되고 수익획득과정으로 인한 현금수입을 큰 오차없이 합리적으로 측정할 수 있을 때 수익을 인식하는 것이다.

실현주의에서 가장 중요한 것은 위와 같은 기준을 충족함으로써 수익으로 인식할 수 있는 결정적 사건(critical event)이 일어났다고 볼 수 있는 시점을 결정하는 것이며, 이것은 재화나 용역의 제공형태에 따라 상당히 다르게 적용될 수 있다. 즉, 일반적인 상품이나 제품의 매출, 용역수입, 위탁판매, 할부판매, 시용매출, 예약판매나 도급공사 등의 형태에 따라 이러한 실현주의는 다양하게 적용된다.

이에 대하여는 "제15장 수익의 인식"에서 자세히 설명하고 있으므로 참조하기 바란다.

3 수익비용대응의 원칙

발생주의가 수익의 경우에는 구체적으로 실현주의의 형태로 적용되는 것처럼, 비용의 경우에는 수익비용대응의 원칙이 적용된다.

수익비용대응의 원칙(matching principle)이란 성과와 노력 간의 인과관계를 연결시키고자 수익을 창출하기 위하여 발생한 비용을 관련수익이 인식되는 기간에 인식하는 것이다.

즉, 수익은 수익창출활동이 실질적으로 완료되어 현금수입액을 객관적으로 측정할 수 있는 때에 인식하고(실현주의), 비용은 이러한 현금수입을 발생시키기 위해 희생된 혹은 희생될 것으로 예상되는 자산으로 인식한다는 것이다.

따라서 일반기업회계상으로 비용을 인식하는 경우에는 발생주의와 수익비용대응의 원칙이 동시에 적용되는 것임을 유의해야 한다.

4 총액주의

손익계산서는 특정기간의 경영성과, 즉 당기순이익을 측정·보고하는 것이지만 의사결정에 유용한 정보가 되기 위해서는 수익과 비용이 각각 구체적으로 얼마인가를 밝히는 것도 중요하다.

이에 따라 일반기업회계기준에서는 수익과 비용을 총액으로 기재하는 것을 원칙으로 하고 수익과 비용항목을 상계하여 그 전부 또는 일부를 손익계산서에서 제외하여서는 아니된다고 규정하고 있다.

따라서 매출총이익을 계산·보고하기 위해서는 매출액과 매출원가를 다같이 총액으로 기재해야 하며, 이자수익과 이자비용도 각각 총액에 의하여 영업외수익과 영업외비용으로 기재하여야 한다.

5 구분계산의 원칙

구분계산의 원칙이란 손익계산서에 매출총손익·영업손익·법인세비용차감전계속사업손익·중단사업손익 및 당기순손익의 다섯 가지의 구분손익계산을 표시하여야 한다는 것이다.

그러나 제조업·판매업 및 건설업 이외의 기업의 경우(예: 금융기관, 용역업 등)에는 매출총손익과 영업손익의 구분계산이 곤란할 뿐만 아니라 그 실익도 없는 경우가 대부분이므로, 매출총손익의 구분계산을 생략하여 네 가지로만 구분계산할 수 있도록 하였다.

III 순이익보고 및 손익계산서의 양식

1 순이익보고

손익계산서가 특정회계기간의 경영성과를 보고하기 위해 작성되는 보고서라고 할 때, 어떠한 항목들을 손익계산서를 통해 보고해야 할 것인가의 문제가 있다. 왜냐하면 회사의 영업활동과 직접적인 관련이 없는 항목들로부터 얻는 경영성과와 회사의 지속적인 수익획득활동으로부터 얻는 경영성과는 그 의미가 현저하게 다르기 때문이다.

따라서 실질적으로 성질이 서로 다른 경영성과를 동질적인 것으로 보고 손익계산서를 작성해야 할 것인가, 아니면 이질적인 것으로 보고 지속적인 수익획득활동으로부터 얻는 경영성과만을 가지고 손익계산서를 작성해야 할 것인가 하는 의문이 제기된다.

이러한 논의는 다음에 설명할 포괄주의와 당기업적주의로 요약된다.

(1) 포괄주의

포괄주의에서는 당기순이익을 구성하는 모든 항목들을 손익계산서에 포함시킨다. 즉, 포괄주의 하에서는 비경상적·비반복적인 항목도 특정기간의 손익계산서에 포함시켜 당기순이익을 계산한 다음, 이 금액을 이익잉여금계정에 대체한다. 이러한 포괄주의의 이론적 근거는 다음과 같다.

① 회계실체가 존속하는 동안의 매기간 순이익의 합계액은 존속기간 전체를 한 기간이라고 보고 계산한 순이익금액과 일치하여야 한다.

② 비경상적이고 비반복적인 항목도 순이익항목임에는 틀림이 없고, 회계실체의 장기적인 이익 창출능력을 반영하는 것이므로 손익계산서에 보고해야 한다.

③ 비경상적 항목인지 아닌지를 임의로 판단하게 하면, 의문시되는 항목의 처리방법이 회계실체마다 다르게 될 것이고 결과적으로 이익조작의 여지를 제공하게 된다.

우리나라의 일반기업회계기준은 어느 정도 포괄주의에 입각하여 손익계산서를 작성하도록 규정하고 있다고 볼 수 있으나, 엄밀한 의미의 포괄주의하에서는 전기오류수정손익과 회계원칙변경의 누적효과 등이 모두 손익계산서에 포함되어야 하는데, 일반기업회계기준은 유의적인 오류로 인한 전기오류수정손익과 회계원칙변경의 누적효과를 전기이월이익잉여금에서 가감처리하도록 규정하고 있어 우리나라의 일반기업회계기준이 엄밀한 의미의 포괄주의라고 보기는 어려울 것이다.

(2) 당기업적주의

당기업적주의에서는 경상적이고 반복적인 손익항목만을 손익계산서에 포함시킨다. 따라서 당기업적주의에 따르면 비경상적이고 비반복적인 항목들은 이익잉여금계정에 직접 가감하고 손익계산서에는 포함시키지 않는다. 이러한 당기업적주의의 이론적 근거는 다음과 같다.

① 미래에도 계속해서 발생할 것으로 기대되는 경상적인 손익항목만을 손익계산서에 포함시키는 것이 미래순이익을 예측하는데 보다 더 유용하다. 손익계산서상에 비경상적인 항목을 포함시키면, 구분하여 표시하더라도 대부분의 정보이용자들은 단지 순이익 자체에만 관심을 가지므로 그 구성요소를 살펴보지 않을 위험이 존재한다.

② 많은 정보이용자들은 경상적 항목과 비경상적 항목을 구별하는데 익숙하지 못하므로, 이러한 항목들이 손익계산서에 포함되면 정보이용자들은 혼란에 빠진다.

2 손익계산서의 양식

일반기업회계기준은 재무상태표의 작성에는 보고식과 계정식을 모두 사용할 수 있도록 규정하고 있으나, 손익계산서의 작성에는 보고식만을 사용하도록 규정하고 있다.

다만, 법인세비용차감전순손익과 법인세비용의 경우, 이연법인세를 적용하지 않는 중소기업의 경우에는 법인세차감전순손익과 법인세 등이라는 계정과목명을 사용하여야 한다.

중단사업손익이 있을 경우 요약식

손익계산서

제13기 20X2년 1월 1일부터　20X2년 12월 31일까지
제12기 20X1년 1월 1일부터　20X1년 12월 31일까지

주식회사 삼일　　　　　　　　　　　　　　　　　　　　　　　(단위: 원)

과목	제13(당)기	제12(당)기
	금액	금액
매출액	×××	×××
매출원가	×××	×××
매출총이익(또는 매출총손실)	×××	×××
판매비와관리비	×××	×××
영업이익(또는 영업손실)	×××	×××
영업외수익	×××	×××
영업외비용	×××	×××
법인세비용차감전계속사업순손익	×××	×××
계속사업손익법인세비용	×××	×××
계속사업이익(또는 계속사업손실)	×××	×××
중단사업손익(법인세효과: ×××원)	×××	×××
당기순이익(또는 당기순손실)	×××	×××
주당손익		
기본주당계속사업손익	×××원	×××원
기본주당순손익	×××원	×××원

중단사업손익이 없을 경우 요약식

손익계산서

제13기 20X2년 1월 1일부터　20X2년 12월 31일까지
제12기 20X1년 1월 1일부터　20X1년 12월 31일까지

주식회사 삼일　　　　　　　　　　　　　　　　　　　　　　　(단위: 원)

과목	제13(당)기	제12(당)기
	금액	금액
매출액	×××	×××
매출원가	×××	×××
매출총이익(또는 매출총손실)	×××	×××
판매비와관리비	×××	×××
영업이익(또는 영업손실)	×××	×××
영업외수익	×××	×××
영업외비용	×××	×××
법인세비용차감전순손익	×××	×××
법인세비용	×××	×××
당기순이익(또는 당기순손실)	×××	×××
주당손익		
기본주당순손익	×××원	×××원

* 기본주당계속사업손익 / 기본주당순손익 은 일반기업회계기준을 적용하는 기업 중 법규(예: 자본시장과 금융투자업에 관한 법률)에 따라 주당이익 공시의무가 있는 기업 또는 주당이익 공시를 선택하는 기업에 적용한다.

(1) 손익계산서 양식(중단사업손익이 있을 경우)

손익계산서

제×기 20XX년 X월 X일부터 20XX년 X월 X일까지
제×기 20XX년 X월 X일부터 20XX년 X월 X일까지

회사명   (단위: 원)

과목	당기		전기	
매출액		×××		×××
매출원가		×××		×××
기초제품(또는 상품)재고액	×××		×××	
당기제품제조원가(또는 당기상품매입액)	×××		×××	
기말제품(또는 상품)재고액	(×××)		(×××)	
매출총이익(또는 매출총손실)		×××		×××
판매비와관리비		×××		×××
급여	×××		×××	
퇴직급여	×××		×××	
복리후생비	×××		×××	
임차료	×××		×××	
접대비	×××		×××	
감가상각비	×××		×××	
무형자산상각비	×××		×××	
세금과공과	×××		×××	
광고선전비	×××		×××	
연구비	×××		×××	
경상개발비	×××		×××	
대손상각비	×××		×××	
⋮	×××		×××	
영업이익(또는 영업손실)		×××		×××
영업외수익		×××		×××
이자수익	×××		×××	
배당금수익	×××		×××	
임대료	×××		×××	
단기투자자산처분이익	×××		×××	
단기투자자산평가이익	×××		×××	
외환차익	×××		×××	
외화환산이익	×××		×××	
지분법이익	×××		×××	
장기투자증권손상차손환입	×××		×××	
유형자산처분이익	×××		×××	
사채상환이익	×××		×××	
전기오류수정이익	×××		×××	
⋮	×××		×××	
영업외비용		×××		×××
이자비용	×××		×××	
기타의 대손상각비	×××		×××	
단기투자자산처분손실	×××		×××	
단기투자자산평가손실	×××		×××	
재고자산감모손실	×××		×××	
외환차손	×××		×××	
외화환산손실	×××		×××	
기부금	×××		×××	
지분법손실	×××		×××	
장기투자증권손상차손	×××		×××	
유형자산처분손실	×××		×××	
사채상환손실	×××		×××	
전기오류수정손실	×××		×××	
⋮	×××		×××	
법인세비용차감전계속사업손익		×××		×××
계속사업손익법인세비용		×××		×××
계속사업이익(또는 계속사업손실)		×××		×××
중단사업손익(법인세효과: ×××원)		×××		×××
당기순이익(또는 당기순손실)		×××		×××
주당손익				
기본주당계속사업손익		×××원		×××원
기본주당순손익		×××원		×××원

* ┌기본주당계속사업손익┐ 은 일반기업회계기준을 적용하는 기업 중 법규(예: 자본시장과 금융투자업에 관한 법률)에
  └기본주당순손익   ┘ 따라 주당이익 공시의무가 있는 기업 또는 주당이익 공시를 선택하는 기업에 적용한다.

(2) 손익계산서 양식(중단사업손익이 없을 경우)

손익계산서

제X기 20XX년 X월 X일부터 20XX년 X월 X일까지
제X기 20XX년 X월 X일부터 20XX년 X월 X일까지

회사명 (단위: 원)

과목	당기		전기	
매출액		×××		×××
매출원가		×××		×××
기초제품(또는 상품)재고액	×××		×××	
당기제품제조원가(또는 당기상품매입액)	×××		×××	
기말제품(또는 상품)재고액	(×××)		(×××)	
매출총이익(또는 매출총손실)		×××		×××
판매비와관리비		×××		×××
급여	×××		×××	
퇴직급여	×××		×××	
복리후생비	×××		×××	
임차료	×××		×××	
접대비	×××		×××	
감가상각비	×××		×××	
무형자산 상각비	×××		×××	
세금과공과	×××		×××	
광고선전비	×××		×××	
연구비	×××		×××	
경상개발비	×××		×××	
대손상각비	×××		×××	
:	×××		×××	
영업이익(또는 영업손실)		×××		×××
영업외수익		×××		×××
이자수익	×××		×××	
배당금수익	×××		×××	
임대료	×××		×××	
단기투자자산처분이익	×××		×××	
단기투자자산평가이익	×××		×××	
외환차익	×××		×××	
외화환산이익	×××		×××	
지분법이익	×××		×××	
장기투자증권손상차손환입	×××		×××	
유형자산처분이익	×××		×××	
사채상환이익	×××		×××	
전기오류수정이익	×××		×××	
:	×××		×××	
영업외비용		×××		×××
이자비용	×××		×××	
기타의 대손상각비	×××		×××	
단기투자자산처분손실	×××		×××	
단기투자자산평가손실	×××		×××	
재고자산감모손실	×××		×××	
외환차손	×××		×××	
외화환산손실	×××		×××	
기부금	×××		×××	
지분법손실	×××		×××	
장기투자증권손상차손	×××		×××	
유형자산처분손실	×××		×××	
사채상환손실	×××		×××	
전기오류수정손실	×××		×××	
:	×××		×××	
법인세비용차감전순손익		×××		×××
법인세비용		×××		×××
당기순이익(또는 당기순손실)		×××		×××
주당손익				
기본주당순손익		×××원		×××원

* ┌ 기본주당계속사업손익 ┐ 은 일반기업회계기준을 적용하는 기업 중 법규(예: 자본시장과 금융투자업에 관한 법률)에
　└ 기본주당순손익 　┘ 　따라 주당이익 공시의무가 있는 기업 또는 주당이익 공시를 선택하는 기업에 적용한다.

✅ O, X 퀴즈

| 01 | 기업의 주된 영업활동에서 창출된 수익을 매출이라고 한다. | O | X |

| 02 | 손익계산서 작성은 보고식과 계정식 모두 가능하다. | O | X |

| 03 | 수익은 수익비용대응원칙에 따라 인식한다. | O | X |

| 04 | 당기업적주의에서는 경상적이고 반복적인 손익항목만을 손익계산서에 포함시킨다. | O | X |

01	○	영업활동 외에서 창출된 수익은 영업외수익이라고 한다.
02	×	손익계산서 작성은 보고식만 이용한다.
03	×	수익은 실현주의에 따라 인식하고, 비용은 수익비용대응원칙에 따라 인식한다.
04	○	당기업적주의에 따르면 비경상적이고 비반복적인 항목들은 이익잉여금계정에 직접 가감하고 손익계산서에는 포함시키지 않는다.

MEMO

NEW

01 다음에서 설명하고 있는 손익계산서 작성기준으로 가장 옳은 것은?

> 고객으로부터 현금을 수취한 시점에서 그 금액을 수익으로 인식하고 현금을 지출한 시점에서 그 금액을 비용으로 인식하는 경우 수익과 비용에 대한 정확한 기간손익이 이루어지지 않는 단점을 극복하기 위한 작성기준

① 포괄주의   ② 총액주의
③ 구분계산의 원칙   ④ 발생주의

02 손익계산서를 작성할 때 준거해야 하는 작성기준 중에서 구분계산의 원칙이 있다. 다음 중 이러한 구분계산의 원칙에 의할 경우 영업이익의 계산과정에 포함되는 항목으로 가장 옳은 것은?

① 이자비용   ② 유형자산처분이익
③ 기부금   ④ 경상개발비

03 (주)삼일의 20X1년도 기말 수정분개 전 법인세비용차감전순이익은 ₩500,000이고 결산시 반영할 사항은 다음과 같다.

ㄱ. 선급보험료	₩10,000
ㄴ. 미지급급여	35,000
ㄷ. 미수이자	5,000

발생주의에 기초하여 결산수정분개를 반영한 (주)삼일의 20X1년 법인세비용차감전순이익은 얼마인가?

① ₩480,000   ② ₩490,000
③ ₩500,000   ④ ₩540,000

NEW

04 (주)삼일은 손익계산서를 작성하는데 있어 현금수취 및 현금지출거래 그 자체보다는 현금을 발생시키는 거래나 경제적 사건에 초점을 맞추어 수익을 인식하는 방법을 사용하고 있다. 이에 해당하는 회계처리 내용으로 가장 옳은 것은?

① 수익과 비용 항목을 상계하여 일부를 손익계산서에서 제외하지 않는다.
② 기간이 경과하지 않은 보험료는 비용으로 계상하지 않는다.
③ 매출총손익, 영업손익, 법인세비용차감전계속사업손익 등으로 구분하여 표시한다.
④ 이자수익과 이자비용은 각각 총액에 의하여 영업외수익과 영업외비용으로 기재한다.

NEW

05 다음 자료에 의하여 제조업을 영위하는 ㈜삼일의 당기 영업이익을 계산한 결과 7,500,000 원이었다. 법인세비용차감전순손익을 계산하면 얼마인가(단, 중단사업손익은 없는 것으로 가정한다)?

• 급여	1,500,000원	• 임대료	500,000원
• 무형자산상각비	200,000원	• 사채상환이익	400,000원
• 기부금	300,000원	• 복리후생비	200,000원
• 이자비용	100,000원		

① 7,600,000원   ② 7,800,000원
③ 8,000,000원   ④ 8,200,000원

06 다음은 유통업을 영위하는 (주)삼일의 손익계산서에 대한 자료들이다. 이 자료들을 기초로 영업이익을 계산하면 얼마인가?

기초상품	5,000,000원	기말상품	7,000,000원
당기매출액	88,000,000원	당기매입액	60,000,000원
급여	10,000,000원	매출채권대손상각비	200,000원
감가상각비	800,000원	유형자산처분이익	1,000,000원
접대비	1,200,000원	이자비용	900,000원
단기매매증권처분이익	500,000원	장기대여금대손상각비	300,000원

① 15,100,000원　　　　　　　　② 16,500,000원
③ 17,800,000원　　　　　　　　④ 18,000,000원

07 다음은 유통업을 영위하는 (주)삼일의 수익관련 자료이다. 다음 자료에 의하여 당기순이익을 구하면 얼마인가?

매출총이익	2,300,000원	유형자산처분손실	80,000원
주식할인발행차금상각	70,000원	법인세비용	90,000원
광고선전비	50,000원	외화환산이익	40,000원
접대비	350,000원	매도가능증권평가이익	150,000원

① 1,700,000원　　　　　　　　② 1,770,000원
③ 1,860,000원　　　　　　　　④ 2,080,000원

08 다음 중 순이익보고 방법인 포괄주의와 당기업적주의에 대한 설명으로 가장 올바르지 않은 것은?

① 우리나라의 경우 포괄주의보다는 당기업적주의에 가까운 순이익보고를 하고 있다.

② 포괄주의에서는 당기순이익을 구성하는 모든 항목들을 손익계산서에 포함시킨다.

③ 포괄주의에서는 비경상적·비반복적인 항목도 장기적 이익창출에 영향을 미친다고 판단한다.

④ 당기업적주의에서는 경상적이고 반복적인 손익항목만을 손익계산서에 포함시킨다.

Chapter 15 수익의 인식

Ⅰ 수익인식일반

일반기업회계기준 제16장 제1절 '수익인식'에서 규정하고 있는 수익인식에 대한 회계처리는 재화의 판매나 용역의 제공으로 발생하는 수익과 이자·배당금·로열티와 같이 자산을 타인에게 사용하게 함으로써 발생하는 수익 등의 인식 기준을 제시하고 있다.

1 수익의 정의

수익은 통상적인 경영활동에서 발생하는 경제적 효익의 총유입을 말하며, 자산의 증가 또는 부채의 감소로 나타난다. 다만, 주주의 지분참여로 인한 자본증가는 수익에 포함하지 아니한다. 또한 수익은 기업에 귀속되는 경제적 효익의 유입만을 포함하므로 부가가치세와 같이 제3자를 대신하여 받는 금액이나, 대리관계에서 위임자를 대신하여 받는 금액 등은 수익으로 보지 아니한다.

2 수익의 인식기준

수익은 기업의 통상적인 경영활동에서 발생하며, 수익에 관한 회계처리에서 가장 중요한 문제는 수익을 인식하는 시점을 결정하는 것이다. 수익은 수익금액을 신뢰성 있게 측정할 수 있고, 경제적 효익의 유입가능성이 매우 높을 때 인식한다.

(1) 수익은 수익금액을 신뢰성 있게 측정할 수 있는 시점에 인식한다

이는 수익금액이 반드시 확정되어야 함을 의미하는 것은 아니며, 합리적인 근거에 의해 추정 가능한 경우에는 정보로서의 신뢰성을 가질 수 있기 때문에 수익을 인식한다는 것이다. 그러나 추정을 위한 합리적인 근거가 부족하여 신뢰성을 현저히 저해하는 경우에는 수익을 인식하지 않는다.

(2) 경제적 효익의 유입가능성이 매우 높은 경우에만 인식한다

수익은 거래와 관련된 경제적 효익의 유입가능성이 매우 높은 경우에만 인식한다. 따라서 판매대가를 받을 것이 불확실한 경우에는 불확실성이 해소되는 시점까지 수익을 인식하지 않는다. 그러나 이미 수익으로 인식한 금액에 대해서는 추후에 회수가능성이 불확실해지는 경우에도 수익금액을 조정하지 아니하고 회수불가능하다고 추정되는 금액을 비용으로 인식한다.

3 수익의 측정

(1) 원칙

수익은 판매대가의 공정가치로 측정한다. 즉, 수익은 재화의 판매, 용역의 제공이나 자산의 사용에 대하여 받았거나 또는 받을 대가(이하 '판매대가'라 한다)의 공정가치로 측정한다. 이 경우 공정가치란 합리적인 판단력과 거래의사가 있는 독립된 당사자 간에 거래될 수 있는 교환가격을 말한다. 한편, 매출에누리와 할인 및 환입은 수익에서 차감한다. 단, 구매자에게 지급할 대가가 구매자에게서 받은 구별되는 재화나 용역에 대한 지급이라면 수익에서 차감하지 않는다.

(2) 장기할부판매의 경우

대부분의 경우 판매대가는 현금 또는 현금성 자산의 금액이다. 그러나 판매대가가 재화의 판매 또는 용역의 제공 이후 장기간에 걸쳐 유입되는 경우 즉, 장기할부판매의 경우에는 그 공정가치가 미래에 받을 금액의 합계액(이하 '명목금액'이라 한다)보다 작을 수 있다. 이때 공정가치는 명목금액의 현재가치로 측정하며, 공정가치와 명목금액과의 차액은 현금회수기간에 걸쳐 이자수익으로 인식한다. 현재가치의 측정에 사용되는 할인율은 신용도가 비슷한 기업이 발행한 유사한 금융상품(예: 회사채)에 적용되는 시장이자율과 명목금액의 현재가치와 제공되는 재화나 용역의 현금판매금액을 일치시키는 유효이자율 중 보다 명확히 결정될 수 있는 것으로 한다.

(3) 자산교환거래의 수익

1) 동종자산의 교환

성격과 가치가 유사한 재화나 용역 간의 교환은 수익을 발생시키는 거래로 보지 않는다. 이러한 예로는 정유산업 등에서 공급회사 간에 특정지역의 수요를 적시에 충족시키기 위해 재고자산을 교환하는 경우가 있다.

2) 이종자산의 교환

성격과 가치가 상이한 재화나 용역 간의 교환은 수익을 발생시키는 거래로 본다. 이때 수익은 교환으로 취득한 재화나 용역의 공정가치로 측정하되, 현금 또는 현금성자산의 이전이 수반되면 이를 반영하여 조정한다. 만일 취득한 재화나 용역의 공정가치를 신뢰성 있게 측정할 수 없으면 그 수익은 제공한 재화나 용역의 공정가치로 측정하고, 현금 또는 현금성자산의 이전이 수반되면 이를 반영하여 조정한다.

4 거래의 식별

(1) 원칙

수익인식기준은 일반적으로 각 거래별로 적용한다. 따라서 동일한 회사에서 발생한 거래라 하더라도 거래의 유형이 다르다면 각각의 유형에 따른 수익인식기준을 적용한다. 이 경우 거래 유형의 구분은 해당 거래의 경제적 실질을 반영하여 판단한다. 따라서 거래의 경제적 실질을 반영하기 위하여 하나의 거래를 2개 이상의 부분으로 구분하여 각각 다른 수익인식 기준을 적용할 필요가 있는 경우에는 외관상으로는 하나의 거래에 해당한다 하더라도 이를 각각의 거래로 구분하여 수익인식기준을 적용하여야 한다. 예를 들어 제품판매가격에 제품 판매 후 제공할 용역에 대한 대가가 포함되어 있고 그 대가를 식별할 수 있는 경우에는 그 금액을 분리하여 용역수행기간에 걸쳐 수익으로 인식하는 것이다. 그러나 둘 이상의 거래가 서로 연계되어 있어 그 경제적 효과가 일련의 거래 전체를 통해서만 파악되는 경우에는 그 거래 전체에 대하여 하나의 수익인식기준을 적용한다. 예를 들면, 재화를 판매하고 동시에 그 재화를 나중에 재구매하는 약정을 체결하는 경우에는 두 거래의 실질적 효과가 상쇄되므로 판매에 대한 수익인식기준을 적용할 수 없으며 거래 전체를 하나로 보아 그에 적합한 회계처리를 해야 한다.

(2) 재화와 용역을 함께 제공하는 경우

한 거래에서 판매자가 재화와 용역을 함께 제공하는 경우에는 거래의 주목적을 식별하여 거래유형을 구분하여야 한다. 일반기업회계기준에서는 거래의 주목적을 식별하기 위한 기준을 다음과 같이 제시하고 있다.

① 용역의 제공여부가 총거래가격에 영향을 미치지 않고 재화판매에 부수적으로 수반된다는 내용이 계약상 명시되어 있다면, 이는 재화판매거래로 분류한다.

② 재화의 제공여부가 총거래가격에 영향을 미치지 않고 용역제공에 부수적으로 수반된다는 내용이 계약상 명시되어 있다면, 이는 용역제공거래로 분류한다. 예를 들어 부품공급을 포함한 설비유지보수계약이 확정가격으로 체결되는 거래는 용역제공거래로 분류한다.

③ 재화와 용역이 별개로 취급되어 재화 또는 용역의 제공이 각각 총거래가격에 영향을 미치면, 이를 재화판매거래와 용역제공거래로 구분하여 별도로 회계처리한다.

재화와 용역을 동시에 제공하는 경우의 식별

〈재화판매〉	〈용역제공〉	〈재화판매와 용역제공〉
용역을 부수적으로 제공	재화를 부수적으로 제공	용역이나 재화를 별개로 취급

부수적으로 수반되는 용역이나 재화가
총거래가격에 영향을 미치지 않음

II 일반기업회계기준 수익인식

1 거래유형별 수익인식

(1) 재화의 판매

재화의 판매로 인한 수익은, 다음 조건이 모두 충족될 때 인식한다.

① 수익금액을 신뢰성 있게 측정할 수 있다.
② 경제적 효익의 유입 가능성이 매우 높다.
③ 재화의 소유에 따른 위험과 효익의 대부분이 구매자에게 이전된다.
④ 판매자는 판매한 재화에 대하여 소유권이 있을 때 통상적으로 행사하는 정도의 관리나 효과적인 통제를 할 수 없다.
⑤ 거래와 관련하여 발생했거나 발생할 원가를 신뢰성 있게 측정할 수 있다.

1) 수익금액을 신뢰성 있게 측정할 수 있다

수익은 수익금액을 신뢰성 있게 측정할 수 있는 시점에 인식한다. 이는 수익금액이 반드시 확정되어야 함을 의미하는 것은 아니다. 따라서 합리적인 근거에 의해 추정가능한 경우에는 정보로서의 신뢰성을 가질 수 있기 때문에 수익을 인식한다. 그러나 추정을 위한 합리적인 근거가 부족하여 신뢰성을 현저히 저해하는 경우에는 수익을 인식하지 않는다.

2) 경제적 효익의 유입가능성이 매우 높다

수익은 거래와 관련된 경제적 효익의 유입 가능성이 매우 높은 경우에만 인식한다. 따라서 판매대가를 받을 것이 불확실한 경우에는 불확실성이 해소되는 시점까지 수익을 인식하지 않는다. 그러나 이미 수익으로 인식한 금액에 대해서는 추후에 회수가능성이 불확실해지는 경우에도 수익금액을 조정하지 아니하고 회수불가능하다고 추정되는 금액을 비용으로 인식한다.

3) 재화의 소유에 따른 위험과 효익의 대부분이 구매자에게 이전된다

판매자가 수익을 인식하기 위해서는 소유에 따른 위험과 효익의 대부분이 구매자에게 이전되어야 한다. 여기서 효익이란 기대 순현금흐름을 의미하고, 위험은 실제로 받게 될 순현금흐름의 변동가능성을 의미한다.

일반적으로 소유에 따른 위험과 효익이 한쪽 당사자에서 다른 쪽으로 이전되었는지의 결정은 거래의 법적 형식보다는 거래의 경제적 실질에 따라 결정될 문제이다. 따라서 소유에 따른 위험과 효익의 대부분이 구매자에게 이전된 시점을 결정하기 위해서는 거래상황을 분석하여야 한다.

재화의 판매에서 소유에 따른 위험과 효익의 이전은 일반적으로 법적 소유권의 이전 또는 재화의 물리적 이전과 동시에 일어난다. 즉 통상적으로는 재화의 소유에 따른 위험과 효익은 재화의 인도시점에 판매자로부터 구매자에게로 이전하게 된다. 그러나 구매자에게 자산을 판매하는 것이 반드시 판매자의 소유에 따른 위험의 전부 또는 대부분을 이전하는 것은 아니다. 따라서 소유에 따른 위험과 효익 대부분이 이전되지 않으면 인도시점에 수익을 인식해서는 안된다.

예를 들어 거래 이후에도 판매자가 관련 재화의 소유에 따른 위험의 대부분을 부담하는 경우에는 재화의 물리적 이전이 이루어졌다 하더라도 소유에 따른 위험과 효익이 이전되었다고 볼 수 없으므로 그 거래는 아직 판매가 있었다고 보지 아니하며 따라서 수익을 인식하지 않는다. 이러한 예는 다음과 같다.

① 인도된 재화의 결함에 대하여 정상적인 품질보증범위를 초과하여 책임을 지는 경우
② 판매대금의 회수가 구매자의 재판매에 의해 결정되는 경우
③ 설치조건부 판매에서 계약의 중요한 부분을 차지하는 설치가 아직 완료되지 않은 경우

④ 구매자가 판매계약에 따라 구매를 취소할 권리가 있고, 해당 재화의 반품가능성을 예측하기
   어려운 경우

이러한 경우에는 재화의 소유에 따른 위험과 효익이 구매자에게 충분히 이전되어 수익을 인식할
수 있는 사건이 발생할 때까지 받은 현금을 선수금으로 기록한다. 그리고 수익을 인식할 때까지 관
련된 자산을 취득원가 또는 장부가액으로 평가한다.

4) 판매자는 판매한 재화에 대하여 소유권이 있을 때 통상적으로 행사하는 정도의 관리나 효과적인 통제를 할 수 없다

만약 재화를 판매한 이후에도 판매한 재화에 대하여 소유권이 있을 때 통상적으로 행사하는 정도의
관리나 효과적인 통제를 할 수 있다면 수익을 인식해서는 안된다.

5) 거래와 관련하여 발생했거나 발생할 원가를 신뢰성 있게 측정할 수 있다

수익과 관련 비용은 대응하여 인식한다. 즉, 특정 거래와 관련하여 발생한 수익과 비용은 동일한
회계기간에 인식한다. 일반적으로 재화의 인도 이후 예상되는 품질보증비나 기타 비용은 수익인식
시점에서 신뢰성 있게 측정할 수 있다. 그러나 관련된 비용을 신뢰성 있게 측정할 수 없다면 수익을
인식할 수 없다. 이 경우에 재화판매의 대가로 이미 받은 금액은 부채로 인식한다.

(2) 용역의 제공

용역의 제공으로 인한 수익은 원칙적으로 진행기준에 따라 인식한다. 다만, 진행기준을 적용하기
위해서는 용역제공거래의 성과를 신뢰성 있게 추정할 수 있어야 한다.
다음 조건이 모두 충족되는 경우에는 용역제공거래의 성과를 신뢰성 있게 추정할 수 있다고 본다.

---

① 거래 전체의 수익금액을 신뢰성 있게 측정할 수 있다.
② 경제적 효익의 유입 가능성이 매우 높다.
③ 진행률을 신뢰성 있게 측정할 수 있다.
④ 이미 발생한 원가 및 거래의 완료를 위하여 투입하여야 할 원가를 신뢰성 있게 측정할 수 있다.

한편, 진행기준의 적용요건인 용역제공거래의 성과를 신뢰성 있게 추정할 수 없는 경우에는 진행
기준을 적용할 수 없다. 그러므로 이러한 경우에는 발생한 비용의 범위 내에서 회수가능한 금액을
수익으로 인식한다. 그러나 용역제공거래의 성과를 신뢰성 있게 추정할 수 없을 뿐만 아니라 발생한
원가의 회수가능성도 낮은 경우에는 수익을 인식하지 않고 발생한 원가를 비용으로 인식한다.

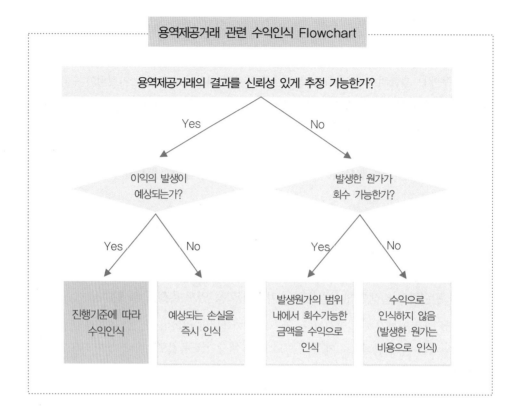

용역제공거래 관련 수익인식 Flowchart

용역제공거래의 결과를 신뢰성 있게 추정 가능한가?

Yes

No

이익의 발생이
예상되는가?

발생한 원가가
회수 가능한가?

Yes

No

Yes

No

진행기준에 따라
수익인식

예상되는 손실을
즉시 인식

발생원가의 범위
내에서 회수가능한
금액을 수익으로
인식

수익으로
인식하지 않음
(발생한 원가는
비용으로 인식)

(3) 이자, 배당금, 로열티

자산을 타인에게 사용하게 함으로써 발생하는 이자, 배당금, 로열티 등의 수익은 수익금액을 신뢰성 있게 측정할 수 있고 경제적 효익의 유입 가능성이 매우 높은 경우에 한하여 다음의 기준에 따라 인식한다.

① 이자수익은 원칙적으로 유효이자율을 적용하여 발생기준에 따라 인식한다.
② 배당금수익은 배당금을 받을 권리와 금액이 확정되는 시점에 인식한다.
③ 로열티수익은 관련된 계약의 경제적 실질을 반영하여 발생기준에 따라 인식한다.

심화학습

수익인식기준에 대한 질의[금융감독원 질의회신(회제일 8360-00301)]

【질의요약】
　회사는 주문자의 요청에 따라 주문서를 접수한 후 6개월 이상의 생산기간이 소요되는 OEM 방식의 장비업체로, 진행기준으로 수익을 인식해야 하는지 인도기준으로 인식해야 하는지 여부를 질의한다.

【회신요약】
　특수목적의 주문생산하는 기계장비는 진행기준으로 수익을 인식하는 것이 타당하다.

2 수익의 총액 또는 순액인식

　회사가 제3의 공급자로부터 재화나 용역을 구매하고 이를 고객에게 제공하는 방식으로 영업을 하는 경우, 회사가 고객과의 거래에서 당사자로서의 역할을 수행하는지 또는 공급자의 대리인으로서의 역할을 수행하는지에 따라 회계처리가 달라져야 한다. 즉, 회사가 고객에게 재화나 용역을 실질적으로 제공한 것이라면 고객에게 청구한 판매금액 총액을 수익으로 인식·보고하여야 하며, 제3의 공급자에게 재화나 용역에 대한 위탁 및 중개용역을 제공한 것이라면 고객에게 청구한 금액에서 제3의 공급자에게 지급하여야 할 금액을 차감한 잔액(순액)을 수수료수익으로 인식·보고하여야 한다.

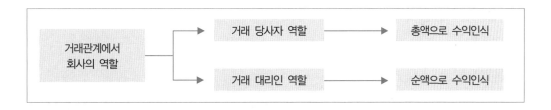

　특정거래에 대한 수익을 총액으로 인식할 것인가 또는 순액으로 인식할 것인가의 여부는 거래와 관련된 여러 요인과 상황을 고려하여 판단하여야 한다. 회사가 수익을 총액으로 인식하기 위해서는 다음의 지표를 종합적으로 고려하여야 하며, 특정 지표에만 근거하여 판단하거나 추정에 근거하여 판단해서는 아니된다. 또한, 최종 판단에 있어 주요 지표를 우선적으로 고려하고 보조 지표는 보충적으로 고려하여야 한다.

(1) 총액인식을 위한 주요 지표

① 회사가 거래의 당사자로서 재화나 용역의 제공에 대한 주된 책임을 부담한다.
② 회사가 재고자산에 대한 전반적인 위험을 부담한다.

(2) 총액인식을 위한 보조 지표

① 회사가 가격결정의 권한을 갖는다.
② 회사가 재화를 추가 가공(단순한 포장은 제외)하거나 용역의 일부를 수행한다.
③ 고객이 요구한 재화나 용역을 제공할 수 있는 복수의 공급자가 존재하는 상황에서 회사가 공급
　자를 선정할 수 있는 재량을 갖는다.
④ 회사가 고객에게 제공되는 재화나 용역의 성격, 유형, 특성 또는 사양을 주로 결정한다.
⑤ 회사가 재고자산의 물리적 손상에 따른 위험을 부담한다.
⑥ 회사가 신용위험을 부담한다.

Ⅲ　수익인식 구체적 적용사례

1 수익인식방법의 구체적 적용사례

(1) 용역매출

앞서 설명한 바와 마찬가지로 용역제공거래의 경우 동 거래의 특수성을 반영하여 용역제공의 진행정도에 따라 수익을 인식하여야 하므로 장·단기용역매출 모두 진행기준을 적용하여 수익을 인식한다.

(2) 건설형공사계약

건설형공사계약이란 단일자산의 건설공사는 물론이고, 설계나 기술, 기능 또는 그 최종적 목적이나 용도에 있어서 밀접하게 상호 연관되어 있는 복수자산의 건설공사를 위해 합의된, 법적으로 구속력 있는 계약을 말한다. 건설형공사계약은 일반적으로 건물이나 교량, 도로 등의 건설공사계약을

의미하지만, 이외에도 선박이나 복잡한 전자장비(레이더나 무기, 우주장비 등)의 제작과 같은 특별한 주문생산형 공사계약도 포함한다.

건설형 공사는 일반적으로 여러 회계기간에 걸쳐 진행되기 때문에 공사수익과 공사원가를 공사가 수행되는 회계기간에 적절히 배분하는 진행기준에 따라 회계처리를 수행해야 할 것이다. 이러한 건설형공사계약에 대해서는 일반기업회계기준 제16장 수익의 제2절 '건설형공사계약'에서 규정하고 있다. 이 기준서는 건설업뿐만 아니라 공사계약의 형태가 유사한 경우에는 기타 산업에도 적용할 수 있다.

1) 진행기준

진행기준이라 함은 도급금액에 공사진행률을 곱하여 공사수익을 인식하고, 동 공사수익에 대응하여 실제로 발생한 비용을 공사원가로 계상하는 방법을 말한다.

진행기준 하에서는 매 회계기간마다 누적적으로 공사수익과 공사원가를 추정한다. 따라서 공사수익 또는 공사원가에 대한 추정치 변경의 효과는 회계추정의 변경으로 회계처리한다. 변경된 추정치는 변경이 이루어진 회계기간과 그 이후 회계기간의 손익계산서상 인식되는 수익과 비용의 금액 결정에 사용된다. 그러므로 당기에 손익계산서상 인식되는 공사수익은 다음과 같이 산정된다.

> 당기 공사수익＝도급금액×공사진행률－전기까지 인식된 공사수익의 누적액

① 공사수익

공사수익은 최초에 합의된 계약금액과 건설공사내용의 변경이나 보상금 또는 장려금의 지급에 따라 추가될 수익 중 발생가능성이 매우 높고 신뢰성 있는 측정이 가능한 금액으로 구성된다. 공사수익은 수취하였거나 수취할 대가의 공정가치로 측정한다. 공사수익의 측정치는 다양한 불확실성에 의해 영향을 받으며 일정한 사건이 발생하거나 측정 당시의 불확실성이 해소됨에 따라 종종 수정할 필요가 있다. 따라서 공사수익금액은 기간에 따라 변동될 수 있다.

공사수익은 공사결과를 신뢰성 있게 추정할 수 있을 때 보고기간종료일 현재의 공사진행률에 따라 그 공사가 수행된 회계기간별로 인식한다.

공사결과를 신뢰성 있게 추정할 수 없기 때문에 진행기준을 적용할 수 없는 경우가 있다. 이 경우 공사수익은 회수가능성이 매우 높은 발생원가의 범위 내에서만 인식하고, 공사원가는 발생된 회계기간의 비용으로 인식한다.

② 공사원가

공사원가는 계약체결일로부터 계약의 최종적 완료일까지의 기간 동안에 당해 공사에 귀속될 수 있는 원가를 포함한다. 그러나 계약에 직접 관련이 되며 계약을 획득하기 위해 공사계약체결 전에 부담한 지출은, 개별적으로 식별이 가능하며 신뢰성 있게 측정될 수 있고 계약의 체결가능성이 매우 높은 경우에 공사원가의 일부로 포함된다. 이러한 공사계약 전 지출은 일단 선급공사원가로 계상한 후 공사를 착수하면 공사원가로 대체한다.

공사원가도 일반적으로 공사가 수행된 회계기간의 비용으로 인식한다. 그러나 잔여 공사기간 중에 발생이 예상되는 공사원가의 합계액이 동 기간 중 인식될 공사수익의 합계액을 초과할 경우에는 당해 초과액을 당기의 비용으로 인식하고 공사원가에 포함하여 보고한다.

공사종료 후에 하자보수 의무가 있는 경우에는 합리적이고 객관적인 기준에 따라 추정된 금액을 하자보수비로 하여 그 전액을 공사가 종료되는 회계연도의 공사원가에 포함하고, 동액을 하자보수 충당부채로 계상한다. 설정된 하자보수충당부채는 이후 실제로 발생한 하자보수비와 상계하고, 그 잔액은 실질적으로 하자보수의 의무가 종료한 회계연도에 환입하며, 하자보수충당부채를 초과하여 발생한 하자보수비는 당해연도의 비용으로 처리한다.

③ 공사진행률

공사진행률은 총공사예정원가에 대한 실제공사비 발생액의 비율로 계산함을 원칙으로 한다.

이 경우 진행기준 하에서는 매 회계기간마다 누적적으로 공사수익과 공사원가를 추정하므로 공사진행률도 당기까지 수행된 누적공사진행률을 산정해야 한다. 그러므로 공사진행률은 다음과 같이 산정된다.

$$공사진행률 = \frac{당기\ 말까지\ 실제로\ 발생한\ 공사원가\ 누적액}{당기\ 말\ 현재\ 총공사예정원가}$$

다만, 공사수익의 실현이 작업시간이나 작업일수 또는 기성공사의 면적이나 물량 등과 보다 밀접한 비례관계에 있고, 전체공사에서 이미 투입되었거나 완성된 부분이 차지하는 비율을 객관적으로 산정할 수 있는 경우에는 그 비율로 할 수 있다.

2) 공사진행기준에 의한 회계처리

① 발생원가의 회계처리

(차) 재료비	×××	(대) 현금	×××
노무비	×××		
경비	×××		
외주비	×××		

② 발생원가의 공사원가대체 – 기말시점

기말시점에서는 다음과 같이 기발생된 원가를 공사원가(매출원가)로 대체한다.

(차) 공사원가	×××	(대) 재료비	×××
		노무비	×××
		경비	×××
		외주비	×××

③ 시공주의 기성고 확인부분의 수익인식

일반적으로 장기의 도급공사에 있어서는 계약 당시 일정 기간별로, 혹은 일정 기성비율 간격으로 시공주가 기성고를 확인하고 이에 대한 대금을 지불하기로 약정한다. 또한 기성고를 확인하는 시점에서 건설회사는 세금계산서를 교부한다.

기성고가 확인되는 시점에서는 다음과 같이 공사수익(매출액)을 인식하고 실제 대금이 회수될 때까지 공사미수금(매출채권)을 계상한다.

(차) 공사미수금	×××	(대) 공사수익	×××

④ 공사진행률에 의한 수익인식 – 기말시점

기중에 기성고가 확인되어 일부수익이 인식되었다 하더라도, 기말시점에서는 공사진행률에 의한 수익인식금액을 확정하여야 한다. 즉, 기말시점에서 1년간의 공사진행률에 의하여 수익으로 인식해야 할 총금액에서 연중 기성확인되어 이미 수익으로 인식한 부분(시공주에게 대금을 청구한 금액)을 차감한 금액을 기말에 추가로 수익으로 인식한다.

회계처리는 기성확인이 되어 수익으로 인식하는 경우와 같다.

(차) 공사미수금　　　　　　　×××　　　(대) 공사수익　　　　　　　　×××

만일 연간 공사진행률에 의한 수익인식금액이 기성확인으로 이미 수익으로 인식한 금액보다 작으면, 그 차이금액을 다음과 같이 조정한다.

(차) 공사수익　　　　　　　　×××　　　(대) 공사미수금　　　　　　　×××
　　　　　　　　　　　　　　　　　　　　　　　(혹은 선수금)

⑤ 공사손실예상시 회계처리

장기공사계약하에서는 실제로 발생한 원가가 공사계약시점의 추정원가를 상회하게 되어 손실이 발생할 수가 있다. 이렇게 발생하는 손실을 크게 나누어 보면, 공사계약기간 전체에 걸쳐서는 이익이 발생하지만 특정회계기간에는 손실이 발생하는 경우와 공사계약기간 전체에 걸쳐 손실이 발생하는 경우가 있을 수 있다.

전자의 경우는 앞서 설명한 누적원가법을 사용하는 경우 발생할 수 있는 것으로 새로운 원가추정치를 바탕으로 계산된 당기 말까지의 총공사이익이 전기 말에 계산되었던 총공사이익보다도 오히려 작은 경우에 발생한다. 누적원가법하에서는 당기의 이익이 당기 말까지의 총공사이익에서 전기 말까지의 총공사이익을 차감한 것이기 때문에, 이 경우에는 당기에 손실을 인식하게 된다.

즉, 전자의 경우는 특별한 회계처리가 필요한 것이 아니라 누적원가법에 의하여 회계처리를 하게 되면 결과적으로 공사손실이 나타나게 된다.

후자의 경우는 원가추정치가 변경되어 공사완료시점에서 궁극적으로 손실이 발생하리라고 예상되는 경우로서, 주로 공사원가가 미처 예상하지 못했던 정도로 크게 증가할 때 발생한다.

공사와 관련하여 공사손실의 발생이 예상되는 경우에는 동 예상손실을 공사손실충당부채에 계상하고, 이에 상당하는 공사손실충당부채전입액은 당기의 비용으로 처리하여야 한다.

(차) 공사손실충당부채전입액　　×××　　　(대) 공사손실충당부채　　　　×××

또 잔여공사기간 중 공사비용이 공사수익을 초과한 금액(실제발생 공사손실액)만큼을 다음과 같이 회계처리한다.

(차) 공사손실충당부채　　　　　×××　　　(대) 공사손실충당부채환입액　×××

위의 회계처리에서 공사손실충당부채전입액은 공사원가로, 공사손실충당부채는 부채로 계상하고, 공사손실충당부채환입액은 당해 환입연도의 공사원가에서 차감하는 형식으로 표시한다.

건설형공사계약의 손익계산서 및 재무상태표

손익계산서	
20X1년 1월 1일부터 20X1년 12월 31까지	
Ⅰ. 공사수익	×××
Ⅱ. 공사원가	×××
1. 공사원가	×××
2. 공사손실충당부채전입액(환입액)	×××
Ⅲ. 매출총이익(공사이익)	×××

재무상태표	
20X1년 12월 31일	
유동자산	유동부채
공사미수금* ×××	공사선수금* ×××
	공사손실충당부채** ×××

* 누적공사수익인식액에서 공사대금수령액을 차감하여 구하되 (+)면 공사미수금, (−)면 공사선수금으로 표시
** 공사손실인식시 표시

예 제

(주)삼일은 20X1년 1월 5일에 을회사와 공장건설계약을 맺었다. 총공사계약액은 ₩120,000,000 이며, 공사가 완성된 20X3년 12월 31일까지 건설과 관련된 회계자료는 다음과 같다. 단, 회사는 회계처리방침으로 공사진행기준을 적용하고 있으며, 공사진행률 및 수익·비용의 인식은 누적원가법을 채택하여 실시하고 있다.

	20X1년	20X2년	20X3년
당기발생공사원가			
재료비	₩8,000,000	₩17,000,000	₩32,000,000
노무비	16,000,000	29,000,000	41,000,000
경비	1,000,000	4,000,000	7,000,000
계	₩25,000,000	₩50,000,000	₩80,000,000
기말까지 실제로 발생한 누적원가	₩25,000,000	₩75,000,000	₩155,000,000
추가로 소요될 원가의 추정액	50,000,000	75,000,000	−
총공사원가추정액	₩75,000,000	₩150,000,000	₩155,000,000
당기기성고확인액(모두 기말까지 회수됨)	35,000,000	40,000,000	45,000,000

상기 자료를 근거로 매년의 회계처리를 살펴보면 다음과 같다.

1) 기초자료의 계산

	20X1년	20X2년	20X3년
㉠ 공사진행률(누적)	33.3%*1	50%*2	100%
㉡ 총공사계약금액	₩120,000,000	₩120,000,000	₩120,000,000
㉢ 기말까지 인식할 누적수익(㉠×㉡)	40,000,000	60,000,000	120,000,000
㉣ 당기공사수익	40,000,000	20,000,000*3	60,000,000*4
㉤ 당기공사비용	25,000,000	50,000,000	80,000,000
㉥ 당기공사이익(㉣-㉤)	₩15,000,000	₩(30,000,000)	₩(20,000,000)

*1 ₩25,000,000÷₩75,000,000=33.3%
*2 ₩75,000,000÷₩150,000,000=50%
*3 ₩60,000,000(누적수익액)-₩40,000,000(전기이전 누적수익인식액)
  =₩20,000,000
*4 ₩120,000,000-₩60,000,000=₩60,000,000

2) 20X1년
- 공사비용 발생시(모두 현금지급 가정)

(차) 재료비   8,000,000   (대) 현금   25,000,000
    노무비   16,000,000
    경비   1,000,000

- 기성고 인식에 따른 공사대금 청구

(차) 공사미수금   35,000,000   (대) 공사수익   35,000,000

- 공사대금 회수

(차) 현금   35,000,000   (대) 공사미수금   35,000,000

- 공사원가대체 - 기말시점

(차) 공사원가   25,000,000   (대) 재료비   8,000,000
                                       노무비   16,000,000
                                       경비   1,000,000

- 공사수익인식 - 기말시점

(차) 공사미수금   5,000,000*   (대) 공사수익   5,000,000

* 20X1년 수익인식액-기성고 수익인식액=₩40,000,000-₩35,000,000=₩5,000,000

부분손익계산서

20X1년 1월 1일부터 20X1년 12월 31일까지

Ⅰ. 공사수익	₩40,000,000
Ⅱ. 공사원가	25,000,000
Ⅲ. 매출총이익(공사이익)	₩15,000,000

3) 20X2년

- 진행률에 따른 수익인식액 계정대체* - 20X2. 1. 1. 시점

  (차) 공사수익　　　　5,000,000*　(대) 공사미수금　　　5,000,000

  * 당기에 기성고 확인에 의해 수익을 인식할 때 전기 말 시점에서 진행률에 따른 수익인식액과의 차이만을 인식해도 좋으나, 회계처리상 전기 말 시점에서 공사진행률에 의하여 수익으로 인식한 부분을 기초시점에서 반대분개하고, 당기 기성고 인식에 따른 수익인식액을 총액으로 표시하는 것이 편리하다.

- 공사비용 발생시

  (차) 재료비　　　　　17,000,000　(대) 현금　　　　　　50,000,000
  　　　노무비　　　　　29,000,000
  　　　경비　　　　　　4,000,000

- 기성고 인식에 따른 공사대금 청구

  (차) 공사미수금　　　40,000,000　(대) 공사수익　　　　40,000,000

- 공사대금 회수

  (차) 현금　　　　　　40,000,000　(대) 공사미수금　　　40,000,000

- 공사원가대체 - 기말시점

  (차) 공 사 원 가　　　50,000,000　(대) 재료비　　　　　17,000,000
  　　　　　　　　　　　　　　　　　　　노무비　　　　　29,000,000
  　　　　　　　　　　　　　　　　　　　경비　　　　　　4,000,000

- 공사수익인식 - 기말시점

  (차) 공 사 수 익　　　15,000,000*　(대) 선수금　　　　　15,000,000

  * 당기 말 현재 누적수익인식액 - 누적대금회수액
  ＝₩60,000,000 - ₩75,000,000(＝₩35,000,000 + ₩40,000,000)＝(₩15,000,000)
  기말 현재 수익으로 인식해야 할 금액보다 ₩15,000,000만큼 더 수익으로 인식했으므로, 동 금액은 수익에서 차감하고 상대계정은 선수금으로 처리한다.

- 공사손실예상액의 회계처리

  20X2년 12월 31일 현재 추정치에 의하면 20X3년에 수익으로 인식할 금액이 ₩60,000,000인데 비하여 추가소요공사원가가 ₩75,000,000이므로 ₩15,000,000만큼의 공사손실이 발생될 것으로 예상된다.
  따라서 동 금액에 대해 다음과 같이 회계처리한다.

  (차) 공사손실충당부채전입액 15,000,000　(대) 공사손실충당부채 15,000,000
  공사손실충당부채전입액은 공사원가로 당기비용처리되며, 이 경우 20X2년 부분손익계산서는 다음과 같이 작성된다.

409

부분손익계산서

20X2년 1월 1일부터 20X2년 12월 31일까지

Ⅰ. 공사수익		₩20,000,000
Ⅱ. 공사원가		₩65,000,000
1. 공사원가	50,000,000	
2. 공사손실충당부채전입액	15,000,000	
Ⅲ. 매출총손실(공사손실)		₩(45,000,000)

4) 20X3년

- 공사진행률에 따른 수익인식액 계정대체* - 20X3. 1. 1.

  (차) 선수금　　　　　15,000,000　　　(대) 공사수익　　　　15,000,000

  * 전기 말에 공사수익에서 차감하고 선수금으로 계상한 금액을 회계처리상의 편의를 위해 기초시점에서 역분개한다.

- 공사비용 발생시

  (차) 재료비　　　　　32,000,000　　　(대) 현금　　　　　　80,000,000
  　　　노무비　　　　　41,000,000
  　　　경비　　　　　　7,000,000

- 기성고 인식에 따른 공사대금 청구

  (차) 공사미수금　　　45,000,000　　　(대) 공사수익　　　　45,000,000

- 공사대금 회수

  (차) 현금　　　　　　45,000,000　　　(대) 공사미수금　　　45,000,000

- 공사원가대체 - 기말시점

  (차) 공사원가　　　　80,000,000　　　(대) 재료비　　　　　32,000,000
  　　　노무비　　　　　41,000,000
  　　　경비　　　　　　7,000,000

- 공사수익인식 - 기말시점

  기성고 확인에 따라 이미 모두 수익으로 인식하였는 바, 공사완료연도이므로 추가분개가 필요없다.

- 공사손실충당부채의 환입* - 기말시점

  (차) 공사손실충당부채　15,000,000　　(대) 공사손실충당부채환입액　15,000,000

  * 20X3년에는 ₩60,000,000(₩15,000,000+₩45,000,000)의 수익을 인식했으나 실제 공사비용은 ₩80,000,000이 발생하였다. 따라서 ₩20,000,000의 당기공사손실이 발생하지만, 이 중 ₩15,000,000만큼은 전기 말 시점에서 손실이 예상된 것으로서 이미 비용계상되었으므로 당기의 손익계산서에는 ₩5,000,000만큼의 공사손실만이 기록된다. 즉, 상기 공사손실충당부채환입액은 당기 공사원가에서 차감하게 되므로 손익계산서에는 다음과 같이 표시된다.

<u>부분손익계산서</u>

20X3년 1월 1일부터 20X3년 12월 31일까지

Ⅰ. 공사수익		₩60,000,000
Ⅱ. 공사원가		₩65,000,000
1. 공사원가	80,000,000	
2. 공사손실충당부채환입액	(15,000,000)	
Ⅲ. 매출총손실(공사손실)		₩(5,000,000)

 심화학습

[사례]
다음 주제에 대해 생각해보고, 여러분의 의견을 작성해보세요.

〈추정손실의 회계처리〉
A사는 발주자와의 계약에 의하여 건물을 건설하고 있으며, 당기는 총 3년 공사계약 중 2년차이다. 회사는 전기에 총공사이익을 예상하여 진행기준에 의하여 20,000원의 이익을 인식하였으나, 당기에는 총 공사손실 30,000원이 발생할 것으로 예측하고 있다. 이 경우 전기에 인식한 이익 20,000원에 대한 회계처리는?

[풀이]
회사는 예상되는 손실 30,000원과 전기에 인식한 이익 20,000원의 합계인 50,000원을 당기 손실로 인식하여야 한다. 동 변경은 총계약원가의 추정의 변경에 의한 것이므로 소급적용하지 않고 당기 손익으로 인식하여야 한다.

 심화학습

공사계약의 병합과 분할
여러 자산의 건설공사에 대하여 단일의 계약을 체결하였더라도, 다음의 조건을 모두 충족하는 경우에는 여러 자산의 건설공사를 각각 독립된 건설공사로 본다.
(1) 각 자산에 대하여 별개의 공사제안서가 제출된다.
(2) 각 자산에 대해 독립된 협상이 이루어졌으며, 발주자와 건설사업자는 각 자산별로 계약조건의 수락 또는 거부가 가능하다.
(3) 각 자산별로 원가와 수익의 인식이 가능하다.
다음의 조건을 모두 충족시키는 경우에는 복수계약 전체를 단일 건설형 공사계약으로 본다.

(1) 복수의 계약이 일괄적으로 협상된다.
(2) 설계, 기술, 기능 또는 최종용도에서 복수의 계약이 상호 밀접하게 연관되어 사실상 단일 목표이윤을 추구하는 하나의 프로젝트가 된다.
(3) 복수의 계약이 동시에 진행되거나 연쇄적으로 이행된다.

다음과 같은 경우에는 발주자의 요구나 계약의 수정에 따라 추가되는 자산의 건설공사를 독립된 건설공사로 본다.
(1) 추가되는 자산이 설계, 기술, 기능에 있어서 원래의 계약에 포함된 자산과 유의적으로 차이가 있거나,
(2) 추가공사의 공사계약금액이 원래 계약상의 공사계약금액과 별도로 협상된다.

[사례 1] 계약의 병합
A건설회사는 아파트와 상가를 건설하기로 B회사와 계약을 체결하였다. 각각의 도급금액은 ₩5,000,000과 ₩2,000,0000이었으며, 공사와 관련된 도급금액 및 실제발생원가 자료는 다음과 같다.

	아파트	상가	총금액
도급금액	₩5,000,000	₩2,000,000	₩7,000,000
실제발생원가			
1차연도	2,600,000	1,260,000	3,860,000
2차연도	1,400,000	540,000	1,940,000
	4,000,000	1,800,000	5,800,000
총공사이익	₩1,000,000	₩200,000	₩1,200,000

A건설회사는 노동시간을 기초로 공사진행률을 산정하며, 아파트와 상가의 건설공사 노동시간 자료는 다음과 같다.

	아파트	상가	총계
추정총노동시간	80,000시간	20,000시간	100,000시간
실제발생노동시간			
1차연도	45,000시간	15,000시간	60,000시간
진행률	56.25%	75%	60%
2차연도	35,000시간	5,000시간	40,000시간
진행률	100%	100%	100%

- 계약병합에 의할 경우 공사수익, 공사원가, 공사이익은 다음과 같다.

	1차연도	2차연도	총계
공사수익	₩4,200,000*	₩2,800,000	₩7,000,000
공사원가	3,860,000	1,940,000	5,800,000
공사이익	₩340,000	₩860,000	₩1,200,000

* 7,000,000×60%=4,200,000
- 계약병합에 의하지 않고 각 계약별 공사진행률을 적용하였을 경우라면 공사수익, 공사원가, 공사이익은 다음과 같이 계산된다.

	1차연도	2차연도	총계
공사수익	₩4,312,500*	₩2,687,500	₩7,000,000
공사원가	3,860,000	1,940,000	5,800,000
공사이익	₩ 452,500	₩ 747,500	₩1,200,000

* 5,000,000×56.25%+2,000,000×75%=4,312,500

[사례 2] 계약의 분할

건설회사인 C회사는 아파트와 상가를 건설하기로 하고 D회사와 총도급금액 ₩10,000,000에 계약을 체결하였다. C건설회사는 아파트와 상가의 공사진행에 따라 공사수익을 인식하기로 결정하였으며, 공사이익률은 각각 10%, 30%로 예상하였다. C건설회사는 공사원가를 기초로 공사진행률을 산정하며, 아파트와 상가의 공사원가 자료 및 진행률은 다음과 같다.

	아파트	상가	총계
추정총공사원가	₩7,200,000	₩1,400,000	₩8,600,000
실제발생원가			
1차연도	5,040,000	560,000	5,600,000
진행률	70%	40%	65.11%
2차연도	2,160,000	840,000	3,000,000
진행률	100%	100%	100%

- 총도급금액 ₩10,000,000을 아파트와 상가로 각각 구분하여 계산하면 다음과 같다.
  아파트: 추정총공사원가÷(1-총공사이익률)=₩7,200,000÷0.9=₩8,000,000
  상가: 추정총공사원가÷(1-총공사이익률)=₩1,400,000÷0.7=₩2,000,000

- 따라서, 계약분할에 의할 경우 공사수익, 공사원가, 공사이익은 다음과 같다.

	1차연도	2차연도	총계
공사수익	₩6,400,000*[1]	₩3,600,000*[2]	₩10,000,000
공사원가	5,600,000	3,000,000	8,600,000
공사이익	₩800,000	₩600,000	₩1,400,000

*[1] 8,000,000×70%+2,000,000×40%=6,400,000
*[2] 8,000,000×30%+2,000,000×60%=3,600,000

- 계약분할에 의하지 않고 단일계약으로 공사진행률을 적용하였다면 공사수익, 공사원가, 공사이익은 다음과 같이 계산된다.

	1차연도	2차연도	총계
공사수익	₩6,511,000*[1]	₩3,489,000	₩10,000,000
공사원가	5,600,000	3,000,000	8,600,000
공사이익	₩911,000	₩489,000	₩1,400,000

*[1] 10,000,000×65.11%=6,511,000

(3) 위탁매출

1) 수익인식시점

위탁매출은 자기의 상품을 타인에게 위탁하여 수수료를 지급하고 판매하는 형태이다. 위탁매출의 경우는 상품의 발송이 판매계약 성립 이전에 이루어지기 때문에, 상품을 발송했다는 사실만으로 수익을 인식하는 것은 타당치 않다. 수익은 수탁자가 그 상품을 판매함으로써 비로소 실현된다. 그러므로 위탁판매에서는 수탁자에 의한 상품의 판매가 수익인식의 기준이 된다.

그러나 위탁자의 입장에서는 수탁자가 그 상품을 판매하였는지의 여부를 수탁자로부터 보고가 없는 한 알 수 없기 때문에, 수탁자로부터 판매에 관한 보고서가 송부되어 온 때에 회계처리하는 것이 일반적이다.

2) 회계처리 사례

① 20X1년 5월 3일 (주)삼일은 (주)용산에 판매를 위탁하기 위하여 상품 ₩20,000,000을 적송하고, 운임 등 제비용으로 ₩250,000을 현금으로 지급하였다.

(차) 적송품	20,250,000	(대) 재고자산	20,000,000
		현금	250,000

② 20X1년 6월 1일 (주)삼일은 위의 적송품에 대하여 (주)용산으로부터 ₩15,000,000의 선수금을 은행을 통해 송금받았다.

(차) 당좌예금	15,000,000	(대) 선수금	15,000,000

③ 20X1년 6월 20일 (주)용산은 동 적송품을 매출하였다. 적송품매출에 대한 잔금 ₩14,700,000(총매출액 ₩30,000,000, 수수료 비용 ₩300,000)은 10일 후에 입금하겠다고 통보해왔다.

(차) 선수금	15,000,000	(대) 적송품매출	30,000,000
적송매출채권	14,700,000		
판매수수료	300,000		
(차) 매출원가	20,250,000	(대) 적송품	20,250,000

④ 10일 후에 (주)삼일은 통장에 잔액이 입금되었음을 확인하였다.

(차) 당좌예금	14,700,000	(대) 적송매출채권	14,700,000

(4) 할부판매

1) 개념

상품이나 제품을 판매함에 있어서 판매대금을 분할하여 회수하는 조건으로 이루어지는 판매형태가 할부판매이다. 할부판매의 경우 수익인식은 장·단기 구분없이 재화가 인도되는 시점에 인식한다. 다만, 장기할부판매의 경우에는 할부판매의 대금을 장기 분할하여 회수하므로 매가의 일부에 이자가 포함되어 있어 매출액과 이자수익을 구분하여 처리하는 현재가치회계를 적용해야 하는 것이다.

2) 회계처리

할부매출도 일반매출과 같이 인도기준에 의해 수익을 인식하므로, 할부매출시에는 통상의 매출과 매출채권 관련 회계처리를 하면 된다. 다만, 장기할부매출인 경우에는 이자상당액을 기간의 경과에 따라 수익으로 인식하도록 하고 있다.

예제

(주)삼일은 20X1년 1월 1일에 (주)용산에 상품을 할부판매하였다. 재고자산에 대하여는 계속기록법을 사용하고 있으며, 판매에 관한 사항은 다음과 같을 때 일반기업회계기준에 따른 (주)삼일의 회계처리를 하시오.
- 상품의 원가: ₩4,000,000
- 할부금회수방법: 매년 말에 ₩2,000,000씩 3년간
- 판매시의 시장이자율: 연 12%
  - 장기성 매출채권
    ① 현재가치: ₩2,000,000×2.40183(3년, 12% 연금현가계수)=₩4,803,660
    ② 현재가치할인차금: ₩6,000,000-₩4,803,660(현재가치)=₩1,196,340
  - 현재가치할인차금 상각표

일자	A. 할부금회수액	B. 이자수익 =D×12%	C. 장기성매출채권 원금회수액(A-B)	D. 장기성매출채권 장부금액(D-C)
20X1. 1. 1.				₩4,803,660
20X1. 12. 31.	₩2,000,000	₩576,439	₩1,423,561	3,380,099
20X2. 12. 31.	2,000,000	405,612	1,594,388	1,785,711
20X3. 12. 31.	2,000,000	214,289	1,785,711	0

- 회계처리

일자	회계처리				
20X1년 1월 1일	(차) 장기성매출채권	6,000,000	(대) 매출		4,803,660
			현재가치할인차금		1,196,340
	(차) 매출원가	4,000,000	(대) 상품		4,000,000
20X1년 12월 31일	(차) 현금	2,000,000	(대) 장기성매출채권		2,000,000
	(차) 현재가치할인차금	576,439	(대) 이자수익		576,439
20X2년 12월 31일	(차) 현금	2,000,000	(대) 장기성매출채권		2,000,000
	(차) 현재가치할인차금	405,612	(대) 이자수익		405,612
20X3년 12월 31일	(차) 현금	2,000,000	(대) 장기성매출채권		2,000,000
	(차) 현재가치할인차금	214,289	(대) 이자수익		214,289

(5) 상품권

1) 상품권의 개념

상품권이란 그 명칭 또는 형태에 관계없이 발행자가 일정한 금액이나 물품 또는 용역의 수량이 기재된 무기명증표를 발행·매출하고 그 소지자가 발행자에게 제시함으로써 그 증표에 기재된 내용에 따라 상품권발행자로부터 물품 또는 용역을 제공받을 수 있는 유가증권을 말한다. 상품권은 주로 백화점 등에서 발행되는 일종의 유가증권으로서 이의 발행·운용은 상품권법의 규제를 받는다.

2) 회계처리

① 매출수익의 인식시점

상품권의 판매만으로 수익이 실현되는 것으로 보기는 어려우며, 상품권이 발행된 후에 상품의 판매나 용역이 제공되는 시점에서 수익이 실현되는 것으로 보는 것이 타당하다. 따라서 상품권 판매시는 선수금(상품권선수금계정 등)으로 처리한다.

② 상품권의 할인판매

상품권을 할인판매한 경우에는 액면금액 전액을 선수금으로 계상하고 할인액은 상품권할인액계
정으로 하여 동 선수금계정에서 차감하는 형식으로 표시하며, 상품권할인액은 추후 물품 등을 제공
하거나 판매한 때에 매출에누리로 대체한다.

③ 상품권의 잔액환급시 회계처리

현금을 상환하는 때 또는 물품판매 후 잔액을 환급하여 주는 때에 선수금과 상계한다.

④ 장기 미회수 상품권의 회계처리

상품권의 유효기간이 경과하였으나 상법상의 소멸시효가 완성되지 않은 경우에는 유효기간이 경
과된 시점에서 상품권에 명시된 비율에 따라 영업외수익으로 인식하고, 상법상의 소멸시효가 완성
된 경우에는 소멸시효가 완성된 시점에서 잔액을 전부 영업외수익으로 인식한다.

예 제

(주)삼일은 20X1년 4월 1일 액면금액 ₩1,000,000의 상품권 10매를 고객에게 발행하였다.
상품권은 액면금액의 20%에 해당하는 금액을 할인하여 ₩800,000에 발행하였다. 상품권의
유효기간은 6개월로 유효기간 내에 사용된 상품권은 8매이며, 판매한 상품과의 차액에 해당하
는 금액으로 환불한 금액은 ₩100,000이다. 유효기간 내에 사용되지 않은 상품권 2매는 유효
기간 경과시 액면금액의 40%에 해당하는 금액을 반환하고, 권리가 소멸된다.

풀 이

구분	회계처리			
상품권 발행시 (할인발행)	(차) 현금 상품권할인액	8,000,000 2,000,000	(대) 선수금	10,000,000
상품권 회수시	(차) 선수금	8,000,000	(대) 매출 현금	7,900,000 100,000
	(차) 매출에누리	1,600,000	(대) 상품권할인액	1,600,000
유효기간 경과시	(차) 선수금	2,000,000	(대) 현금* 상품권할인액 잡이익	800,000 400,000 800,000
	* 1,000,000 × 2 × 40%=800,000			

(6) 설치 및 검사조건부 판매

구매자에게 재화가 인도되어 설치와 검사가 완료되었을 때 수익을 인식한다. 그러나 다음의 경우에는 구매자가 재화를 인수한 시점에 즉시 수익을 인식한다.

① 설치과정이 성격상 단순한 경우

> 예: 공장에서 이미 검사가 완료된 텔레비전 수상기의 설치와 같이 포장의 개봉과 전원, 안테나의 연결만이 필요한 경우

② 이미 결정된 계약금액을 최종적으로 확인하기 위한 목적만으로 검사가 수행되는 경우

> 예: 무연탄이나 곡물 등을 인도하는 경우

예제

설치용역 수수료

(1) (주)삼일은 20X1년 12월 15일 기계장치를 ₩5,000,000에 (주)대일에 판매하고 기계장치를 사용가능한 상태로 설치해 주기로 하였다.

(2) (주)삼일의 회계담당자는 설치용역 수수료에 대한 회계처리에 대하여 다음의 2가지 방안을 고려하고 있다.
  ① 설치용역이 재화판매에 부수적으로 제공된다.
  ② 설치용역은 재화판매에 부수적으로 제공되지 않으며, 이 경우 설치용역에 대한 수수료는 ₩500,000, 20X1년 12월 31일 현재 진행률은 40%이다.

[요구사항]
(주)삼일이 위의 각 경우에 20X1년도의 수익으로 인식할 금액을 재화의 판매부분과 용역의 제공부분으로 구분하여 계산하시오.

풀이

1. 설치용역이 부수적으로 제공되는 경우

재화판매수익	₩5,000,000
용역제공수익	–
수익인식액	₩5,000,000

2. 설치용역이 부수적으로 제공되지 않는 경우

재화판매수익	5,000,000-500,000=	₩4,500,000
용역제공수익	500,000×40%=	200,000
수익인식액		₩4,700,000

(7) 반품가능판매

1) 반품가능판매의 수익인식요건

거래 이후에도 판매자가 소유에 따른 위험의 대부분을 부담하는 반품가능 판매의 경우에는, 다음의 조건들을 모두 충족한 경우 수익을 인식할 수 있다.

① 판매가격이 사실상 확정되었고,
② 구매자의 지급의무가 재판매여부에 영향을 받지 않으며,
③ 판매자가 재판매에 대한 사실상의 책임을 지지 않고,
④ 미래의 반품금액을 신뢰성 있게 추정할 수 있다.

2) 반품가능판매의 회계처리

상기 조건을 충족하여 수익으로 인식하는 반품가능판매의 경우, 판매시점에 반품이 예상되는 매출액에 해당하는 금액은 환불충당부채로 설정하고, 보고기간 말마다 반품예상량의 변동에 따라 그 부채의 측정치를 새로 수정하며 그 조정액을 수익(또는 수익의 차감)으로 인식한다.

환불충당부채를 결제할 때 고객에게서 제품을 회수할 기업의 권리는 자산으로 인식한다. 해당 자산을 처음 측정할 때 제품의 직전 장부금액에서 그 제품회수에 예상되는 원가(반품되는 제품이 기업에 주는 가치의 잠재적인 감소를 포함)를 차감한다.

보고기간 말마다 반품될 제품에 대한 예상의 변동을 반영하여 자산의 측정치를 새로 수정한다. 이 자산은 환불충당부채와는 구분하여 표시한다.

> **예제**
>
> (주)삼일은 판매 후 3개월 내에 반품을 인정하는 조건으로 상품을 외상으로 판매하고 있으며, 회사의 과거 경험으로 봤을 때 반품률과 20X1년 4/4분기의 월별매출이 다음과 같다.
>
> ▶ 반품률
>
> | | 판매 1개월 후 | 판매 2개월 후 | 판매 3개월 후 | 판매 4개월 후 |
> |---|---|---|---|---|
> | 반품률 | 3% | 2% | 1% | 0% |
>
> ▶ 20X1년 4/4분기 월별매출액
>
> | | 10월 | 11월 | 12월 | 계 |
> |---|---|---|---|---|
> | 월별 매출액 | ₩5,000,000 | ₩4,000,000 | ₩6,000,000 | ₩15,000,000 |

회사의 매출총이익률은 20%이고 반품과 관련하여 추가로 발생하는 비용은 없다고 가정할 경우, 20X1년 말 결산시 예상되는 미래 반품액과 관련하여 적절한 결산수정분개를 수행하시오.

풀 이

- 20X1년 말 현재 미래추정반품액

  $6,000,000 \times 6\%^{*1} + 4,000,000 \times 3\%^{*2} + 5,000,000 \times 1\%^{*3} = ₩530,000$

  *1 12월 매출액에 대한 미래추정반품률=(3%+2%+1%)=6%
  *2 11월 매출액에 대한 미래추정반품률=(2%+1%)=3%
  *3 10월 매출액에 대한 미래추정반품률=1%

- 추정반품관련 회계처리

(차) 매출채권	15,000,000	(대) 매출	14,460,000
		환불추정부채	530,000

(차) 매출원가	11,576,000	(대) 재고자산	12,000,000
반품자산	424,000*		

  * 530,000 × (1−20%) = ₩424,000

3) 반품가능성이 불확실한 경우

반품가능성이 불확실하여 추정이 어려운 경우에는 구매자가 재화의 인수를 공식적으로 수락한 시점 또는 재화가 인도된 후 반품기간이 종료된 시점에 수익을 인식한다.

예 제

(주)삼일은 거래처인 (주)반품에게 20X1년 3월 1일에 재화 ₩15,000,000(원가 ₩12,000,000)을 외상으로 인도하였다. (주)삼일은 인도시점에서 (주)반품에게 반품권을 부여하였으며, 재화의 인도시점 현재 반품가능성을 합리적으로 추정할 수 없었다.

(주)삼일이 부여한 반품기간 종료일이 20X1. 6. 30.이라고 가정할 경우, (주)삼일의 각 시점별 회계처리를 하시오.

풀 이

- 20X1년 3월 1일
  회계처리 없음(반품가능성을 합리적으로 추정할 수 없는 경우에는 인도시점에서 수익을 인식할 수 없음).
- 20X1년 6월 30일

(차) 매출채권	15,000,000	(대) 매출	15,000,000

(8) 임대업, 대행업, 전자쇼핑몰 등

기업이 재화의 소유에 따른 위험과 효익을 가지지 않고 타인의 대리인 역할을 수행하여 재화를 판매하는 경우에는 판매금액 총액을 수익으로 계상할 수 없으며 판매수수료만을 수익으로 인식해야 한다. 다음과 같은 예가 이에 해당한다.

1) 임대업

임대업을 영위하는 회사는 임대매장에서 발생하는 매출과는 무관하므로, 임차인으로부터 수취하는 임대료만을 수익으로 인식해야 한다.

2) 대행업

수출업무를 대행하는 종합상사는 판매를 위탁하는 회사를 대신하여 재화를 수출하는 것이므로 판매수수료만을 수익으로 계상해야 한다.

3) 전자쇼핑몰

제품공급자로부터 받은 제품을 인터넷상에서 중개판매하거나 경매하고 수수료만을 수취하는 전자쇼핑몰 운영회사는 관련 수수료만을 수익으로 인식해야 한다.

예제

임대 및 중개

(1) (주)삼일은 백화점업을 영위하는 회사로 백화점 1층 매장을 매출액의 20%에 해당하는 임대료를 수령하는 조건으로 임대하고 있다. 거래는 (주)삼일이 입점업체들로부터 상품 등을 구입하고 고객들에게 판매하는 형태로 20X1년 중 매출액은 ₩50,000,000이다.

(2) (주)삼일은 인터넷전자쇼핑몰을 운영하면서 고객으로부터 주문받은 상품 등을 제조업체와 직접 연결하여 주고 있다. 거래수수료는 판매가격의 5%로 20X1년 중 인터넷상에서 판매된 금액은 ₩80,000,000이다.

[요구사항]
(주)삼일이 20X1년도에 수익으로 인식할 금액을 계산하시오.

백화점매장 임대수익   50,000,000×20%=   ₩10,000,000

인터넷전자쇼핑몰 중개수익   80,000,000× 5%=   4,000,000

₩14,000,000

심화학습

일반기업회계기준 제16장 수익인식 사례 – 프랜차이즈 수수료

프랜차이즈 수수료는 창업지원용역과 운영지원용역, 설비와 기타 유형자산 및 노하우 제공에 대한 대가를 포함할 수 있다. 따라서 프랜차이즈 수수료는 부과되는 목적을 반영하는 기준에 따라 수익으로 인식한다. 프랜차이즈 수수료의 적정한 인식방법은 다음과 같다.

(1) 설비와 기타 유형자산의 제공

해당 자산을 인도하거나 소유권을 이전할 때 제공하는 자산의 공정가치에 기초한 금액을 수익으로 인식한다.

(2) 창업지원용역과 운영지원용역의 제공

운영지원용역의 제공에 대한 수수료는 창업지원용역 수수료의 일부이거나 별도의 수수료임에 상관없이 용역이 제공됨에 따라 수익으로 인식한다. 별도의 수수료가 운영지원용역의 원가를 회수하고 합리적인 이윤을 제공하는데 불충분하고, 창업지원용역 수수료의 일부가 이러한 운영지원용역의 원가를 회수하고 합리적인 이윤을 제공한다면, 창업지원 수수료의 일부를 이연하여 운영지원용역이 제공됨에 따라 수익으로 인식한다.

계약에 따라 프랜차이즈 본사는 제3자에게 판매하는 가격보다 저렴한 가격 또는 적정이윤이 보장되지 않는 가격으로 설비, 재고자산 또는 기타 유형자산을 가맹점에 제공할 수 있다. 이 경우 추정원가를 회수하고 적정이윤을 보장할 수 있도록 창업지원용역 수수료의 일부를 이연한 후, 설비 등을 가맹점에 판매할 것으로 기대되는 기간에 걸쳐 수익으로 인식한다. 나머지 창업지원용역 수수료는 프랜차이즈 본사가 모든 창업지원용역과 그 밖의 의무(예: 가맹점입지선정, 종업원교육, 자금조달, 광고에 대한 지원)를 실질적으로 이행한 시점에 수익으로 인식한다.

일정지역에 대한 프랜차이즈계약에 따른 창업지원용역과 그 밖의 의무는 그 지역에 설립되는 가맹점수에 따라 달라진다. 이러한 경우에 창업지원용역에 관련되는 수수료는 실질적으로 창업지원용역이 완료된 가맹점 수에 비례하여 수익으로 인식한다.

만일 창업지원용역 수수료가 장기간에 걸쳐 회수되고, 모두 회수하는데 유의적인 불확실성이 존재하는 경우에는 할부금을 현금으로 수취하는 시점에 수익으로 인식한다.

(3) 프랜차이즈 운영지원 수수료

계약에 의한 권리의 계속적인 사용에 부과되는 수수료나 계약기간 동안 제공하는 기타 용역에 대한 수수료는 권리를 사용하는 시점이나 용역을 제공하는 시점에 수익으로 인식한다.

(4) 대리거래

프랜차이즈 본사와 가맹점 간의 거래에서 본사가 실제로는 가맹점의 대리인으로 거래하는 경우가 있을 수 있다. 예를 들어 프랜차이즈 본사가 가맹점에게 공급할 재화를 대신 주문하고 원가로 인도하는 거래가 있을 수 있다. 이러한 거래에서는 수익이 발생하지 않는다.

예제

프랜차이즈 수수료

(1) (주)삼일은 20X1년 10월 1일 프랜차이즈계약을 체결하고 창업지원용역의 대가로 ₩1,000,000
을 수령하기로 하였다.

(2) (주)삼일은 계약과 동시에 현금 ₩600,000을 수령하였으며, 창업지원용역은 20X1년 중
에 모두 제공이 완료되었다.

[요구사항]

1. 창업지원용역제공과 관련하여 다음의 각 경우에 (주)삼일이 해야 할 회계처리를 하시오.
   (1) 잔액 ₩400,000의 회수가 확실한 경우
   (2) 잔액 ₩400,000의 회수가 불확실한 경우
2. (주)삼일이 프랜차이즈계약과 관련하여 원재료 100개를 공정가치의 80%에 해당하는 가격으
   로 공급하기로 하였다. 원재료의 공정가치는 개당 ₩20,0000이며, 20X1년 12월 31일까지
   공급한 원재료는 60개라고 할 경우, (주)삼일이 20X1년에 인식할 수익을 원재료매출과 창업
   지원용역수익으로 구분하여 계산하시오. (단, 대금회수의 불확실성은 없다고 가정한다.)

풀이

1. 창업지원용역수수료의 처리

구분	회계처리
① 대금회수가 확실한 경우	(차) 현금　　　　　　　600,000 (대) 창업지원용역수익　1,000,000 　　　창업지원용역미수금 400,000
② 대금회수가 불확실한 경우	(차) 현금　　　　　　　600,000 (대) 창업지원용역수익　　600,000

2. 수익인식액

(1) 창업지원용역대가 중 원재료의 저가제공에 대한 대가

원재료의 공정가치	100개×20,000 =	₩2,000,000
원재료의 실제 제공대가	100개×20,000×80% =	₩(1,600,000)
원재료의 저가제공에 대한 대가		₩400,000

(2) 수익인식액

창업지원용역수익	1,000,000 - 400,000 =	₩600,000
원재료공급수익		₩1,200,000
원재료공급수익	60개×20,000×80% = ₩960,000	
공정가치	400,000×60개/100개 = ₩240,000	
부족분(창업지원용역)		
		₩1,800,000

재화의 수익인식

거래구분	수익인식방법
위탁판매	수탁자가 제3자에게 판매한 시점
시용판매	구입자가 매입의사를 표시한 날
할부판매	재화가 인도되는 시점
상품권판매	물품이나 용역을 제공한 시점
설치 및 검사조건부 판매	설치 및 검사가 완료된 때
반품가능판매	구매자가 인수를 수락한 시점 또는 반품기간의 종료시점
임대업, 대행업, 전자쇼핑몰 등	임대료 또는 수수료만을 수익으로 인식
부동산 판매	법적소유권이 이전되는 시점*

* 법적소유권이 이전되기 전이라도 소유에 따른 위험과 효익이 구매자에게 실질적으로 이전되는 경우에는 이전시점에 인식하며, 이 경우 위험과 효익의 이전 이후에도 판매자가 중요한 행위를 추가로 수행할 의무가 있다면 해당 의무 완료시점에 인식

용역의 수익인식

거래구분		수익인식방법
방송사의 광고수익		광고를 대중에게 전달하는 시점
광고제작 용역수익		제작기간 동안 진행기준 적용
공연입장료		행사가 개최되는 시점
수강료		강의기간 동안 발생기준 적용
재화의 판매금액에 추후 제공될 용역이 포함된 경우		식별 가능한 경우 진행기준에 의하여 수익을 인식
주문 개발하는 소프트웨어		진행기준에 따라 수익인식
연회비 및 입회비	회원자격의 유지	회비의 회수가 확실하게 된 시점
	비회원보다 저가구매	제공될 효익의 시기, 성격, 금액을 반영하는 합리적인 기준에 따라 수익을 인식

예 제

광고수익과 광고제작용역수익

(1) (주)삼일은 20X1년 10월 1일 TV광고물을 제작하는 계약을 체결하고 제작대가로 ₩1,000,000을 수령하기로 하였다. TV광고물 제작에 따른 총예정원가는 ₩800,000으로 추정되며, 20X1년 중 광고물과 관련하여 ₩400,000의 제작원가가 발생하였다. TV광고물은 20X2년 2월 28일 제작완료 되었으며, 광고제작대금은 TV광고물 제작완료시점에 전액 수령하였다.

(2) MS방송사는 TV광고물을 인기 주말드라마 "서울의 연인"의 방송전후에 걸쳐 10회 방송하는 계약을 체결하였다. TV광고물은 20X2년 3월 중에 4회, 4월 중에 6회가 방송되었으며, 광고 방송에 대한 대가는 총 ₩2,000,000으로 모든 광고가 종료되는 시점에 회수된다.

[요구사항]
1. (주)삼일이 광고계약과 관련하여 20X1년도에 인식할 수익과 MS방송이 20X2년 3월 31일로 종료되는 회계연도에 인식할 수익을 계산하시오.
2. (주)삼일과 MS방송이 광고계약과 관련하여 해야 할 회계처리를 하시오.

풀 이

1. 수익인식액
   (1) (주)삼일의 광고제작용역수익 인식액
       1,000,000×50%(= 400,000 ÷ 800,000) = ₩500,000
   (2) MS방송의 광고수익 인식액
       2,000,000×4회 ÷ 10회 = ₩800,000

2. 회계처리

구분	회계처리
(주)삼일(광고제작사)	(차) 광고제작용역채권　500,000　(대) 광고제작용역수익　500,000
MS방송(방송사)	(차) 광고매출채권　800,000　(대) 광고수익　800,000

재화의 판매가격에 추후 제공될 용역이 포함된 경우

(1) (주)삼일은 컴퓨터바이러스 백신프로그램을 제조판매하는 회사로, 백신프로그램을 판매하면서 추후 2년간 프로그램을 업그레이드해 주고 있다.
(2) (주)삼일은 20X1년 7월 1일 백신프로그램을 ₩400,000에 판매하고, 판매대금은 현금으로 수령하였다. 판매대금 중 프로그램의 업그레이드와 관련된 대가는 ₩100,000으로 추정된다.

[요구사항]
1. (주)삼일이 백신프로그램의 판매와 관련하여 20X1년도에 인식할 수익을 계산하시오.
2. (주)삼일이 백신프로그램의 판매와 관련하여 20X1년도에 해야 할 회계처리를 히시오.

1. 수익인식액

백신프로그램	400,000 − 100,000 =	₩300,000
업그레이드 용역수익	100,000 ÷ 2 × 6/12 =	25,000
수익인식액		₩325,000

2. 회계처리

구분	회계처리			
20X1. 7. 1.	(차) 현금	400,000	(대) 제품매출	300,000
			선수용역수익	100,000
20X1. 12. 31.	(차) 선수용역수익	25,000	(대) 용역수익	25,000

✓ O, X 퀴즈

01	자산수증이익은 회사의 주된 영업활동의 결과인 수익으로 볼 수 있다.	O	X

02	경제적 효익의 유입가능성이 매우 높고 수익금액을 신뢰성 있게 측정할 수 있는 시점에 수익을 인식하므로, 현금의 유입이 있을 때에 수익을 인식하는 것이 합리적인 방법이다.	O	X

03	수익인식기준 중 건설형 공사계약의 공사수익을 인식하기 위하여 사용하기에 적합한 기준은 진행기준이다.	O	X

04	위탁매출은 수탁자에게 상품을 발송한 시점에서 수익을 인식한다.	O	X

05	상품권을 할인발행하는 경우 상품권의 액면금액은 선수금으로 계상하고, 수령한 현금액과의 차액은 상품권할인액의 과목으로 하여 선수금의 차감계정으로 표시한다.	O	X

06	반품조건부판매는 반품예상액을 합리적으로 추정할 수 있는 경우 판매시점에서 전액을 수익으로 인식한다.	O	X

01	×	자산수증이익은 회사의 주된 영업활동으로 보기 어렵다.
02	×	수익은 현금주의가 아닌 발생주의에 의해서 인식하는 것이 합리적인 방법이다.
03	○	진행기준이라 함은 도급금액에서 공사 진행률을 곱하여 공사수익을 인식하고, 동 공사수익에 대응하여 실제로 발생한 비용을 공사원가로 계상하는 방법이다.
04	×	위탁매출은 수탁자가 그 상품을 판매한 때에 수익을 인식한다.
05	○	
06	×	반품예상액을 합리적으로 추정할 수 있는 경우에도 반품예상액은 수익으로 인식할 수 없다.

연습문제

01 다음은 중 수익인식에 관한 설명으로 가장 올바르지 않은 것은?

① 소프트웨어 개발회사인 ㈜부산은 ㈜대구로부터 급여처리시스템에 관한 소프트웨어 개발을 주문받았다. ㈜부산은 소프트웨어 개발대가로 수취하는 수수료를 진행기준에 따라 수익으로 인식한다.

② 구두를 제조하는 ㈜광주는 현금을 수령하고 상품권을 판매하지만 수익은 고객이 상품권으로 구두를 구입하는 시점에 인식한다.

③ 제품공급자로부터 받은 제품을 인터넷 상에서 중개판매하고 수수료만을 수취하는 전자쇼핑몰을 운영하는 ㈜서울은 제품의 거래가액 전체를 수익으로 인식한다.

④ 방송사인 ㈜제수는 의류회사인 ㈜울산과 지면광고계약을 맺고 광고수수료를 받았다. ㈜제주는 동 광고수수료를 신문에 광고가 게재되어 독자에게 전달될 때 수익으로 인식한다.

02 다음은 (주)삼일이 20X1회계연도 중 인식한 수익에 대한 내용이다. 20X1회계연도에 대한 회계감사 시 지적 사항이 될 만한 내용은 어느 것인가?

① ㈜삼일은 장기용역매출은 진행기준을 적용하여 수익을 인식하고, 단기용역매출은 완성기준을 적용하여 수익을 인식하였다.

② ㈜삼일은 로열티수익을 관련된 계약의 경제적 실질을 반영하여 발생주의에 따라 인식하였다.

③ ㈜삼일은 매출에누리와 매출할인 및 매출환입을 수익에서 차감하여 인식하였다.

④ ㈜삼일은 상품권을 판매한 시점에는 선수금계정으로 처리하였다가 동 상품권으로 상품의 판매나 용역이 제공되는 시점에 수익을 인식하였다.

03 다음은 (주)서울과 (주)부산의 거래내역이다. 발생주의로 인식한 1월 1일의 (주)서울의 매출액은 얼마인가?

> 20X1년 1월 1일: (주)서울은 (주)부산과 외제차 매도계약을 하면서 판매대금 50,000,000원 중 계약금으로 1,000,000원을 수령하였다.
> 20X1년 1월 31일: (주)서울은 (주)부산에게 외제차를 인도하면서 잔금 중 48,000,000원을 수령하였다.
> 20X1년 2월 1일: (주)서울은 (주)부산에게 잔금 1,000,000원을 수령하였다.

①   0원
② 1,000,000원
③ 49,000,000원
④ 50,000,000원

04 (주)삼일은 20X1년 중 문화센터와 관련한 건설공사를 수주하였다. 해당 공사와 관련된 내용이 다음과 같을 때 (주)삼일의 20X1년 공사수익 계산 시 적용한 진행률은 얼마인가?

> ㄱ. 건설기간: 20X1년 1월 1일 ~ 20X3년 12월 31일
> ㄴ. 총도급금액: 50,000,000원
> ㄷ. 20X1년 공사수익: 7,500,000원
> ㄹ. 20X1년 공사원가: 5,000,000원

① 10%
② 15%
③ 20%
④ 25%

[문제 5~6] (주)삼일이 (주)용산과 체결한 장기도급공사의 내역은 다음과 같다.

	20X1년	20X2년	20X3년
총공사예정원가	₩24,000,000	₩27,000,000	₩27,000,000
당기발생공사원가	6,000,000	10,200,000	10,800,000
공사대금청구액	7,000,000	15,000,000	8,000,000
공사대금회수액	6,500,000	13,000,000	10,500,000

05 총공사계약금액이 ₩30,000,000일 때 (주)삼일이 20X1년도에 인식해야 할 공사이익은 얼마인가?

① ₩2,000,000 ② ₩1,500,000
③ ₩1,000,000 ④ ₩500,000

06 (주)삼일의 20X2년도의 공사이익은 얼마인가?

① ₩2,800,000 ② ₩2,550,000
③ ₩525,000 ④ ₩300,000

NEW

07 (주)삼일은 20X1년 10월 1일 ㈜서울에 기계장치를 총 10,000,000원에 판매하면서 정상 작동이 가능한 상태로 설치해 주기로 하였다. 설치 수수료는 400,000원이며 20X1년 12월 31일 현재 50 % 의 진행율을 나타내고 있다. ㈜삼일이 인식하는 수익은 얼마인가(단, 기계 장치에 대한 설치 및 검사용역이 부수적으로 수반된다는 내용은 계약상 명시되어 있지 않다)?

① 9,600,000원 ② 9,800,000원
③ 10,200,000원 ④ 10,400,000원

08 (주)삼일건설은 도급금액 60,000,000원인 건설공사를 수주하였다. 이 공사는 20X년 1월에 착공하여 20X2년 12월에 완공되었으며 관련된 공사원가는 다음과 같다. 누적발생원가 기준의 진행률을 사용하여 수익을 이식할 경우 20X1년과 20X2년의 공사이익은 각각 얼마인가?

	20X1년	20X2년
실제발생한 공사원가	15,000,000원	30,000,000원
추가예정공사원가	35,000,000원	

	20X1년	20X2년
①	0원	15,000,000원
②	3,000,000원	12,000,000원
③	5,000,000원	10,000,000원
④	36,000,000원	24,000,000원

09 (주)삼일은 20X2년 1월 1일에 (주)용산과 3년간의 공장건설계약을 맺었다. 건설공사에 대한 다음의 자료를 바탕으로 (주)삼일이 20X2년에 인식한 공사원가는 얼마인가?

ㄱ. 총도급액	12,000,000원
ㄴ. 20X2년 공사이익	800,000원
ㄷ. 20X2년 말 현재 공사진행률(*)	40%

(*) 공사진행률은 총공사예정원가에 대한 실제공사원가 발생액의 비율로 산정한다.

① 4,000,000원 ② 4,800,000원
③ 5,000,000원 ④ 6,000,000원

10 재화의 판매는 일반적으로 판매시점에서 수익을 인식한다. 그러나 재화 판매 이후에도 판매자가 관련 재화의 소유에 따른 위험의 대부분을 부담하는 경우에는 그 거래를 아직 판매로 보지 아니하며, 이에 따라 수익을 인식하지 않는다. 다음 중 이러한 예로서 적절하지 않은 것은?

① 판매대금의 회수가 구매자의 재판매에 의해 결정되는 경우
② 설치조건부 판매에서 계약의 중요한 부분을 차지하는 설치가 아직 완료되지 않은 경우
③ 구매자가 판매계약에 따라 구매를 취소할 권리가 있고, 해당 재화의 반품가능성을 예측하기 어려운 경우
④ 소유에 따른 위험과 보상이 실질적으로 구매자에게 이전되었지만 판매자가 판매대금의 회수를 확실히 할 목적으로 해당 재화의 법적 소유권을 계속 가지고 있는 경우

11 (주)서울은 (주)부산에 상품을 위탁하여 판매하고 있으며, 20X2년 중 위탁판매와 관련된 거래는 다음과 같다. 20X2년 (주)서울이 인식해야 할 위탁판매에 대한 매출액은 얼마인가?

> • 20X2년 2월 5일 위탁판매를 위해 (주)서울은 (주)부산에 단위당 원가 2,000원인 상품 100개를 적송하였고, 운임 등 제비용으로 160,000원이 발생하였다.
> • 20X2년 4월 6일 (주)부산이 모든 위탁품을 400,000원에 판매하였다.
> • 20X2년 5월 1일 (주)부산이 판매한 위탁품에 대한 대금에서 판매수수료를 차감한 금액을 (주)서울에게 송금하였고, 판매수수료는 판매가격의 10%가 발생하였다.

① 40,000원
② 200,000원
③ 360,000원
④ 400,000원

12 (주)삼일은 20X1년 4월 1일 액면금액 ₩100,000인 상품권 10매를 1매당 ₩100,000에 발행하였다. 20X1년 중에 사용된 상품권이 8매인 경우 (주)삼일이 20X1년에 상품권 판매로 인식할 매출액은 얼마인가?

① ₩100,000
② ₩800,000
③ ₩900,000
④ ₩1,000,000

13 다음 중 상품권에 관한 설명으로 가장 올바르지 않은 것은?

① 상품권 판매 후 소멸시효가 지날 때까지 미회수된 경우 선수금과 상계한다.
② 상품권 할인 판매 시 할인액은 선수금계정에서 차감하는 형식으로 표시한다.
③ 상품권 판매시 선수금으로 처리한다.
④ 상품권 할인액은 추후 물품을 판매할 경우 매출에누리로 대체한다.

NEW

14 20X1 년 1 월 1 일 (주)삼일은 상품을 다음과 같은 조건으로 할부 판매하였다. 20X1 년에 (주)삼일의 손익계산서상 매출액은 얼마인가(단, (주)삼일은 중소기업법에 의한 중소기업이 아니다)?

> ㄱ. 상품의 원가 : 400,000 원
> ㄴ. 할부금 회수방법 : 매년 말에 200,000 원씩 3년 간 회수함
> ㄷ. 판매시의 시장이자율 : 연 5 %
> (시장이자율 연 5 % 를 적용한 연금현가계수는 2.72 임)

① 200,000원 ② 400,000원
③ 544,000원 ④ 600,000원

15 (주)삼일방송사는 TV광고물을 인기 드라마의 방송 전후에 걸쳐 10회 방송하는 계약을 체결하였다. TV광고물은 20X1년 중에 4회, 20X2년 중에 6회가 방송되었으며, 광고 방송에 대한 대가는 총 2,000,000원으로 모든 광고가 종료되는 시점에 회수된다. (주)삼일방송사의 20X1년도 보고기간(20X1년 1월 1일~20X1년 12월 31일)에 수익으로 인식할 금액은 얼마인가?

① 0원 ② 800,000원
③ 1,200,000원 ④ 2,000,000원

손익계산서의 계정과목

I 매출액

"제15장 수익의 인식"에서 설명하였듯이 수익은 통상적인 경영활동에서 발생하는 경제적 효익의 총유입을 말하며, 자산의 증가 또는 부채의 감소로 나타난다. 일반기업회계기준에서는 수익을 매출액, 영업외수익으로 분류하고 있으며 일반적으로 기업의 주된 사업활동을 통해 유입된 경제적 효익을 매출액으로 나타낸다.

II 매출원가

1 의의

매출원가란 상품·제품 등의 매출액에 대응되는 원가로서, 일정 기간 중에 판매된 상품이나 제품 등에 대하여 배분된 매입원가 또는 제조원가를 말한다.

매출원가는 상품 또는 제품의 기초재고액에 당기상품매입액 또는 당기제품제조원가를 가산하고, 상품 또는 제품의 기말재고를 차감하여 산출되므로 기말재고자산의 평가방법에 따라 매출원가가 영향을 받고 결과적으로는 당기순이익이 변동하게 된다.

매출원가는 당기의 매출액에 대응하여 파악되어야 하기 때문에 수익·비용대응의 원칙은 매출원가의 인식 및 측정에 있어서 매우 중요하다. 수익·비용대응의 원칙이라 함은 성과와 노력 간의 인과관계를 연결시키고자 하는 것으로서, 수익을 창출하기 위하여 발생한 비용을 관련수익이 인식되는 기간에 인식하는 것을 말한다.

2 상품매매업의 매출원가

(1) 매출원가 표시방법

매출원가는 제품·상품 등의 매출액에 대응되는 원가로서 판매된 제품이나 상품 등에 대한 제조원가 또는 매입원가이다. 매출원가의 산출과정은 손익계산서 본문에 표시하거나 주석으로 기재한다.

(2) 매입부대비용

매입부대비용이란 물품구입에 부대하여 사용가능한 상태나 장소에 두기까지 지급되는 운임, 보험료, 관세, 하역비, 매입수수료, 통관비, 검수비, 정리비, 선별비 및 이관비 등을 말하는 것으로, 이는 발생내용에 따라 외부부대비용과 내부부대비용으로 구분된다.

외부부대비용은 재고자산이 입고될 때까지 외부에 지급되는 비용으로 운임, 매입수수료, 관세, 통관비 등이 있으며, 내부부대비용은 구입품에 관련해서 발생하는 내부용역비용으로서 구매사무비용과 물품이 도착한 때부터 소비 또는 판매직전까지 발생한 검수, 정리, 선별 등을 하기 위한 비용이 이에 해당한다.

외부부대비용은 매입자산의 경제적 가치를 증가시킨다고 보아 매입원가에 산입하고 있으나, 내부부대비용에 대하여는 그 원가성에 대하여 논란의 여지가 있으며 오히려 회계실무면에서는 이를 제조경비 또는 판매비와관리비로 처리하는 것이 일반적이다.

(3) 매입에누리와 환출

매입한 상품에 결함이 있는 경우 구매자는 상품을 반환하거나 또는 판매자와 협의하여 가격을 할인받을 수 있다. 상품을 반환하는 것을 매입환출, 판매자로부터 구입가격을 할인받는 것을 매입에누리라 한다. 매입에누리와 환출은 매출에누리와 환입의 상대적 거래로서 이는 재고자산의 취득금액에서 차감하여야 한다.

(4) 매입할인

매입할인이란 외상매입금을 그 약정된 기일 전에 지급함으로써 일정한 금액을 할인받는 것을 말하며, 매출할인을 총매출액에서 차감하듯 매입할인을 총매입액에서 차감한다.

3 제조업의 매출원가

(1) 매출원가 표시방법

상품판매업에 있어서의 매출원가와 마찬가지로 제조업의 매출원가는 재무제표 공시방법으로 요약식을 선택한 경우를 제외하고는 동 매출원가만을 손익계산서에 기재할 수는 없고, 반드시 기초제품재고액과 당기제품제조원가와의 합계액에서 기말제품재고액을 차감하는 형식으로 기재하여야 한다.

(2) 제조원가명세서

제조업에 있어서는 당기의 제품제조원가의 내용을 기재한 제조원가명세서를 재무제표의 부속명세서로 작성하여야 한다.

당기제품제조원가는 당기총제조원가와 기초재공품재고액과의 합계액에서 기말재공품재고액을 차감하는 형식으로 기재한다.

당기총제조원가는 재료비, 노무비, 경비로 구성되며, 결산시에는 원가계산절차를 통하여 각 제품별로 기말재공품과 기말제품의 평가를 실시하여야 한다.

> 당기제품제조원가 = 당기총제조원가 + 기초재공품재고액 − 기말재공품재고액

(3) 타계정대체액의 표시

재공품을 당해 기업의 비유동자산으로 사용하기 위하여 계정대체한 경우, 자가제조소비한 경우 또는 연구개발용으로 사용하였거나 원재료로 공정에 재투입한 경우에는 제조원가명세서에서 그 대체내역을 나타내는 과목으로 기말재공품재고액 다음에 그 대체액을 기재하여 당기총제조원가에서 차감하는 형식으로 기재하여야 한다.

(4) 기타 매출원가의 구분표시

상품 또는 제품에 대하여 판매·생산 또는 매입 이외의 사유로 증감액이 있는 경우와 관세환급금 등 기타 매출원가항목으로 차감 또는 부가하여야 할 것이 있는 경우에는 이를 구분하여 기재한다.

매출원가의 차감 또는 부가항목의 구체적인 예로서는 특별소비세, 주세, 자가제조소비액, 증여에 의한 상품·제품의 감소액, 관세환급금 그리고 타계정대체액 등을 들 수 있다. 이들은 그 증감의 이유를 구체적으로 표시하는 항목으로 구분표시 하여야 하나, 그 금액이 비교적 소액인 경우에는 타계정대체액으로 일괄표시할 수도 있다.

Ⅲ 판매비와관리비

1 개념

판매비와관리비란 상품과 용역의 판매활동 또는 기업의 관리와 유지에서 발생하는 비용으로 매출원가에 속하지 아니하는 모든 영업비용을 포함한다. 판매비는 매출액의 증감에 비례하는 변동비의 성격이 강하고, 관리비는 고정비의 성격이 강하므로 관리목적상 구분처리가 바람직하나, 실무상 명확히 구분하기가 쉽지 않기 때문에 함께 판매비와관리비로 처리하는 것이다. 판매비에는 접대비·광고선전비·보관료·견본비·포장비·연구비·경상개발비·운반비·판매수수료·대손상각비·무형자산상각비 등이 포함되며, 관리비에는 급여·퇴직급여·해고급여·복리후생비·여비교통비·통신비·수도광열비·세금과공과·임차료·감가상각비·수선비·보험료 등이 속한다.

2 급여

일반기업회계기준에서는 임원급여, 급료, 임금 및 제수당을 "급여"라는 계정과목으로 통합하고 있는 바, 재무제표를 공시하는 경우에는 "급여"라 하더라도 세무목적 및 내부관리의 목적에 따라 구분하여 관리하는 것이 필요하다. 이하에서는 급여를 임원급여, 급료와 임금, 제수당으로 구분하여 설명한다.

(1) 임원급여

임원급여란 임원에 대하여 임원보수규정에 따라 규칙적으로 지급되는 급여이다. 따라서 임원급여는 기업의 위임관계에 따라서 그 근무 및 용역의 대가로 지급하는 급여 중 상여금과 퇴직금 이외의 것으로 월급, 월봉, 연봉, 제수당 및 현물급여, 경제적 이익의 공여 등이 모두 포함된다.

(2) 급료와 임금

급료와 임금은 판매와 관리업무에 종사하는 사용인이나 종업원에 대한 급료, 임금, 잡급 등을 말한다. 따라서 사용인이나 종업원에 대한 급료나 임금이라 할지라도 동 사용인이나 종업원이 제조활동을 수행하고 받는 급료와 임금은 급료와 임금에 포함해서는 안되고 제조원가 중 노무비계정으로 분류하여야 한다.

통상의 경우 급여 등의 지급방법은 지난 특정한 1개월 기간에 대하여 당해 기간이 경과한 후 일정 시점에서 이를 지급하는 방식을 택하고 있다. 급여계산기간 중 결산기일이 도래할 경우 원칙적으로 당해 급여계산기간의 초일로부터 결산기일까지의 기간에 대한 급여상당액을 미지급비용으로 계상 하여야 한다.

(3) 제수당

제수당이란 판매와 관리사무에 종사하는 종업원에 대한 상여와 각종 수당을 말한다. 그러나 보통 상여금만 제수당계정에 기입하고, 각종 수당은 급여와 함께 지급하므로 통상 급료와 임금에 포함하 여 기입한다.

3 퇴직급여

회사는 회계연도 말 현재 전 임직원이 일시에 퇴직할 경우 지급하여야 할 금액(근로기준법과 회사 의 퇴직금지급규정 중 많은 금액)을 퇴직급여충당부채로 설정해야 한다.

퇴직급여도 급여와 마찬가지로 제조원가 또는 판매비와관리비로 나누어야 한다. 실제적으로 퇴 직급여를 제조원가·판매비와관리비로 나눌 때, 퇴직급여총액을 먼저 계산하고 일정한 기준으로 안 분하는 방법을 사용할 수도 있겠으나 퇴직금추계액 자체를 제조원가 부분과 판매비와관리비 부분으 로 나누어 각 부분에 해당될 퇴직급여를 계산해 내는 것이 일반적인 방법이다.

4 복리후생비

복리후생비는 사용인에게 직접 지급되는 급여, 상여, 퇴직금과는 달리 사용인에게 직접 지급되지 아니하고 근로환경의 개선 및 근로의욕의 향상 등을 위하여 지출하는 노무비적인 성격을 갖는 비용 으로서 법정복리비, 복리시설비, 후생비, 국민연금부담금 등이 있다.

5 임차료

임차료란 토지, 건물 등 부동산이나 기계장치, 운반구 등 동산을 타인으로부터 임차하고 그 소유 자에게 지급하는 임차료 중 판매비와관리비에 관련된 것을 말한다. 이에는 특허권사용료, 로열티 (royalty) 등이 포함된다.

임차료는 임차기간이 경과하였을 때 또는 임차료를 지출하였을 때에 비용으로 계상된다. 임차료 는 임차계약에 의한 임차기간에 대한 비용이기 때문에 수개월분을 일괄하여 지급하는 경우에는 기 말결산시에 미경과분을 선급비용으로서 자산처리 하여야 한다.

6 접대비

접대비는 법인이 업무와 관련하여 거래처 또는 업무와 관련있는 자 등에게 접대, 교제, 사례 기타 명목여하에 불구하고 이와 유사한 행위에 의하여 지출하는 비용으로 접대, 향응, 위안, 선물기증 등 접대행위에 지출한 모든 금품의 금액을 말한다.

접대비는 주로 판매와 관련하여 발생하므로 판매비와관리비로 분류하는 것이 일반적이지만, 원가성이 있는 접대비는 제조원가에 산입하여야 할 것이다.

접대비는 현금으로 지출되지 아니하고 미지급된 것이라도 접대행위가 있었다면 당해 사업연도의 비용으로 처리되어야 한다.

7 감가상각비

유형자산은 소모·파손·노후 등의 물리적인 원인이나 경제적 여건 변동, 유형자산의 기능변화 등의 기능적 원인에 의하여 그 효용이 점차로 감소하는데, 이러한 효용의 감소현상을 감가라 한다.

유형자산의 감가원인은 다양하고 복합적이므로 법인이 기간손익계산을 하기 위하여 유형자산의 감가분을 금액적으로 측정하기란 매우 어렵다. 따라서 유형자산의 감가분을 합리적인 방법으로 추정하여 기간손익에 배분하는 절차가 필요한 바, 이러한 원가배분의 절차를 감가상각이라 한다.

감가상각비에 대한 자세한 내용은 "제6장 유형자산"을 참고하기 바란다.

8 무형자산상각비

무형자산의 상각이란 유형자산의 감가상각과 마찬가지로 무형자산의 원가와 효익을 체계적으로 대응시키는 과정으로 무형자산의 상각대상금액은 그 자산의 추정내용연수동안 체계적인 방법에 의하여 비용으로 배분된다. 이러한 상각방법에는 정액법, 체감잔액법(정률법 등), 연수합계법, 생산량비례법 등이 있다. 다만, 합리적인 상각방법을 정할 수 없는 경우에는 정액법을 사용한다.

무형자산의 내용연수는 독점적·배타적인 권리를 부여하고 있는 관계법령이나 계약에 정해진 경우를 제외하고는 20년을 초과할 수 없다. 상각은 자산이 사용 가능한 때부터 시작한다.

무형자산의 상각이 다른 자산의 제조와 관련된 경우에는 관련 자산의 제조원가로, 그 밖의 경우에는 판매비와관리비로 계상한다. 예를 들면, 제조공정에서 사용된 무형자산의 상각비는 재고자산의 원가를 구성한다.

9 세금과공과

세금과공과란 국가 또는 지방자치단체가 부과하는 국세·지방세 및 공공단체·조합·재단 등의 공과금과 벌금, 과료, 과징금을 처리하는 과목이다. 공과금과 과징금은 그 발생원인에 따라 제조원가 또는 판매비와관리비에 계상되나 세금은 그 처리방법이 다양하다.

즉, 이익에 부과되는 법인세·소득세·주민세 등은 판매비와관리비가 아닌 법인세 비용계정으로 구분표시해야 하며, 자산의 구입 시 부과되는 관세, 취득세, 등록세 등은 당해 자산의 취득원가에 산입해야 한다.

일반적으로 판매비와관리비에 속하는 세금과공과에 해당하는 것들로는 재산세·자동차세·사업소세·공제받지 못한 매입부가가치세 등이 있다.

그리고 공과금이란 상공회의소 회비, 조합비 또는 협회비와 각종 협회 및 기금에 지출하는 부담금 등으로서 제조원가에 포함하지 않는 것을 말한다.

10 광고선전비

광고선전비란 상품 또는 제품의 판매촉진을 위한 목적으로 불특정다수인을 상대로 하여 상품 또는 제품에 대한 선전효과를 얻고자 지출하는 비용을 말한다.

또한, 간접적으로 상품이나 제품의 판매촉진 효과를 얻기 위해 행하는 기업이미지 제고광고도 광고선전비로 처리한다.

11 연구비와 경상개발비

(1) 연구비

연구비는 연구단계에 속하는 각종 활동과 관련하여 발생한 비용을 지칭하는 것으로, 프로젝트 연구단계에서는 미래 경제적 효익을 창출할 무형자산이 존재한다는 것을 입증할 수 없기 때문에 발생한 지출을 당기의 비용으로 인식한다.

(2) 경상개발비

경상개발비는 개발단계에서 발생한 지출 중 자산인식요건을 충족하지 못한 것을 말한다. 개발단계는 연구단계보다 훨씬 더 진전되어 있는 상태이기 때문에 무형자산으로 식별할 수 있으며, 그 무형자산이 미래 경제적 효익을 창출할 것임을 입증할 수 있다.

따라서 개발단계에서 발생한 지출 중 자산인식요건을 충족하는 경우에는 무형자산으로 인식하고, 그 외의 경우에는 경상개발비의 과목으로 발생한 기간의 비용으로 인식한다.

개발비에 대한 내용은 "제7장 무형자산"을 참고하기 바란다.

12 대손상각비

회사가 영업활동을 하다보면 외상매출금이나 받을어음 등의 매출채권, 그밖에 금전채권성격의 채권에 대해 항상 회수불능 위험에 직면하게 되고, 실제로 상대거래처의 지불능력의 상실로 회수가 불가능하게 되는 경우가 많다.

따라서 일반기업회계기준에서는 회수가 불확실한 채권에 대하여 합리적이고 객관적인 기준에 따라 산출한 대손추산액을 대손상각비로 처리하고, 회수불가능 판명시 대손충당금과 먼저 상계하도록 하고 있다.

이 경우에 일반적 상거래에서 발생한 매출채권에 대한 대손상각비는 판매비와관리비로 처리하고, 기타 채권에 대한 대손상각비는 영업외비용으로 처리한다. 대손상각비에 대한 내용은 "제3장 당좌자산"을 참고하기 바란다.

13 기타 영업비용

(1) 여비교통비

여비란 기업의 임원이나 종업원이 업무수행을 위하여 장거리 지방출장을 가는 경우에 여비지급규정에 따라 지급되는 금액으로 통상여비에는 운임, 일당, 숙박료, 식사대 등이 포함된다. 반면, 교통비라 함은 여비와 달리 가까운 거리에 출장가는 경우 소요된 실비로서 교통비, 고속도로통행료, 주차료 등을 포함한다.

(2) 통신비

통신비는 전화, 전신료, 우편료 등과 전신·전화장치 등의 유지를 위하여 지급한 비용으로서, 판매 및 관리활동과 관련하여 발생한 비용을 말한다.

(3) 수도광열비

수도료, 전력료, 가스대 등에 소요되는 비용을 통틀어 수도광열비라 한다. 이 수도광열비는 제조를 위하여 사용된 것과 기타의 용도에 사용된 것과의 구분이 어려운 경우가 있으나, 계량기 등에 의하여 가능한 한 정확하게 제조경비 및 판매비와관리비로 구분할 필요가 있다.

(4) 수선비

수선비란 당해 유형자산의 원상을 회복시키거나 능률유지를 위한 지출로서 판매 및 일반관리와 관련있는 수선유지비를 말한다.

(5) 보험료

보험료는 판매와 사무용 건물, 비품, 차량운반구 등에 대한 화재 내지 손해보험 등의 보험료, 판매와 관련된 해상보험료, 취득 후 보관 중인 재고자산에 대한 화재보험료 등을 말한다. 공장에서 사용하는 건물, 기계장치, 원자재, 재공품 등에 대한 보험료는 제조경비로 회계처리하고, 공장 이외의 판매활동 및 관리활동을 위하여 사용되는 건물, 차량운반구, 비품 또는 보관 중인 완성품 등에 대한 보험료는 판매비와관리비로 처리하여야 한다.

반면 건강보험, 산재보험, 후생연금보험 등에 대한 보험료 중에서 사업주부담분은 복리후생비로 보며, 이 중 공장종업원에 대한 것은 제조경비로, 판매 및 관리에 종사하는 종업원에 대한 것은 판매비와관리비로 처리된다.

(6) 견본비

상품·제품의 품질, 형상 등을 거래처 또는 사용자 등에게 알리기 위하여 상품·제품 등의 일부를 시용시킬 목적으로 제공하는데 따르는 비용을 견본비라 한다.

견본비는 판매촉진을 위한 비용의 일종으로 일반적으로 불특정다수인에게 배포된다는 점에서 광고선전비와 유사하나, 상품·제품 등을 제공하는 경우는 이를 구분하여 견본비로 처리하는 것이 보통이다.

Ⅳ   영업외수익

영업외수익이란 매출수익을 얻기 위한 주된 영업활동 이외의 보조적·부수적 영업활동에서 순환적으로 발생하는 수익으로서 중단사업손익에 해당하지 아니하는 것을 말한다. 이러한 영업외수익은 주된 영업활동에서 발생한 수익이 아니라는 점에서 영업수익과 구별된다. 따라서 비경상적이고 비반복적으로 발생하는 수익은 영업외수익으로 분류한다.

1 이자수익

이자수익은 금융업 이외의 판매업, 제조업 등을 영위하는 기업이 기업의 일반적인 유휴자금을 주주, 임원, 종업원, 관계회사, 관련회사 또는 외부에 대여한 경우나 은행에 예치한 경우에 발생하는 이자 및 국채·공채·지방채·사채 등 장·단기유가증권에서 발생하는 이자를 포함한다.

이자수익은 발생기준에 의하여 그것이 발생한 기간에 정확하게 배분되어 수익으로 계상되어야 한다. 따라서 기말결산시에는 기간경과분이나 기간미경과분에 대하여 미수수익 또는 선수수익을 계상하여야 한다.

법인이 은행예금의 이자를 수취할 때에는 금융기관에서 이자소득에 대한 법인세를 원천징수하고 그 차액을 지급하는 바, 그것을 기장할 때에는 원천징수세액을 포함한 이자총액을 이자수익계정에 회계처리하여야 한다.

예 제

(주)삼일은 정기예금에 대한 이자 ₩9,000,000에 대하여 14% 원천징수세 상당액 ₩1,260,000을 차감한 나머지의 실수금 ₩7,740,000을 현금으로 받은 경우 회계처리를 하시오.

풀 이

(차) 현금	7,740,000	(대) 이자수익	9,000,000
선급법인세	1,260,000		

2 배당금수익

주식이나 출자금 등의 단기투자자산 및 장기투자자산으로 인하여 이익 또는 잉여금의 분배로 받는 배당금을 배당금수익이라고 한다. 이러한 배당금수익은 은행 기타의 금융업과 같이 그것을 영업상의 수익으로 계상하는 경우를 제외하고는 일반적으로 제조업에서는 영업상의 주요 수익으로 볼 수 없으므로 손익계산서상 영업외수익에 속한다.

한편, 상법에 의하면 배당가능이익이 있고 이익배당총액의 1/2을 초과하지 않으며(단, 상장법인은 전액가능) 주주총회의 결의가 있는 경우에는 주식배당이 가능한데, 일반기업회계기준에서는 주식배당의 실질이 무상증자와 동일하다고 보아 수익으로 인식하지 않도록 하고 있다.

3 유가증권처분이익

유가증권처분이익이란 유가증권을 처분할 때 처분금액이 장부금액을 초과하는 경우 그 차익을 처리하는 계정이다. 이 경우 유가증권이란 주식·사채·국공채와 같이 이자·배당·매매차익을 얻거나 경영권 확보를 위한 투자의 대상이 되는 것을 의미하는데, 이러한 유가증권에 대하여 일반기업회계기준에서는 그 보유목적 및 보유능력 등에 따라 단기매매증권, 매도가능증권, 만기보유증권 및 지분법적용투자주식으로 구분하도록 규정하고 있다. 따라서 유가증권 처분이익은 당해 유가증권의 분류에 따라 단기매매증권처분이익, 매도가능증권처분이익, 만기보유증권처분이익 및 지분법적용투자주식처분이익의 계정과목으로 세분화될 수 있다.

한편, 처분금액이 장부금액에 미달하는 경우에는 유가증권처분손실로 처리하고 영업외비용으로 분류한다.

4 단기매매증권평가이익

단기매매증권이란 단기간 내의 매매차익을 목적으로 취득한 유가증권으로서, 매수와 매도가 적극적이고 빈번하게 이루어지는 증권을 말한다.

단기매매증권은 결산일 현재의 공정가치를 재무상태표금액으로 하고, 장부금액과의 차이를 단기매매증권평가손익의 계정과목으로 하여 영업외손익으로 계상한다.

• 결산일 현재 공정가치 > 장부금액
  (차) 단기매매증권　　　　　　×××　　　　(대) 단기매매증권평가이익　　×××
• 결산일 현재 공정가치 < 장부금액
  (차) 단기매매증권평가손실　×××　　　　(대) 단기매매증권　　　　　　×××

---

5 외환차익

회사가 보유하고 있던 외화자산을 회수할 때 원화회수액이 그 외화자산의 장부금액보다 큰 경우, 혹은 외화부채를 상환할 때 원화상환액이 그 외화부채의 장부금액보다 작은 경우 그 차액을 처리하는 계정이 외환차익이다.

상황이 이와 반대가 되는 경우에는 외환차손이 발생한다. 따라서 외화자산이나 부채를 회수, 상환하는 경우에는 외환차익이나 외환차손이 발생할 수 있음에 유의해야 한다.

예 제

(주)삼일은 20X1년 2월 1일에 미국의 ABC회사에 US$100,000의 상품을 선적하였다. (주)삼일은 20X1년 2월 10일에 동 금액을 은행에서 네고(nego)하여 현금을 수취하였다.
- 환 율: 20X1년 2월 1일: ₩1,200/$ 20X1년 2월 10일: ₩1,300/$

20X1년 2월 1일과 20X1년 2월 10일의 회계처리를 하시오.

풀 이

- 20X1년 2월 1일
  (차) 매출채권   120,000,000   (대) 매출   120,000,000
- 20X1년 2월 10일
  (차) 현금   130,000,000   (대) 매출채권   120,000,000
                                            외환차익   10,000,000[*]
  * (₩1,300-₩1,200)×$100,000=₩10,000,000

---

6 외화환산이익

(1) 개념

외화자산·부채의 발생시점의 금액과 마감환율로 환산한 금액의 차이를 나타내는 계정과목이 외화환산이익 또는 외화환산손실이다.

외화자산의 경우에는 발생시점보다 기말의 환율이 상승하게 되면 외화환산이익이 발생하고, 외화부채의 경우에는 발생시점보다 기말의 환율이 하락하게 되면 외화환산이익이 발생한다. 반대의 경우 외화환산손실이 발생한다.

단, 외화표시 매도가능채무증권의 경우 동 금액을 기타포괄손익에 인식하고, 과거 사업결합으로 인하여 남아있는 부의 영업권 및 발행된 외화전환사채 중 남아있는 잔액에 대한 외화환산손익은 일반 기업회계기준 시행일 이후 최초로 적용하는 회계연도 개시일에 직접 이익잉여금으로 인식한다.

(2) 일반기업회계상 회계처리

1) 개요

일반기업회계기준은 환율변동에 대해 매 보고기간 말의 외화환산방법을 다음과 같이 정의하고 있다.

① 화폐성 외화항목은 마감환율로 환산한다.
② 역사적 원가로 측정하는 비화폐성 외화항목은 거래일의 환율로 환산한다.
③ 공정가치로 측정하는 비화폐성 외화항목은 공정가치로 결정된 날의 환율로 환산한다.

2) 화폐성 외화자산·부채

① 화폐성 외화자산·부채

화폐성 외화자산·부채란 수취금액이나 지급금액이 계약 등으로 인하여 일정액의 화폐액으로 고정되어 있어 화폐가치의 변동에 영향을 받지 않는 외화자산·부채를 말한다. 따라서 화폐성 외화자산 및 화폐성 외화부채는 일정액의 화폐액으로 표시될 수 있는 항목으로 기간이 경과하거나 화폐가치가 변동하더라도 수정되지 않고 항상 현재의 구매력을 나타낸다. 화폐성 자산의 예로 현금, 예금, 장·단기매출채권, 대여금 등이 있으며, 화폐성 부채의 예로는 매입채무, 장·단기차입금, 사채 등이 있다.

② 비화폐성 외화자산·부채

비화폐성이란 화폐성 항목이 아닌 자산과 부채로서 화폐가치의 변동에 불구하고 일정수량의 재화 또는 용역 자체의 거래에 관련된 권리와 의무를 말한다. 따라서 비화폐성 외화자산과 비화폐성 외화부채는 화폐액의 변동으로 인하여 다른 화폐액으로 표시될 수 있다. 비화폐성 자산의 예로 재고자산, 유형자산 등이 있으며, 비화폐성 부채의 예로 선수금, 선수수익 등이 있다. 또한 자기자본은 비화폐성으로 분류된다.

예 제

(1) (주)용산은 20X1년 8월 1일 영국으로 $1,000의 상품을 선적하고, 20X2년 3월 1일에 대금을 회수하기로 하였다.
(2) 환율
20X1년 8월 1일: ₩1,000/$, 20X1년 12월 31일: ₩1,200/$, 20X2년 3월 1일: ₩1,300/$

20X1년 8월 1일과 20X1년 12월 31일의 회계처리를 하시오.

풀 이

(1) 20X1년 8월 1일
    (차) 매출채권   1,000,000   (대) 매출   1,000,000
(2) 20X1년 12월 31일
    (차) 매출채권   200,000   (대) 외화환산이익   200,000

심화학습

[사례]
다음 주제에 대해 생각해보고, 여러분의 의견을 작성해보세요.
기능통화는 그 기업이 영업활동을 하는 주된 경제환경의 통화이며, 일반기업회계기준 제23장에서는 기능통화를 결정하기 위해 고려할 요소들 및 이러한 고려요소들에 대한 우선순위를 제시하고 있다. 또한 이러한 고려요소들이 혼재되어 있어 기능통화가 분명하지 않을 경우에는 회사의 경영진이 거래의 요소를 가장 잘 나타낼 수 있는 통화를 고려하여 기능통화를 결정하도록 하고 있다.
다국적 기업집단(group)의 경우 어떤 수준(level)에서 기능통화를 결정하여야 하는가?

[풀이]
기능통화는 그 기업이 영업을 하고 있는 주된 경제적 환경의 통화이므로, 각 개별 기업수준에서 기능통화를 결정하여야 한다. 이러한 기업에는 보고기업과 다른 국가 또는 통화로 영업을 수행하는 해외사업장, 종속기업, 관계기업, 지점, 조인트벤처 등이 포함된다. 따라서 복수의 기업실체로 구성된 다국적 기업집단은 서로 다른 기능통화를 가질 수 있으며, 전체 기업집단 수준에서는 별도의 기능통화를 가지지는 않는다.

7 지분법이익

지분법이익은 지분법적용투자주식을 보유하고 있는 투자기업이 지분법피투자기업의 당기순이익 발생으로 인한 순자산의 증가분에 대한 지분해당액에서 취득시점에 발생한 취득대가와 지분법피투자기업 순자산지분액과의 차액에 대한 상각액을 차감한 금액이다. 이러한, 지분법이익은 직접투자기업의 당기손익에 반영한다. 지분법이익에 포함되지 않은 지분법피투자기업의 이익잉여금변동 및 자본잉여금·자본조정의 증가로 인한 순자산의 증가분은 각각 이익잉여금과 기타포괄손익누계액으로 계상한다.

8 투자자산처분이익

(1) 개념

투자자산의 처분시 처분금액이 투자자산의 장부금액을 초과하는 경우 그 차액을 투자자산처분이익으로 처리하고, 장부금액에 미달하는 경우의 차액은 투자자산처분손실로 처리한다.

(2) 일반기업회계상의 회계처리

투자자산 처분시 취득원가와 처분금액과의 차이는 투자자산처분손익계정을 사용하여 손익계산서 상의 영업외손익으로 보고한다. 이때 기업이 처분대금을 수취하는 경우 투자자산의 처분과 관련하여 발생한 수수료 등의 부대비용을 차감한 후의 금액으로 대금을 수취하게 되는데, 이들 부대비용만큼을 투자자산처분손익에서 차감하여 잔액만을 투자자산처분손익으로 보고하는 것이 실무상의 관행이다.

9 유형자산처분이익

유형자산을 처분함으로써 얻는 처분대가가 유형자산의 장부금액보다 큰 경우 그 차액을 유형자산처분이익으로 처리하고, 처분대가가 장부금액에 미달하는 경우에는 유형자산처분손실로 처리한다.
기중에 유형자산을 처분한 경우 당해 회계연도 기간경과분에 대한 감가상각비를 계산하여 장부금액을 계산해야 한다. 왜냐하면 유형자산이 매각되기 전까지 기업의 영업활동에 사용되었으므로 이에 대한 감가상각비는 제조원가 또는 판매비와관리비로 분류되기 때문에 동 감가상각비를 계산하여 반영하지 않으면 동 감가상각비상당액만큼 유형자산처분이익이 과소계상되기 때문이다.

10 사채상환이익

(1) 개념

사채발행회사가 만기일 전에 사채의 현행시장가격을 지불하고 사채를 매입하는 것을 사채의 조기상환이라고 한다. 사채의 조기상환시 상환시점에서의 사채관련 장부금액보다 상환금액이 작을 때 발생하는 계정이 사채상환이익이며, 상환금액이 클 때 발생하는 계정이 사채상환손실이다.

여기서 사채관련 장부금액이란 이자지급일에 사채를 상환하였다면 사채장부금액(사채액면금액 ± 할인·할증차금)이 될 것이며, 이자지급일 사이에 사채를 상환하였다면 직전이자지급일의 장부금액에 상환일까지의 발생이자가 가산된 금액일 것이다.

(2) 사채상환손익의 계산

사채의 조기상환이익은 사채의 순장부금액이 재취득가격을 초과하는 부분이며, 반대로 사채의 조기상환손실은 재취득가격이 순장부금액을 초과하는 부분이다. 사채의 조기상환을 기록하기 위한 분개를 할 때에는 미상각된 할인액 또는 할증액을 모두 제거해주는 회계처리를 하여야 한다.

사채의 조기상환손익 계산과정을 요약하면 다음과 같다.

① 사채의 순장부금액계산: 사채의 만기금액(사채의 액면금액)＋미지급이자－미상각할인액(미환입 할증액은 가산함)
② 사채의 재취득금액(현금 지급액)
③ 사채의 조기상환손익(①－②): (＋)사채상환이익
　　　　　　　　　　　　　　　　　　(－)사채상환손실

예제

20X1년 1월 1일에 (주)삼일은 3년 만기 사채(액면금액: ₩200,000, 표시이자율: 15%)를 ₩186,954에 발행하였다. 이자는 매년 12월 31일에 지급되며 유효이자율은 18%이다.
1. 사채할인발행차금 상각표를 작성하시오.
　－사채할인발행차금 상각표(유효이자율법)

구분	기초부채	유효이자율	총이자비용	현금지급이자	할인액상각 =부채증가	기말부채
20X1년 12월 31일	₩186,954	18%	₩33,652	₩30,000	₩3,652	₩190,606
20X2년 12월 31일	190,606	18%	34,309	30,000	4,309	194,915
20X3년 12월 31일	194,915	18%	35,085	30,000	5,085	200,000
합계			₩103,046	₩90,000	₩13,046	

2. 20X3년 7월 1일에 현금 ₩203,000을 지급하고 사채를 상환하였을 경우, 조기상환과 관련된 분개를 하시오.

• 20X3년 1월 1일~6월 30일까지 이자비용 인식을 위한 분개

(차) 사채이자	17,543	(대) 사채할인발행차금	2,543
		미지급이자	15,000

• 사채의 조기상환을 기록하기 위한 분개

(차) 사채	200,000	(대) 사채할인발행차금	2,542
미지급이자	15,000	현금	203,000
		사채상환이익	9,458*

* 사채조기상환손익 계산내역
  - 사채의 재취득금액 .... ₩203,000
  - 사채의 순장부금액
    액면금액 .... ₩200,000
    미지급이자(₩200,000×0.15×6/12) ... 15,000
    미상각할인액(₩5,085×6/12) .... (2,542) ... 212,458
  - 사채조기상환이익 .... ₩9,458

11 전기오류수정이익

전기 또는 그 이전기간에 수익을 과소계상하거나 비용을 과대계상한 오류를 당기에 발견한 경우에는 해당 오류금액이 중대하지 않으면 당기 손익계산서에 영업외수익 중 전기오류수정이익으로 보고한다.

12 자산수증이익과 채무면제이익

자산수증이익은 회사의 결손이 누적되거나 파산상태에 있는 기업의 자본보전 등을 위하여 주주, 임원, 기타 제3자 등이 자신의 사재를 갹출하여 무상으로 회사의 자산으로 불입하는 경우에 발생하며, 이 증여받은 금액을 처리하는 계정이 자산수증이익계정이다. 이때 금전 이외의 자산으로 증여받는 경우에는 수증자산의 공정가치를 기준으로 계상한다.

채무면제이익은 주주, 임원 기타 제3자 등으로부터 자본보전 등의 목적으로 회사 채무의 전부 또는 일부를 면제받은 경우 이를 처리하는 계정이다.

13 잡이익

일반기업회계기준에 열거된 영업외수익 중 금액적으로 중요하지 않거나 그 항목이 구체적으로 밝혀지지 않은 수익은 잡이익으로 처리한다. 예를 들면, 폐품의 판매수입, 원인불명의 현금과잉액 등을 들 수 있다.

V 영업외비용

영업외비용이란 기업의 주된 영업활동 이외의 보조적 또는 부수적 활동에서 경상적으로서 중단사업손익에 해당하지 않는 비용이다. 영업외비용은 정상적인 기업활동의 일환으로서 경상적 내지 순환적으로 발생한다는 점에서 영업비용과 다를 바 없으나, 영업수익을 얻기 위한 직접적인 비용이 아니고 부수적·보조적으로 발생하는 비용이라는 점에서 영업비용과 다르다.

1 이자비용

이자비용은 기업이 외부로부터 조달한 타인자본 중 당좌차월, 장·단기차입금, 사채 등에 대하여 지급하는 소정의 이자와 할인료를 계상하는 계정과목으로서 영업외비용으로 회계처리한다.

Usance Bill 또는 D/A Bill과 같이 연불조건으로 상품을 수출함에 있어 수출금액에는 상품대금에 부가하여 신용매출기간에 대한 이자상당액이 포함되며, 이 경우 수출업자가 신용매출기간 종료일 전에 수출대금을 회수하기 위하여 기한부 수출환어음을 외국환은행에 매입의뢰하여 대금을 결제받는 경우에 지급하는 환가료 및 할인료도 이자비용으로 처리한다.

2 재고자산감모손실

재고자산의 기말재고조사 결과 파손, 부패, 증발, 도난 등의 원인으로 인하여 실제재고액이 장부상의 재고액보다 적은 경우에 그 차액을 재고자산감모손실이라고 한다.

재고자산감모손실은 재고자산의 수량부족으로 인한 것으로서 기말재고 평가시 저가주의를 채택하거나, 재고자산의 품질저하 · 진부화 · 손상 등 질적 저하에 의한 가치하락에 따른 재고자산평가손실과 구별된다.

(1) 원가성이 없는 재고자산감모손실

일시적 · 우발적으로 발생하여 원가성이 없는 재고자산감모손실은 영업외비용으로 회계처리하여야 한다.

(2) 원가성이 있는 재고자산감모손실

일반적으로 감모손실이 정상적이고 금액이 작은 경우에는 원가성이 있다고 보아 매출원가 또는 제조원가에 부담시킨다.

3 기부금

기부금이란 상대방으로부터 아무런 대가를 받지 않고 무상으로 증여하는 금전, 기타의 자산금액을 말하며, 법인의 사업과 관계가 있는 거래처에게 지출하는 경우에는 접대비에 해당한다.

기부금은 본래 사회복지, 문화, 종교, 사회사업을 하는 제단체에 기업이 자유의사로서 반대급부를 기대하지 않고 지출한 금액을 의미하는 바, 무상이 아니라 대가관계가 있는 경우에는 이를 거래의 실질에 따라 적절한 계정과목으로 분류하여야 할 것이다.

4 전기오류수정손실

전기 또는 그 이전기간에 수익을 과대계상하거나 비용을 과소계상한 오류를 당기에 발견한 경우에는 해당 오류금액이 중대하지 않으면 당기 손익계산서에 영업외비용 중 전기오류수정손실로 보고한다.

5 기타

앞서 언급된 영업외비용 이외의 기타 영업외비용을 나열하면 다음과 같다.
① 소송에 따른 배상
② 사채의 조기상환손실
③ 발생횟수도 적고 금액적으로 독립하여 처리할 필요가 없는 잡손실

VI 법인세비용

발생주의 및 공정가치 평가를 적용하는 일반기업회계와 권리의무확정주의 및 역사적 원가를 적용하는 세법과의 차이로 인해 일반기업회계상 수익비용과 세법상 익금손금의 인식방법 및 시기에 차이가 발생한다. 이러한 차이로 인한 법인세 등 부담세액과 법인세 비용과의 불일치를 조정하는 계정과목이 이연법인세자산(부채)이다.

이연법인세 변동액이란 회계연도 말까지 누적된 이연법인세자산(부채)의 금액과 전기까지 인식된 이연법인세자산(부채)과의 차액이다. 법인세비용은 법인세법 등의 법령에 의하여 당해 사업연도에 부담할 법인세 및 법인세에 부가되는 세액의 합계에 당기 이연법인세 변동액을 가감하여 산출된 금액을 말한다.

VII 주당이익

1 개념

주당이익(Earning Per Share: EPS)이란 주식 1주당 이익(또는 손실)이 얼마인가를 나타내는 수치로서 주식 1주에 귀속되는 이익(또는 손실)을 말한다. 이를 보통주만을 발행한 기업을 가정하여 산식으로 표시하면 다음과 같다.

$$주당이익(손실) = \frac{보통주\ 당기순이익(손실)}{기중평균유통보통주식수}$$

이러한 주당이익은 투자자인 보통주주 입장에서 보면 다음과 같은 유용성을 가지고 있다.

첫째, 특정기업의 경영성과를 기간별로 비교하는데 유용하다. 즉, 연속적인 두 회계기간의 주당이익을 비교함으로써 두 기간의 경영성과에 대하여 의미있는 비교를 할 수 있다.

둘째, 특정기업의 주당이익을 주당배당금 지급액과 비교해 봄으로써 당기순이익 중 사외에 유출되는 부분과 사내에 유보되는 부분의 상대적 비율에 관한 정보를 용이하게 얻을 수 있다.

셋째, 주가를 주당이익으로 나눈 수치인 주가수익률(Price Earning Ratio: PER)은 증권시장에서 중요한 투자지표의 하나인데, 주당이익은 주가수익률의 계산에 기초자료가 된다.

$$\cdot \text{PER} = \text{주가} \div \text{EPS} \qquad \cdot \text{주가} = \text{PER} \times \text{EPS}$$

이러한 주당이익은 기본주당순이익과 희석주당순이익으로 구분할 수 있는데 일반기업회계기준 제26장에 의하면 희석주당이익과 관련한 내용이 삭제되었으므로, 본 재무회계 교재에서는 기본주당순이익에 대해서만 알아보도록 한다.

2 주당이익의 산출방법

(1) 보통주 당기순이익의 산정

당기순이익은 보통주뿐만 아니라 우선주에 대한 몫도 포함되어 있으므로, 보통주 당기순이익 산정시 손익계산서상의 당기순이익에서 우선주배당금을 차감하여 계산한다.

(2) 가중평균유통보통주식수의 산정

1) 우선주의 처리

주당순이익은 가중평균유통보통주식수에 대하여 산정하는 것이므로 우선주가 있을 경우, 당해 결산기 말 현재 발행된 총주식수에서 우선주식수를 공제한다.

2) 자기주식의 처리

자기주식은 취득시점 이후부터 매각시점까지의 기간 동안 가중평균유통보통주식수에 포함하지 아니한다.

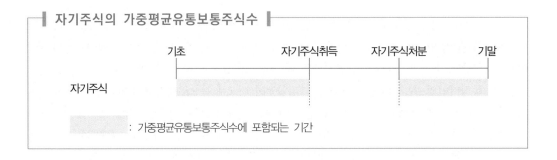

┃ 자기주식의 가중평균유통보통주식수 ┃

: 가중평균유통보통주식수에 포함되는 기간

3) 유상증자의 처리

당기 중에 유상증자가 실시된 경우에는 가중평균유통보통주식수를 납입일을 기준으로 기간경과에 따라 가중평균하여 조정한다.

4) 무상증자, 주식배당, 주식분할 및 주식병합의 처리

당기 중에 무상증자, 주식배당, 주식분할 및 주식병합이 실시된 경우에는 기초에 실시된 것으로 간주하여 가중평균유통보통주식수를 증가 또는 감소시켜 주며, 다만 기중의 유상증자로 발행된 신주에 대한 무상증자, 주식분할 또는 주식병합은 당해 유상신주의 납입일에 실시된 것으로 간주하여 가중평균유통보통주식수를 조정한다.

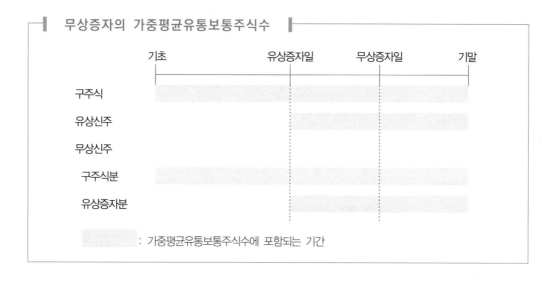

무상증자의 가중평균유통보통주식수

	기초	유상증자일	무상증자일	기말
구주식				
유상신주				
무상신주				
구주식분				
유상증자분				

▨ : 가중평균유통보통주식수에 포함되는 기간

(주)삼일의 20X1회계연도 당기순이익과 자본 변동사항은 다음과 같다. 20X1회계연도 이익에 대한 배당은 현금배당으로 보통주 9%, 우선주 10%이다. 유상신주의 배당기산일은 납입한 때이며, 무상신주의 배당기산일은 원구주에 따른다.

• 당기순이익 ₩600,000,000
• 자본 변동사항(액면금액 ₩5,000)

	보통주자본		우선주자본	
• 기초	100,000주	₩500,000,000	20,000주	₩100,000,000
• 기중				
7. 1. 유상증자(납입) 20%	20,000	100,000,000	4,000	20,000,000
8. 15. 무상증자 10%	12,000	60,000,000	2,400	12,000,000
11. 1. 자기주식구입	(1,000)	(5,000,000)	–	–
기중증감	31,000	155,000,000	6,400	32,000,000
• 기말	131,000주	₩655,000,000	26,400주	₩132,000,000

20X1회계연도의 주당순이익을 계산하시오.

1. 유통보통주식수 계산

기간	유통보통주식수	무상증자조정	조정 후 유통보통주식수	가중치	적수
1. 1.~ 6. 30.	100,000주	$(1+0.1)^{*1}$	110,000주	181일	19,910,000주
7. 1.~ 8. 14.	120,000	$(1+0.1)^{*2}$	132,000	45	5,940,000
8. 15.~10. 31.	132,000		132,000	78	10,296,000
11. 1.~12. 31.	131,000*3		131,000	61	7,991,000
				365일	44,137,000주

가중평균유통보통주식수: 44,137,000주÷365일=120,923주

*1 당기 중에 무상증자를 실시한 경우 기초에 실시한 것으로 간주하여 가중평균유통보통주식수를 계산함.
*2 기중에 유상증자로 발행된 신주에 대한 무상증자는 당해 유상신주의 납입일에 실시한 것으로 간주하여 발행보통주식수를 계산함.
*3 자기주식의 취득시점 이후부터 매각시점까지의 기간 동안 가중평균유통보통주식수에서 제외함.

[별해]

〈가중평균유통보통주식수의 계산〉

보통주	기초(1/1)	유상증자(7/1)	무상증자(8/15)	자기주식구입(11/1)	기말

구주식(100,000주)

유상신주(20,000주)

무상신주

구주식분(10,000주)

유상증자분(2,000주)

자기주식차감(1,000주)

▨▨▨ : 가중평균유통보통주식수에 포함되는 기간

⟋⟋⟋⟋ : 가중평균유통보통주식수에서 제외되는 기간(주식수)

가중평균유통보통주식수 $= \{(100,000+10,000) \times 365일 + (20,000+2,000) \times 184일 - 1,000 \times 61일\}$
$\div 365 = 120,923주$

2. 보통주 당기순이익 계산

　　20X1회계연도 우선주배당금

　　　• 구주(무상주 포함): ₩100,000,000×(1+0.1)×10%= 　　　　₩11,000,000
　　　• 유상신주(무상주 포함): ₩20,000,000×(1+0.1)×10%×184/365= 　　1,109,041
　　　　　　　　　　　　　　　　　　　　　　　　　　　　　　　　₩12,109,041

　　　－보통주 당기순이익: ₩600,000,000−₩12,109,041=₩587,890,959

3. 주당순이익: ₩587,890,959÷120,923주=₩4,862

3 주당이익의 공시

주당이익은 한국거래소의 유가증권시장과 코스닥시장 상장기업과 구체적인 상장절차를 진행하고 있는 기업들만 공시를 요구하고 있으며, 비상장기업에 대해서는 일반적으로 공시의무를 면제한다.

아래 표의 공시는 일반기업회계기준을 적용하는 기업 중 법규에 따라 주당이익 공시의무가 있는 기업 또는 주당이익 공시를 선택하는 기업에 적용한다.

┤ 주당이익의 공시 ├

손익계산서	
20X1년 1월 1일부터 20X1년 12월 31일까지	
⋮	
법인세비용차감전순손익	×××
법인세비용	(×××)
당기순손익	×××
주당손익	
기본주당순손익	×××

⊘ O, X 퀴즈

01 판매업의 매출원가는 기초상품재고액과 당기상품매입액의 합계액에서 기말상품재고액을 차감하는 형식으로 기재한다.

02 판매비와관리비란 판매활동 또는 기업의 관리와 유지에서 발생하는 비용으로, 매출원가에 속하지 아니하는 모든 비용이다.

03 근로환경의 개선 및 근로의욕의 향상 등을 위하여 간접적으로 지출되는 비용은 퇴직급여이다.

04 경상개발비는 개발단계에서 발생한 지출 중 자산인식요건을 충족하지 못한 것을 말한다.

05 외화자산을 기말시점에 보유하고 있는 경우, 환율이 기초에 비하여 상승한다면 외환차익이 발생한다.

06 주당이익에서 가중평균유통보통주식수 산정시 무상증자의 경우, 무상증자일부터 가중평균유통보통주식수를 증가시킨다.

01	○	판매업의 매출원가는 재무제표 공시방법으로 요약식을 선택한 경우를 제외하고는 매출원가만을 손익계산서에 기재하여서는 안되고, 반드시 기초상품재고액에 당기상품매입액을 가산한 합계에서 기말상품재고액을 차감하는 형식으로 기재하여야 한다.
02	×	모든 비용이 아니라 모든 영업비용이다.
03	×	복리후생비에 대한 설명이다.
04	○	경상개발비는 개발단계에서, 연구비는 연구단계에서 발생하는 비용 항목이다.
05	×	외화환산이익이 발생하게 된다.
06	×	무상증자의 경우 가중평균유통보통주식수는 기초시점 또는 무상증자 전 유상증자가 있을 경우 유상증자일부터 주식수를 가산해준다.

01 다음은 (주)삼일의 20X1년도 매출 및 매출채권과 관련된 자료이다. 20X1년 손익계산서에 계상된 매출액은 얼마인가?(단, 모든 거래는 외상으로 이루어지며, 매출에누리와 매출할인 및 매출환입은 없는 것으로 가정한다)

ㄱ. 20X1년 1월 1일 매출채권 잔액	35,000,000원
ㄴ. 20X1년 중 현금회수액	75,000,000원
ㄷ. 20X1년 12월 31일 매출채권 잔액	15,000,000원

① 15,000,000원   ② 35,000,000원
③ 55,000,000원   ④ 75,000,000원

02 인과관계에 따라 비용을 인식하는 것으로서 가장 대표적인 것은 어느 것인가?

① 보험료의 기간배분
② 유형자산에 대한 감가상각비의 계상
③ 사무직 직원에 대한 급료
④ 판매원에 대한 판매수수료

03 다음 중 손익계산서에서 판매비와관리비로 구분되어 표시되는 항목으로 보기 어려운 것은?

① 전기오류수정손실   ② 본사 건물 감가상각비
③ 세금과공과 중 재산세   ④ 광고선전비

04 다음 중 비용에 관한 설명으로 가장 올바르지 않은 것은?

① 연구비는 연구단계에 속하는 각종 활동과 관련하여 발생한 비용으로, 전액 당기 비용으로 인식한다.
② 경상개발비는 개발단계에서 발생한 지출 중 자산 인식요건을 충족하지 못한 비용을 말한다.
③ 접대비는 판매와 관련하여 발생하므로 원가성 여부와 무관하게 판매비와관리비로 분류해야 한다.
④ 일반적인 상거래 이외에서 발생한 기타채권에 대한 대손상각비는 영업외비용으로 처리한다.

05 다음 항목 중에서 전기오류수정손익에 포함되지 않는 것은?

① 사실의 누락
② 계산상의 오류
③ 회계추정의 변경
④ 회계기준 적용의 오류

06 당기 장부마감 전 발견된 다음 오류사항 중 당기순이익에 영향을 미치는 것은?

① 전기 주식할인발행차금 미상각
② 매도가능증권에 대한 평가손실 미계상
③ 당기 재고자산에 대한 평가손실 미계상
④ 당기 재해손실을 일반관리비로 계상

07 다음 중 주당이익에 관한 설명으로 가장 올바르지 않은 것은?

① 주식 1주당 발생한 이익을 의미한다.
② 주가수익률(PER) 산출의 기초자료가 된다.
③ 유통보통주식수가 증가하면 주당이익이 증가한다.
④ 당기순이익이 증가하면 주당이익이 증가한다.

08 다음 자료를 참고하여 (주)삼일의 기본주당이익을 계산하면 얼마인가?

ㄱ.	매출액	10,000,000원
	매출총이익	7,000,000원
	영업이익	5,000,000원
	당기순이익	4,500,000원
ㄴ.	가중평균유통주식수	200주

① 22,500원   ② 25,000원
③ 35,000원   ④ 50,000원

09 다음 중 주당이익에 관한 설명으로 가장 올바르지 않은 것은?

① 주당이익은 주식 1주당 이익이 얼마인가를 나타내는 수치로서, 특정 기업의 경영성과를 기간별로 비교하는데 유용하다.
② 특정기업의 주당이익을 주당배당금 지급액과 비교해 봄으로써 당기순이익 중 사외에 유출되는 부분과 사내에 유보되는 부분의 상대적 비율에 관한 정보를 용이하게 얻을 수 있다.
③ 주가를 주당이익으로 나눈 수치인 주가수익률(PER)은 증권시장에서 중요한 투자지표로 활용되고 있다.
④ 주당이익은 상장기업과 비상장기업 모두 공시해야 할 의무가 존재한다.

10 다음 자료를 참고하여 (주)삼일의 기본주당이익을 계산하면 얼마인가?

ㄱ. 당기순이익:	60,000,000원
ㄴ. 우선주배당금:	5,000,000원
ㄷ. 가중평균유통보통주식수:	50,000주

① 900원　　　　　　　　　② 1,000원
③ 1,100원　　　　　　　　④ 1,200원

11 다음 자료를 토대로 영업외수익과 영업외비용을 계산하면 얼마인가?

ㄱ. 감가상각비	100,000원	ㄴ. 복리후생비	80,000원
ㄷ. 기부금	50,000원	ㄹ. 경상개발비	70,000원
ㅁ. 전기오류수정손실	30,000원	ㅂ. 외환차익	100,000원
ㅅ. 자산수증이익	30,000원	ㅇ. 단기매매증권평가이익	50,000원

	영업외수익	영업외비용
①	130,000원	80,000원
②	130,000원	150,000원
③	180,000원	80,000원
④	180,000원	150,000원

12 다음은 (주)삼일의 제11기(20X2년 1월 1일 ~ 20X2년 12월 31일) 당기순이익과 자본금 변동상황에 관한 자료이다.

ㄱ. 당기순이익 : 16,000,000원
ㄴ. 자본금 변동사항(액면금액 1,000원)

	보통주자본금		우선주자본금	
기초	5,000주	5,000,000원	2,000주	2,000,000원
6. 1. 무상증자(20%)	1,000주	1,000,000원	400주	400,000원

ㄷ. 20X2년 11월 1일에 자기주식 600주를 400,000원에 취득하였다.
ㄹ. 무상신주의 배당기산일은 원구주에 따르며, 유통보통주식수는 월할로 계산한다.

(주)삼일의 20X2년도 가중평균유통보통주식수는 몇 주인가?

① 4,900주　　　　　　　　　② 5,200주
③ 5,500주　　　　　　　　　④ 5,900주

13 기업회계기준에서는 화폐성 외화자산·부채에 대해 기말현재의 환율로 환산하도록 규정하고 있다. 다음의 외화자산·부채 중 기말 결산시 외화환산이 필요한 계정과목은?

① 선수수익　　　　　　　　② 매출채권
③ 재고자산　　　　　　　　④ 선수금

14 (주)서울은 20X1년 2월 1일 (주)LA에 상품을 $2,000에 외상으로 판매하였고, 20X1년 2월 10일에 대금을 수취하였다. 관련 환율이 다음과 같을 때 20X1년 2월 10일의 회계처리로 가장 옳은 것은?

ㄱ. 20X1년 2월 1일: ₩1,100/$ ㄴ. 20X1년 2월 10일: ₩1,200/$

① (차) 현금   ₩2,400,000   (대) 매출채권   ₩2,400,000

② (차) 현금   ₩2,400,000   (대) 매출채권   ₩2,200,000
                                          외환차익   ₩200,000

③ (차) 현금   ₩2,400,000   (대) 매출채권   ₩2,200,000
                                          외환환산손실   ₩200,000

④ (차) 현금   ₩2,200,000   (대) 매출채권   ₩2,200,000

15 다음 괄호 안에 들어갈 외환차·손익을 가장 올바르게 짝지은 것은?

외화자산 처분	┌ 발생당시 환율 〉 회수당시 환율 → (ㄱ)
	└ 발생당시 환율 〈 회수당시 환율 → (ㄴ)
외화부채 결제	┌ 발생당시 환율 〉 상환당시 환율 → (ㄷ)
	└ 발생당시 환율 〈 상환당시 환율 → (ㄹ)

	(ㄱ)	(ㄴ)	(ㄷ)	(ㄹ)
①	외환차손	외환차익	외환차손	외환차익
②	외환차익	외환차손	외환차익	외환차손
③	외환차손	외환차익	외환차익	외환차손
④	외환차익	외환차손	외환차손	외환차익

I 현금흐름표의 의의

현금흐름표는 기업의 현금흐름을 나타내는 표로서, 현금의 변동내용을 명확하게 보고하기 위하여 당해 회계기간에 속하는 현금의 유입과 유출내용을 적정하게 표시하는 보고서이다. 이러한 현금흐름표는 회계기간 말 현재 현금의 유동성 확보를 위한 기중의 거래별 내역을 알 수 있게 해 주며, 회계기간 말 현재 기업의 자금동원능력을 평가할 수 있는 자료를 제공해 준다. 그리고 일정 기간 동안의 현금흐름을 나타내는 보고서이므로 유량(flow) 개념이고 동적 재무제표이다.

또한 재무상태표, 손익계산서, 자본변동표와 함께 주요 재무제표의 하나로 기업의 영업·투자 및 재무활동에 의하여 발생되는 현금의 흐름에 관한 전반적인 정보를 상세하게 제공해 손익계산서의 보조기능을 수행함과 동시에 기업의 자산, 부채 및 자본의 변동을 가져오는 현금흐름거래(cash flow transaction)에 관한 정보도 제공해 줌으로써 재무상태표의 보조기능도 수행한다.

이처럼 현금흐름표는 재무상태표가 기초에서 기말로 변천해 간 과정을 현금흐름의 측면에서 관찰한 것이며, 각 재무제표 간의 관계를 도표로 나타내면 다음과 같다.

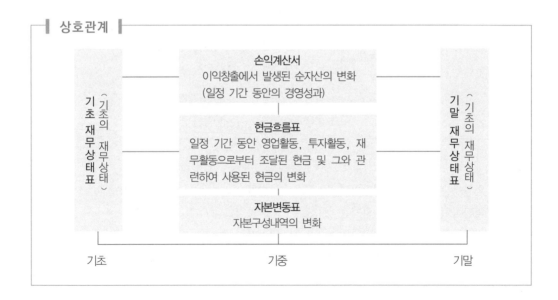

상호관계

기초 재무상태표 〈기초의 재무상태〉	손익계산서 이익창출에서 발생된 순자산의 변화 (일정 기간 동안의 경영성과)	기말 재무상태표 〈기초의 재무상태〉
	현금흐름표 일정 기간 동안 영업활동, 투자활동, 재무활동으로부터 조달된 현금 및 그와 관련하여 사용된 현금의 변화	
	자본변동표 자본구성내역의 변화	
기초	기중	기말

II 현금흐름표의 유용성 및 한계점

1 현금흐름표의 유용성

현금흐름표는 다른 재무제표와 같이 사용되는 경우 순자산의 변화, 재무구조(유동성 및 지급능력 포함), 그리고 변화하는 상황과 기회에 적응하기 위하여 현금흐름의 금액과 시기를 조절하는 능력을 평가하는데 유용한 정보를 제공하며, 서로 다른 기업의 미래현금흐름의 현재가치를 비교·평가하는 모형을 개발할 뿐 아니라, 동일한 거래와 사건에 대하여 서로 다른 회계처리를 적용함에 따라 발생하는 영향을 제거하기 때문에 영업성과에 대한 기업 간의 비교가능성을 제고시킨다.

또한 현금흐름표는 영업활동, 투자활동 및 재무활동에 관한 정보도 제공함으로써 이익의 질, 회사의 지급능력, 재무적 신축성을 평가하는데 있어서도 유용한 정보를 제공한다.

(1) 영업활동 현금흐름과 당기순이익 간의 차이에 관한 정보

손익계산서에 보고된 당기순이익은 기업의 경영성과를 측정하는데 가장 중요한 정보를 제공하지만, 당기순이익을 산출하는데 사용되는 수익 및 비용에는 실제 현금흐름에 영향을 미치지 않는 수익 및 비용의 발생분과 가정이나 추정에 의한 원가배분액이 포함되어 있다.

예를 들어, 유형자산에 대한 감가상각비는 비록 손익계산서에 비용으로 보고되기는 하나 실제 현금지출을 수반하지 않는다.

따라서 간접법을 적용하여 작성된 현금흐름표에서는 손익계산서상의 당기순이익에 현금의 유출이 없는 비용 등을 가산하고, 현금의 유입이 없는 수익 등을 차감하여 영업활동에서 조달된 현금을 파악함으로써 기업의 가장 중요한 활동인 수익획득활동으로부터 조달된 현금에 대한 유용한 정보를 제공할 수 있다.

(2) 투자활동에 관한 정보

현금흐름표는 조달된 현금을 어떠한 투자활동에 사용하였는가에 대한 구체적인 정보를 제공해 주며, 투자활동과 관련된 자산의 감소를 통하여 유입된 현금의 내역에 관한 정보를 제공한다.

(3) 재무활동에 관한 정보

현금흐름표는 회사의 고유한 영업활동(수익창출활동) 이외에 재무활동 현금흐름의 내역을 보여준다. 즉 어떠한 재무활동에 의해 현금이 조달되었고, 장기부채의 상환 등 어떠한 재무활동에 얼마만큼의 현금을 사용하였는가에 관한 중요한 정보를 제공한다.

(4) 미래현금흐름에 관한 정보

현금흐름표는 손익계산서와 함께 이용함으로써 미래의 현금흐름액, 시기 및 불확실성을 예측하는데 도움을 준다. 즉, 발생주의에 의하여 인식·측정된 당기순이익과 현금흐름과의 상관관계와 차이의 원인을 설명해 줌으로써 기업의 미래현금창출능력과 실현시기에 대한 예측을 가능하게 한다.

(5) 부채상환능력과 배당금지급능력에 관한 정보

기업이 현재의 영업활동능력을 유지하고 미래에도 계속 성장해 가며, 또한 주주들에게 적정한 배당을 할 수 있는지는 현재와 미래에 충분한 현금을 창출할 수 있는가에 달려 있다. 현금흐름표는 기업의 현금창출능력에 대한 정보를 제공함으로써 부채상환능력과 배당의 지급과 같은 지속적인 영업활동 가능 여부에 대한 판단을 가능하게 한다.

2 현금흐름표의 한계

현금흐름표는 기간 간의 관계를 보여주지 않음으로써 장기현금흐름에 대한 전망을 평가하는데 불완전한 정보를 제공한다. 따라서 미래현금흐름에 대한 전망을 평가하는데 있어서는 현금흐름표 단독으로보다는 손익계산서 또는 재무상태표와 연관하여 파악하는 것이 좋다.

현금흐름표가 재무상태표나 손익계산서보다 절대적으로 나은 정보를 제공하는 것이 아니라, 재무상태표와 손익계산서가 제공하지 못하는 정보를 추가적으로 제공함으로써 보완적인 기능을 갖는다는 것에 유의할 필요가 있다.

Ⅲ 현금흐름표의 형식 및 구조

1 현금흐름표의 형식

현금흐름표는 현금흐름을 영업활동, 투자활동 및 재무활동으로 구분하여 표시함으로써, 이러한 활동이 기업의 재무상태와 현금및현금성자산의 금액에 미치는 영향을 재무제표이용자가 평가할 수 있도록 정보를 제공한다. 현금흐름표의 형식은 다음과 같다.

현금흐름표

(주)삼일 　　　　　　　　　20X2년 1월 1일부터 12월 31일까지

영업활동 현금흐름		×××
직접법 ← 선택적으로 작성		
간접법 ←		
투자활동 현금흐름		×××
유형자산 취득	×××	
설비의 처분	×××	
……	×××	
재무활동 현금흐름		×××
유상증자	×××	
장기차입금		
금융리스부채의 지급	(×××)	
……		
현금및현금성자산의 증감		×××
기초 현금및현금성자산		×××
기말 현금및현금성자산		×××

Ⅳ 현금흐름표의 활동

현금흐름표는 재무상태표상 기초와 기말시점의 현금의 차이에 대해서 현금 이외의 자산·부채·자본의 변동내역 중 현금흐름에 영향을 미치는 사항의 증감내역으로, 현금의 변동원인을 파악하는 재무제표이다.

현금흐름표에서는 기업의 경영활동에 따른 현금흐름을 영업활동·투자활동·재무활동으로 구분하고 있으며, 이는 재무상태의 현금 이외의 자산·부채·자본의 변동원인이 3가지 활동 중 하나에 속한다는 의미이다. 따라서 현금흐름표상의 현금의 변동은 3가지 활동의 현금 유입과 유출을 파악함으로써 알 수 있다.

1 영업활동 현금흐름

영업활동 현금흐름은 기업의 주요 수익창출활동 그리고 투자활동이나 재무활동이 아닌 기타의 활동을 의미하는데, 기업이 외부의 재무자원에 의존하지 않고 제품의 생산과 상품 및 용역의 구매·판매활동, 차입금 상환, 영업능력의 유지, 배당금 지급 및 신규투자 등에 필요한 현금흐름을 창출하는 정도에 대한 중요한 지표가 된다.

영업활동 현금흐름은 주로 기업의 주요 수익창출활동에서 발생하므로, 영업활동 현금흐름은 일반적으로 당기순손익의 결정에 영향을 미치는 거래나 그 밖의 사건의 결과로 발생하는데, 영업활동 현금흐름의 예는 다음과 같다.

① 재화의 판매와 용역의 제공에 따른 현금유입(현금매출, 매출채권의 회수, 선수금 수령 등)
② 로열티, 수수료, 중개료 및 기타 수익에 따른 현금유입
③ 재화와 용역의 구입에 따른 현금유출(상품, 원재료, 매입채무의 상환, 선급금 지급 등)
④ 종업원과 관련하여 직·간접적으로 발생하는 현금유출
⑤ 보험회사의 경우 수입보험료, 연금 및 기타 급부금과 관련된 현금유출입
⑥ 법인세의 납부 또는 환급(단, 토지 등 양도소득세와 같이 재무와 투자활동에 명백히 관련있는 것은 제외)

2 투자활동 현금흐름

투자활동이란 현금의 대여와 회수활동과 같이 장기성자산 및 현금성자산에 속하지 않는 유가증권, 투자자산, 유형자산 및 무형자산의 취득과 처분에 관련된 활동을 말한다. 투자활동 현금흐름은 미래수익과 미래현금흐름을 창출할 자원을 확보하기 위하여 지출된 정도를 나타내기 때문에 현금흐름을 별도로 구분 공시하는 것이 중요하다. 투자활동 현금흐름의 예는 다음과 같다.

① 유형·무형자산 및 기타 장기성자산의 취득에 따른 현금유출(자본화된 개발원가와 자가건설 유형자산에 관련된 지출이 포함)
② 유형자산, 무형자산 및 기타 장기성자산의 처분에 따른 현금유입
③ 다른 기업의 지분상품이나 채무상품 및 조인트벤처 투자지분의 취득에 따른 현금유출(현금성 자산으로 간주되는 상품이나 단기매매목적으로 보유하는 상품의 취득에 따른 유출액은 제외)
④ 다른 기업의 지분상품이나 채무상품 및 조인트벤처 투자지분의 처분에 따른 현금유입(현금성 자산으로 간주되는 상품이나 단기매매목적으로 보유하는 상품의 처분에 따른 유입액은 제외)
⑤ 제3자에 대한 선급금 및 대여금에 따른 현금유출(금융회사의 현금 선지급과 대출채권은 제외)
⑥ 제3자에 대한 선급금 및 대여금의 회수에 따른 현금유입(금융회사의 현금 선지급과 대출채권은 제외)

3 재무활동 현금흐름

재무활동이라 함은 투자에 필요한 자금의 차입과 상환활동, 신주발행이나 배당금과 관련된 활동을 의미한다.

또한 기업의 납입자본과 차입금의 크기 및 구성내용에 변동을 가져오는 활동을 말한다.

재무활동 현금흐름은 미래현금흐름에 대한 자본 제공자의 청구권을 예측하는데 유용하기 때문에 현금흐름을 별도로 구분 공시하는 것이 중요하다. 재무활동 현금흐름의 예는 다음과 같다.

① 주식이나 기타 지분상품의 발행에 따른 현금유입
② 주식의 취득이나 상환에 따른 소유주에 대한 현금유출
③ 어음 및 사채의 발행과 기타 장·단기차입에 따른 현금유입
④ 사채와 차입금의 상환에 따른 현금유출
⑤ 배당금의 지급에 따른 현금유출
⑥ 자산의 취득으로 인한 부채의 상환에 따른 현금유출

V 현금의 유입과 유출이 없는 거래 – 주석공시의 효과

현금의 유입과 유출을 초래하지는 않았지만 기업의 총재무자원의 변동을 보고하기 위하여 반드시 포함되어야 할 중요한 거래들은 현금흐름표에 관련된 주석사항에 별도로 표시하도록 되어 있다.

1 현물출자로 인한 유형자산 취득

주식을 교부하여 유형자산을 취득한 결과 자본금의 증가를 초래한 경우, 이는 현금의 유입과 유출 없이 유형자산을 취득하게 되므로, 현금자금에 영향을 주지 않고 유형자산의 증가를 가져오는 거래가 된다.

2 유형자산의 연불구입

이 경우 유형자산의 증가와 더불어 장기부채가 증가하게 되므로, 현금의 유입과 유출 없이 유형자산의 증가를 가져오는 거래가 된다.

3 무상증자

무상증자는 자본잉여금이나 이익잉여금 중 배당이 불가능한 법정적립금이 자본금에 전입되는 거래이므로, 현금의 유입과 유출이 없이 자본금이 증가되는 거래가 된다.

4 주식배당

무상증자의 경우와 마찬가지로 단순히 이익잉여금 중 일부가 자본금에 전입되는 거래이므로, 현금의 유입과 유출이 없이 자본금이 증가된다.

5 전환사채의 전환

이는 전환사채를 주식으로 전환함으로써 현금자금의 변동 없이 비유동부채(전환사채)가 줄어들고 자본금과 자본잉여금(전환조건에 따라)이 늘어나는 거래이다.

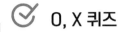 **O, X 퀴즈**

---

01 현금흐름표는 영업활동, 투자활동 및 재무활동에 관한 정보를 제공한다.

---

02 손익계산서에 보고된 당기순이익은 기업의 경영성과를 측정하는데 가장 중요한 정보를 제공하지만, 당기순이익을 산출하는데 사용되는 수익 및 비용에는 실제 현금흐름에 영향을 미치지 않는 수익 및 비용의 발생분과 가정이나 추정에 의한 원가배분액이 포함되어 있다.

---

03 현금흐름표는 기간 간의 관계를 보여주지 않음으로써 장기현금흐름에 대한 전망을 평가하는데 불완전한 정보를 제공한다.

01	○	현금흐름표는 기업활동을 영업활동, 투자활동 및 재무활동으로 구분한다.
02	○	손익계산서는 발생주의에 의해 작성되어 당기순이익은 실제 현금흐름을 반영하지 못한다.
03	○	현금흐름표는 기간 간의 관계를 보여주지 않음으로써 장기현금흐름에 대한 전망을 평가하는데 불완전한 정보를 제공한다. 따라서 미래 현금흐름에 대한 전망을 평가하는데 있어서는 현금흐름표 단독으로보다는 손익계산서 또는 재무상태표와 연관하여 파악하는 것이 좋다.

01 다음 중 현금흐름표에 관한 설명으로 가장 올바르지 않은 것은?

① 현금흐름표는 기업의 모든 활동을 영업활동, 투자활동, 재무활동, 재고관리활동, 생산활동의 5가지로 구분하고 각 활동별로 현금의 유출입을 표시한다.

② 영업활동현금흐름은 기업의 주요 수익창출활동 등에서 발생한 현금흐름을 표시한다.

③ 투자활동현금흐름은 유형자산이나 투자자산 등의 취득, 처분과 관련하여 발생된 현금의 유출입을 표시한다.

④ 재무활동현금흐름은 자금의 차입, 상환 등과 관련하여 발생된 현금의 유출입을 표시한다.

02 다음 중 현금흐름표에서 확인할 수 있는 현금흐름이 아닌 것은?

① 영업활동현금흐름
② 투자활동현금흐름
③ 개발활동현금흐름
④ 재무활동현금흐름

NEW

03 다음 중 재무활동 현금흐름으로 분류되는 항목의 예로 가장 올바르지 않은 것은?

① 로열티, 중개료 및 기타수익에 따른 현금유입
② 배당금 지급에 따른 현금유출
③ 사채 발행에 따른 현금유입
④ 주식 발행에 따른 현금유입

04 다음 중 현금의 유입과 유출이 없는 거래가 아닌 것은?

① 유형자산 취득
② 유형자산의 현물출자
③ 전환사채의 전환
④ 주식배당

05 다음 중 현금흐름표에서 일반적으로 당기순손익에 결정적 영향을 미치는 기업의 주요 수익창출활동과 관련이 깊은 현금흐름으로 가장 옳은 것은?

① 주식이나 기타 지분상품의 발행에 따른 현금유입
② 부채의 상환에 따른 현금유출
③ 종업원과 관련하여 직·간접적으로 발생하는 현금유출
④ 유형자산 및 기타 장기성자산의 처분에 따른 현금유입

06 다음 중 현금흐름표의 유용성에 대한 설명으로 가장 올바르지 않은 것은?

① 영업활동 현금흐름과 당기순이익 간의 차이에 대한 정보를 제공한다.
② 조달된 현금을 어떠한 투자활동에 사용하였는가에 대한 구체적인 정보를 제공한다.
③ 어떠한 재무활동에 의해 현금이 조달되었고, 어떠한 재무활동에 얼마만큼의 현금을 사용하였는가에 관한 중요한 정보를 제공한다.
④ 현재와 미래에 충분한 현금의 창출능력에 대한 정보는 제공할 수 없다.

07 다음 중 현금흐름표에 관련된 주석공시 항목으로 가장 올바르지 않은 것은?

① 현물출자로 인한 유형자산 취득

② 유형자산의 연불구입

③ 무상증자

④ 대여금의 현금회수

Chapter

연습문제
정답 및 해설

Chapter 1	회계의 기본개념

01 ① 재무제표의 작성·공시에 대한 책임은 경영자에게 있다.

02 ① 어떤 경우에는 금액의 크기와는 관계 없이 정보의 성격 자체만으로도 중요한 정보가 될 수 있다

03 ①

04 ① 관리회계에 대한 설명이다.

05 ③ 재무보고는 미래 현금흐름 예측에 유용한 정보를 제공한다.

06 ④ 기업실체의 중요한 경영활동이 축소되거나 기업실체를 청산시킬 의도나 상황이 존재하여 계속기업을 가정하기 어려운 경우 계속기업을 가정한 회계처리 방법과는 다른 방법이 적용되어야 한다.

07 ③ 피드백가치에 대한 설명이다.

08 ② 공사수익의 인식기준으로 진행기준을 채택할 경우 완성기준을 채택한 경우에 비해 목적적합성은 제고될 수 있으나 신뢰성은 저하될 수 있다.

09 ② 재무정보가 갖추어야 할 가장 중요한 질적특성은 목적적합성과 신뢰성이다.

10 ② 무형자산의 취득 및 처분과 관련된 현금흐름은 투자활동으로 인한 현금흐름으로 분류한다.

11 ④ 재무상태표는 당 회계연도 9월 30일 현재를 기준으로 작성하고, 직전 회계연도 12월 31일 현재의 재무상태표와 비교 표시한다.

12 ② 재무회계의 개념체계에 따르면 재무제표 작성의 기본가정으로 기업실체, 계속기업 및 기간별보고의 가정을 들고 있다.
또한 개념체계에서 언급하고 있는 측정속성에는 역사적원가와 공정가치 상각후가액 등이 있는데, C회계법인은 역사적원가를 적용하여 개발비의 가액을 측정하고 있다.

13 ③

14 ④ 상장법인 및 금융회사 등의 경우에도 중소기업 회계처리 특례 규정을 적용할 수 없다.

15 ③ 중간재무제표는 연차재무제표와 동일한 양식으로 작성함을 원칙으로 하지만, 일부 계정과목은 요약 또는 일괄 표시가 가능하다.

16 ① 장기성 채권, 채무는 상각후금액으로 측정한다.

Chapter 2 재무상태표의 일반사항

01 ② 많은 자산이 소유권과 같은 법적 권리와 결부되어 있으나, 소유권 등의 법적 권리가 자산성 유무를 결정함에 있어 최종적 기준은 아니다.

02 ④ 유동성배열법은 유동성이 큰 항목부터 배열하는 것을 원칙으로 한다.

03 ③ 자산과 부채는 1년 기준으로 하여 유동자산 또는 비유동자산, 유동부채 또는 비유동부채로 구분하는 것을 원칙으로 한다. 다만, 재고자산·매출채권 및 매입채무 등 운전자본과 관련된 항목들에 대하여는 1년을 초과하더라도 정상적인 영업주기 내에 실현 혹은 결제되리라 예상되는 부분에 대해서는 유동으로 분류한다. 1년을 초과하는 유동자산·유동부채금액은 주석으로 기재한다.

04 ④ 미래의 일정시점에서 기업이 자산을 취득한다는 결정이나 단순한 약정은 현재의 의무가 아니다.

05 ③ 감자차익은 자본거래에서, 나머지는 손익거래에서 발생한 잉여금에 해당한다.

06 ④ $181,000 = (127,000 - 46,000) + 30,000 - 6,000 + 76,000$

Chapter 3 · 당좌자산

01 ② 매입대금 600,000원 중 300,000원은 당좌예금의 감소로, 잔액 부족분 300,000원은 단기차입금의 발생으로 각각 회계처리한다.

02 ③ 재고자산을 제외한 나머지 계정과목은 당좌자산에 해당한다.

03 ③ 취득 당시의 만기가 3개월 이내에 도래하는 채권과 취득당시의 상환일까지의 기간이 3개월 이내인 상환우선주가 현금및현금성자산에 해당한다.

04 ② 은행측의 조정이 필요한 당좌예금 불일치 유형으로는 기발행 미지급 수표, 미기입예금, 은행의 기장상 오류가 있다.

05 ②

	회사	은행
장부잔액	3,500,000	3,570,000
기발행 미인출	0	(500,000)
부도수표	(100,000)	0
미기입예금	0	150,000
회사기장오류	(180,000)	0
정확한 잔액	3,220,000	3,220,000

06 ②

07 ④ 실제 대손 시점에는 대손충당금과 매출채권이 각각 감소하는 회계처리가 이루어지므로 유동자산과 자산총계에 모두 변동이 없다.

08 ① 받을어음에 대한 설명이다.

09 ④ 단기대여금도 단기투자자산에 포함된다.

10 ②

11 ③ 대손발생액 = 220,000 + 310,000 − 170,000 = ₩360,000

12 ① 당좌자산 : 단기매매증권, 단기대여금, 매출채권, 선급비용, 선급금, 미수수익
100,000 + 40,000 + 300,000 + 500,000 + 50,000 + 40,000 = ₩1,030,000

13 ② 미수금이 인식되는 거래도 손익인식이 가능하다.

14 ④ 일반적인 상거래 이외에서 발생한 채권에 대한 대손상각비는 영업외비용으로 처리한다.

15 ④ 외상매출금을 양도한 이후 차입, 매각거래 구분은 상환청구권 유무와는 무관하다.

16 ④ 유의적인 영향력을 행사하고 있는 지분법적투자주식은 비유동자산(투자자산)으로 분류한다.

17 ④ 당좌차월은 부채로서, 단기차입금으로 처리한다.

18 ① 20X1년 귀속 미수이자 = 3,000,000원 × 4% × 3/12 = 30,000원

19 ③ 외상매출금에 대한 권리와 의무가 실질적으로 금융기관에 이전되므로 매각거래로 보아 10%의 수수료를 매출채권처분손실로 인식한다.

20 ① 기말 대손충당금 = 20,000,000원 × 1% = 200,000원
　 손익계산서 계상할 대손상각비 = 200,000원(기초) + 50,000원(당기 대손액)
　 − 200,000원(기말 대손충당금) = 50,000원

Chapter 4	재고자산

01 ① 개별법의 경우 재고자산의 종류가 많고 거래가 빈번한 경우 사용하기 번거로운 특징이 있다.

02 ①

03 ④ ㄴ. 매입할인은 재고자산의 취득원가에서 차감한다.
　 ㄹ. 시가가 취득원가보다 높은 경우에는 취득원가를 장부금액으로 인식한다.

04 ① 생산과 무관한 재고자산 보관비용은 발생한 기간의 비용으로 인식한다.

05 ③ 부산물도 재고자산의 정의를 충족한다면 재고자산으로 기록될 수 있다.

06 ③ 취득원가로 평가하는 것이 원칙으로, 공정가치가 상승한 경우 평가이익을 인식하지 않는다.

07 ③ 1,500개 + 120개 + 100개 + 20개 = 1,740개

08 ② 실지재고조사법을 사용하면 도난, 분실 등에 의한 감소량이 당기의 출고량에 포함되어 재고부족의 원인을 판명할 수 없다.

09 ④ 계속기록법과 실지재고조사법은 병행하여 사용 가능하다.

10 ③ 원재료재고액(재고자산) = @200 × 50개 = 10,000원
공사에 투입된 재료비(원재료투입액) = @150 × 100개 + @200 × 150개
= 45,000원

11 ①

12 ③ 1,500개 + 120개 + 100개 + 20개 = 1,740개

13 ③ 1,000,000 + 300,000 + 200,000 = 1,500,000원

14 ① 선입선출법 = (1,000개 × 3,000원) + (1,000개 × 2,800원) = 5,800,000원
평균법 = 2,000개 × 2,450원*
*평균단가 = 기초재고 6,000,000원 + 총 매입액 13,600,000원) ÷ 8,000개 = 2,450원

15 ② 재고자산감모손실에 대한 설명이다.

16 ① 7월 30일 재고 단가 = (7,500,000원 + 4,000,000원) ÷ 5,000 개 = 2,300원
9월 10일 재고 단가 = [(1,500개 × 2,300원) + 2,000,000원] + 2,500개 = 2,180원
기말재고 = 1,000개 × 단가 2,180원 = 2,180,000원

17 ③ 올바른 매출원가 = 3,400,000 × 75% = 2,550,000원
실사 매출원가 = 700,000 + 3,000,000 − 150,000 = 3,550,000원
재고자산횡령액 = 3,550,000 − 2,550,000 = 1,000,000원

18 ③ ① 재고자산의 감액 이후 순실현가능가치가 최초의 장부금액을 초과하게 된 경우 새로운 장부금액은 최초의 장부금액이 된다.
② 원재료의 현행대체원가는 순실현가능가치에 대한 최선의 측정치가 될 수 있다.
④ 비정상감모손실은 영업외손실로 분류한다.

19 ③ 상품(3,300,000 − 3,000,000) + 재공품(4,800,000 − 4,400,000)
= ₩700,000

20 ④ B(4,000) + C(5,000) = ₩9,000

21 ③ 재고자산감모손실은 재고자산감모수량 50개 × 단위당 원가 200원 = 10,000원이다.

22 ② 재고자산평가손실은 해당액은 매출원가에 가산하고 동 금액만큼 재고자산평가손실 충당금을 설정한다.

Chapter 5	투자자산

01 ① 지분증권 중 매도가능증권은 재무상태표에서 투자자산으로 분류한다.

02 ① 시장성을 상실한 단기매매증권은 매도가능증권으로 분류한다.

03 ① 금전 청구권에 관련한 설명으로 신주인수권, 지분증권은 금전 청구에 관한 권리에 해당하지 않는다.

04 ③ 매도가능증권평가손익은 기타포괄손익으로, 단기매매증권의 평가손익은 당기손익으로 영업외손익 항목에 인식된다.

05 ③ 250,000 = 50주 × (13,000 − 10,000) + 50주 × (12,000 − 10,000)

06 ② 매도가능증권의 처분손익 = 양도금액−취득원가
= 500,000원 − (600,000원X80%) =20,000원 처분이익

07	③	단기매매증권평가손실 2,000,000 − 1,800,000 = ₩200,000 매도가능증권평가이익은 손익에 영향을 미치지 않는다.
08	④	만기가 1년 이내에 도래한다면 단기금융상품으로 계정을 재분류하고 사용제한사항은 주석으로 공시한다.
09	③	③ 매도가능증권으로 분류한다.
10	④	지분증권(지분법적용투자주식 포함)으로부터 회수할 수 있을 것으로 추정되는 금액(회수가능액)이 지분증권의 취득원가보다 작은 경우에는 손상차손을 인식할 것을 고려하여야 한다.
11	④	회계기간 종료일이 다르고 그 차이가 3개월 이내인 경우에는 피투자기업의 재무제표 사용이 가능하다.
12	②	손상차손 = 30,000,000 − 15,000,000 = 15,000,000원
13	④	
14	②	(8,000 − 5,000) × 100주 = ₩300,000
15	①	(10,000,000원 − 9,519,634원) + 10,000,000원 × 10% × 3년 = 3,480,366원
16	③	단기매매증권(채무증권)이 시장성을 상실한 경우 매도가능증권으로 분류한다.
17	②	피투자기업에게 필수적인 기술정보를 투자기업이 제공한다면 유의적인 영향력이 있는 경우로 볼 수 있다.
18	②	① (주)부산이 당기순이익을 보고한 경우, (주)서울의 당기순이익은 증가한다. ③ (주)부산이 당기순손실을 보고한 경우, (주)서울의 지분법적용투자주식의 장부금액은 감소한다. ④ (주)서울은 (주)부산에 대해 지분법을 적용한다.

Chapter 6	유형자산

01 ③ 사용하는 도중에 발생한 비용은 취득원가에 포함되지 않는다.

02 ③ ① 유형자산은 영업에 사용할 것을 목적으로 보유한다.
② 회수가능가액은 순공정가치와 사용가치 중 큰 금액이다.
④ 사용하던 기존 건물을 철거하는 경우 건물의 장부금액 및 철거비용은 당기비용으로 회계처리한다.

03 ④

04 ② 300주 × 6,000 = 1,800,000

05 ③ 300,000,000 × (300,000,000 ÷ 400,000,000) = 225,000,000

06 ②

07 ③ 정액법에 대한 설명이다.

08 ① 토지의 원가에 해체, 제거 및 복구원가가 포함된 경우에는 해당 원가는 감가상각 대상에 해당한다.

09 ② (5,000,000 − 500,000) ÷ 5 = 900,000원

10 ① (차) 기계장치   2,000,000원   (대) 건물   2,000,000원
        유형자산처분손실   500,000원   현금   500,000원

11 ② (차) 감가상각누계액   90,000원   (대) 기계장치   300,000원
        현금   250,000원   유형자산처분이익   40,000원

12 ①

처분금액	₩650,000
처분일의 장부금액	
국고보조금상계후 취득원가 ₩1,200,000 − 400,000 = ₩800,000	
감가상각누계액 ₩800,000 × 2/5 = (320,000)	
	(480,000)
유형자산처분이익	₩170,000

13 ④ 리스이용자의 금융리스관련원가가 산입 가능하다.

14 ③ 5,000,000원 − Max(2,300,000원, 1,900,000원) = 2,700,000원

15 ② 그 자산이 손상되기 전의 장부금액의 감가상각 후 잔액을 한도로 한다.

16 ② 매각대금의 현재가치
300,000,000원 + 50,000,000원 × 0.9091 + 50,000,000원 × 0.8264[*]
= 386,775,000원
* 10%, 2년 일시금 현가계수 = 1.7355 − 0.9091 = 0.8264

토지의 매각일 현재 장부금액: 300,000,000원
유형자산 처분이익 = 386,775,000원 − 300,000,000원 = 86,775,000원

17 ④ 자산의 장부금액이 재평가로 인하여 감소된 경우에 그 감소액은 과거에 기타포괄이익으로 인식한 재평가잉여금과 우선상계 후 당기손실로 인식한다.

Chapter 7	무형자산

01 ④ 경상개발비 = 500억 원 + (170억 원 − 120억 원) = 550억 원
개발비(무형자산) = 120억 원

02 ①

03 ③ 400,000 + 300,000 + 200,000/5 × 6/12 = ₩720,000

04 ① 내부적으로 창출한 영업권은 원가를 신뢰성 있게 측정할 수 없을 뿐만 아니라, 기업이 통제하고 있는 식별 가능한 자원도 아니기 때문에 자산으로 인식하지 않는다.

05 ④   1. 연구단계 = 40,000원
ㄱ. 새로운 지식을 얻고자 하는 활동: 10,000원
ㄹ. 연구결과나 기타 지식을 탐색, 평가, 응용하는 활동: 20,000원
ㅁ. 재료, 장치, 제품, 공정, 시스템이나 용역에 대한 여러 가지 대체안을 평가 하는 활동: 10,000원
2. 개발단계 = (20,000원 + 40,000원) × 50% = 30,000원
ㄴ. 생산이나 사용 전의 시작품과 모형을 제작하는 활동: 20,000원
ㄷ. 상업적 생산 목적이 아닌 소규모의 시험공장을 건설하는 활동: 40,000원

06 ④   무형자산으로 계상하기 위해서 시제품의 매출발생 여부를 고려하지는 않는다.

07 ③   손상된 무형자산의 회수가능액이 장부금액을 초과하는 경우, 그 자산이 손상되기 전 장부금액의 상각후 잔액을 한도로 그 초과액을 손상차손환입으로 처리한다.

08 ④   내부적으로 창출된 무형자산은 무형자산으로 인식하지 않는다.

09 ①   72,000 + 16,000 = 88,000원

10 ④   경상개발비 항목으로 전액 비용처리 해야 하는데, 개발비라는 자산으로 계상하여 일부만 비용화 되어있으므로 비용 과소계상으로 인해 당기 이익이 과대계상되어 있다.

Chapter 8   기타비유동자산

01 ④   장기선급금, 이연법인세자산의 경우 현재가치평가의 대상이 되지 않는다.

02 ②   장기연불조건의 매매거래에서는 미리 수취 명목금액을 공정가치로 할인한 금액을 매출액으로 계상하도록 하고 있다.

03 ①   원칙적으로 당해 거래의 유효이자율을 적용하되 동종시장이자율이나 가중평균차입 이자율을 적용할 수 있다.

04 ④   장기성 채권·채무의 현재가치에 적용하는 이자율은 원칙적으로 당해 거래의 유효 이자율이다.

05	④	차량운반구 = 4,000 × 2.4868 = 9,947원

20X1년 이자수익 = 9,947 × 10% = 995원

Chapter 9 유동부채

01 ③ 200,000 + 100,000 = 300,000

02 ① 기초 미지급이자 + 당기 이자비용 = 이자비용지급액 + 기말 미지급이자
X + 160,000 = 130,000 + 40,000
X = ₩10,000

03 ④

04 ④ 유동부채로 분류한다.

05 ① 선수수익에 대한 설명이다.

Chapter 10 비유동부채

01 ④ 사채가 할증발행된 경우, 사채의 장부금액은 시간이 갈수록 감소하므로 유효이자도 매년 감소한다.

02 ① 시장이자율보다 액면이자율이 높으면 액면금액보다 높게 발행된다.

03 ① [950,244 × (1 + 10%)] − (1,000,000 × 8%) = 965,268

04 ② (1,000,000 × 10% × 3년) + (1,000,000 − 929,165) = 370,835

05 ③ 표시이자율을 x% 라고 할 때,
[92,539 × (1 + 10%)] − (100,000 × x%) = 94,793 이므로, x = 7%

06 ① 100,000 × 0.89286 + 100,000 × 0.79719 + 1,100,000 × 0.71178
= 951,963원

07 ②

08 ④ 92,269원 × 8% × 6/12 = 3,691원

09 ① 사채발행비는 사채발행가액에서 차감처리한다.

10 ④ ① 사채발행비가 발생한다면 액면발행, 할인발행, 할증발행 등 모든 상황에서 유효
이자율은 사채발행비가 발생하지 않는 경우보다 높다.
② 사채를 할증발행한 경우 사채이자비용은 현금이자지급액에 사채할증발행차금
상각액을 차감하여 인식한다.
③ 사채의 할증발행시 유효이자율법에 의해 상각하는 경우 기간 경과에 따라 매
기 인식하는 할증발행차금의 상각액은 증가한다.

11 ① 20X2년 말 사채의 장부가액: 950,244 + 950,244 × 10% − 1,000,000 × 8%
= 965,268
사채상환손익: 965,268 − 1,000,000 = 34,732원 손실

Chapter 11	충당부채, 우발부채 및 우발자산

01 ② 기초잔액 30,000 − 당기 지급 10,000 + 당기 설정 30,000 = 50,000

02 ① 충당부채의 인식요건은 ㄴ 을 제외한 ㄱ, ㄷ, ㄹ 이다.

03 ② 충당부채를 발생시킨 사건과 밀접하게 관련된 자산의 처분이익이 예상된다 하더라
도, 동 금액은 충당부채금액 계산시 고려되지 않는다.

04 ③ 100억 × 8% − 3억 = 5억

05 ④ 30,000,000 − 당기지급액 + 8,000,000 = 24,000,000원

06 ③ ③의 경우 지출의 시기 및 금액이 불확실하며 그 의무를 이행하기 위하여 자원이 유출될 가능성이 매우 높다고 판단하기 힘들며, 당해 금액을 신뢰성 있게 추정할 수 없기 때문에 충당부채의 정의에 합당하지 않다.

07 ② 22,000,000 = 102,000,000 − (115,000,000 − 35,000,000)

08 ④ 중요한 계류 중인 소송사건과 보증제공 사항은 주석공시사항이다.

09 ② 해고대상직원들의 퇴직위로금 5,000,000원을 구조조정충당부채로 인식해야 한다.

10 ② 근로기준법에 의한 퇴직금추계액이 하한선이 되므로, 사규에서 근로기준법의 규정보다 종업원에게 더 불리한 조건을 정하고 있다면, 회사의 퇴직금지급규정은 효력이 없고 근로기준법에 의하여 산출된 퇴직금을 지급해야 한다.

Chapter 12 | 이연법인세

01 ① 이연법인세자산·부채는 보고기간 말 현재까지 확정된 세율에 기초하여 당해 자산이 회수되거나 부채가 상환될 기간에 적용될 것으로 예상되는 세율을 적용하여 측정한다.

02 ④ ① 이연법인세자산의 실현가능성은 보고기간종료일마다 재검토되어야 한다.
② 이연법인세회계는 회계이익과 과세소득의 차이 중 일시적차이만을 대상으로 한다.

03 ② 200,000 × 20% = 40,000원(이연법인세부채)

04 ③ 차) 법인세비용　　　2,000,000　　대) 미지급법인세　2,200,000*
　　　이연법인세자산　　200,000**
　*11,000,000 × 20%
　**1,000,000 × 20%

05 ④ 이월결손금은 미래의 납부세액을 줄여주는 효과가 발생하기 때문에 이연법인세자산으로 계상한다.

06 ② (차) 법인세비용   12,000   (대) 미지급법인세   9,000*
                                        이연법인세부채 3,000**

    *(50,000 − 10,000 + 5,000) × 20% = 9,000
    **10,000 × 30% = 3,000

07 ③ (차) 법인세비용   1,200,000원   (대) 미지급법인세   1,000,000원
                                          이연법인세부채   200,000원

Chapter 13	자본

01 ④

02 ④ 무상증자가 자본 총계에 미치는 영향은 없다.

03 ① 처분전이익잉여금과 이익준비금 모두 이익잉여금 항목이므로 총액은 동일하다.

04 ①

05 ④ 650,000 − 70,000 + 300,000 = 880,000

06 ② 발행금액이 액면금액보다 작다면 그 차액을 주식발행초과금의 범위 내에서 상계처리하고, 미상계된 잔액은 자본조정으로 회계처리한다.

07 ① 매도가능증권평가이익은 기타포괄손익누계액 항목이다.

08 ④ 자본잉여금 = 자기주식처분이익 100,000 + 주식발행초과금 300,000 = 400,000
   자본조정 = 자기주식 150,000

09 ④ 자본잉여금 = 400,000 + 500,000 = 900,000
   자본조정 = (350,000)
   기타포괄손익누계액 = 500,000

10	③	

11	②	

12 ② 자본조정에 대하여 설명하고 있다.

13 ③ 4,320,000 + 370,000 + 600,000 − 현금배당액 = 5,000,000
현금배당액 = 290,000원

14	②	

15 ④ 기타포괄손익누계액이 실현되면 당기순손익에 포함한다.

16 ③ 우선주배당금 = 2,000주 × 10,000 × 10% = 2,000,000원
보통주배당금 = 4,000,000 − 2,000,000 = 2,000,000원

17 ② 주식배당의 경우 주식교부일에
차) 미교부주식배당금   ×××   대) 자본금   ×××
으로 회계처리한다.

18 ③ 자산에서 부채를 차감한 순액은 자본의 증가로, 이는 손익거래의 결과인 당기순이
익과 자본거래의 결과인 자본금의 증가로 이루어져 있다.
따라서 ₩5,660,000 + ₩2,840,000 − ₩5,000,000 = ₩3,500,000이다.

19 ③ 자본변동표도 재무상태표, 손익계산서, 현금흐름표, 주석과 함께 기본재무제표에
속한다.

20 ④

자본변동표

제13기 20X1년 1월 1일부터 20X1년 12월 31일까지

회사명 (단위 : 백만 원)

구분	자본금	자본잉여금	자본조정	기타포괄손익누계액	이익잉여금	총계
20X1. 1. 1(보고금액)	500	750	100	650	×××	×××
회계정책변경누적효과					(×××)	(×××)
전기오류수정					(×××)	(×××)
수정 후 이익잉여금					×××	×××
연차배당					(×××)	(×××)
처분 후 이익잉여금					×××	×××
중간배당					(×××)	(×××)
유상증자	50	40				×××
매도가능증권평가이익				10	×××	×××
자기주식 취득			(80)			(×××)
해외사업환산손익						(×××)
20X1. 12. 31.	550	790	20	660	×××	×××

Chapter 14 ## 손익계산서의 기초이론

01 ④

02 ④ ①, ②, ③ 항목은 영업외비용에 해당한다.

03 ① $500,000 + 10,000 - 35,000 + 5,000 = ₩480,000$

04 ② ①,④ 는 총액주의, ③은 구분표시에 관한 회계처리이다.

05 ③ $7,500,000 - 300,000 - 100,000 + 500,000 + 400,000 = 8,000,000$

06 ③　당기매출액: 88,000,000
당기매출원가: 기초재고 + 당기매입 − 기말재고 = 58,000,000
판매비와 관리비: 급여, 매출채권대손상각비, 감가상각비, 접대비 = 10,000,000
　　　　　　　　+ 200,000 + 800,000 + 1,200,000 = 12,200,000
영업이익 = 매출액 − 매출원가 − 판매비와관리비
= 88,000,000 − 58,000,000 − 12,200,000 = 17,800,000원

07 ②

매출총이익	2,300,000원
(−) 판매비와관리비 50,000원 + 350,000원 =	400,000원
= 영업이익	1,900,000원
(+) 영업외수익	40,000원
(−) 영업외비용	80,000원
(−) 법인세비용	90,000원
= 당기순이익	1,770,000원

08 ①　우리나라의 일반기업회계기준은 어느 정도 포괄주의에 입각한 손익계산서를 작성하도록 규정하고 있다.

Chapter 15　수익의 인식

01 ③　거래가격 전체가 아닌 판매수수료 해당분을 수익으로 인식한다.

02 ①　장, 단기 용역매출은 모두 진행기준을 적용하여 수익을 인식한다.

03 ①　재화는 인도되는 때 수익을 인식하므로 계약금 수령시에 발생하는 매출액은 없다.

04 ②　20X1년 공사진행율 = 7,500,000원/50,000,000원 = 15%

05 ②

$$20\text{X1년 공사진행률} = \frac{₩6,000,000}{₩24,000,000} = 25\%$$

공사수익 = ₩30,000,000 × 25% = ₩7,500,000
공사원가 = ₩6,000,000
공사이익 = ₩1,500,000

06 ④ 매년 총공사예정원가가 변동하므로 누적공사진행률로 계산한다.

$$20X2년\ 누적공사진행률 = \frac{₩16,200,000}{₩27,000,000} = 60\%$$

20X1년 공사진행률 = 25%
따라서 20X2년 공사진행률 = 35%
공사수익 = ₩30,000,000 × 35% = ₩10,500,000
공사원가 = ₩10,200,000
공사이익 = ₩300,000

07 ② 기계장치(재화) 매출 9,600,000 + 용역매출 200,000* = 9,800,000
*400,000 × 50% = 200,000

08 ② X1년: 60,000,000 × (15,000,000 ÷ 50,000,000) − 15,000,000 = 3,000,000
X2년: 60,000,000 × 70% − 30,000,000 = 12,000,000

09 ① 공사진행률이 40%이기 때문에 당기에 인식한 매출액은,
12,000,000 × 40% = 4,800,000이다.
공사이익이 800,000원이므로 투입된 공사원가는 4,000,000원으로 추정할 수 있다.

10 ④ 법적소유권을 보유하고 있는지 여부는 중요하지 않으며, 소유에 따른 위험과 보상이 구매자에게 실질적으로 이전되면 수익으로 인식한다.

11 ④ 모든 적송품이 판매되어 위탁자인 (주)서울로 전액을 수익인식 한다.

12 ② 100,000 × 8매 = ₩800,000

13 ① 소멸시효가 지나면 잔액을 영업외수익으로 인식한다.

14 ③ 200,000 × 2.72 = 544,000

15 ② (2,000,000 ÷ 10) × 4 = 800,000원

Chapter 16	손익계산서의 계정과목

01 ③ $55,000,000 = 75,000,000 - (35,000,000 - 15,000,000)$

02 ④

03 ①   전기오류수정손실은 영업외비용에 가산되는 항목이다.

04 ③   접대비는 일반적으로 판매관리비로 분류되지만, 제조원가와 관련되는 항목은 제조
간접비로 매출원가로 비용화된다.

05 ③   회계추정의 변경은 전기오류에 해당되지 않는다.

06 ③   저가법 평가에 따른 재고자산평가손실은 매출원가로 계상되므로 당기손익에 영향
을 미친다.

07 ③   유통보통주식수가 증가하면 주당이익이 감소한다.

08 ① $4,500,000 \div 200주 = 22,500$

09 ④   비상장기업은 주당이익에 대한 공시의무가 면제된다.

10 ③ $(60,000,000원 - 5,000,000원) / 50,000주 = 1,100원$

11 ③   영업외수익 = ㅂ. 100,000 + ㅅ. 30,000 + ㅇ. 50,000 = 180,000
영업외비용 = ㄷ. 50,000 + ㅁ. 30,000 = 80,000 원

12 ④ $5,000주 + 1,000주 - 600주 \times 2/12) = 5,900주$

13 ②

14 ②

15 ③   자산의 경우 발생 당시의 환율에 비해 회수시 환율이 하락할 경우 자산의 가치가
감소하여 외환차손을 인식해야 하나, 부채의 경우 부채의 가치가 감소하였기 때문
에 외환차익을 인식하게 된다.

Chapter 17	현금흐름표

01　①　현금흐름표는 영업활동, 투자활동, 재무활동의 3가지 현금흐름으로 구분한다.

02　③

03　①　①은 영업활동 현금흐름에 해당한다.

04　①　유형자산의 취득은 현금 유출을 수반한다.

05　③　문제에서 설명하는 것은 영업활동현금흐름이다. ①과 ②는 재무활동현금흐름, ④
　　　　는 투자활동현금흐름에 해당한다.

06　④　현재와 미래에 충분한 현금의 창출능력에 대한 정보 제공이 가능하다.

07　④　현금의 유입과 유출이 없는 거래가 주석공시 대상이다.

실전편

핵심요약노트
모의고사
모의고사 정답 및 해설

Chapter

핵심요약노트

회계의 기본개념

1. 재무회계와 관리회계 비교

구분	재무회계	관리회계
의의	• 기업의 재무상태, 경영성과, 자본변동, 현금흐름을 표시 • 외부보고	• 의사결정을 위한 정보의 제공 • 경영계획 · 통제를 위한 회계 • 내부보고
목적	정보이용자의 경제적 의사결정에 유용한 정보의 제공(투자결정, 신용결정 등)	경영자의 관리적 의사결정에 유용한 정보의 제공
보고대상	투자자, 채권자 등 외부이해관계자	경영자(내부이용자)
작성근거	기업회계기준	경제이론, 경영학, 통계학 등
보고양식	재무제표	일정한 양식이 없음.
보고시점	보통 1년 단위(또는 분기 및 반기)	일별, 월별, 분기별, 반기별 등 수시
법적 강제력	있음.	없음.

2. K-IFRS와 일반기업회계기준의 주요 특징 비교

K-IFRS	일반기업회계기준
원칙 중심 회계 (Principles-based approach)	규정 중심 회계 (Rules-based approach)
연결재무제표 중심	개별재무제표 중심
공정가치 회계 확대 적용	제한적인 공정가치 회계 적용
공시 항목의 확대	상대적으로 적은 공시 항목
각국의 협업을 통해 기준 제정	독자적인 기준 제정

3. 재무정보의 질적특성 및 제약요인

구분	개념체계
주요 질적특성	목적적합성, 신뢰성, 비교가능성(2차적 특성)
전제조건	이해가능성
제약요건	효익과 비용의 균형, 중요성

4. 재무제표

재무상태표	일정시점 기업의 재무상태(자산·부채·자본)를 표시하는 정태적 보고서
손익계산서	일정기간 기업의 경영성과를 표시하는 동태적 보고서
현금흐름표	일정기간 기업의 현금흐름 및 변동내역 보고 ① 영업활동: 구매, 생산, 판매활동 및 투자·재무활동 이외의 거래 ② 투자활동: 유가증권, 투자자산, 유형자산 등의 취득과 처분 활동 ③ 재무활동: 자금의 차입 및 상환, 신주발행, 배당금 지급 등
자본변동표	일정기간 기업의 자본의 크기와 그 변동에 관한 정보 제공
주석	재무제표를 이해하는 데 필요한 추가적인 정보 기술

5. 재무제표의 기본 요소

재무상태표	자산	과거의 거래나 사건의 결과로 현재 기업실체가 지배하고 미래에 경제적 효익을 창출할 것으로 기대되는 자원
	부채	과거의 거래나 사건의 결과로 기업이 부담하고 있고 미래에 자원의 유출이 예상되는 의무
	자본	총자산 − 총부채 = 자본 기업 실체의 자산에 대한 소유주의 잔여청구권
손익계산서	수익	재화의 판매 등에 대한 대가로 발생하는 자산의 유입·부채의 감소
	비용	재화의 판매 등에 따라 발생하는 자산의 유출이나 사용·부채의 증가

6. 중간재무제표: 1회계연도보다 짧은 기간을 대상으로 작성하는 재무제표

재무제표	작성시점 및 기간	비교표시
재무상태표	중간보고기간 말	연차보고기간 말
손익계산서	중간기간과 누적중간기간	직전 회계연도 동일기간
현금흐름표·자본변동표	누적중간기간	직전 회계연도 동일기간

재무상태표의 일반사항

1. 재무상태표(statement of financial position)의 정의

기업의 재무상태를 명확히 보고하기 위하여 보고기간종료일 현재의 모든 자산·부채 및 자본을 나타내는 정태적 보고서

2. 재무상태표(statement of financial position)의 구성요소

차변	대변
자산 (①)	부채 (②)
	자본 (③)

① 자산: 과거의 거래나 사건의 결과로서 현재 기업실체에 의해 지배되고 미래경제적 효익을 창출할 것으로 기대되는 자원
② 부채: 과거의 거래나 사건의 결과로 현재 기업실체가 부담하고 있고 미래에 자원의 유출 또는 사용이 예상되는 의무
③ 자본: 기업실체의 자산 총액에서 부채 총액을 차감한 잔여액

3. 재무상태표의 작성기준

구분표시, 총액표시, 1년 기준, 유동성배열법, 잉여금의 구분, 미결산항목 및 비망계정의 표시금지

구분표시	자산(유동자산/비유동자산), 부채(유동부채/비유동부채) 자본(자본금/자본잉여금/자본조정/기타포괄손익누계액/이익잉여금)으로 구분
총액표시	상계하지 않고 총액으로 표시
1년 기준	1년 기준으로 유동과 비유동을 구분
유동성배열법	유동성이 큰 항목부터 배열
잉여금의 구분	자본거래에서 발생한 자본잉여금과 손익거래의 이익잉여금 구분표시
미결산항목	미결산(가수금, 가지급금 등)항목은 적절한 과목으로 표시

4. 재무상태표의 유용성과 한계

구분	내용
유용성	• 기업의 자산과 구성내역 및 유동성에 대한 정보 제공 • 자본구조에 대한 정보 제공 • 손익계산서와 같이 사용할 경우 자산의 수익률에 관한 정보 제공
한계	• 재무상태표상 모든 자산과 부채가 보고기간종료일 현행가치를 나타내는 것은 아님. • 측정이 어려운 자산은 재무상태표에 포함되지 않음(예: 인적자원 등). • 작성시 자의적인 측정기준이 사용되기도 함.

1. 당좌자산의 정의

재고자산을 제외한 유동자산으로서 판매과정을 거치지 않고 직·간접으로 현금화할 수 있어 유동성이 매우 큰 자산

2. 현금및현금성자산

현금	통화 및 타인발행수표 등 통화대용증권(자기앞수표, 타인발행수표, 송금수표, 여행자수표, 우편환증서, 만기가 된 공사채 이자표 등)과 당좌예금, 보통예금
현금성자산	① 큰 거래비용 없이 현금으로 전환이 용이 ② 이자율 변동에 따른 가치변동의 위험이 중요하지 않은 유가증권 및 단기금융상품 ③ 취득 당시 만기(또는 상환일)가 3개월 이내에 도래하는 것

3. 단기투자자산

기업이 여유자금의 활용 목적으로 보유하는 자산으로, 단기적 자금운용목적으로 소유하거나 보고기간 말로부터 1년 이내에 만기가 도래하는 것

단기금융상품	정기예금, 정기적금, 양도성예금증서, 환매체 등 보고기간 말로부터 1년 이내에 만기가 도래하는 금융상품 중 현금성자산에 속하지 아니하는 금융상품
단기대여금	금전대차계약에 따른 자금의 대여거래로 발생한 회수기간이 1년 이내인 채권
유가증권	① 단기매매증권 ② 1년 내에 만기가 도래하거나 처분할 것이 거의 확실한 매도가능증권 ③ 1년 내에 만기가 도래하는 만기보유증권

4. 매출채권

구분		내용
평가		회수가 불확실한 채권에 대하여 합리적이고 객관적인 기준(예: 연령분석법, 기말잔액비율법 등)에 따라 산출한 대손추산액을 대손충당금으로 설정(충당금설정법)
양도		• 결산 시 대손충당금을 추가 설정 ① 대손추산액 〉 결산전 대손충당금잔액 차) 대손상각비 ×× 대) 대손충당금 ×× ② 대손추산액 〈 결산전 대손충당금잔액 차) 대손충당금 ×× 대) 대손충당금환입 ×× • 대손이 발생한 경우 ① 대손충당금 잔액이 없는 경우 차) 대손상각비 ×× 대) 매출채권 ×× ② 대손충당금 잔액 〉 대손채권액 차) 대손충당금 ×× 대) 매출채권 ×× ③ 대손충당금 잔액 〈 대손채권액 차) 대손충당금 ×× 대) 매출채권 ×× 대손상각비 ×× • 상각채권을 회수한 경우 차) 현금 ×× 대) 대손충당금 ××
분류		정상적인 영업주기 내에 회수되는 매출채권은 보고기간종료일로부터 1년 이내에 실현되지 않더라도 유동자산으로 분류
양도	정의	외상매출금을 회수기일 전에 금융기관 등에 매각하고 자금을 조달하는 것
	회계처리	양도에 대한 판단은 다음의 요건을 모두 충족하는 경우 양도자가 금융자산에 대한 통제권을 양수자에게 이전한 것으로 보아 매각거래로, 이외의 경우에는 금융자산을 담보로 한 차입거래로 회계처리한다. 〈매각거래의 요건〉 • 양도인은 금융자산 양도 후 당해 양도자산에 대한 권리를 행사할 수 없어야 한다. • 양수인은 양수한 금융자산을 처분할 자유로운 권리를 갖고 있어야 한다. • 양도인은 금융자산 양도 후에 효율적인 통제권을 행사할 수 없어야 한다.

1. 재고자산의 의의

기업의 정상적인 영업과정에서 판매를 위하여 보유하거나 생산과정에 있는 자산 및 생산 또는 서비스 제공과정에 투입될 원재료나 소모품의 형태로 존재하는 자산

2. 재고자산의 종류

상품	판매를 목적으로 구입한 상품 · 미착상품 · 적송품
제품	판매를 목적으로 제조한 생산품
반제품	다음 공정으로 이행단계에 있는 미완성품
재공품	추가가공하여 판매가 가능한 미완성품, 반제품으로 포함하는 개념
원재료	제품생산에 소비할 목적으로 구입한 재화
저장품	공장용 · 영업용 · 사무용 소모품 중 결산기 말 현재 미사용액

3. 재고자산 회계처리의 흐름

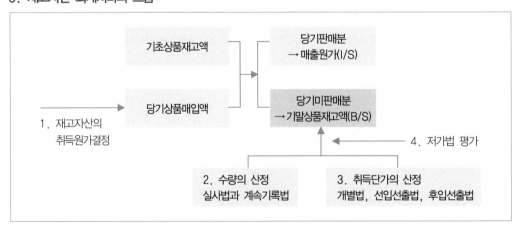

4. 취득원가의 결정

구분	내용
매입원가	• 매입금액 • 취득과정에서 정상적으로 발생한 부대원가(매입운임, 하역료, 보험료 등) 가산 • 매입과 관련된 할인(할인, 에누리 및 기타 유사한 항목) 차감
제조원가	직접재료원가 + 직접노무원가 + 제조와 관련된 변동 및 고정제조간접원가의 체계적인 배부액

5. 재고자산의 수량결정

방법	내용
계속기록법	기초재고수량 + 당기매입수량 − 당기판매수량 = 장부상 기말재고수량
실지재고조사법	기초재고수량 + 당기매입수량 − 기말실제재고수량 = 당기판매수량

6. 재고자산의 원가흐름에 대한 가정

구분	내용
개별법	재고자산 각각에 대하여 매출원가 기록
선입선출법	먼저 구입한 상품이 먼저 사용되거나 판매된 것으로 가정
후입선출법*	나중에 들어온 상품이 먼저 사용되거나 판매된 것으로 가정
이동평균법	자산취득할 때마다 평균단가를 산정
총평균법	일정기간 단위로 평균단가 산출

* 후입선출법은 K-IFRS 적용 시 인정되지 않음.

7. 소매재고법

기말재고자산의 추정원가 = 소매가로 표시된 기말재고자산 × 원가율

8. 재고자산의 평가

구분		회계처리
수량부족	재고자산감모손실	• 정상적인 부분 → 매출원가 • 비정상적인 부분 → 영업외비용
저가법*	재고자산평가손실	매출원가

* 재고자산을 저가법으로 평가하는 경우, 재고자산의 시가는 순실현가능가치를 의미함.

투자자산

1. 투자자산의 의의

기업의 주된 영업이 아닌 타회사의 지배나 통제 혹은 유휴자금 활용을 목적으로 자금을 사용한 것 (장기금융상품, 유가증권, 투자부동산 등)

2. 유가증권의 분류

구분	소유목적	계정과목	표시
지분증권	단기간 매매차익 (단기시세차익)	단기매매증권	유동자산
	피투자기업에 유의적인 영향력 행사	지분법적용 투자주식	투자자산
	위의 2종으로 분류되지 않은 지분증권	매도가능증권	투자자산(단, 보고기간종료일로부터 1년 내 처분예정 확실시 유동자산으로 분류)
채무증권	만기보유 목적 취득 (만기보유의도와 능력이 있음)	만기보유증권	투자자산(단, 보고기간종료일로부터 1년 내 만기시 유동자산으로 분류)
	위의 2종으로 분류되지 않은 채무증권	매도가능증권	투자자산(단, 보고기간종료일로부터 1년 내 처분예정 확실시 유동자산으로 분류)

3. 지분증권의 회계처리

구분	최초측정	후속측정		처분
		평가방법	평가손익	
단기매매증권	최초 인식 시 공정가치	공정가치	당기손익	양도금액-장부금액
매도가능증권		공정가치*	기타포괄손익	
지분법적용투자주식		지분법	당기손익	

* 시장성이 없는 지분증권의 공정가치를 신뢰성 있게 측정할 수 없는 경우 원가법을 적용

4. 채무증권의 회계처리

구분	최초측정	후속측정		처분
		평가방법	평가손익	
단기매매증권	최초 인식 시 공정가치	공정가치	당기손익	양도금액 − 장부금액*
매도가능증권		공정가치	기타포괄손익	
만기보유증권		상각후원가	−	

* 매도가능증권, 만기보유증권의 경우: 상각후취득금액

5. 손상차손의 회계처리

구분	단기매매 증권	매도가능증권		지분법적용 투자주식	만기보유증권
		지분증권	채무증권		
손상차손	−	취득원가 − 회수가능액	손상전 장부금액 − 회수가능액	손상전 장부금액 − 회수가능액	상각후취득원가 − 회수가능가액
회수가능액	−	공정가치	기대현금흐름을 현행 시장이자율로 할인	Max[매각시 예상 되는 순현금유입액, 사용가치]	기대현금흐름 을 취득시 유효 이자율로 할인
손상차손 인식후이자수익	−	−	손상차손 인식 당시 현행시장이자율 적용		취득시 유효이 자율 적용

6. 지분증권의 분류변경

단기매매증권 → 매도가능증권	• 단기매매차익을 목적으로 보유하지 않는 경우 시장성 상실 • 분류 변경일 현재의 공정가치를 매도가능증권의 취득원가로 인식 • 분류 변경일까지의 미실현보유손익은 당기손익으로 인식
매도가능증권 → 지분법투자주식	• 지분법피투자기업에 대한 유의적인 영향력을 얻은 경우 • 순차취득으로 인한 경우 매도가능증권평가손익은 지분법 적용일에 당기손익으로 인식
지분법투자주식 → 매도가능증권	유의적인 영향력을 상실한 경우

7. 채무증권의 분류변경

단기매매증권 → 매도가능증권, 만기보유증권	• 단기매매차익을 목적으로 보유하지 않는 경우 시장성 상실 • 분류 변경일 현재의 공정가치를 매도가능증권의 취득원가로 인식 • 분류 변경일까지의 미실현보유손익은 당기손익으로 인식
매도가능증권 → 만기보유증권	• 분류 변경 시 분류 변경일 현재 공정가치로 평가한 후 변경 • 매도가능증권 미실현보유손익은 만기까지의 잔여기간에 걸쳐 유효이자율법을 적용하여 상각하고 기간 이자수익에 가감
만기보유증권 → 매도가능증권	• 공정가치와 장부금액 차이는 매도가능증권평가손익으로 처리 • 당 회계연도와 직전 2개 회계연도 중 만기보유증권을 매도가능증권으로 재분류한 경우, 보유 중 또는 신규 취득하는 모든 채무증권은 만기보유증권으로 분류 불가

Chapter 6 유형자산

1. 유형자산의 의의

영업활동에 사용하기 위해 보유하는 물리적 실체가 있는 자산으로, 1년을 초과하여 사용할 것이 예상되는 자산

2. 유형자산의 취득원가

- 구입원가 또는 제작원가 및 경영진이 의도하는 방식으로 자산을 가동하는 데 필요한 장소와 상태에 이르게 하는데 직접 관련되는 원가(현물출자·증여·기타 무상취득은 공정가치)
- 자본적지출과 수익적지출

자본적지출	수익적지출
비유동자산의 내용연수를 연장시키거나 가치를 실질적으로 증가시키는 지출	비유동자산의 원상을 회복시키거나 능률유지를 위한 지출
자본화(미래 기간에 감가상각으로 비용화)	당기 비용 처리
• 본래의 용도를 변경하기 위한 개조 • 엘리베이터 또는 냉난방 장치의 설치 • 빌딩에 있어서 피난시설 등의 설치 • 재해 등으로 멸실·훼손되어 본래 용도에 이용할 가치가 없는 경우의 복구	• 파손된 유리나 기와의 대체 • 기계의 소모된 부속품과 벨트의 대체 • 자동차의 타이어 튜브의 대체 • 재해를 입은 자산에 대한 외장의 복구

3. 감가상각

① 감가상각대상금액: 취득원가−잔존가치
② 내용연수: 자산이 수익획득과정에 사용될 것으로 기대되는 기간
③ 감가상각방법

방법	감가상각비 계산
정액법	(취득원가 − 잔존가치) / 내용연수
정률법	(취득원가 − 감가상각누계액) × 감가상각률
생산량비례법	(취득원가 − 잔존가치) × 당기 중 실제생산량 / 추정 총생산량
연수합계법	(취득원가 − 잔존가치) × 감가상각률*

* 특정연도 초의 잔존내용연수 / 내용연수의 합계

4. 유형자산의 손상

구분	설명
판단기준	• 외부, 내부정보를 고려할 때 손상 가능성이 있다고 판단 • 유형자산의 사용 및 처분으로 기대되는 미래현금흐름 총액(현재가치 아님) 〈 장부금액
손상차손	장부금액 − 회수가능액
회수가능액	MAX[순공정가치, 사용가치]

5. 유형자산의 재평가

방법	장부금액
원가모형	취득원가 − 감가상각누계액 − 손상차손누계액
재평가모형	재평가금액 − 감가상각누계액 − 손상차손누계액

6. 재평가손익의 회계처리

구분		회계처리
재평가이익	최초측정	재평가잉여금으로 기타포괄이익으로 인식
	후속측정	과거에 당기손실로 인식한 재평가손실과 우선상계 후 기타포괄이익으로 인식
재평가손실	최초측정	당기손실로 인식
	후속측정	과거에 기타포괄이익으로 인식한 재평가잉여금과 우선상계 후 당기손실로 인식
재평가잉여금		해당 자산 제거 시 당기손익으로 대체

무형자산

1. 무형자산의 정의

물리적 형체가 없지만 식별가능하고 기업이 통제하고 있으며, 미래 경제적 효익이 있는 비화폐성자산

2. 무형자산의 종류

① 영업권 = 합병 등의 대가로 지급한 금액 − 취득한 순자산의 공정가치
② 개발비: 신제품, 기술의 개발과 관련하여 발생한 비용으로서, 개별적으로 식별가능하고 미래
   경제적 효익을 확실하게 기대할 수 있는 자산

구분	내용			
연구단계 지출	미래 경제적 효익의 창출을 입증할 수 없으므로 발생한 기간 비용으로 인식			
	회계처리	(차) 연구비 XXX	(대) 현금 XXX	
개발단계 지출	무형자산으로 인식하고 감가상각을 통해 기간비용으로 인식			

③ 소프트웨어

구분		내용
소프트웨어	외부구입	취득원가를 무형자산(소프트웨어)으로 인식
	내부개발	무형자산의 인식요건을 만족하는 경우 무형자산(개발비)으로 인식

3. 무형자산의 회계처리

구분		내용
취득원가	할부구입	현금구입상당액
	지분증권과 교환	지분증권의 공정가치
	일괄취득	공정가치 비율에 따라 배분
	국고보조	취득일의 공정가치
	자산교환	• 교환으로 제공한 자산의 공정가치 • 제공한 자산의 공정가치가 불분명한 경우 취득한 자산의 공정가치
	내부창출	자산의 창출에 사용된 직접비용+합리적이고 일관성 있게 배분된 간접지출
취득 또는 완성 후 지출		다음 요건을 모두 만족하는 경우 자본적 지출로 처리 이외는 기간비용 인식 1. 관련 지출이 무형자산의 미래 경제적 효익을 실질적으로 증가시킬 가능성이 높은 경우 2. 관련 지출이 신뢰성 있게 측정될 수 있으며, 무형자산과 직접 관련된 경우
상각	상각기간	• 내용연수 • 법이나 계약에 의해 정해진 경우를 제외하고 20년 초과 금지
	상각방법	• 경제적 효익을 반영하는 합리적 방법 선택 • 합리적 방법을 정할 수 없는 경우 정액법
	잔존가치	• 원칙 – 0원 • 내용연수 종료 시점에 제3자 구입약정이 있거나 거래시장이 존재하는 경우 잔존가치 인식 가능
손상		회수가능액이 장부금액에 중요하게 미달하는 경우 장부금액과 차액을 손상차손으로 인식

기타비유동자산

1. 기타비유동자산의 종류

구분	내용
이연법인세자산	차감할 일시적차이의 법인세 효과가 향후 법인세금액을 줄여줄 것이 기대되는 경우 인식하는 자산
보증금	• 전세권: 전세금을 지급하고 타인의 부동산을 사용, 수익할 수 있는 권리 • 전신전화가입권: 특정 전신전화를 소유하기 위해 지급하였다가 계약 종료 시점에 돌려받을 수 있는 금액 • 영업보증금: 영업목적으로 지급하고 계약 종료 시 돌려 받을 수 있는 금액
장기매출채권	1년 또는 정상영업주기 이내에 회수가 어려운 매출채권
장기미수금	1년 이내에 회수가 어려운 미수금
장기선급비용	용역공급계약을 체결하고 선지급한 비용 중 1년 이후에 비용으로 대체되는 것

2. 장기성 채권, 채무의 공정가치 평가

구분		내용
적용대상	장기연불조건거래	매매대금 최종지급일이 1년 이후에 도래하고 대금이 분할지급 되는 거래
	장기금전대차거래	채권, 채무가 현금의 수수에 의해서만 발생되고, 다른 자산이나 권리가 개입되지 않는 거래
적정이자율	당해 거래 유효이자율	거래한 자산의 공정가치와 미래 현금흐름을 일치시키는 이자율
	동종시장이자율	거래의 종류 성격이 동일하거나 유사한 시장에서 합리적이고 독립적인 제3자 간에 거래되는 이자율
	가중평균차입이자율	장기차입급관련 총차입원가 / 연평균총장기차입금
현재가치할인 차금상각, 환입	명목금액과 공정가치의 차이를 유효이자율에 따라 상각 또는 환입	

유동부채

1. 유동부채의 정의

보고기간종료일로부터 1년 이내에 상환되어야 하는 부채

2. 매입채무, 미지급금

구분		내용
매입채무	일반적 상거래에서 발생한 외상매입금과 지급어음	
	인식시기	• 일반적으로 재고자산 검수완료 시점 • 운송에 상당한 시일이 걸리는 경우, 계약에 따라 인식 • 선화증권이나 화환어음을 인수한 경우, 인수시점
미지급금	일반적인 상거래나 계약관계 등에서 발생한 채무	

3. 단기차입금

금융기관으로부터의 당좌차월액과 1년 내에 상환될 차입금

구분		내용
당좌차월	예금잔액을 초과하여 인출된 금액	
	회계처리	• 당좌예금과 당좌차월 상계 금지 • 당좌차월은 재무상태표상 단기차입금으로 보고

4. 미지급금과 미지급비용

구분		내용
미지급금	일반적인 상거래나 계약관계 등에서 발생한 채무	
미지급비용	발생된 비용 중 아직 지급하지 않은 비용	
	이유	비용이 발생한 연도에 인식 X → 비용의 과소계상 비용을 지급한 연도에 인식 O → 비용의 과대계상

5. 선수금과 예수금

구분	내용
선수금	수주공사, 수주품 및 기타 일반적 상거래에서 발생한 선수액
예수금	일반적 상거래 이외에서 발생한 일시적 제예수액

6. 기타유동부채

구분	내용	
당기법인세부채	법인세 및 지방소득세의 미지급금액	
유동성장기부채	보고기간종료일로부터 1년 이내에 상환해야 하는 비유동부채	
선수수익	영업외수익 중 보고기간 종료일 이후에 수익으로 대체될 수익	
	1년 이내 수익으로 대체	선수수익
	1년 이후 수익으로 대체	장기선수수익

비유동부채

1. 비유동부채의 정의

보고기간종료일로부터 1년 이후에 상환되는 부채

2. 사채

구분		내용
정의		발행자가 약정에 따라 일정기간 동안 표시이자를 지급하고, 만기일에 원금을 상환하기로 한 채무증권
가격결정요소		• 만기에 지급할 금액: 액면금액 • 이자: 액면이자율과 이자지급일 • 돈 빌리는 기간: 사채의 발행일과 만기일
발행시 회계처리	발행비용	사채할인발행차금으로 처리
	액면발행	액면이자율 = 시장이자율 (차) 현금　　　　　　　　　XXX　(대) 사채　　　　　　　　XXX
	할인발행	액면이자율 〈 시장이자율 (차) 현금　　　　　　　　　XXX　(대) 사채　　　　　　　　XXX 　　　사채할인발행차금　　XXX
	할증발행	액면이자율 〉 시장이자율 (차) 현금　　　　　　　　　XXX　(대) 사채　　　　　　　　XXX 　　　　　　　　　　　　　　　　　　사채할증발행차금　XXX
이자지급 시 회계처리	액면발행	(차) 이자비용　　　　　　　XXX　(대) 현금　　　　　　　　XXX
	할인발행	(차) 이자비용(*유효이자액) XXX　(대) 현금　　　　　　　　XXX 　　　　　　　　　　　　　　　　　　사채할인발행차금　XXX
	할증발행	(차) 이자비용(*유효이자액) XXX　(대) 현금　　　　　　　　XXX 　　　사채할증발행차금　　XXX
상환시 회계처리	만기상환	(차) 사채　　　　　　　　　XXX　(대) 현금　　　　　　　　XXX
	조기상환	현금상환액 〉 사채장부금액: 사채상환손실
		현금상환액 〈 사채장부금액: 사채상환이익
자기사채 회계처리		상환시 회계처리와 동일

*유효이자액 = 사채장부금액 × 시장이자율

3. 장기차입금

구분	내용
정의	금전소비대차계약에 의한 차입금 중 보고기간종료일로부터 1년 이후에 상환되는 차입금
주석공시	차입처별 차입액, 차입용도, 이자율, 상환방법
외화장기차입금	마감환율로 환산

4. 장기성 매입채무

유동부채에 속하지 아니하는 일반적 상거래에서 발생한 장기의 외상매입금과 지급어음

충당부채, 우발부채 및 우발자산

1. 충당부채와 우발부채의 정의

기업의 과거 활동으로 인해 미래자산 유출 가능성이 있는 의무 중, 다음 조건에 따라 각각 충당부채와 우발부채로 공시

구분	금액을 신뢰성 있게 추정	추정 불가능
자원유출가능성이 매우 높음.	충당부채	우발부채로 주석공시
자원유출가능성이 어느 정도 있음.	우발부채로 주석공시	
자원유출가능성이 거의 없음.	공시 X	공시 X

2. 우발자산의 정의

기업의 과거 활동으로 인해 미래자산 유입 가능성이 있는 권리는 자산유입이 확정되기 전까지 자산으로 인식하지 않음.

3. 충당부채의 측정

구분		내용
최선의 추정치		보고기간종료일 현재 의무를 이행하거나 이해관계 없는 제3자에게 의무를 이전시키기 위해 지급해야 하는 금액
불확실성		최선의 추정치는 불확실성을 고려해야 함.
현재가치		명목금액과 현재가치의 차이가 중요한 경우 현재가치로 평가
예상되는 처분차익		충당부채 관련 자산의 처분으로 예상되는 처분차익은 고려하지 않음.
특수한 상황	손실부담계약	Min. 1. 계약 이행에 필요한 원가 2. 계약 불이행시 보상금 또는 위약금
	구조조정	다음 요건을 모두 충족하는 경우 인식 1. 공식적이고 구체적인 구조조정 계획 2. 구조조정 계획의 이행에 착수했거나 주요내용 공표

4. 충당부채의 유형

구분	내용		
제품보증충당부채	판매 후 AS에 필요한 비용 매출시점에 제품보증충당부채를 비용으로 인식한 후 실제 지급시점에서는 부채의 차감으로 회계처리		
반품충당부채	매출 시점에 반품충당부채를 비용으로 인식한 후 실제 반품 시점에 부채의 차감으로 회계처리		
하자보수충당부채	공사종료 시점에 하자보수충당부채를 공사원가로 인식하고 실제 하자보수 시점에 부채의 차감으로 회계처리		
예상되는 처분차익	충당부채 관련 자산이 처분으로 예상되는 처분차익은 고려하지 않음.		
특수한 상황	손실부담계약	Min. 1. 계약 이행에 필요한 원가 2. 계약 불이행시 보상금 또는 위약금	
	구조조정	다음 요건을 모두 충족하는 경우 인식 1. 공식적이고 구체적인 구조조정 계획 2. 구조조정 계획의 이행에 착수했거나 주요내용 공표	

5. 기타충당부채

구분	내용		
공사손실충당부채	향후 공사손실이 예상되는 경우 예상손실을 즉시 공사손실 충당부채로 인식 중요세부 내용은 주석 기재		
퇴직급여충당부채	퇴직일시금	퇴직 전	기말퇴직급여충당부채 - 기초퇴직급여충당부채 + 당기 퇴직금지급액 = 퇴직급여 　(차) 퇴직급여　　　　XXX (대) 퇴직급여충당부채　XXX
		퇴직시점	(차) 퇴직급여충당부채　XXX (대) 현금　　　　　　　XXX
		퇴직보험	퇴직보험료납입 　(차) 퇴직보험예치금　XXX (대) 현금　　　　　　XXX 　　　지급수수료(사업비)　XXX 이자수익 발생 　(차) 퇴직보험예치금　XXX (대) 이자수익　　　　XXX 퇴직보험으로 전환 　(차) 퇴직보험예치금　　XXX (대) 단체퇴직보험예치금 XXX
	퇴직연금제도	확정급여형 (DB)	종업원 수령액 확정, 회사 부담금 불확정 부채로 인식하여 회계처리
		확정기여형 (DC)	종업원수령액 불확정, 회사부담금 확정 기여금 납입시 비용으로 회계처리

1. 이연법인세 정의

회계상 법인세 비용과 세무상 법인세액 납부액의 일시적차이를 법인세 비용으로 배분 인식하는 회계처리

2. 이연법인세 용어의 정의

구분	내용	
회계이익(손실)	일반기업회계기준에 의하여 산출된 법인세비용차감전순이익(손실)	
과세소득(세무상 결손금)	회계이익(손실) + 익금산입, 손금불산입 – 익금불산입, 손금산입	
법인세부담액	과세소득 × 세율 + 법인세에 부가되는 세액	
세무기준액	세무회계상 자산 부채	
일시적차이	발생원인	수익, 비용과 익금손금의 인식시기 차이 회계상 장부금액 변동을 세무상 인정하지 않는 경우 회계상 부채를 세무상 인정하지 않는 경우

3. 이연법인세자산과 이연법인세부채

구분	내용	
이연법인세자산	차감할 일시적차이로 미래 법인세 금액 절감효과가 실현될 것으로 기대되는 경우	
	회계처리	미래법인세 절감 효과 실현 여부를 매기 말 검토
이연법인세부채	가산할 일시적차이로 미래 법인세액이 증가될 것으로 예상되는 경우	
	회계처리	실현 가능성 여부 재평가 없음.

4. 법인세비용 계산절차

① 법인세부담액 = 과세소득 × 당기유효이자율

② 당기 말 현재 이연법인세자산(부채) = 당기 말 현재 인식대상 누적 일시적차이 × 일시적차이가 소멸되는 기간의 예상법인세율

③ 이연법인세자산(부채) 변동액 계산

④ 법인세비용 = 당기법인세부담액 + 이연법인세자산 감소 + 이연법인세부채 증가
  – 이연법인세자산 증가 – 이연법인세부채 감소

자본

1. 자본의 정의

자본 = 자산 − 부채

2. 자본의 구분

구분		내용		
주 주 납 입 분	자본금	자본금 = 발행주식수 × 1주당 액면 금액		
		보통주	기본적 소유권을 나타내는 주식	
		우선주	배당 등에 보통주보다 우선되는 권리를 가진 주식	
		회계처리	액면발행	(차) 현금　　　　XXX　(대) 자본금　　　XXX
			할증발행	(차) 현금　　　　XXX　(대) 자본금　　　XXX 　　　　　　　　　　　　　주식발행초과금　XXX
			할인발행	(차) 현금　　　　XXX　(대) 자본금　　　XXX 　주식할인발행차금 XXX
			발행비는 주식할인발행차금으로 처리	
	자본잉여금	주식발행초과금	설립 또는 증자 시 주주 납부금액−자본금	
		감자차익	자본금−감자대가	
		자기주식처분이익	자기주식처분금액 − 자기주식취득금액	
		재평가 적립금	사업용유형자산 재평가금액 − 사업용유형자산 평가 전 금액	
	자본조정	주식할인발행차금	자본금 − 설립 또는 증자시 주주납부금액	
		미교부주식배당금	주식배당 전 회사보유분	
		자기주식	발행한 회사가 보유하고 있는 주식	
		신주청약증거금	청약일이 경과된 신주청약증거금	

구분		내용
이익의 누적	기타포괄손익누계액	자본거래를 제외한 거래에서 발생한 이익 중 손익계산서를 거치지 않고 바로 재무상태표에 반영되는 부분
		매도가능증권평가이익 : 매도가능증권평가금액 – 매도가능증권평가 전 금액
		유형자산재평가잉여금 : 유형자산재평가금액 – 유형자산 평가 전 금액
		지분법자본변동 : 피투자기업에 대한 순자산지분금액의 변동이 피투자기업의 자본금, 자본잉여금, 자본조정 항목의 변동으로 발생한 경우
	이익잉여금	기업의 이익창출활동에 의해 획득된 이익 중 사내 유보분
		이익준비금 : 상법에 따라, 이익배당액 1/10 이상 자본금의 1/2까지 의무 적립
		기타법정적립금 : 조세특례제한법등에 의한 적립금
		임의적립금 : 법률과 무관하게 적립
		미처분이익잉여금 : 이익잉여금 중 처분이 이루어지지 않은 부분

3. 이익잉여금처분계산서

구분	내용
미처분이익잉여금	= 전기이월미처분이익잉여금 ± 회계정책변경의 누적효과 ± 전기오류수정손익 – 중간배당액 ± 당기순손익
차기이월미처분이익잉여금	= 미처분이익잉여금 + 임의적립금이입액 – 이익잉여금처분액

4. 결손금처리계산서

구분	내용
미처리결손금	= 전기이월미처분이익잉여금(전기이월결손금) ± 회계정책변경의 누적효과 ± 전기오류수정손익 – 중간배당액 ± 당기순손익
차기이월미처리결손금	= 미처리결손금 + 결손금처리액
미처리결손금 보전순서	1. 임의적립금이입액 2. 기타법정적립금이입액 3. 이익준비금이입액 4. 자본잉여금이입액

5. 이익잉여금처분

구분	내용		
이익준비금적립	(상법)이익배당(주식배당 제외)의 1/10 이상을 자본금의 1/2까지 적립		
기타 법정적립금적립	재무구조개선 적립금 등과 같이 상법 이외의 법령에 의하여 의무적으로 적립하여야 할 적립금		
이익잉여금처분에 의한 상각	주식할인발행차금, 자기주식처분손실 잔액, 감자차손잔액		

배당금	현금배당	• 배당기준일
		  회계처리 없음.
		• 배당결의일 - 이사회 승인일
		  (차) 미처분이익잉여금 XXX (대) 미지급배당금 XXX
		• 배당금지급일
		  (차) 미지급배당금 XXX (대) 현금 XXX	

	주식배당	주식배당금액은 이익배당총액의 1/2 이하
		• 배당기준일
		  회계처리 없음.
		• 배당결의일 - 이사회 승인일
		  (차) 미처분이익잉여금 XXX (대) 미교부주식배당금 XXX
		• 배당금지급일
		  (차) 미교부주식배당금 XXX (대) 현금 XXX	

손익계산서의 기초이론

1. 손익계산서의 의의

일정기간 동안 기업 순자산의 변동원인을 보고하는 동태적 재무제표

2. 손익계산서 작성기준

구분	내용
발생주의	현금수취권리의 획득시점과 현금지급 의무의 발생시점에 수익과 비용을 인식
실현주의	수익창출활동이 완료되고 획득할 현금수입을 큰 오차 없이 합리적으로 인식할 수 있을 때 수익 인식
수익비용대응	수익을 창출하기 위해 사용된 비용은 수익이 인식되는 기간에 인식
총액주의	수익과 비용항목을 상계하지 않고 따로 표시
구분계산의 원칙	매출총손익, 영업손익, 법인세비용차감전계속사업손익, 중단사업손익, 당기순손익의 다섯 가지로 이익을 구분 표시

수익의 인식

1. 수익의 정의

통상적 경영활동에서 발생하는 경제적 효익의 총유입

2. 수익의 인식과 측정, 거래의 식별

구분		내용	
수익인식기준		모두 만족시키는 경우 수익인식 1. 수익금액을 신뢰성 있게 측정할 수 있는 경우 2. 경제적 효익의 유입 가능성이 높은 경우	
수익측정기준	원칙	• 판매대가의 공정가치 • 매출에누리와 할인 및 환입은 수익에서 차감	
	장기할부판매	• 명목금액의 현재가치로 측정 • 명목금액과 현재가치의 차액은 이자수익으로 인식	
	자산의 교환	동종자산	제공하는 자산의 장부가액
		이종자산	교환으로 취득하는 재산이나 용역의 공정가치
거래의 식별	원칙	경제적 실질을 반영하여 판단한 거래유형에 따라 수익 인식	
	재화 용역 동시제공	• 용역제공이 재화판매에 부수되는 경우: 재화 판매 • 재화의 제공이 용역제공에 부수되는 경우: 용역 제공 • 용역제공과 재화판매가 독립적인 경우: 별도 거래	

3. 일반기업회계기준 수익인식

구분	내용
재화의 판매	• 수익금액의 신뢰성 있는 측정 • 매우 높은 경제적 효익의 유입 가능성 • 재화의 소유에 따른 위험과 효익의 대부분이 구매자에게 이전 • 판매한 재화에 대하여 소유권이 있을 때 통상적으로 행사하는 통제권 없음. • 거래관련 원가를 신뢰성 있게 측정
용역의 제공	• 수익금액의 신뢰성 있는 측정 • 매우 높은 경제적 효익의 유입 가능성 • 신뢰성 있는 진행률 측정 • 거래관련 원가를 신뢰성 있게 측정
이자수익	유효이자율을 적용하여 인식
배당금수익	배당금을 받을 권리와 금액이 확정되는 시점에 인식
로열티	계약의 경제적 실질을 반영하여 발생기준에 따라 인식

4. 수익의 총액 또는 순익인식

구분		내용
회사의 역할	거래 당사자	총액으로 인식
	거래 대리인	순액으로 인식
거래 당사자 판단기준	주요지표	• 거래와 관련된 주된 책임 부담 • 재고자산에 대한 전반적 위험 부담
	보조지표	• 가격결정권한 보유 • 추가가공 또는 용역의 일부 수행 • 고객에게 제공할 제화나 용역의 공급자 선택권 보유 • 고객에게 제공하는 재화나 용역의 성격, 유형, 특성, 사양 결정 • 재고자산의 물리적 손상에 따른 위험 부담 • 신용위험 부담

5. 건설형 공사계약

구분	내용			
진행기준	당기 공사수익 = 도급금액 × 공사진행률 − 전기까지 인식된 공사수익 누적액			
공사진행률	공사진행률 = 당기 말까지 실제로 발생한 공사원가 누적액 / 당기 말 현재 총 공사예정원가			
회계처리	발생원가	(차) 재료비 　　노무비 　　경　비 　　외주비	XXX XXX XXX XXX	(대) 현금　　　　　XXX
	발생원가의 공사원가대체	(차) 공사원가	XXX	(대) 재료비　　　XXX 　　　노무비　　　XXX 　　　경비　　　　XXX 　　　외주비　　　XXX
	수익인식	(차) 공사미수금	XXX	(대) 공사수익　　XXX
	공사손실예상	(차) 공사손실충당부채전입액　XXX 　(대) 공사손실충당부채　　　　　　　XXX		

6. 수익인식 사례

구분	수익인식 시기
위탁매출	• 수탁자가 물건을 판매한 시점 • 일반적으로 판매보고서 수령 후
할부판매	재화인도시점에 명목금액의 현재가치
상품권	• 상품권 판매 시: 선수금 등으로 처리 • 재화 판매 시: 선수금을 매출액으로 대체
설치 및 검사조건부	재화가 인도되어 설치와 검사가 완료되는 시점
반품가능판매	다음 조건을 모두 만족하는 경우 1. 판매가격의 확정 2. 재판매여부와 무관한 구매자의 지급의무 확정 3. 판매자가 재판매에 책임지지 않음. 4. 미래 반품금액의 신뢰성 있는 추정
임대업	임차인으로부터 받은 임대료를 발생기간에 따라 인식
대행업	판매수수료 수취 시점
전자쇼핑몰	중개판매하는 경우 중개수수료만을 수익으로 인식

손익계산서의 계정과목

1. 손익계산서 계정과목

구분		내용
매출액		주된 사업활동을 통해 유입된 경제적 효익
− 매출원가		매출액에 대응되는 원가
	상품매매업	상품구매원가 + 외부 매입부대비용 + 매입에누리와 환출 + 매입할인
	제조업	매출원가 = 기초제품 + 당기제품제조원가* − 기말제품 − 타계정대체 * 당기제품제조원가 = 기초재공품재고액 + 당기총제조원가 − 기말재공품재고액
= 매출총이익		
− 판매비와관리비		기업의 유지관리 비용 중 매출원가에 속하지 않는 비용 • 급여: 임직원에게 지급하는 급료 및 제수당 • 퇴직급여: 기말퇴직급여 충당부채 설정액 • 복리후생비: 임직원에게 직접 지급되지 않고 근로의욕 상승 등을 위해 사용되는 비용 • 임차료: 건물이나 토지, 차량운반구를 빌려 쓴 대가 • 접대비: 거래처와 관계유지를 위한 비용 • 감가상각비: 유형자산의 효용감소 비용 • 무형자산상각비: 무형자산의 효용감소 비용 • 세금과공과: 법인세를 제외한 세금 및 벌과금 • 광고선전비: 판매촉진을 위해 불특정 다수에게 사용되는 비용 • 연구비와 경상개발비: 신기술 개발을 위해 사용된 비용 중 개발비로 인식되지 않은 금액 • 대손상각비: 채권 회수 불능액 + 기말 대손충당금 증가액 • 기타영업비: 여비교통비, 통신비, 수도광열비, 수선비, 보험료, 견본비
= 영업이익		

구분	내용
+ 영업외수익	보조적, 부수적 영업활동에서 순환적으로 발생하는 수익 • 이자수익 • 배당금수익 • 유가증권처분이익 • 단기매매증권평가이익 • 외환차익: 외화자산을 원화로 회수할 때 발생하는 차익 • 외화환산이익: 외화자산을 기말 평가할 때 발생하는 차익 • 지분법이익: 피투자기업의 당기순이익에 따른 변동액 • 투자자산처분이익 • 유형자산처분이익 • 사채상환이익 • 전기오류수정이익 • 자산수증이익과 채무면제이익 • 잡이익
− 영업외비용	보조적, 부수적 영업활동에서 순환적으로 발생하는 비용 • 이자비용 • 원가성 없는 재고감모손실 • 기부금 • 전기오류수정손실
= 세전당기순이익	법인세비용차감전순이익
− 법인세비용	
= 당기순이익	

2. 주당이익

구분	내용	
주당순이익(손실) = EPS	보통주 당기순이익 (손실) / 가중평균유통보통주식수	
보통주 당기순이익(손실)	당기순이익 − 우선주 배당금	
가중평균유통 보통주식수	우선주	총주식수에서 공제
	자기주식	자기주식 취득시점부터 매각시점까지의 기간 동안 총주식수에서 공제
	유상증자	납입일을 기준으로 가중평균 조정
	무상증자 주식배당 주식분할(병합)	기초 발행을 가정하여 가중평균
PER	주가 / EPS	
주가	PER × EPS	

1. 현금흐름표의 정의

회계기간 동안 현금유입과 유출을 나타내는 동태적 재무제표

2. 현금흐름표의 유용성과 한계

구분	내용
유용성	• 영업활동현금흐름과 당기순이익 간의 차이에 관한 정보 제공 • 투자활동 관련 자산의 증가와 감소에 관한 정보 제공 • 자금조달과 관련한 정보 제공 • 미래 현금흐름액과 발생시기 및 불확실성 예측에 관한 정보 제공 • 부채상환능력과 배당금지급능력에 관한 정보 제공
한계점	• 기간 간의 관계를 보여주지 않아 장기 현금흐름 예측에는 한계점 존재 • 재무상태표, 손익계산서와 함께 분석 필요

3. 현금흐름표

구분	내용
기초현금 및 현금성자산	전기 말 재무제표 현금 및 현금성자산금액
영업활동현금흐름	투자활동이나 재무활동이 아닌 주요수익창출활동에서 발생하는 현금흐름 • 재화의 판매 용역제공의 대가로 인한 현금 유입 • 로열티, 수수료, 중개료 및 기타 수익에 따른 현금 유입 • 재화와 용역의 구입에 따른 현금 유출 • 종업원관련 현금 유출 • 법인세 납부
투자활동현금흐름	유가증권, 유형자산, 무형자산의 취득과 처분에 관련하여 발생하는 현금흐름 • 유, 무형자산 및 기타 장기성자산의 취득에 따른 현금 유출 • 유, 무형자산 및 기타 장기성자산의 처분에 따른 현금 유입 • 다른 기업의 지분상품이나 채무상품 및 조인트벤처 취득에 따른 현금 유출 • 다른 기업의 지분상품이나 채무상품 및 조인트벤처 처분에 따른 현금 유입 • 제3자에 대한 선급금 및 대여금에 따른 현금 유출 • 제3자에 대한 선급금 및 대여금 회수에 따른 현금 유입

구분	내용
재무활동현금흐름	• 주식이나 기타 지분상품 발행에 따른 현금 유입 • 주식의 취득이나 상환에 따른 소유주에 대한 현금유출 • 어음 및 사채의 발행과 기타 장단기차입에 따른 현금유입 • 사채와 차입금의 상환에 따른 현금 유출 • 배당금 지급에 따른 현금 유출 • 자산의 취득으로 인한 부채의 상환에 따른 현금 유출
기말 현금 및 현금성자산	기초현금 및 현금성자산 ± 영업활동현금흐름 ± 투자활동현금흐름 ± 재무활동 현금흐름

4. 현금유출입이 없는 거래 - 주석공시

현물 출자로 인한 유형자산취득, 유형자산의 연불구입, 무상증자, 주식배당, 전환사채 전환

Chapter

모의고사

제1회 모의고사
제2회 모의고사
정답 및 해설

국가공인 회계관리 1급 문제지

재무회계 / 세무회계 각 과목당 40 문항(총 80 문항)

제한시간	수험번호	성명	생년월일
두 과목 100 분			

<u>응시자 주의사항</u>

1. **시 험 시 간** : 14:00 ~ 15:40(100 분) 두 과목 동시 시행합니다.
2. **지 정 좌 석** : 수험번호별 지정좌석에 착석하여 주십시오.
3. **인적사항 기재** : 시험 문제지 상단에 수험번호, 성명, 생년월일을 기재하여 주십시오.
4. **답 안 지 작성** : 답안카드 뒷면의 '답안카드 작성요령 및 주의사항'을 꼭 읽고 답안을
   작성하여 주십시오.
5. **시 험 실 시** : 방송타종 또는 감독관의 지시에 따라 시작하십시오.
6. **부 정 행 위** : 부정행위를 하였을 때 당 회 시험은 무효 처리하며 향후 2년간 응시자격을
   제한합니다.

※ 문제지와 답안지는 외부유출이 불가능하므로 반드시 감독관에게 제출하십시오.

무단전재 및 배포를 금합니다.

삼일회계법인

본 시험에서 "한국채택국제회계기준(K-IFRS)을 적용한다"는 별도 언급이 없는 한 문제에 적용되는 회계기준과 계정과목은 일반기업회계기준을 따릅니다.

【1】 다음 김대리와 박대리의 대화내용을 읽고, 마지막 문장의 빈칸에 들어갈 회계정보의 질적특성으로 가장 옳은 것은?

> 김대리: 오늘 신문에 '영업활동 현금흐름 산출기준 제각각인 한국채택국제회계기준(K-IFRS) 재무제표 바로보기'라는 기사가 있던데 혹시 알아?
> 박대리: 응. A전자는 이번 1분기 K-IFRS 재무제표의 현금흐름표에 이자비용을 영업활동 현금흐름으로 분류한 반면에 B전자는 재무활동 현금흐름으로 분류해 포함시켰더군.
> 김대리: 산출기준의 차이를 모르는 정보이용자들에게는 혼란을 줄 가능성도 있겠는걸.
> 박대리: 그렇다면 이러한 영업활동 현금흐름 산출기준의 차이는 정보의 기업실체간 (   )을 훼손하는 것 아닌가?

① 비교가능성   ② 중요성
③ 중립성   ④ 목적적합성

【2】 다음 중 중소기업 회계처리 특례에 관한 설명으로 가장 올바르지 않은 것은?

① 상장법인 및 금융회사의 경우에도 특례규정을 적용할 수 있다.
② 관계기업 및 공동지배기업도 지분법을 적용하지 아니할 수 있다.
③ 시장성이 없는 지분증권은 취득원가를 장부금액으로 할 수 있다.
④ 시가가 없는 파생상품의 계약시점 후 평가에 관한 회계처리를 아니할 수 있다.

【 3 】 다음 중 현금흐름표에 관한 설명으로 가장 올바르지 않은 것은?

① 현금흐름표는 기업실체의 현금흐름을 나타내는 재무제표이다.
② 무형자산의 취득과 관련된 현금흐름은 투자활동으로 인한 현금흐름으로 분류한다.
③ 제품의 생산 및 판매와 관련된 현금흐름은 영업활동으로 인한 현금흐름으로 분류한다.
④ 유형자산의 처분과 관련된 현금흐름은 재무활동으로 인한 현금흐름으로 분류한다.

【 4 】 다음 중 중간재무제표에 관한 설명으로 가장 옳은 것은?

① 연차재무제표는 중간기간 또는 누적중간기간을 대상으로 작성하는 재무제표이다.
② 중간재무제표는 재무상태표, 손익계산서, 이익잉여금처분계산서, 현금흐름표 및 주석을 포함한다.
③ 현금흐름표는 중간기간과 누적중간기간을 대상으로 작성하고, 직전 회계연도의 동일기간을 비교 표시한다.
④ 재무상태표는 중간보고기간 말과 직전 연차보고기간 말을 비교하는 형식으로 작성한다.

【 5 】 다음 중 재무상태표상 비유동자산으로 분류되는 항목으로 가장 옳은 것은?

① 투자기업이 피투자기업에 대해 유의적인 영향력을 행사하고 있는 지분법적용투자주식
② 만기가 보고기간종료일로부터 1년 이내인 3년 만기 정기예금
③ 보고기간종료일로부터 1년 이내에 처분할 것이 거의 확실한 매도가능증권
④ 대금 회수시점이 보고기간종료일로부터 1년을 초과하지만 정상적인 영업주기 내에 회수되리라 예상되는 매출채권

【6】 (주)삼일은 (주)서울은행과 다음의 거래를 하였다. 20X1년말 재무상태표상의 단기차입금은 얼마인가?

> · 20X1년 1월 1일 ㈜서울은행에 당좌예금계좌를 개설하고 현금 1,000,000원을 예입하다.
> · 20X1년 1월 1일 ㈜서울은행에 건물 3,000,000원을 근저당설정하고 당좌차월계약을 설정하다.(당좌차월 한도는 2,000,000원이다.)
> · 20X1년 12월 1일 ㈜인천으로부터 상품 2,500,000원을 구입하고 수표를 발행하여 지급하다.
> · 20X1년 12월 15일 ㈜부산으로부터 상품을 800,000원에 판매하고 현금을 받아 ㈜서울은행의 당좌예금계좌에 예입하다.

(단, 당좌예금 대변잔액은 당좌차월로 분류하고 재무상태표 상에서 단기차입금으로 표시한다.)

① 500,000원   ② 600,000원
③ 700,000원   ④ 800,000원

【7】 다음 내역에서 당좌자산으로 계상될 금액으로 가장 옳은 것은?

단기대여금	40,000원	매출채권	300,000원
선급비용	600,000원	재고자산	50,000원

① 340,000원   ② 900,000원
③ 940,000원   ④ 990,000원

【 8 】 (주)삼일은 200,000원의 외상매출금을 10 % 의 수수료를 지급하는 조건으로 금융기
관에 양도하였다. 미래에 발생할 수 있는 매출할인 및 대손에 대한 책임을 (주)삼
일이 부담하기로 하고 외상매출금의 5 % 를 금융기관에 남겨두기로 하였다. 양도시
점에서 (주)삼일의 외상매출금에 대한 권리와 의무가 실질적으로 금융기관에 이전
될 경우 회계처리로 가장 옳은 것은?

① (차)현　　금　　　　　200,000원　(대)외상매출금　　　　200,000원

② (차)현　　금　　　　　170,000원　(대)외상매출금　　　　200,000원
　　 미 수 금　　　　　 10,000원
　　 이자비용　　　　　 20,000원

③ (차)현　　금　　　　　170,000원　(대)외상매출금　　　　200,000원
　　 미 수 금　　　　　 10,000원
　 (차)매출채권처분손실　 20,000원

④ 　　현　　금　　　　　180,000원　(대)외상매출금　　　　200.000원
　　 미 수 금　　　　　 20,000원

【 9 】 (주)삼일의 당기 중 매출채권, 대손충당금 및 대손상각비와 관련하여 발생한 거래
는 다음과 같다. ㈜삼일의 손익계산서에 계상될 대손상각비는 얼마인가?

> ㄱ. 대손충당금 기초잔액은 200,000원이다.
> ㄴ. 7월 31일에 매출채권 50,000원이 회수가 불가능하여 대손처리하였다.
> ㄷ. 기말 매출채권 잔액은 20,000,000원이다.
> ㄹ. ㈜삼일은 매출채권 기말잔액의 1 % 를 대손충당금으로 설정하고 있다.

① 50,000원　　　　　　　　② 100,000원

③ 150,000원　　　　　　　　④ 200,000원

【 10 】 (주)삼일은 20X1년 10월 1일에 다른 기업의 건물을 1년간 임차하여 사용하기로 하고 1년치 임차료 6,000,000원을 선급하면서, 동 금액 전액을 임차료비용으로 처리하였다. 12월말 결산법인인 (주)삼일이 20X1년 12월 31일에 필요한 분개로 옳은 것은(단, 기간은 월할로 계산한다)?

① (차)임차료비용　　　1,500,000원　(대) 선급임차료　　　1,500,000원
② (차)선급임차료　　　4,500,000원　(대) 임차료비용　　　4,500,000원
③ (차)건　　　물　　　6,000,000원　(대) 미지급임차료　　6,000,000원
④ (차)선　급　금　　　6,000,000원　(대) 임차료비용　　　6,000,000원

【 11 】 다음 중 (주)삼일의 재고자산 회계처리와 관련된 설명으로 가장 올바르지 않은 것은?

① 재고자산의 단가는 회사의 회계정책에 따라 선입선출법을 적용하고 있다.
② 부동산 매매업을 영위하는 기업이 보유한 판매목적의 부동산은 재고자산이 아닌 유형자산으로 기록한다.
③ 매입한 상품에 결함이 있어 가격을 할인받는 경우가 있는데 이러한 경우 해당 금액을 재고자산의 취득금액에서 차감하고 있다.
④ 도착지 인도조건으로 매입한 상품 중 운송중인 상품은 기말재고자산으로 처리하지 않는다.

【 12 】 재고자산 원가흐름에 대한 가정 중에서 매출원가 및 기말재고를 결산일의 시가와 유사하게 평가하는 방법으로 가장 옳은 것은?

	매출원가	기말재고		매출원가	기말재고
①	후입선출법	선입선출법	②	후입선출법	후입선출법
③	선입선출법	선입선출법	④	선입선출법	후입선출법

【 13 】 (주)삼일의 20X1년 중 재고자산의 거래내역은 다음과 같다. 다음 자료를 바탕으로 선입선출법하에서의 매출원가를 구하면 얼마인가?(단, 회사는 실지재고조사법에 의하여 수량을 기록한다)

구 분	단 위	단위원가	총 원 가
기초재고(1월 1일)	1,100개	80원	88,000원
당기매입(3월 15일)	200개	110원	22,000원
당기매입(5월 16일)	1,200개	100원	120,000원
당기판매가능한 수량	2,500개		230,000원
당기매출(8월 22일)	800개		
당기매출(9월 18일)	1,000개		
당기판매수량	1,800개		
기말재고(12월31일)	700개		

① 147,000원   ② 150,000원

③ 157,000원   ④ 160,000원

【 14 】 다음은 상품을 판매하는 (주)삼일의 20X1년 말 현재 재고자산과 관련된 자료이다. (주)삼일이 항목별로 재고자산에 대하여 저가법을 적용할 경우 재고자산평가손실로 인식하여야할 금액은 얼마인가?

상품항목	취득원가	순실현가능가치
A	20,000원	22,000원
B	10,000원	6,000원
C	30,000원	24,000원
D	40,000원	39,000원
합계	100,000원	91,000원

① 3,000원   ② 5,000원

③ 8,000원   ④ 11,000원

【 15 】 (주)삼일은 20X1년 12월 재고창고에 화재가 발생하였다. 재고와 관련한 매출, 매입 내용이 다음과 같을 경우 화재로 인하여 소실된 것으로 추정되는 재고자산 금액은 얼마인가?

ㄱ. 기초재고자산	100,000원
ㄴ. 당기매입액	3,000,000원
ㄷ. 매출액	4,000,000원
ㄹ. 매출총이익률	40%
ㅁ. 20X1년 말 실사에 의해 확인된 재고자산	200,000원

① 200,000원　　　　　　　　　② 300,000원

③ 500,000원　　　　　　　　　④ 700,000원

【 16 】 다음 자료에서 (주)서울이 20X1년 손익계산서에 인식할 이익은 얼마인가?

- 20X1년 12월 1일: 단기매매목적으로 (주)용산의 주식 100주를 주당 10,000원에 취득하다.
- 20X1년 12월 15일: (주)용산의 주식 50주를 주당 13,000원에 처분하다.
- 20X1년 12월 31일: (주)용산 주식의 공정가액은 주당 12,000원이다.
* (주)용산의 주식은 매수와 매도가 적극적이고 빈번하게 이루어지고 있다.

① 150,000원　　　　　　　　　② 200,000원

③ 250,000원　　　　　　　　　④ 300,000원

【 17 】 20X1년 12월 31일 현재 (주)삼일이 20X1년 중 취득하여 보유하고 있는 (주)남산과 (주)용산 주식의 공정가치가 다음과 같은 경우 동 유가증권에 대한 평가가 (주)삼일의 20X1년 당기순이익에 미치는 영향은 얼마인가?

종 목	취득원가	시 가
(주)남산 주식(단기매매증권)	2,000,000원	2,800,000원
(주)용산 주식(매도가능증권)	1,000,000원	1,500,000원

① 당기순이익 500,000원 증가
② 당기순이익 800,000원 증가
③ 당기순이익 1,300,000원 증가
④ 영향 없음

【 18 】 다음은 기업이 유가증권 취득시 재무상태표상 계정분류를 결정하기 위한 의사결정
도이다. 다음 중 (A)~(D)에 들어갈 계정과목으로 가장 옳은 것은?

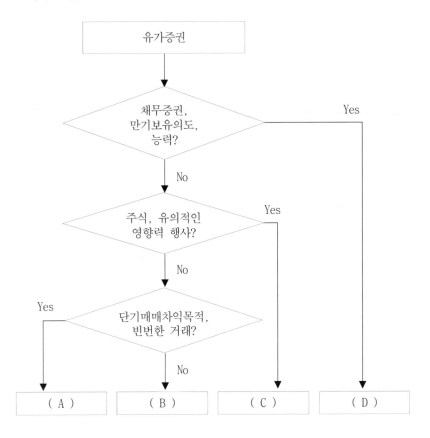

	(A)	(B)	(C)	(D)
①	단기매매증권	매도가능증권	만기보유증권	지분법적용투자주식
②	단기매매증권	지분법적용투자주식	만기보유증권	매도가능증권
③	단기매매증권	매도가능증권	지분법적용투자주식	만기보유증권
④	매도가능증권	단기매매증권	지분법적용투자주식	만기보유증권

【 19 】 (주)삼일은 20X1년 1월 1일에 발행된 다음과 같은 조건의 채무증권을 최초 발행금액인 951,963원에 취득하였으며 해당 채무증권을 만기까지 보유할 의도와 능력을 보유하고 있다. 이 채무증권에 대하여 (주)삼일이 만기까지 인식할 총 이자수익은 얼마인가?(단, 소수점 첫번째 자리에서 반올림한다.)

ㄱ. 액면금액	1,000,000원
ㄴ. 만기일	20X3년 12월 31일
ㄷ. 이자지급조건	매년 말 후급
ㄹ. 표시이자율	연 10%
ㅁ. 유효이자율	연 12%

① 48,037원

② 233,801원

③ 251,963원

④ 348,037원

【 20 】 지분법은 투자기업이 피투자기업에 대해 유의적인 영향력을 행사할 수 있는 경우에 적용하는데, 다음 중 투자기업이 피투자기업에 대하여 유의적인 영향력을 행사할 수 있다고 볼 수 없는 경우는?

① 이동통신의 선두주자인 (주)강남의 20X1년 새로운 영업정책인 'D프로젝트'는 투자기업인 (주)서울의 의사결정에 의하여 개발된 것이다.

② (주)서울은 피투자기업인 (주)구로에게 다른 기업에도 제공하고 있는 일반적인 기술정보인 사내메신저 파일설치를 위한 기술을 제공하였다.

③ (주)마포는 자동차 공정에 사용되는 부품을 공급하는 회사로서 (주)마포의 유의적인 거래는 주로 투자기업인 (주)서울과 이루어지고 있다.

④ (주)서울은 (주)용산의 지분을 30% 보유하고 이사회에서 의결권을 행사할 수 있게 되었다.

【 21 】 (주)삼일은 20X1년 토지, 건물, 기계장치를 360,000,000원에 일괄구입 하였으며 취득당시 토지와 건물의 취·등록세로 각각 10,000,000원과 5,000,000원을 납부하였다. 기말현재 모든 자산을 사용하고 있으며, 여러가지 자료를 통하여 감정한 결과 취득 당시 각 자산의 공정시가는 다음과 같다.

토지	:	200,000,000원
건물	:	100,000,000원
기계장치:		150,000,000원

다음 중 건물의 취득원가로 가장 옳은 것은?

① 45,000,000원

② 50,000,000원

③ 55,000,000원

④ 85,000,000원

【 22 】 자동차부품 제조업을 영위하는 (주)삼일은 최근 자동차모형의 변경으로 부품제조 기계장치의 효용이 현저하게 감소되어 유형자산 손상차손 인식 사유에 해당되었다. (주)삼일이 손상차손으로 인식할 금액은 얼마인가?

ㄱ. 장부금액(감가상각누계액 차감후 잔액)		5,000,000원
ㄴ. 순공정가치		2,300,000원
ㄷ. 사용가치		1,900,000원

① 1,900,000원

② 2,300,000원

③ 2,700,000원

④ 3,100,000원

【 23 】 (주)삼일은 20X1년 설립된 제약회사로 20X1년에 지출한 금액은 다음과 같다. 20X1년 손익계산서상 비용으로 인식해야 할 금액은 얼마인가?

> ㄱ. 연구단계에서 발생한 지출: 1,000,000원
> ㄴ. 개발단계에서 발생한 지출: 1,000,000원(1,000,000원 중 500,000원은 무형자산 중 개발비 인식요건을 만족한다.)
> ㄷ. 개발비의 사용가능한 시점은 20X1년 7월 1일이며, 내용연수는 5년, 잔존가치는 없다.

① 1,000,000원   ② 1,500,000원
③ 1,550,000원   ④ 2,000,000원

【 24 】 다음 중 장기연불거래에서 발생한 매출액은 어떤 금액으로 손익계산서에 공시해야 하는가?(단, 중소기업 회계처리 특례를 적용하지 않는다고 가정한다.)

① 미래에 수취할 명목금액의 단순합계
② 미래에 수취할 명목금액을 현재가치로 할인한 금액
③ 판매한 상품의 대체원가
④ 당기에 현금으로 회수한 금액

【 25 】 (주)삼일은 20X1년 손익계산서에 이자비용 180,000원을 보고하였으나, 실제 현금으로 지급된 이자는 160,000원이다. 20X1년 말 미지급이자가 40,000원이라면 (주)삼일의 20X1년 초 재무상태표에 기재되어 있는 미지급이자는 얼마인가?

① 0원   ② 10,000원
③ 20,000원   ④ 40,000원

【 26 】 다음 중 사채와 관련된 설명으로 가장 올바르지 않은 것은?

① 액면이자율이 유효이자율보다 높으면 할인발행된다.
② 할인발행되면 만기까지 매 회계기간 사채이자비용이 액면이자지급액보다 많다.
③ 액면이자율과 유효이자율이 일치하면 액면발행된다.
④ 할증발행되면 만기까지 매 회계기간 말 사채의 장부금액이 감소한다.

【 27 】 사채를 할증발행한 경우 사채할증발행차금 상각방법에 따른 총이자비용의 변동을 가장 잘 나타낸 것은?

	유효이자율법	정액법		유효이자율법	정액법
①	매년 감소	매년 증가	②	매년 증가	매년 감소
③	매년 증가	매년 일정	④	매년 감소	매년 일정

【 28 】 충당부채는 일정한 요건을 모두 충족하였을 때 재무제표에 부채로 인식된다. 다음 중 충당부채로 인식하기 위한 요건을 올바르게 짝지은 것은?

ㄱ. 과거 사건이나 거래의 결과로 현재의무가 존재해야 한다.
ㄴ. 당해 의무로 인하여 기업에 발생할 손실금액이 확정되어야 한다.
ㄷ. 당해 의무를 이행하기 위하여 자원이 유출될 가능성이 매우 높아야 한다.
ㄹ. 그 의무의 이행에 소요되는 금액을 신뢰성 있게 추정할 수 있어야 한다.

① ㄱ, ㄴ   ② ㄷ, ㄹ
③ ㄱ, ㄷ, ㄹ   ④ ㄴ, ㄷ, ㄹ

【 29 】 전자제품을 판매하는 (주)삼일은 판매한 제품에서 발생하는 결함에 대하여 판매 후 1년간 무상으로 수리해 주고 있다. 과거의 경험에 비추어 볼 때 제품 판매와 관련한 보증비용은 매출액의 10%만큼 발생할 것으로 예상된다. 다음은 (주)삼일의 20X1년과 20X2년의 매출액과 실제 발생한 제품보증비용이다. 이를 참고로 하여 20X2년 말 재무상태표에 계상되어야 할 제품보증충당부채 금액은 얼마인가?(단, 20X1년 초 제품보증충당부채 장부금액은 0원이다.)

구 분	20X1년	20X2년
매 출 액	300,000원	600,000원
제품보증비발생액		
20X1년 매출분	12,000원	18,000원
20X2년 매출분	-	24,000원

① 18,000원　　　　　　　　② 36,000원
③ 42,000원　　　　　　　　④ 60,000원

【 30 】 다음 20X1년 초에 설립한 (주)삼일의 자료이다. 이연법인세자산(또는 부채)는 얼마인가?(단, 법인세율은 20%이며, 미래에도 동일할 것으로 가정한다. 또한 미래 소득에 차감할 일시적 차이는 충분히 실현가능한 것으로 가정한다.)

> 가. 20X1년도 법인세비용차감전순이익 1,200,000원
> 나. 세무조정사항
> - 미수수익 180,000원 세무상 과세소득 제외(익금불산입), 20X2년도 익금산입
> - 재고자산평가손실 240,000원 세무상 손금불인정(손금불산입), 20X2년도 손금산입
> - 접대비한도초과액 50,000원 세무상 손금불인정

① 이연법인세자산 12,000원
② 이연법인세부채 22,000원
③ 이연법인세자산 36,000원
④ 이연법인세부채 48,000원

【 31 】 (주)삼일의 자본금은 다음과 같이 구성되어 있다. 당기에 배당 가능한 금액 5,000,000원을 모두 배당한다고 가정할 경우 보통주와 우선주에 대한 배당금은 각각 얼마인가?

ㄱ. 보통주: 5,000주 발행	액면금액 5,000원	발행금액 10,000원
ㄴ. 우선주(*): 4,000주 발행	액면금액 5,000원	

(*) 비누적적, 비참가적이며, 1주당 액면금액의 10%를 배당함.

	보통주배당금	우선주배당금
①	0원	5,000,000원
②	2,777,778원	2,222,222원
③	3,000,000원	2,000,000원
④	5,000,000원	0원

【 32 】 다음 중 자본항목에 관한 설명으로 가장 올바르지 않은 것은?

① 사채권자와 주주는 이익발생 여부와 관계없이 각각 확정적인 이자와 배당금을 지급받는다.

② 자본은 소유주지분으로 순자산이라고 하여 자산에서 부채를 차감한 부분을 의미한다.

③ 사채는 만기가 되면 상환되나, 자본금은 감자 등의 법적절차를 밟지 않는 한 감소되지 않는다.

④ 자본조정에는 주식할인발행차금, 미교부주식배당금, 자기주식 등이 있다.

【 33 】 다음 이익잉여금의 처분유형 중 실질적으로 이익잉여금과 자본총액을 모두 감소시키는 처분은 무엇인가?

① 결손보전적립금으로 처분   ② 사업확장적립금으로 처분

③ 주식배당   ④ 현금배당

【 34 】 (주)삼일은 손익계산서를 작성하는데 있어 현금수취 및 현금지출거래 그 자체보다는 현금을 발생시키는 거래나 경제적 사건에 초점을 맞추어 수익을 인식하는 방법을 사용하고 있다. 이에 해당하는 회계처리 내용으로 가장 옳은 것은?

① 수익과 비용 항목을 상계하여 일부를 손익계산서에서 제외하지 않는다.

② 기간이 경과하지 않은 보험료는 비용으로 계상하지 않는다.

③ 매출총손익, 영업손익, 법인세비용차감전계속사업손익 등으로 구분하여 표시한다.

④ 이자수익과 이자비용은 각각 총액에 의하여 영업외수익과 영업외비용으로 기재한다.

【 35 】 다음은 유통업을 영위하는 (주)삼일의 20X1년 손익계산서와 관련된 자료이다. 20X1년 (주)삼일의 영업이익은 얼마인가?

매출액	9,000,000원	매출원가	6,000,000원
매출차감	30,000원	판매수수료	50,000원
관리직사원 급여	850,000원	매출채권대손상각비	50,000원
본사 임원 퇴직급여	60,000원	유형자산처분이익	80,000원
본사 건물 임차료	40,000원	이자비용	60,000원

① 1,920,000원   ② 1,970,000원

③ 2,000,000원   ④ 2,040,000원

【 36 】 (주)삼일의 장기도급공사의 내역은 다음과 같다.

	20X1년	20X2년	20X3년
누적발생공사원가	360,000원	721,000원	1,050,000원
총공사예정원가	900,000원	1,030,000원	1,050,000원
공사대금청구액	350,000원	350,000원	300,000원
공사대금회수액	280,000원	300,000원	420,000원

총공사계약금액이 1,200,000원일 때, (주)삼일이 20X2년도에 인식해야 할 공사손익은 얼마인가?

① 손실 1,000원
② 이익 1,000원
③ 손실 10,000원
④ 이익 10,000원

【 37 】 다음 중 수익인식기준에 관한 설명으로 가장 옳은 것은?

① 위탁매출은 수탁자에게 상품을 발송한 시점에 수익을 인식한다.
② 제품공급자로부터 받은 제품을 인터넷 상에서 중개판매 하거나 경매하고 수수료만을 수취하는 전자쇼핑몰 운영회사는 관련 수수료만을 수익으로 인식한다.
③ 상품권판매는 상품권을 판매한 시점에 수익을 인식한다.
④ 반품조건부판매는 반품 예상액을 합리적으로 추정할 수 있는 경우 제품의 인도시점에서 판매금액 전액을 수익으로 인식한다.

【 38 】 다음 중 비용에 관한 설명으로 가장 올바르지 않은 것은?

① 복리후생비는 근로환경의 개선 및 근로의욕의 향상 등을 위하여 지출하는 노무
비적인 성격을 갖는 비용이다.
② 원가성이 있는 재고자산감모손실은 매출원가로 인식한다.
③ 공과금은 그 발생원인에 따라 제조원가 또는 판매비와 관리비에 계상된다.
④ 일반적 상거래에서 발생한 매출채권에 대한 대손상각비는 영업외비용으로 처리
한다.

【 39 】 기업회계기준에서는 화폐성 외화자산·부채에 대해 기말현재의 환율로 환산하도록
규정하고 있다. 다음의 외화자산·부채 중 기말 결산 시 외화환산이 필요하지 않은
계정과목은?

① 차입금　　　　　　　　　② 매출채권
③ 재고자산　　　　　　　　④ 매입채무

【 40 】 다음 중 현금흐름표에 관한 설명으로 가장 올바르지 않은 것은?

① 투자활동현금흐름은 유형자산이나 투자자산 등의 취득과 처분과 관련하여 발생
된 현금의 유출입을 표시한다.
② 영업활동현금흐름은 기업의 주요 수익창출활동 등에서 발생한 현금흐름을 표시
한다.
③ 재무활동현금흐름은 자금의 차입과 상환 등과 관련하여 발생된 현금의 유출입을
표시한다.
④ 현금흐름표는 기업의 모든 활동을 영업활동, 투자활동, 재무활동, 재고관리활
동, 생산활동의 5가지로 구분하고 각 활동별로 현금의 유출입을 표시한다.

국가공인 회계관리 1급 문제지

재무회계 / 세무회계 각 과목당 40 문항(총 80 문항)

제한시간	수험번호	성명	생년월일
두 과목 100 분			

응시자 주의사항

1. **시 험 시 간** : 14:00 ~ 15:40(100 분) 두 과목 동시 시행합니다.
2. **지 정 좌 석** : 수험번호별 지정좌석에 착석하여 주십시오.
3. **인적사항 기재** : 시험 문제지 상단에 수험번호, 성명, 생년월일을 기재하여 주십시오.
4. **답 안 지 작성** : 답안카드 뒷면의 '답안카드 작성요령 및 주의사항'을 꼭 읽고 답안을 작성하여 주십시오.
5. **시 험 실 시** : 방송타종 또는 감독관의 지시에 따라 시작하십시오.
6. **부 정 행 위** : 부정행위를 하였을 때 당 회 시험은 무효 처리하며 향후 2 년간 응시자격을 제한합니다.

삼일회계법인

본 시험에서 "한국채택국제회계기준(K-IFRS)을 적용한다"는 별도 언급이 없는 한 문제에 적용되는 회계기준과 계정과목은 일반기업회계기준을 따릅니다.

【 1 】 다음 중 재무회계와 관리회계를 비교 설명한 것으로 가장 올바르지 않은 것은?

① 재무회계는 기업외부의 정보이용자를 위한 회계로서 외부보고목적의 회계라고도 부른다.

② 관리회계는 내부보고목적의 회계로서 기업내부의 경영자가 관리적 의사결정을 하는데 유용한 정보를 제공하는 것을 그 목적으로 한다.

③ 재무회계는 회계보고에 있어서 법적 강제력이 있으나 관리회계는 그렇지 않다.

④ 재무회계는 기업외부의 다양한 정보이용자를 보고대상으로 하므로 그 양식을 규정할 수 없지만, 관리회계는 기업 내부의 특정 당사자를 위한 회계이므로 정형화된 보고양식이 존재한다.

【 2 】 다음 중 재무상태표에 관한 설명으로 가장 올바르지 않은 것은?

① 재무상태표는 기업의 보고기간종료일 현재의 모든 자산·부채 및 자본을 나타내는 정태적 보고서이다.

② 재무상태표의 차변에는 조달된 자본의 운용상태를 표시하여 경영활동을 파악할 수 있게 한다.

③ 자산과 부채는 반드시 1년을 기준으로 구분하여 유동성배열법에 의해 기재한다.

④ 재무상태표의 대변에는 자산의 조달원천을 표시하여 재무활동을 파악할 수 있게 한다.

【 3 】 다음의 거래를 현금흐름표의 활동별로 구분한 것으로 가장 옳은 것은?

> ㄱ. 회사는 공장건설을 위한 부지 확보 목적으로 토지를 매입하였다.
> ㄴ. 회사는 장기투자목적으로 유가증권을 취득하였다.
> ㄷ. 회사는 공장건설을 위한 자금확보를 위해 은행으로부터 자금을 차입하였다.
> ㄹ. 회사는 당기 중에 주식을 추가발행 하였다.

	영업활동	투자활동	재무활동
①	ㄹ	ㄱ, ㄴ	ㄷ
②	ㄹ	ㄱ, ㄴ, ㄷ	없음
③	없음	ㄱ, ㄴ	ㄷ, ㄹ
④	없음	ㄱ, ㄴ, ㄷ	ㄹ

【 4 】 다음 중 재무제표의 측정속성과 일반기업회계기준의 사용사례가 가장 올바르지 않은 것은?

① 취득원가(역사적원가)   -   재고자산, 유형자산

② 공정가치   -   단기매매증권, 매도가능증권

③ 상각후금액(유효이자율 사용)   -   만기보유증권, 사채

④ 순실현가능가치(미래유출가치)   -   재고자산, 선급비용

【5】 다음 중 자산에 관한 설명으로 가장 올바르지 않은 것은?

① 자산에 대한 법적소유권이 있어야 자산성이 인정된다.

② 자산의 취득은 일반적으로 현금유출과 관련이 있으나 반드시 현금유출이 동반되는 것은 아니다.

③ 자산은 미래에 경제적 효익을 창출할 것으로 기대되는 자원이다.

④ 물리적 형태가 없더라도 자산이 될 수 있다.

【6】 다음은 (주)삼일의 20X1년 말 재무상태표 계정이다. 20X1년 말 (주)삼일의 재무상태표상 보통주자본금은 얼마인가?

· 상품	300,000원	· 매출채권	80,000원	· 단기차입금	300,000원
· 현금및현금성자산	500,000원	· 매입채무	150,000원	· 보통주자본금	(?)
· 차량운반구	180,000원	· 선 급 금	40,000원	· 이익이여금	350,000원

① 300,000원

② 400,000원

③ 410,000원

④ 450,000원

【7】 (주)삼일의 20X1년 12월 31일 현재 당좌예금 장부상 잔액은 3,400,000원이고, 은행의 (주)삼일에 대한 당좌원장상 잔액은 3,070,000원이다. 다음 자료를 이용하여 20X1년 말 현재의 정확한 당좌예금 잔액을 구하면 얼마인가?

ㄱ. 은행 측 미기입예금은 150,000원이다.

ㄴ. 회사가 200,000원의 수표를 발행하면서 당좌예금 장부에는 20,000원으로 기장 처리했다.

① 3,070,000원

② 3,220,000원

③ 3,320,000원

④ 3,400,000원

【8】 (주)삼일은 보유하고 있던 업무용 컴퓨터를 200,000원에 처분하고, 처분대금은 나중에 받기로 하였다. 컴퓨터의 취득원가는 800,000원이고 처분일까지의 감가상각누계액은 700,000원이었다. (주)삼일의 처분일에 필요한 회계처리로 가장 옳은 것은?

① (차) 외상매출금　　200,000원　(대) 비　　품　　100,000원
　　　　　　　　　　　　　　　　　　유형자산처분이익　100,000원
② (차) 외상매출금　　200,000원　(대) 비　　품　　800,000원
　　　　감가상각누계액　700,000원　　유형자산처분이익　100,000원
③ (차) 미　수　금　　200,000원　(대) 비　　품　　100,000원
　　　　　　　　　　　　　　　　　　유형자산처분이익　100,000원
④ (차) 미　수　금　　200,000원　(대) 비　　품　　800,000원
　　　　감가상각누계액　700,000원　　유형자산처분이익　100,000원

【9】 (주)삼일의 당기 중 매출채권, 대손충당금 및 대손상각비와 관련하여 발생한 거래는 다음과 같다. (주)삼일의 손익계산서에 계상될 대손상각비는 얼마인가?

> ㄱ. 대손충당금 기초잔액은 100,000원이다.
> ㄴ. 7월 31일에 매출채권 50,000원이 회수가 불가능하여 대손처리 하였다.
> ㄷ. 기말 매출채권 잔액은 20,000,000원이다.
> ㄹ. (주)삼일은 매출채권 기말잔액의 1%를 대손충당금으로 설정하고 있다.

① 100,000원　　　　　　　　② 150,000원
③ 200,000원　　　　　　　　④ 250,000원

【 10 】 제과업을 영위하는 (주)삼일은 원재료인 밀가루의 안정적인 확보를 위해 총매입대
금 2,000,000원 중 일부인 1,000,000원을 20X1년 12월 20일 (주)용산에 선지급하였
다. 실제 원재료 입고일이 20X2년 1월 10일이라면 20X1년 12월 20일에 (주)삼일이
수행해야 할 회계처리로 가장 옳은 것은?

① (차) 선급비용   1,000,000원   (대) 현금   1,000,000원
② (차) 선급금   1,000,000원   (대) 현금   1,000,000원
③ (차) 매출원가   1,000,000원   (대) 현금   1,000,000원
④ (차) 원재료   2,000,000원   (대) 현금   2,000,000원

【 11 】 다음 중 재고자산 회계처리에 관한 설명으로 가장 올바르지 않은 것은?

① 정상적인 영업과정에서 판매를 위하여 보유하거나 생산과정에 있는 자산 및 생
산 또는 서비스 제공과정에 투입될 원재료나 소모품의 형태로 존재하는 자산은
재고자산으로 분류한다.
② 재고자산 평가는 원칙적으로 취득원가주의를 적용하지만 물리적 손상 등으로 시
가가 취득원가보다 하락한 경우 저가법을 적용하여 평가한다.
③ 재고자산의 매입원가는 매입금액에 매입운임, 하역료 및 보험료 등 취득과정에
서 정상적으로 발생한 부대비용을 가산한 금액이다.
④ 기말재고자산은 공정가치로 평가하여 취득원가와 공정가치의 차이를 평가이익
으로 인식한다.

【 12 】 다음 중 실지재고조사법에 관한 설명으로 가장 올바르지 않은 것은?

① 실지재고조사법은 보고기간 말에 창고를 조사하여 기말 재고수량을 파악하는 방법이다.

② 실지재고법을 사용하면 도난, 분실 등의 정확한 재고 부족의 원인을 판명할 수 있다.

③ 실지재고법을 사용하면 재고자산의 종류, 수량이 많을 경우 재고 입출고시마다 이를 기록하는 번잡함을 피할 수 있는 장점이 있다.

④ 실지재고법을 사용하면 기말현재 정확한 재고자산의 수량을 파악할 수 있는 장점이 있다.

【 13 】 (주)삼일은 단일종류의 상품을 판매하고 있다. 기말상품의 장부상 수량은 500개이고 취득원가는 단위당 200원이다. 기말 재고실사 시 실제 수량은 450개이고 재고자산의 시가는 180원이다. 저가법으로 평가 할 경우 재고자산 평가손실 금액은 얼마인가?

① 2,000원

② 9,000원

③ 10,000원

④ 12,000원

【 14 】 (주)삼일은 재고자산의 수량결정방법으로 실지재고조사법을 사용하고 있다. 20X1년 말 실지조사 결과 파악된 재고자산 금액은 100,000원 이었다. 다음의 추가 자료를 결산에 반영할 경우 재무상태표에 표시되는 재고자산의 금액은 얼마인가?

· 적송품 40,000원 (이 중 수탁자가 제3자에게 판매한 적송품은 15,000원임)
· 미착상품 15,000 원 (FOB 선적지인도조건으로 매입한 상품이 20X1년 12월 30일에 선적 되었음)
· 시송품 25,000 원 (이 중 10,000 원에 대해 고객이 매입의사를 표시하였음)

① 140,000원 ② 155,000원
③ 170,000원 ④ 195,000원

【 15 】 다음 거래에서 당기 매출원가 금액은 얼마인가?

ㄱ. 4월 4일 : 상품 100개를 100,000원에 외상으로 구입하고, 매입수수료 및 운반비 5,000원은 현금으로 지급하다.
ㄴ. 4월 10일 : 상품 50개를 80,000원에 외상으로 매출하다.
ㄷ. 12월 31일: 기말 현재 상품 시장가치는 개당 950원이다.

① 50,000원 ② 52,500원
③ 57,500원 ④ 60,000원

【 16 】 다음 중 유가증권의 분류에 관한 설명으로 가장 올바르지 않은 것은?

① 채무증권 중 단기매매증권이나 만기보유증권으로 분류되지 않은 유가증권은 매도가능증권으로 분류한다.

② 지분증권을 취득하여 피투자기업에 대해 유의적인 영향력을 행사할 수 있게 된 경우에는 지분법적용투자주식으로 분류해야 한다.

③ 채무증권을 만기까지 보유할 목적으로 취득하였으며 실제 만기까지 보유할 의도와 능력이 있는 경우에는 만기보유증권으로 분류한다

④ 매도가능증권으로 분류된 지분증권을 1년 이내에 처분할 것이 거의 확실한 경우에는 단기매매증권으로 분류변경해야 한다.

【 17 】 (주)삼일은 20X1년 12월 1일 투자목적으로 (주)용산의 주식 100주를 주당 10,000원에 취득하고 이를 매도가능증권으로 분류하였다. 20X3년 중 손상에 대한 사유가 발생하였으며, 회수가능액은 주당 5,000원으로 예상된다. (주)용산 주식의 공정가액에 관한 정보가 다음과 같은 경우 (주)삼일이 20X3년 인식할 손상차손 금액은 얼마인가?

ㄱ. 20X1 년 말: 11,000원/주
ㄴ. 20X2 년 말: 13,000원/주

① 100,000원
② 300,000원
③ 500,000원
④ 800,000원

【 18 】 (주)삼일은 20X1년 1월 1일에 발행된 다음과 같은 조건의 채무증권을 최초 발행금액인 951,963원에 취득하였으며 해당 채무증권을 만기까지 보유할 의도와 능력을 보유하고 있다. 이 채무증권에 대하여 (주)삼일이 만기까지 인식할 총 이자수익은 얼마인가(단, 소수점 첫번째 자리에서 반올림한다)?

ㄱ. 액면금액	1,000,000원
ㄴ. 만길일	20X3년 12월 31일
ㄷ. 이자지급조건	매년 말 후급
ㄹ. 표시이자율	연 10 %
ㅁ. 유효이자율	연 12 %

① 48,037원   ② 233,801원
③ 251,963원   ④ 348,037원

【 19 】 (주)삼일은 20X1년 7월 1일에 단기매매 목적으로 (주)용산의 주식 100주를 주당 8,000원에 취득하고 단기매매증권으로 분류하였다. (주)삼일은 20X1년 10월 1일에 이 중 60주를 주당 9,000원에 처분하였으며, 20X1년 말 현재 남아있는 주식의 주당 공정가치는 7,000원이다. (주)용산의 주식과 관련한 회계처리가 (주)삼일의 20X1년 손익계산서의 이익에 미치는 영향은 얼마인가?

① 10,000원 이익   ② 20,000원 이익
③ 30,000원 이익   ④ 40,000원 이익

【 20 】 다음 중 채무증권에 관한 설명으로 가장 올바르지 않은 것은?

① 채무증권은 최초인식시 공정가치로 측정한다.
② 가격의 단기적 변동으로부터 이익을 발생시킬 목적으로 취득한 채무증권은 단기 매매증권으로 분류할 수 있다.
③ 단기매매증권으로 분류되지 않는 채무증권은 모두 유동자산인 만기보유증권으로 분류한다.
④ 만기가 확정된 채무증권으로 만기까지 보유할 적극적인 의도와 능력이 있으면 만기보유증권으로 분류할 수 있다.

【 21 】 다음 중 기타비유동자산에 관한 설명으로 가장 올바르지 않은 것은?

① 기타비유동자산이란 비유동자산 중 투자자산 및 유형자산, 무형자산에 속하지 않는 자산을 의미한다.
② 이연법인세자산은 미래 법인세 절감효과가 실현될 수 있는 것으로 기대되는 경우에만 자산으로 인식한다.
③ 장기매출채권은 주된 영업활동에서 발생하였으나, 1년 이내 또는 정상적인 영업주기 이내에 회수가 어려운 채권을 의미한다.
④ 임차보증금, 장기선급금, 이연법인세자산 등은 현재가치 평가의 대상이 된다.

【 22 】 다음 중 유형자산의 재평가와 관련된 내용으로 가장 올바르지 않은 것은?

① 재평가모형이란 취득일 이후 재평가일의 공정가치로 해당 자산금액을 수정하고, 당해 공정가치에서 재평가일 이후의 감가상각누계액과 손상차손누계액을 차감한 금액을 장부금액으로 공시하는 방법을 말한다.

② 재평가는 보고기간 말에 자산의 장부금액이 공정가치와 중요하게 차이가 나지 않도록 주기적으로 수행한다.

③ 유형자산별로 선택적 재평가를 하거나 재무제표에서 서로 다른 기준일의 평가금액이 혼재된 재무보고를 하는 것을 방지하기 위하여 동일한 분류 내의 유형자산은 동시에 재평가한다.

④ 자산의 장부금액이 재평가로 인하여 감소된 경우에 그 감소액은 기타포괄손실로 인식한다.

【 23 】 (주)삼일은 20X1년 7월 1일에 (주)용산은행으로부터 40,000,000원을 차입하였다. 연 이자율 8%, 20X2년 6월 30일 원리금 일시상환조건인 경우, (주)삼일이 20X1년 12월 31일 해야 할 회계처리 중 가장 옳은 것은?

① (차) 이자비용 1,600,000원 (대) 현금 1,600,000원
② (차) 이자비용 1,600,000원 (대) 미지급이자 1,600,000원
③ (차) 단기차입금 3,200,000원 (대) 현금 3,200,000원
④ (차) 이자비용 3,200,000원 (대) 단기차입금 3,200,000원

【 24 】 다음 중 사채에 대한 설명으로 가장 올바르지 않은 것은?

① 일반기업회계기준에서는 자기사채의 취득 시 취득목적에 관계없이 사채의 상환으로 처리하도록 규정하고 있다.

② 사채발행비는 사채발행으로 인해 조달된 현금을 감소시키는 효과가 있으므로 지급수수료로 처리한다.

③ 사채발행비가 발생하지 않고 사채가 액면발행된 경우에는 액면이자 지급액이 행회사가 매년 인식할 이자비용이 된다.

④ 일반기업회계기준에서는 사채발행 시 인식한 사채할인발행차금이나 사채할증발행차금은 유효이자율법을 적용하여 상각 또는 환입하고 그 금액을 이자비용에 가감하도록 규정하고 있다.

【 25 】 다음 중 충당부채에 관한 설명으로 가장 올바르지 않은 것은?

① 충당부채로 인식하는 금액은 현재의무의 이행에 소요되는 지출에 대한 보고기간 종료일 현재의 최선의 추정치이어야 한다.

② 충당부채를 발생시킨 사건과 밀접하게 관련된 자산의 처분이익이 예상되는 경우에는 당해 처분이익을 고려하여 충당부채 금액을 측정한다.

③ 충당부채의 명목금액과 현재가치의 차이가 중요한 경우에는 의무를 이행하기 위하여 예상되는 지출액의 현재가치로 평가한다.

④ 미래의 예상 영업손실은 부채의 정의에 부합하지 아니할 뿐만 아니라 충당부채의 인식요건을 충족시키지 못하므로 충당부채로 인식하지 아니한다.

【 26 】 다음은 유통업을 영위하는 (주)삼일의 20X1년 퇴직급여와 관련된 회계정보이다. 20X1년에 (주)삼일이 손익계산서에 인식할 퇴직급여는 얼마인가?

구 분	20×0년	20×1년
12월 말 퇴직급여충당부채 잔액	50,000원	80,000원
현금으로 지급된 퇴직금	0원	20,000원

① 50,000원　　　　　　　② 55,000원

③ 70,000원　　　　　　　④ 85,000원

【 27 】 (주)삼일은 20X1년 1월 1일에 설립되었다. 20X1년도 과세소득과 관련된 다음 자료를 바탕으로 하여 (주)삼일이 20X1년도에 인식할 이연법인세자산·부채로 가장 옳은 것은?

ㄱ. 법인세비용차감전순이익	4,000,000원
ㄴ. 차기 이후 과세표준에서 차감할 일시적 차이	500,000원
ㄷ. 과세소득	4,500,000원
ㄹ. 법인세율(가정)	× 30%
ㅁ. 법인세부담액	1,350,000원

[추가자료]
- 법인세비용차감전순이익은 차기 이후에도 동일하게 발생할 것으로 가정
- 상기 세무조정사항은 20X1년도 이후 전액 차감 조정될 것으로 가정
- 법인세율은 향후에도 일정하다고 가정
- 상기 자료 이외의 세무조정사항은 없는 것으로 가정

① 이연법인세부채 150,000원   ② 이연법인세자산 150,000원
③ 이연법인세부채 500,000원   ④ 이연법인세자산 500,000원

【 28 】 20X1년 초 (주)삼일의 자본총액은 1,000,000원이었고, 20X1년 중 자본과 관련하여 발생한 거래는 다음과 같다. 20X1년 12월 31일 (주)삼일의 자본총액은 얼마인가?

20X1년 7월 10일 - 중간배당: 50,000원
20X1년 9월 20일 - 유상증자(발행주식수: 100주, 주당발행금액: 800원)
20X1년 12월 31일 - 결산시 보고한 당기순이익: 100,000원

①   970,000원   ② 1,000,000원
③ 1,130,000원   ④ 1,230,000원

【 29 】 다음 중 자본항목에 관한 설명으로 가장 올바르지 않은 것은?

① 사채권자의 주주는 이익발생 여부와 관계없이 각각 확정적인 이자와 배당금을 지급받는다.

② 자본은 소유주지분으로 순자산이라고 하여 자산에서 부채를 차감한 부분을 의미한다.

③ 사채는 만기가 되면 상환되나, 자본금은 감자 등의 법적절차를 밟지 않는 한 감소되지 않는다.

④ 자본조정에는 주식할인발행차금, 미교부주식배당금, 자기주식 등이 있다.

【 30 】 (주)삼일의 자본금은 다음과 같이 구성되어 있다.

• 보통주: 6,000주 발행, 주당 액면금액 10,000원
• 우선주: 2,000주 발행, 주당 액면금액 10,000원
　　　　　(비누적적, 비참가적, 우선주 배당률: 5%)

(주)삼일의 주주총회에서 배당결의한 보통주 배당금과 우선주 배당금의 합계금액이 3,000,000원인 경우 보통주와 우선주에 대한 배당금은 각각 얼마인가?

	보통주배당금	우선주배당금
①	3,000,000원	0원
②	2,000,000원	1,000,000원
③	0원	3,000,000원
④	1,500,000원	1,500,000원

【 31 】 포괄손익은 일정 기간 동안 주주와의 자본거래를 제외한 모든 거래나 사건에서 인식한 자본의 변동이다. 이러한 포괄손익 중 손익계산서에 반영되지 않고 재무상태표에 직접 반영되는 부분을 기타포괄손익이라고 하며, 이는 미실현손익의 성격을 가지고 있다. 다음 중 기타포괄손익에 해당되는 항목은 무엇인가?

① 외화환산손익   ② 매도가능증권평가손익

③ 대손상각비   ④ 유형자산처분손익

【 32 】 다음 중 현금배당, 주식배당과 무상증자가 자본총액에 미치는 영향으로 가장 옳은 것은?

	현금배당	주식배당	무상증자
①	영향없음	영향없음	영향없음
②	감소	감소	영향없음
③	영향없음	감소	증가
④	감소	영향없음	영향없음

【 33 】 다음은 유통업을 영위하는 (주)삼일의 20X1년 손익계산서와 관련된 자료이다. 20X1년 (주)삼일의 영업이익은 얼마인가?(급여와 감가상각비는 판관비에 해당한다.)

매출액	9,500,000원	매출원가	6,500,000원
급여	900,000원	매출채권대손상각비	50,000원
감가상각비	80,000원	유형자산처분이익	80,000원
접대비	40,000원	이자비용	60,000원

① 1,850,000원   ② 1,930,000원

③ 2,010,000원   ④ 2,040,000원

【 34 】 다음 중 수익인식에 관한 설명으로 가장 올바르지 않은 것은?

① 인터넷 상에서 제품을 중개판매하고 수수료만을 수취하는 전자쇼핑몰을 운영하는 (주)12번가는 중개수수료만을 수익으로 인식한다.
② 로열티수익은 관련된 계약의 경제적 실질을 반영하여 발생기준에 따라 인식한다.
③ 구두를 제조하는 (주)금성제화는 구두를 판매한 시점이 아닌 상품권을 판매한 시점에 수익을 인식한다.
④ (주)출판은 (주)삼일문고에게 책을 위탁판매하고 (주)삼일문고가 책을 고객에게 판매하는 시점에 수익을 인식한다.

【 35 】 다음은 20X1년 1월에 사업을 개시하여 위탁판매방식 및 시용판매방식으로 영업을 하는 (주)삼일의 20X1년의 거래내역이다. 다음 중에서 (주)삼일이 시용판매에 대한 매출을 인식하여야 할 시점은 언제인가?

> 1월 1일: 상품 10개를 위탁판매하기 위하여 (주)용산에게 적송하다.
> 4월 1일: 상품 10개를 (주)시티에 시용판매하다.
> 6월 1일: (주)시티가 시용품 10개에 대하여 매입의사를 표시하다.
> 9월 1일: (주)용산이 판매한 상품에 대한 대금에서 판매수수료를 차감한 금액을 송금하다.

① 1월 1일　　　　　　　　② 4월 1일
③ 6월 1일　　　　　　　　④ 9월 1일

【 36 】 (주)삼일건설은 도급금액 60,000,000원인 건설공사를 수주하였다. 이 공사는 20X0년 1월에 착공하여 20X1년 12월에 완공되었으며, 관련된 공사원가는 다음과 같다. 누적발생원가기준의 집행률을 사용하여 수익을 인식할 경우 20X0년과 20X1년의 공사이익은 각각 얼마인가?

	20X0년	20X1년
실제발생한 공사원가	15,000,000원	30,000,000원
추가예정공사원가	35,000,000원	-

	20X0년	20X1년
①	0원	15,000,000원
②	3,000,000원	12,000,000원
③	5,000,000원	10,000,000원
④	36,000,000원	24,000,000원

【 37 】 다음 중 비용에 관한 설명으로 가장 올바르지 않은 것은?

① 복리후생비는 근로환경의 개선 및 근로의욕의 향상 등을 위하여 지출하는 노무비적인 성격을 갖는 비용이다.

② 원가성이 있는 재고자산감모손실은 매출원가로 인식한다.

③ 공과금은 그 발생원인에 따라 제조원가 또는 판매비와관리비에 계상된다.

④ 일반적 상거래에서 발생한 매출채권에 대한 대손상각비는 영업외비용으로 처리한다.

【 38 】 다음은 (주)삼일의 20X1년도 매출 및 매출채권과 관련된 자료이다. 20X1년 손익계
산서에 계상된 매출액은 얼마인가?(단, 모든 거래는 외상으로 이루어진다.)

ㄱ. 20X1년 1월 1일 매출채권 잔액	35,000,000원
ㄴ. 20X1년 중 현금 회수액	75,000,000원
ㄷ. 20X1년 12월 31일 매출채권 잔액	15,000,000원

① 15,000,000원   ② 35,000,000원

③ 55,000,000원   ④ 75,000,000원

【 39 】 다음 중 주당이익에 관한 설명으로 가장 올바르지 않은 것은?

① 주식 1주당 발생한 이익을 의미한다.
② 주가수익률(PER) 산출의 기초자료가 된다.
③ 유통보통주식수가 증가하면 주당이익이 증가한다.
④ 당기순이익이 증가하면 주당이익이 증가한다.

【 40 】 다음 중 현금흐름표상 영업활동현금흐름으로 표시되는 항목으로 가장 올바르지 않
은 것은?

① 재화의 판매에 따른 현금유입
② 재화의 구입에 따른 현금유출
③ 종업원과 관련하여 직·간접적으로 발생하는 현금유출
④ 기계장치의 취득에 따른 현금유출

| 1 | ① | 비교가능성에 대한 설명이다. |

2 ① 상장법인 및 금융회사는 중소기업 특례를 적용할 수 없다.

3 ④ 유형자산의 처분과 관련된 현금흐름은 투자활동현금흐름이다.

4 ④ ① 중간기간을 대상으로 하는 재무제표는 중간재무제표이다.
② 중간재무제표는 재무상태표, 손익계산서, 현금흐름표, 자본변동표 및 주석을 포함한다.
③ 현금흐름표는 누적중간기간을 대상으로 작성한다.

5 ① 지분법적용투자주식은 비유동자산(투자자산)으로 분류한다.

6 ③ 20X1년 12월 1일 당좌차월 = 2,500,000 − 1,000,000 = 1,500,000
20X1년 12월 15일 당좌차월 = 1,500,000 − 800,000 = 700,000

7 ③ 당좌자산 = 단기대여금 40,000원 + 매출채권 300,000원 + 선급비용
600,000원 = 940,000원

8 ③

9 ① 20,000,000 × 1% − (200,000 − 50,000) = 50,000

10 ② 기간 미경과분에 대한 임차료비용을 선급임차료(자산)로 대체하는 결산조정분개가 필요하다.

11 ② 부동산 매매업을 영위하는 기업이 보유한 판매목적의 부동산은 재고자산으로 분류한다.

12 ① 후입선출법은 매출원가가, 선입선출법은 기말재고가 각각 결산일의 시가에 유사하게 평가된다.

13 ④ 800개 × 80원 + 300개 × 80원 + 200개 × 110원 + 500개 × 100원
= 160,000원

14 ④ 재고자산평가손실 = 4,000원(B) + 6,000원(C) + 1,000원(D) = 11,000원

15 ③ 매출원가 = 4,000,000원 × (1 − 40%) = 2,400,000원 = 100,000원
            + 3,000,000원 − 기말재고(700,000원)
  소실된 것으로 추정되는 재고자산 = 700,000원 − 200,000원
                              = 500,000원

16 ③ 단기매매증권처분이익 = 50주 × (13,000원 − 10,000원) = 150,000원
  단기매매증권평가이익 = 50주 × (12,000원 − 10,000원) = 100,000원

17 ② (주)남산 단기매매증권평가이익 = 2,800,000원 − 2,000,000원 = 800,000원

18 ③ 유가증권의 정의에 따라 분류할 수 있어야 한다.

19 ④ 총 이자수익 = 1,000,000원 × 10% × 3년 + (1,000,000원 − 951,963원)
               = 348,037원

20 ② 일반적인 기술정보 제공은 유의적인 영향력을 행사한다고 볼 수 없다.

21 ④ 건물 취득원가 = {360,000,000원 × (100,000,000원/450,000,000원)}
                + 5,000,000원 = 85,000,000원

22 ③ 손상차손 = 5,000,000원 − max(2,300,000원, 1,900,000원)
         = 2,700,000원

23 ③ 1,000,000원 + 500,000원 + {(500,000원 /5년) × (6/12)}
  = 1,550,000원

24 ② 미래에 수취할 명목금액을 현재가치로 할인한 금액을 매출액으로 인식한다.

25 ③ 160,000원 + 40,000원 − 180,000원 = 20,000원

26 ① 액면이자율이 유효이자율보다 높으면 할증발행 된다.

27 ④ 정액법의 경우 총이자비용은 일정하며, 유효이자율법의 경우 매년 감소한다.

28 ③ ㄱ, ㄷ, ㄹ이 충당부채 인식 요건이다.

29 ② 600,000원 × 10% - 24,000원 = 36,000원

30 ① 이연법인세자산 = (240,000원 - 180,000원) × 20% = 12,000원

31 ③ 우선주배당금 = 4,000주 × 5,000원 × 10% = 2,000,000원
보통주배당금 = 5,000,000원 - 2,000,000원 = 3,000,000원

32 ① 사채권자는 확정적인 이자를 지급받으며, 주주는 이익발생 여부에 따라 배당금 지급이 변동된다.

33 ④ 현금배당은 이익잉여금과 자본총액이 감소한다.

34 ② 발생주의에 대한 설명이다.

35 ① 9,000,000원 - 30,000원 - 6,000,000원 - 50,000원 - 850,000원 - 50,000원 - 60,000원 - 40,000원 = 1,920,000원

36 ① 20X1년 진행율 = 360,000원/900,000원 = 40%
20X2년 진행율 = 721,000원/1,030,000원 = 70%
20X2년 공사손익 = 1,200,000원 × 30% - (721,000원 - 360,000원)
= (1,000원)

37 ② ① 위탁매출은 수탁자가 상품을 판매한 시점에 수익을 인식한다.
③ 상품권판매를 상품권을 사용한 시점에 수익을 인식한다.
④ 반품 예상액을 합리적으로 추정할 수 있는 경우 제품의 인도시점에서 판매금액에서 반품 예상액을 차감하여 수익으로 인식한다.

38 ④ 일반적 상거래에서 발생한 매출채권에 대한 대손상각비는 판매비와 관리비로 처리한다.

39 ③ 차입금, 매출채권, 매입채무는 외화한산이 필요한 계정과목이다.

40 ④ 현금흐름표는 영업활동, 투자활동, 재무활동으로 구분하여 활동별로 현금의 유출입을 표시한다.

1　④　재무회계는 정형화된 보고양식이 존재하나 관리회계는 기업 내부의 당사자를 위한 회계이므로 정형화된 보고양식이 존재하지 않는다.

2　③　자산과 부채는 1년 또는 정상영업주기를 기준으로 유동/비유동을 분류한다.

3　③　토지매입 및 유가증권 취득은 투자활동에 해당하며, 자금 차입 및 주식 발행은 재무활동에 해당한다.

4　④　선급비용은 순실현가능가치로 측정하지 않는다.

5　①　자산에 대한 법적소유권은 자산성의 필수요건은 아니다.

6　①　자산 = 상품 300,000 + 매출채권 80,000 + 현금및현금성자산 500,000 + 차량운반구 180,000 + 선급금 40,000 = 1,100,000
　　　　부채 = 단기차입금 300,000 + 매입채무 150,000 = 450,000
　　　　자본 = 자산 1,100,000 - 부채 450,000 = 650,000
　　　　보통주자본금 = 자본 650,000 - 이익잉여금 350,000 = 300,000

7　②

	회사 장부상 잔액	은행 당좌원장상 잔액
	3,400,000원	3,070,000원
은행 측 미기입예금		150,000원
회사 기장오류	(180,000원)	
수정 후 잔액	3,220,000원	3,220,000원

8　④

9　②　기말 대손충당금 잔액 = 20,000,000원 × 1% = 200,000원
　　　　손익계산서 계상될 대손상각비 = 200,000원 + 50,000원 - 100,000원
　　　　　　　　　　　　　　　　　　　= 150,000원

10　②　상품, 원재료 등의 매입을 위하여 선급한 금액은 선급금으로 회계처리 한다.

11　④　기말재고자산은 저가법으로 평가한다.

| 12 | ② | 실지재고조사법을 사용하면 도난, 분실 등의 감소량이 출고량에 포함되므로 재고 자산의 부족 원인을 판명하기 어렵다. |

12 ② 실지재고조사법을 사용하면 도난, 분실 등의 감소량이 출고량에 포함되므로 재고자산의 부족 원인을 판명하기 어렵다.

13 ② 450개 × (200원 – 180원) = 9,000원

14 ② 100,000 + (40,000 – 15,000) + 15,000 + (25,000 – 10,000) = 155,000

15 ③ 105,000원 × 50% + 5,000원 = 57,500원
재고자산평가손실 = 52,500원 – (50개 × 950원) = 5,000원

16 ④ 보고기간종료일로부터 1년 내에 처분할 것이 거의 확실한 매도가능증권은 유동자산으로 분류한다.

17 ③ 100주 × (10,000원 – 5,000원) = 500,000원

18 ④ (1,000,000원 – 951,963) + 1,000,000 × 10% × 3년 = 348,037

19 ② 단기매매증권처분이익 = 60주 × (9,000원 – 8,000원) = 60,000원
단기매매증권평가손실 = 40주 × (8,000원 – 7,000원) = 40,000원

20 ③ 만기보유의 의도와 능력이 없고 단기매매 목적이 아닌 채무증권은 매도가능증권으로 분류한다.

21 ④ 전세권, 전신전화가입권, 장기의 선급금, 선수금, 이연법인세자산(부채) 등은 공정가치 평가대상에서 제외하고 있다.

22 ④ 자산의 장부금액이 재평가로 인하여 감소된 경우에 그 감소액은 당기손실로 인식한다.

23 ② 이자비용 = 40,000,000 × 8% × 6/12 = 1,600,000원

24 ② ② 사채발행비는 사채할증발행자금에서 차감하거나 사채할인발행자금에 가산한다.

25 ② ② 처분차익은 충당부채금액을 측정할 때 고려하지 않는다.

26 ① 80,000 + 20,000 – 50,000 = 50,000원

27 ②　500,000 × 30% = 150,000원 이연법인세자산

28 ③　1,000,000 - 50,000 + 80,000 + 100,000 = 1,130,000원

29 ①　① 주주는 이익이 발생하는 경우에 한하여 배당이 가능하다.

30 ②　우선주배당금 = 2,000주 × 10,000 × 5% = 1,000,000원
　　보통주배당금 = 3,000,000 - 1,000,000 = 2,000,000원

31 ②

32 ④　주식배당과 무상증자의 경우 자본 내 세부계정의 증감이 발생할 뿐 자본 총액에 미치는 영향은 없다.

33 ②　9,500,000 - 6,500,000 - (900,000 + 50,000 + 80,000 + 40,000)
　　= 1,930,000원

34 ③　③ 상품권판매는 물품이나 용역을 제공한 시점에 수익을 인식한다.

35 ③　시용판매는 고객이 매입의사를 표시한 날에 수익 인식한다.

36 ②

	20X0년	20X1년
진행률	30%	100%
누적 수익	60,000,000 × 30% = 18,000,000	60,000,000
당기순익	18,000,000	42,000,000
당기비용	15,000,000	30,000,000
당기이익	3,000,000	12,000,000

37 ④　④ 매출채권에 대한 대손상각비는 영업비용으로 처리한다.

38 ③　75,000,000 + 15,000,000 - 35,000,000 = 55,000,000원

39 ③　③ 유통주식수가 증가하면 주당이익은 감소한다.

40 ④　④ 기계장치 취득에 따른 활동은 투자활동 현금흐름 항목이다.

국가공인 회계관리1급 자격검정시험 답안지

※ 답안카드 작성요령

뒷면의 답안카드 작성요령과 주의사항을 꼭 읽고 답안을 작성하십시오.

성별
남 / 여

생년월일 (1) (2)

수험번호 (1) (2)

성 명
(왼쪽부터 차례로 기재하십시오)
(1) / (2)

최종학력
○ 대학원졸 ○ 대학원 재학
○ 대학교졸 ○ 대학교 재학
○ 전문대졸 ○ 전문대 재학
○ 고졸 ○ 기타

직업
○ 학생 ○ 직장인
○ 취업준비생 ○ 기타

자격취득목적
○ 취업시 우대(   )
○ 인사고과(   )
○ 학점인정(   )
○ 졸업요건(   )
○ 자기개발(   )
○ 기타(   )

※ 감독위원 확인란 날인이 없으면 무효처리됨.

감독위원 확인 (인)

답안표기란

재무회계

번호	답안				번호	답안			
1	①	②	③	④	21	①	②	③	④
2	①	②	③	④	22	①	②	③	④
3	①	②	③	④	23	①	②	③	④
4	①	②	③	④	24	①	②	③	④
5	①	②	③	④	25	①	②	③	④
6	①	②	③	④	26	①	②	③	④
7	①	②	③	④	27	①	②	③	④
8	①	②	③	④	28	①	②	③	④
9	①	②	③	④	29	①	②	③	④
10	①	②	③	④	30	①	②	③	④
11	①	②	③	④	31	①	②	③	④
12	①	②	③	④	32	①	②	③	④
13	①	②	③	④	33	①	②	③	④
14	①	②	③	④	34	①	②	③	④
15	①	②	③	④	35	①	②	③	④
16	①	②	③	④	36	①	②	③	④
17	①	②	③	④	37	①	②	③	④
18	①	②	③	④	38	①	②	③	④
19	①	②	③	④	39	①	②	③	④
20	①	②	③	④	40	①	②	③	④

세무회계

번호	답안				번호	답안			
41	①	②	③	④	61	①	②	③	④
42	①	②	③	④	62	①	②	③	④
43	①	②	③	④	63	①	②	③	④
44	①	②	③	④	64	①	②	③	④
45	①	②	③	④	65	①	②	③	④
46	①	②	③	④	66	①	②	③	④
47	①	②	③	④	67	①	②	③	④
48	①	②	③	④	68	①	②	③	④
49	①	②	③	④	69	①	②	③	④
50	①	②	③	④	70	①	②	③	④
51	①	②	③	④	71	①	②	③	④
52	①	②	③	④	72	①	②	③	④
53	①	②	③	④	73	①	②	③	④
54	①	②	③	④	74	①	②	③	④
55	①	②	③	④	75	①	②	③	④
56	①	②	③	④	76	①	②	③	④
57	①	②	③	④	77	①	②	③	④
58	①	②	③	④	78	①	②	③	④
59	①	②	③	④	79	①	②	③	④
60	①	②	③	④	80	①	②	③	④

국가공인 회계관리1급 자격검정시험 답안지

성별	남 ○	여 ○

생년월일

(1)

(2)

성명 (왼쪽부터 차례로 기재하십시오)

(1) 성

(2) 이름

수험번호

(1)

(2)

학교소재지
- 대학교 졸업
- 대학재학
- 전문대졸
- 고졸
- 대학원졸
- 전문대학
- 고재
- 기타

직업
- 학생
- 취업준비생
- 직장인
- 기타

자격취득목적
- 취업시 우대 ( )
- 인사고과 ( )
- 학점인정 ( )
- 졸업요건 ( )
- 자기개발 ( )
- 기타 ( )

답안표기란

(재무회계 / 세무회계)

번호	답	번호	답	번호	답
1	① ② ③ ④	21	① ② ③ ④	41	① ② ③ ④	61	① ② ③ ④
2	① ② ③ ④	22	① ② ③ ④	42	① ② ③ ④	62	① ② ③ ④
3	① ② ③ ④	23	① ② ③ ④	43	① ② ③ ④	63	① ② ③ ④
4	① ② ③ ④	24	① ② ③ ④	44	① ② ③ ④	64	① ② ③ ④
5	① ② ③ ④	25	① ② ③ ④	45	① ② ③ ④	65	① ② ③ ④
6	① ② ③ ④	26	① ② ③ ④	46	① ② ③ ④	66	① ② ③ ④
7	① ② ③ ④	27	① ② ③ ④	47	① ② ③ ④	67	① ② ③ ④
8	① ② ③ ④	28	① ② ③ ④	48	① ② ③ ④	68	① ② ③ ④
9	① ② ③ ④	29	① ② ③ ④	49	① ② ③ ④	69	① ② ③ ④
10	① ② ③ ④	30	① ② ③ ④	50	① ② ③ ④	70	① ② ③ ④
11	① ② ③ ④	31	① ② ③ ④	51	① ② ③ ④	71	① ② ③ ④
12	① ② ③ ④	32	① ② ③ ④	52	① ② ③ ④	72	① ② ③ ④
13	① ② ③ ④	33	① ② ③ ④	53	① ② ③ ④	73	① ② ③ ④
14	① ② ③ ④	34	① ② ③ ④	54	① ② ③ ④	74	① ② ③ ④
15	① ② ③ ④	35	① ② ③ ④	55	① ② ③ ④	75	① ② ③ ④
16	① ② ③ ④	36	① ② ③ ④	56	① ② ③ ④	76	① ② ③ ④
17	① ② ③ ④	37	① ② ③ ④	57	① ② ③ ④	77	① ② ③ ④
18	① ② ③ ④	38	① ② ③ ④	58	① ② ③ ④	78	① ② ③ ④
19	① ② ③ ④	39	① ② ③ ④	59	① ② ③ ④	79	① ② ③ ④
20	① ② ③ ④	40	① ② ③ ④	60	① ② ③ ④	80	① ② ③ ④

국가공인 회계관리1급 자격검정시험 답안지

※ 답안카드 작성요령
윗면의 답안카드 작성요령과 주의사항을 꼭 읽고 답안을 작성하십시오.

答안표 기란 / 재무회계 / 세무회계

(답안 마킹란 1~80번, 각 ① ② ③ ④)

성별: 남 ○ 여 ○

생 년 월 일
성 명
(왼쪽부터 차례로 기재하십시오)
성 명 한글

수 험 번 호

최종학력
○ 대학원졸 ○ 대학재학
○ 대학원재 ○ 전문대졸
○ 대학졸 ○ 고졸
○ 대학재학 ○ 기타

직업
○ 직장인 ○ 학생
○ 취업준비생 ○ 기타

자격취득목적
○ 취업시 우대( )
○ 입사고과( )
○ 학점인정( )
○ 졸업요건( )
○ 자기계발( )
○ 기타( )

※ 감독위원 날인이 없으면 무효처리됨.
(인)
감독위원확인 ※

회계관리1급 대비 재무회계

2024년 9월 9일 개정27판 3쇄 발행

저 자 **삼일회계법인**
발행인 이　　희　　태
발행처 **삼일인포마인**

저 자 와
협의하에
인지생략

서울특별시 용산구 한강대로 273 용산빌딩 4층
등록 : 1995. 6. 26 제3-633호
TEL : (02) 3489-3100
FAX : (02) 3489-3141

ISBN　979-11-6784-211-4 13320

정가　27,000원